欧洲一体化进程中的
日欧关系史研究

潘德昌 著◎

中国社会科学出版社

图书在版编目（CIP）数据

欧洲一体化进程中的日欧关系史研究/潘德昌著 . —北京：中国社会科学出版社，2019.8
ISBN 978-7-5203-2707-7

Ⅰ.①欧⋯　Ⅱ.①潘⋯　Ⅲ.①国际关系史—研究—日本、欧洲　Ⅳ.①D831.39②D850.9

中国版本图书馆 CIP 数据核字（2018）第 130411 号

出版人	赵剑英
责任编辑	耿晓明
责任校对	李　军
责任印制	李寡寡

出　版	中国社会科学出版社
社　址	北京鼓楼西大街甲 158 号
邮　编	100720
网　址	http://www.csspw.cn
发行部	010-84083685
门市部	010-84029450
经　销	新华书店及其他书店
印刷装订	北京市十月印刷有限公司
版　次	2019 年 8 月第 1 版
印　次	2019 年 8 月第 1 次印刷
开　本	710×1000　1/16
印　张	27.5
插　页	2
字　数	410 千字
定　价	118.00 元

凡购买中国社会科学出版社图书，如有质量问题请与本社营销中心联系调换
电话：010-84083683
版权所有　侵权必究

目　　录

前言　"欧洲一体化进程中的日欧关系史"研究视角 …………（1）
　　一　选题的目的及意义 …………………………………（1）
　　二　学术史回顾 …………………………………………（4）
　　三　研究特点 ……………………………………………（21）
　　四　研究内容 ……………………………………………（24）

第一章　欧洲一体化的启动与日欧双边关系的摸索 …………（1）
　第一节　欧洲一体化的启动与日本的态度 ………………（2）
　　一　欧洲一体化的启动 …………………………………（2）
　　二　日本对欧洲一体化启动的认识 ……………………（3）
　　三　战后初期日本对欧关系的定位 ……………………（16）
　　四　西欧各国对日本复归国际社会的态度 ……………（18）
　第二节　日本政府对欧经济外交政策的制定与推行 ……（21）
　　一　日本对欧经济外交政策的提出 ……………………（22）
　　二　日本对欧经济外交政策的推行 ……………………（23）
　　三　欧共体对日通商政策的酝酿 ………………………（35）
　第三节　日本对欧洲一体化进程的实地调查 ……………（40）
　　一　欧洲经济调查团的派遣 ……………………………（40）
　　二　石坂经济使节团 ……………………………………（41）
　第四节　基于"日美欧三角关系论"的日本对欧外交 ………（43）

— 1 —

一　战后初期日本对欧政策推行中的"日美欧
　　　　三角关系论" ……………………………………（43）
　　二　战后初期日欧首脑外交 ……………………………（45）

第二章　欧共体的扩大与日欧关系的发展 ……………………（53）
　第一节　日本对欧共体扩大化的形势分析 ……………………（53）
　　一　日本政府及学界对欧共体扩大化的形势分析 ………（53）
　　二　通商产业省的建议 …………………………………（60）
　第二节　日欧通商协定谈判 ……………………………………（62）
　　一　20世纪60年代末欧洲一体化现状及日欧
　　　　经济关系 ……………………………………………（62）
　　二　日欧通商协定预备会谈 ……………………………（65）
　　三　日欧统一通商协定谈判 ……………………………（70）
　第三节　日本政府欧共体经济调查团的派遣 …………………（74）
　　一　欧共体的扩大与欧共体经济调查团出访西欧 ………（74）
　　二　欧共体经济调查团调查报告 ………………………（78）
　第四节　田中内阁对欧外交的开展 ……………………………（81）
　　一　田中首相、大平外相访欧的原因 …………………（82）
　　二　田中、大平访欧经过及成果 ………………………（88）
　　三　日欧领导人及媒体的评价 …………………………（94）
　第五节　20世纪70年代日欧关系的飞跃与拓展 ……………（97）
　　一　日本对欧皇室外交的开展 …………………………（97）
　　二　日欧正式外交关系的建立 …………………………（101）
　　三　20世纪70年代日欧外交关系的拓展与推进 ……（103）

第三章　开放主义？保守主义？
　　　　——1975—1985年日欧贸易战 …………………（109）
　第一节　日欧贸易摩擦的显现与"土光事件" ………………（109）
　　一　日趋激化的日欧贸易摩擦 …………………………（109）

二　土光事件 …………………………………………………… (113)
第二节　日欧贸易摩擦的初步缓和 ……………………………… (116)
　　一　日欧定期高级事务协商会议的召开 ……………………… (116)
　　二　《吉野书简》与《欧共体对日贸易声明》 ……………… (117)
第三节　日欧贸易战的升温与调节 ……………………………… (121)
　　一　欧共体对日欧贸易摩擦及日本对策的态度 ……………… (121)
　　二　牛场信彦对外经济大臣访欧 ……………………………… (122)
　　三　日欧通商会谈的举行 ……………………………………… (124)
　　四　《日欧联合声明》的发表 ………………………………… (125)
第四节　日欧贸易战的激化与日本的对策 ……………………… (127)
　　一　日欧贸易关系的进一步恶化与福田首相访欧 …………… (127)
　　二　欧共体对日本的批评和指责 ……………………………… (131)
　　三　欧共体委员会《对日通商政策》的制订 ………………… (135)
　　四　欧共体对日共同通商战略的形成 ………………………… (138)
第五节　欧共体步步为营与铃木内阁的应对 …………………… (140)
　　一　伊东外相访欧与日欧定期双边事务协商 ………………… (140)
　　二　欧共体外长理事会的最后通牒 …………………………… (142)
　　三　铃木首相访欧的特殊使命 ………………………………… (144)
　　四　稻山经济使节团访欧与铃木内阁对策 …………………… (149)
第六节　日欧贸易的"严冬时节" ……………………………… (152)
　　一　欧共体对日动议GATT第23条及对日新要求的
　　　　提出 ………………………………………………………… (152)
　　二　普瓦齐埃事件 ……………………………………………… (153)
　　三　日本政府的对策 …………………………………………… (157)

第四章　欧洲一体化的复兴与日欧关系的成熟 …………………… (167)
第一节　《单一欧洲法案》的出台与日本的反应 ……………… (167)
　　一　《单一欧洲法案》的出台与日本的认识 ………………… (167)
　　二　欧共体对日欧关系的总结与分析 ………………………… (177)

三　日本政府的化解之术 …………………………………… (181)
　第二节　海部内阁对欧政策及其影响 ……………………………… (189)
　　　一　海部内阁的"欧洲政策" ……………………………… (189)
　　　二　欧美媒体对海部欧洲政策的评价 …………………… (190)
　　　三　欧共体对日态度的变化 ……………………………… (192)
　第三节　日本政府的新欧洲战略 …………………………………… (193)
　　　一　1989—1991 年的欧洲与日本形势 …………………… (193)
　　　二　日本新欧洲战略的构筑与实施 ……………………… (199)
　第四节　欧共体对日通商政策的重大调整 ………………………… (212)
　　　一　强化反倾销政策和原产地规则 ……………………… (214)
　　　二　积极反击的"攻克日本市场"战略 ………………… (217)
　第五节　欧洲联盟的启动与日本的态度 …………………………… (223)
　　　一　《马斯特里赫特条约》与"共生论" ………………… (223)
　　　二　《真野报告书》的出台 ……………………………… (226)
　　　三　班格曼访日与"竞争合作伙伴关系论" …………… (229)
　　　四　平成天皇访问欧共体 ………………………………… (230)

第五章　欧盟的扩大与日欧关系的战略调整 …………………………… (232)
　第一节　《马斯特里赫特和约》的生效与日本 1993 年
　　　　　"欧盟热" ……………………………………………… (233)
　　　一　《马斯特里赫特和约》的生效与日本政府的
　　　　　态度 ……………………………………………………… (233)
　　　二　日本 1993 年"欧盟热"的出现 ……………………… (234)
　第二节　日欧关系的全面运行 ……………………………………… (236)
　　　一　草根运动的兴起 ……………………………………… (236)
　　　二　日欧政治对话与合作的推进 ………………………… (243)
　　　三　双边限制缓和谈判的进行 …………………………… (249)
　第三节　欧元的启动与日元国际化 ………………………………… (255)
　　　一　《阿姆斯特丹条约》的签订及欧元的启动 ………… (255)

二　欧元启动对国际政治经济的影响…………………………（258）
　　三　欧元启动对日本企业欧洲战略及日元国际化
　　　　进程的影响………………………………………………（259）
第四节　世纪之交日欧双边关系的战略调整……………………（265）
　　一　世纪之交日欧双方对双边关系的总结与展望……………（265）
　　二　日欧新千年合作伙伴关系及新合作框架的
　　　　确定…………………………………………………………（271）
　　三　新世纪日欧全球合作伙伴关系的开展……………………（275）
第五节　欧盟东扩与日本企业欧洲战略的调整…………………（296）
　　一　欧盟东扩与社会舆论………………………………………（296）
　　二　日本对欧盟东扩的观察与评断……………………………（301）
　　三　日本企业构筑新欧洲战略…………………………………（308）

第六章　欧盟重返亚洲与日欧亚洲战略的调适……………………（315）
第一节　欧盟吹响进军亚洲的号角………………………………（316）
　　一　欧盟的早期行动……………………………………………（316）
　　二　欧盟各国的先行之举………………………………………（318）
第二节　欧盟"新亚洲政策"的形成………………………………（320）
　　一　欧盟新亚洲政策出台的背景………………………………（320）
　　二　欧盟新亚洲政策的出台……………………………………（324）
　　三　新亚洲政策的内容和特征…………………………………（326）
　　四　欧盟"新亚洲战略"中的日本………………………………（326）
第三节　欧盟亚太攻势下的日本亚洲战略………………………（329）
　　一　日本亚洲战略的形成………………………………………（329）
　　二　日本"新亚洲战略"的推行…………………………………（336）
第四节　亚欧会议与日欧关系……………………………………（339）
　　一　欧盟参加亚欧首脑会议的战略意图………………………（341）
　　二　日本对亚欧首脑会议的基本看法及处境…………………（343）
　　三　亚欧首脑会议中的日欧关系………………………………（345）

余论　日欧关系的全球视角及困境 ……………………………（349）
　　一　日欧关系的全球视角 …………………………………（351）
　　二　当前日欧关系走势 ……………………………………（356）
　　三　日美欧三角关系的困境与前景 ………………………（370）

附录　欧洲一体化进程中的日欧关系史大事年表 ……………（380）

参考文献 ……………………………………………………………（396）

前言 "欧洲一体化进程中的日欧关系史"研究视角

一 选题的目的及意义

目前,世界一体化进程中的国际关系史研究成为学术界探究的热点课题,学术界不断地关注着世界经济全球化与区域经济一体化①的发展趋向,也更多留意国际政治领域中的国际化与民族主义、国家主

---

① 美国经济学家贝拉·巴拉萨(Bela Balassa)将一体化定义为既是一种过程(a process),又是一种状态(a state of affairs),认为区域经济一体化就是指产品和要素的移动不受政府的任何歧视和限制。并将区域一体化的进程划分为5个阶段,即:(1)废除加盟国间关税以及量化贸易限制的"自由贸易区";(2)废除关税同盟内部的歧视性待遇,统一对外关税的"关税同盟";(3)废除贸易限制、生产要素移动限制的"共同市场";(4)废除商品移动、生产要素移动限制,实现某种程度的经济政策调整的"经济同盟";(5)以金融政策、财政政策、经济振兴政策的一体化为前提,从而构建超国家机构的"完全经济一体化"。(Balassa, B., *The Theory of Economic Integration Homewood Irwin*, 1961. pp. 4-5.)日本21世纪政策研究所在2012年出版的《日本的通商战略课题和将来展望(研究报告)》中指出:促进区域一体化的原因大致可以划分为两种,一是经济活动的活跃与扩大。即某个区域或国家由于贸易和投资政策自由化等原因,经济一旦开放,就会增加商业机会,就会造成人员、物品和资金等生产要素集中到该区域。基于该原因启动的一体化被概括为"市场诱导型区域一体化"。另一原因是通过自由贸易协定(FTA)等介质逐步设立区域内部各国互惠制度。通过区域互惠制度的设立,经济活动集中于某个区域,其结果促进了区域一体化,即为"制度诱导型区域一体化"。欧盟则凸显为制度诱导型的特点。(石川幸一:《日本のFTA戦略とTPP》,浦田秀次郎:《日本の通商戦略の課題と将来展望》,21世纪政策研究所,2012年7月,第6—7页。)

义倾向。在错综复杂的国际局势中,欧洲一体化问题①在欧元发行之后,便引起学术界的关注,成为研究热点。

可以说区域一体化是有关国家解决区域内部问题的一种途径,是区域内国家间的整合,同时也是有关国家对外的一种集体反应,不管是有意还是无意,作为一种客观存在,区域一体化必然会对外部世界产生影响,外部世界的行为体也必然会对一体化产生某种预期,并会据此预期在一定程度上调整自己的行为。一体化的参与者怎样决定实施对外政策,外部世界怎样推断和预测一体化参与者可能会做出的反应,已经引起了研究界的高度关注。尤其是欧洲的一体化已经由当初的欧共体发展为欧盟,发展为国际政治经济格局中的重要一极,它的对内对外政策无不影响着国际局势的变化。

与欧盟远隔重洋的日本也已经发展为世界经济大国,并向世界政治大国过渡。虽然由于苏联的解体和华沙条约组织的解散,资本主义阵营中的日美欧之间失去了促使它们长期团结合作的"冷战对象",三者的关系与冷战期间相比,明显降低了"温度和紧密程度"。但是,日本与欧盟的关系(简称日欧,下同)却有明显"升温"的态势。本来在安全保障方面没有直接利益可言的日欧双方自1991年以来,加强了对话与合作,在传统的关系框架中,增加了一些新的合作内容,即双方在政治、经济、能源安全保障、环境保护、生态治理、反恐等方面的合作,日欧关系朝着全球化的方向发展。并且以往持续激化的日欧经济摩擦不断得到缓解,"日欧经济关系较以往严峻的贸易摩擦态势发生了较大的转变,现今维持着协调和合作的良好关系",

---

① 本书在行文中分别使用了欧洲煤钢共同体、欧洲经济共同体、欧共体、欧盟这样一些称谓。为了便于读者明了此间的变化,以免造成称谓上的混乱,特此作一下使用上的简单说明。欧洲煤钢共同体(ECSC)成立于1952年,1957年《罗马条约》签订,同意建立欧洲经济共同体(EEC)和欧洲原子能共同体(ECRATOM)。1967年,三个共同体机构合并后,统称为欧洲共同体,简称为欧共体(EC)。1993年《马斯特里赫特和约》生效,欧洲联盟成立,简称欧盟(EU)。所以在行文中,遵循欧洲一体化的线性发展进程,在论及某一特定时期的日欧关系时,就使用当时的共同体名称。同时为了便于梳理欧洲一体化进程中的日欧关系史演变过程,有时也在行文中,用"欧共体"统称1993年以前一体化的阶段性称谓。使用"欧盟"时,就指1993年以来的情况。

"从中长期的观点看，欧洲应该是日本最为重要的经济伙伴之一"①。特别是在2011年5月28日召开的第20次日欧首脑会议上，双方一致认为应该加快推进日欧经济一体化的进程，尽早签订日欧经济一体化协定。

那么，日本是如何认识欧洲一体化的？欧洲一体化进程给日本带来怎样的影响？对欧洲一体化的政策是怎样形成和变化的？欧盟对日本的态度和政策又是怎样推行和变化的？日欧为什么要强化双边关系？这些问题都是值得探讨的课题。

长期以来，国内外学者极为重视美欧、日美双边关系研究，忽视了对日欧双边关系的探讨，日欧关系研究一直是三边关系研究中极薄弱的一边，即使是三边关系研究，也没有将日美欧三方的互动影响上升到"三角关系"的高度。在欧洲一体化进程中，远离欧洲大陆而又与西欧一起身处以美国为核心的西方阵营当中的日本对欧认识如何？对欧政策是怎样形成和变化的？其政策形成和变化的动因是什么？特别是对欧洲一体化进程中的日欧双边关系史的线性梳理与系统思考方面的研究成果很少见。近二十年，日欧关系研究虽然得到很大发展，但是，研究成果主要体现在一系列的论文及综合论著的个别章节中，还未能形成综合、系统、完整的体系。日本学术界偏重于从欧洲煤钢共同体（ECSC）、欧洲经济共同体（EEC）、欧洲共同体（EC）的建立到欧盟（EU）成立以来阶段性的日欧双边经济关系研究。到目前为止，还没有对欧洲一体化进程中的日欧关系进行系统研究。国内学术界除个别学者偶尔涉猎，将日欧关系的介绍作为研究成果的一部分之外，仍尚未有一部研究专著出现。对"欧洲一体化进程中的日欧关系史"未能进行系统、完整的研究，可以说是国内世界史研究上的重大缺陷。从整体上看，欧洲一体化进程中的日欧关系史研究仍然是尚待开垦的处女地。

自20世纪末开始，世界主要大国相继进行了对外战略的调整，

---

① 日本経済団体連合会：《欧州統合と日欧経済関係についての基本的考え方》，2006/04/18，https://www.keidanren.or.jp/japanese/policy/2006/017.html。

展开了卓有成效的双边或多边对话与协调。世界主要大国间全球合作伙伴关系模式的抉择无疑会对世界新秩序的形成产生一定的影响，也会对我国的大国战略调整产生影响。所以，研究欧洲一体化进程中的日欧关系史不但有一定的学术价值，而且有一定的现实意义。

二 学术史回顾

虽然目前还未出现有关"欧洲一体化进程中的日欧关系史"的专题性研究论著，但是，由于本书关注欧洲一体化进程中的日欧关系史的形成及演变过程，所以，目前诸多有关日欧关系的论著均对本书的研究有参考价值。笔者在本节将主要介绍与选题研究有直接参考价值的论著。

在日欧关系研究上，无论是研究成果的数量还是质量，日本方面取得的成绩最为可观。欧盟委员会自1963年以来，在世界各地设立了约500个欧盟情报中心（European Info）和100所寄托式图书馆（Depositary Library），而在日本就有19所大学设立了欧盟情报中心，国会图书馆设立了寄托式图书馆，进而为学术界探究日欧关系提供了有利的平台。日本学术界对日欧关系的研究开始于20世纪50年代初欧洲一体化的启动期——即1950年舒曼计划的发表，真正地展开是在欧洲经济共同体成立前后。80年代以前，研究涉及范围广、研究人员多是这一阶段欧共体研究的一大特点。研究领域主要涉及政治、法律、经济三个方面，且绝大多数成果集中在经济领域。据日本立命馆大学经济学教授清水贞俊调查统计，最早的成果是日本关税协会印行的单行本《共同市场与国际贸易》。书中阐述了欧洲经济共同体的概要、成立的背景和存在的问题，并附录了斯巴克报告的全文。但是，其中大部分内容是由立命馆大学经济学教授片山谦二[①]完成的，片山谦二的研究开辟了日本欧共体研究的先河，并于1977年编著出版了《欧共体的发展与欧洲一体

---

① 片山谦二：立命馆大学经济学教授、关西学院大学名誉教授，日本EC（EU）学会第一任理事长。

化》（日本评论社，1977年版）。自此，日本的欧共体研究才不断地发展起来。1961—1963年是日本方面欧共体研究百花齐放的时期，出现了大量著作、论文、报告等学术论著。欧共体研究兴盛的原因主要是欧洲经济一体化的发展异乎寻常地顺畅。英国的加盟谈判、共同农业政策等问题成为日本学术界关注的对象。1964年以后，由于欧洲一体化进程的迟缓，以及日本与美国、欧洲经济摩擦的显像化，日本方面的欧共体研究也随之进入了低谷。综观20世纪六七十年代日本方面的研究状况，反映出日本的欧共体研究依然处于政府部门层面、经济行业层面、专业研究层面的水平，未形成系统性的学科。①

20世纪50年代到70年代末的成果绝大多数是由政府官员（且多从事日欧经济事务工作）撰写的文章，内容也多是介绍、分析日欧交涉过程的，其中不乏一些政策性建议。这些文章基本上反映了50年代到70年代日本政府对欧洲一体化的认识和政策的推行情况。

进入20世纪80年代后，随着日欧关系的全面发展，日欧关系研究也随之进入了政策性、学术性研究阶段。1980年日本学者发起成立了日本EC学会（ECSA-Japan），1997年改为日本EU学会（EUSA-Japan）。学会以促进EC/EU研究及推进研究者的相互合作为目的，会员遍布日本各大学。该学会自1981年开始陆续出版了32部学会年报，每期年报围绕欧洲一体化进程中的关键节点展开学术讨论，在学术界很有影响力。②

根据日本学者安藤研一调查统计，在20世纪80年代末以前，欧美学术界关于日欧关系的研究主要集中于欧日贸易不均衡的经济意义分析③、日欧贸易摩擦的政治学研究④、评介欧洲政治合作的进展及

---

① 参见清水贞俊：《日本におけるEC研究の現状》，《世界経済評論》，1977年21卷8号，第48—65页。

② 《日本EU学会規約》，http://eusa-japan.org/contents_JPN/frame_eusajapan_jpn.htm。

③ Hanabusa, M., *Trade Problems between Japan and Western Europe*, New York: Praeger, 1979。

④ Rothacher, A., *Economic Diplomacy between the European Community and Japan 1959-1981*, England: Gower, 1983。

其相关影响①，欧日间的误解及其导致的贸易摩擦的社会学分析②。也就是说，欧美学术界在欧日通商关系的探究上，没有将此与欧共体一体化问题联系起来考察。

日本文部科学省与学术振兴会自1980年起，陆续资助日本学术界开展欧洲一体化史及日欧关系史的研究，呈现出官方主导、民间探讨的热潮。通过文部科学省科学研究费资助事业数据库（http://kaken.nii.ac.jp）查阅，截至2018年3月，有关欧洲一体化方面的研究课题立项总计275项。但是，在日本学术界的早期研究成果中，尤其是在"欧洲一体化史、欧洲国际关系史的记述当中，基本上没有将日本作为研究对象纳入研究视野"③。因此，可以说日本学术界关于日欧关系的探讨真正开始于日美欧贸易摩擦时期，且多以时事问题为研究对象，缺乏线性梳理和历史学思考。④ 采取最为客观态度去探究日欧关系的当属具有外交经验的大平和之，能够在论著当中总体把握日欧关系的基本走向，但是，在日欧贸易摩擦及摩擦消解的历史问题探究上，未能深入分析贸易摩擦给欧盟制度的发展及欧盟对外形象的提升所带来的影响。⑤

据笔者调查，早期的研究成果中除了政府官员的调查研究外，还有几部比较有代表性的学术论著，如《欧洲经济共同体与日本经济》⑥、

---

① Korte, K. R., *Nippons neue Vasallen？: Die Japanpolitik der Europaischen Gemeinschaft*, Bonn: Europa Union Verlag, 1984。
② E. ウイルキンソン著、徳岡孝夫訳：《誤解増補改訂版》，中央公論社，1982年。
③ 渡辺啓貴編：《ヨーロッパ国際関係史》，東京：有斐閣，2002年；遠藤乾編：《ヨーロッパ統合史》，名古屋：名古屋大学出版会，2008年。
④ 石川謙次郎：《ヨーロッパ統合への道》，東京：NHKブックス，1994年；田中友義、河野誠之、長友貴樹編：《ゼミナール・欧州統合》，東京：有斐閣，中西輝政、田中俊郎、中井康朗、金子譲編：《なぜヨーロッパと手を結ぶのか》，大阪：三田出版会，1994年；田中俊郎：《EUの政治》，東京：岩波書店，1998年。
⑤ 大平和之：《日本—EU通商・経済関係》，植田隆子編：《二十一世紀の欧州とアジア》，東京：勁草書房，2002年；大平和之：《日本＝EU通商・経済関係 —摩擦から対話・協力そして未来志向の協力へ》，植田隆子編：《EUスタディーズI 対外関係》，東京：勁草書房，2007年。
⑥ 土屋清編：《EECと日本経済》，東京：ダイヤモンド社，1962年。

《经合组织的加盟与日本经济》①、《日本的经济外交》②。这三部论著主要是研究战后初期日本对外经济外交政策的，在内容上均有相当一部分是介绍日本对欧共体交涉的，实证研究较为突出，作者所引用的数据和资料多出自官方，具有一定的史料价值，对于了解战后初期日本对欧洲一体化的认识及对欧政策有重要的参考价值。同时为笔者的研究提供了极有益的思路。此后，相继出版了《日本外交史》第28卷《媾和后的外交》及29卷《与各国的关系》③（吉泽清次郎编著，东京鹿岛和平研究所出版局，1973年、1975年版）、《对谈·日本经济外交的系谱》④、《战后日本的对外政策》⑤、《经济外交的生涯》⑥。牛场信彦曾任日本外务省对外经济大臣，大来佐武郎是战后日本有名的经济学家，曾任外相，二人参与战后初期日本对外政策的制定与推行。因此，二人的论著对本课题研究有着极为重要的参考价值。尤其是由于作者的官方身份，在对历史事件的陈述、史料的引用及观点的论证上，均有鲜明的官方色彩，这更有助于笔者进一步了解日本对欧政策的意图、交涉过程和影响。

不过，上述论著要么属于外交史专著中的概述性介绍，要么属于经济学科的专题研究。并且都仅仅注重日本方面的对欧政策的制定和推行，较少涉及国际局势和日欧互动效应的分析。

日本学术界的日欧关系研究，除上述综合性研究成果外，还有一些专题性研究成果，既有官方的政策调查，也有学者的学术性研究。这些论著也基本上反映了日本各界对欧共体的观点。如：《扩大的欧共体经济调查团调查报告》⑦，该书是日本政府在欧共体第一次扩大

---

① 日本経済調査協会編：《OECDの加盟と日本経済》，東京：経済往来社，1964年。
② 山本満：《日本の経済外交》，東京：日本経済新聞出版社，1973年。
③ 鈴木九万編：《日本外交史》第28、29卷，東京：鹿島和平研究所出版局，1973—1975年。
④ 牛场信彦、原康：《对谈·日本经济外交的系谱》，東京：朝日新聞社，1979年。
⑤ 渡辺昭夫編：《戦後日本の対外政策》，東京：有斐閣，1985年。
⑥ 大来佐武郎：《経済外交に生きる》，東京：東洋経済新報社，1992年。
⑦ ［日］堀江薰雄編：《日本对欧洲共同体的考察》，吉林省哲学社会科学研究所、外国问题研究所、外国问题研究室译，商务印书馆1978年版。（原版《日本からみた欧州共同体：拡大EC経済調査団報告》，東京：時事通信社，1973年。）

前夕派遣的欧共体经济调查团的调查报告，起草人是以堀江薰雄为代表的日本财界首脑、实业家和经济专家。他们就扩大后的欧共体现状及未来走向，以及日本财界最为关心的各种问题，如经济货币联盟问题、资本市场、投资环境及对欧共体投资的展望等，搜集了大量的资料，并进行了详细的分析。报告书的内容完整地体现了当时日本政界、经济界对欧洲一体化的看法，是日本政府制定和推行对欧共体政策的参考书。

此外，《日美欧关系的综合考察》《1992年日本的诊断》《欧共体一体化与日本——再一次经济摩擦》《日欧：竞合的新时代》《欧洲一体化与日本的反应》《欧共体一体化与日本》《日本与欧盟关系》《欧洲一体化与日欧关系》[①] 等论著也具有极高的学术价值与参考价值。其中，《日美欧关系的综合考察》一书是日本EC学会第三期年报。该书收录的论文均是论析日美欧贸易摩擦问题，其中既有实证分析，如《日美欧三极间贸易构造》《日欧贸易摩擦和主要产业的竞争差距》，又有理论探讨，如《日美欧通商摩擦的法律问题》。作者经过深入讨论，认为"减轻各国的贸易保护措施，确保市场的相互开放，应该是最实际的良策"。并指出日本与欧共体间贸易摩擦加剧的原因有四点，即（1）经济诱因，贸易结构的趋同，没有互补性；（2）政治诱因，日欧间不存在军事保护上的主从关系，很难利用安保问题作为筹码来解决；（3）社会诱因，日欧双方失业率的明显不同；（4）文化诱因，日本的语言、社会习惯等同欧美明显不同（异质文化），往往成为日本市场准入上的隐性障碍。《日美欧经济摩擦

---

① 日本EC学会编：《日美欧関係の総合考察》（日本EC学会年報第3号），東京：有斐閣，1983年；ディック・ウィルソン著．北川晃一訳：《1990年のニッポン診断・ヨーロッパの見たその素顔》，東京：CBS・ソニー出版，1985年；石川謙次郎：《EC統合と日本——もっと経済摩擦》，大阪：清文社，1991年；J・L・ムキェリ、佐佐波楊子編：《日欧：競争と協力の新時代》，東京：文眞堂，1993年；収録猪口孝：《現代国際政治と日本・パールハーバー50年の日本外交》，東京：筑摩書房，1992年；土屋六郎監修、今川鍵、加文净子：《EC統合と日本》，東京：中央経済社，1993年；田中俊郎著《EUの政治》，東京：岩波書店，1998年；高柳先男編：《ヨーロッパ統合と日欧関係》，東京：中央大学出版部，1998年。

的政治过程》一书是日本国际大学日美关系研究所接受综合研究开发机构（NIRA）的委托发表的研究报告。该书主要是通过对1985年以来的贸易摩擦的个案研究，考察日美欧间经济摩擦的发生、激化过程和政治化的趋向，分析三方在解决摩擦问题上政治过程的相似性和差异。最后提出了一些减轻与缓和经济摩擦的可行性建议。该书的日欧政治过程及相互作用分析对笔者的写作最具有参考价值。

《日欧：竞合的新时代》是法国巴黎第一大学国际经济金融战略研究中心举办的国际学术会议"日本与欧洲：竞争？伙伴？"的论文集。从该国际会议的主题设置和主办单位的资格来看，就体现出了与会各方希望密切日欧关系的迫切心情。会议的分会场主题是：日欧贸易与保护主义；欧洲与日本的多国籍企业；日本的对欧直接投资与欧洲政治。日方代表佐佐波杨子在该论文集日文版序言当中针对性地指出："现在，欧洲非常关心日本，但是，令人遗憾的是，这是由于日本经济的强大而造成的不得不关心。另一方面，日本对欧洲的关心，特别是经济上的关心也因为对'1992进程表'所带来的'要塞化'的担忧，在80年代对欧投资高潮过后开始呈现出停滞的倾向。"

《欧洲一体化与日本的反应》是一部既总结日欧关系史，又对日欧关系的发展趋向进行预测的学术论著。其中对日本在1992年欧洲单一市场形成之际的对策研究具有创见。该书最大的特点是研究视角独特，作者通过对1984年以来的国际政治经济局势的变化、美苏两极对峙的缓和以及美国实力的下降、日欧在市场上的争夺三个层面的介绍，详尽地分析了日本在1992年以后的对欧政策，并从政治、经济、文化、安全保障等方面提出了建议。这些建议无不对1992年以后的日本对欧洲一体化政策的变化起到验证的作用。作者还在文中详尽地分析了欧共体1985年《单一欧洲法案》出台前后日本方面认识的变化及其原因，引证了当时学术界的观点和官方档案文件。该书对笔者研究80年代末到90年代初日本对欧洲一体化的政策具有启发和指导意义。《欧共体一体化与日本》一书从历史、理论和实证三个层面分析了欧洲一体化的进程与日本的关系。该书最大的特点就是实证研究突出，大量地引证了统计数据、文献档案资料。但是，美中不足的是作者纯粹从经济关系分析入手，虽然利用了经济学的模型化研究方法，但是，对欧洲一体化的进程与日本的反应之间的关系没有深入探讨。该书第六章内容是关于日欧关系史的线性过程概论。作者将日欧关系划分为四段，即：（1）日欧双方试探时代（1952—1975），1968年西欧开始真正意识到日本的经济存在，并将其视为竞争对手；（2）日本努力对应、协调时代（1975—1979），日本努力调解日欧经济摩擦；（3）欧共体展开经济攻势时代（1979—1986），日欧双方在外交上采取各项协调措施，在经济摩擦问题上，欧共体理事会发表《对日经济问题共同战略》，日本为缓解经济摩擦，与欧共体对话协商，于1986年提出《前川报告》；（4）日欧双方协调摸索时代（1986—1994），1991年第一次日欧首脑会议召开，发表《联合宣言》，强调世界新秩序构建过程中的对等伙伴关系。该书日欧关系线性过程分析，非常有助于笔者对欧洲一体化进程中的日欧关系史的宏观认识。《欧洲一体化与日欧关系》是一部论文集，其中最有代表性的是布兰克（Branc）的《国家主义与日欧关系》一文。该文从当今世界全球化与区域集团化的二元化发展分析入手，结合欧洲一体化对世界的冲击，论证了日欧关系的发展是全球化和开放的集团化的二元协调。作者认为欧洲一体化的发展既是全球化的初期模式，又是区域集团化（开放的国家主义）的例证。日欧从摩擦对立到对话与协调是在全球化与区域集团化间找到了共识。布兰克的分析验证了当今国际社会相互依赖性的进一步加强，每个国家或国家集团在当今国际社会已无法独善其身，国际协调是当今国际社会的唯一选择，日本和欧盟毫不例外。

学者市村真一在《日本的经济发展与对外经济关系》[①]中分析认为：同日美之间建立的三十多年的相互交流相比，日欧之间的交流则逊色得多，这大大限制了彼此之间的相互理解。现实是这样的，日本人理解欧洲，而欧洲人却不太理解日本。总之，欧洲方面从不

---

① ［日］市村真一：《日本的经济发展与对外经济关系》，色文等译，北京大学出版社1995年版。

曾将日本看作自己的合作伙伴，也不将日本与其他欧共体成员同等看待。欧洲人所谓的西方同盟是指以防卫为中心的大西洋公约组织（NATO）的成员国，所谓的西方共同体是指经济、文化交流的国家。在欧洲人的心目中，日本充其量是西方共同体的一员而不是西方同盟的一员。

内田胜敏编著的《欧共体经济论》专章论述了日欧产业合作与贸易摩擦问题。其中关于"欧共体与日本的贸易关系""贸易摩擦的展开"两小节内容阐述较为具体，对于笔者了解日欧贸易摩擦问题具有极大的启发及借鉴价值。①

柏仓康夫和植田隆子、小川英治合著的《欧盟论》是为日本放送大学、国际基督教大学、津田塾大学、东京外国语大学的研究生编写的教材。该教科书对欧洲一体化进行了历史考察与现状分析。其中第15章为木村崇之编写的《日本与欧盟的关系》，木村曾任日本外务省国际第一课（EEC课）课长，长期从事欧盟方面的联系与协调事务。木村将战后日欧关系梳理为三个阶段，即经济摩擦时代（70—90年代前半期）；关系转换时代（90年代中后期）；日欧合作时代（2000年以来）。提出了未来日欧合作关系的三个重要方面：增大日欧间利益一致性的同时，逐步克服、解决两者立场不一致的领域和问题；欧盟政策决定方面存在的问题，在日本而言，就是由于欧盟在对日政策方面举棋不定，给推进日欧合作关系造成的困难；日欧双方缺乏对彼此重要性的认识。②

笔者认为，在进行该项课题学术研究成果梳理时，更应该高度关注日本文部科学省与学术振兴会官方资助的有关欧洲一体化史及日欧关系史课题，特别是欧洲一体化进程视阈下的日欧关系史方面的研究成果报告。可以说这些研究成果集中反映了日本学术界的最新、最前

---

① 内田勝敏、清水貞俊編：《EC経済論—欧州統合と世界経済》，《第12章：ECと日本——日欧産業協力と貿易摩擦のゆくえ》，京都：ミネルゥア書房，1993年，第331—362页。
② 柏倉康夫、植田隆子、小川英志：《EU論》，東京：日本放送大学出版恊会，2006年，第206—218页。

沿的学术成就。①

名古屋大学田口富久治的课题《欧共体一体化与欧洲政治》主要针对 1992 年《马斯特里赫特条约》的签订使欧洲一体化迎来了一个新时期的现状，为了全面把握欧共体一体化的现状，从欧共体的"完成"（市场一体化）、"深化"（面向经济、政治一体化的深度推进）、"扩大"［例如与欧洲自由贸易联盟（EFTA）构成了欧洲经济区（EEA）；以及与苏联、东欧各国间的合作协定的签署］三个方面以及三者间的逻辑关系进行了深入分析和总结。课题组希望借此形成学术界关于 1992 年欧洲一体化的共同认识。总结报告指出："欧共体作为一个政治组织，被深深地印刻上了区域性超国家组织的特征，肯定会动摇坚持国家主权观念的近代民族国家的地位。欧共体一体化是自下而上的对国家的挑战，但是，同时也认为欧共体一体化过程的展开势必造成民族国家职能的相对化。"②

中央大学高柳先男在《欧共体一体化与国际变动一体化研究》总结报告中预测："欧盟将于 1999 年彻底实现货币、经济一体化以及共同安全保障和外交政策方面的政治一体化。这不仅仅会给欧洲，而且会给整个国际格局造成影响，也会给 21 世纪国际秩序的形成造成巨大的影响。即使对于与欧洲在政治、经济、文化等方面有着深刻关系的日本而言，欧洲的一体化态势也将具有重要的意味。"课题组在研究报告的第一部分以"日系企业的当地化与异文化摩擦"为题，通过英法两国日系企业的实态考察，专门探究了欧洲一体化与日欧关系。研究结果表明："英法两国的日系企业当地化经营的过程不存在显著的差异，可以说是成功的，并且实际上也未曾发生深刻的异文化摩擦。"因而课题组充分肯定了日系企业在促进雇佣与技术转移上所做出的积极努力。但是，课题组也指出："日系企业的当地化经营的成功并不意味着所谓的'日本化'，即日本式经营作为一种文化现象

---

① 科学研究费補助金研究成果報告书，科学研究费事业数据库：http：//kaken. nii. ac. jp。
② 《EC 統合とヨーロッパ政治》，研究課題番号：04301067，科学研究费事业数据库：http：//kaken. nii. ac. jp。/d/p/04301067. ja. html。

得到了欧洲方面的认可，并不是渗透的结果，莫如说是日系企业在生产技术上的国际优势的必然结果。同时，日系企业的经营解决了生产过程中人的异化的问题。但是，能否将此认定为真正意义上的'后福特制（Post-Fordism）'还尚存疑问。"①

一桥大学平田光弘《新阶段的欧洲一体化与日本驻欧企业的应对》研究报告在对欧洲一体化深化和扩大现状进行梳理的基础上，重点分析了日本驻欧企业的对策问题。指出："1993年11月1日，体现欧洲一体化新阶段的欧洲联盟条约正式生效，但是，丹麦和英国的批准手续大大延迟，德国联邦法院的合宪判决将于10月12日下发。因此，可以说该条约具有深化欧洲一体化的意味。因为该条约创设了彻底实现经济货币一体化以及政治一体化的'欧盟'组织。"但是，该报告也指出了当时欧洲一体化的困境，即"当下的欧洲面临着经济长期低迷、失业者增加、高福利政策困境，以及中、东欧大量移民等麻烦，极大地阻碍了欧洲一体化的进程。另一方面，欧共体与欧洲自由贸易联盟五国构建的欧洲经济区计划也将推延至1994年1月1日实施。奥地利、瑞典、爱尔兰和挪威的加盟谈判也进入到了最后阶段。特别是与中、东欧诸国的经济通商协作协定和合作协定的签订正在进行，表明欧洲一体化的扩大态势正在推进过程中。"

报告也明确指出："日本企业也以欧共体市场一体化为背景，思考如何挺进欧洲市场的问题。其挺进欧洲的动机与挺进美国市场一样，主要是为了规避贸易摩擦，因此，多数企业亏损，收益率在目前欧洲经济不景气的状况下持续走低。因而，日美欧企业都在静静观望新阶段欧洲一体化的态势。普遍认为考虑对策还过早，时机尚未到来。"②

静冈县立大学小久保康之在《关于欧盟扩大与新欧洲秩序形成的政治力学研究》总结报告中对于欧洲一体化的扩大态势进行了观察，

---

① 高柳先男：《EC统合と国際変動の総合的研究》，研究課題番号：05045014，科学研究費事業数据库：http：//kaken.nii.ac.jp/d/p/05045014.ja.html。
② 平田光弘：《新段階の欧州統合と日本欧企業の対応》，研究課題番号：05630069，科学研究費事業数据库：http：//kaken.nii.ac.jp/d/p/05630069.ja.html。

指出:"欧盟的下一次扩大(指南扩)与此前的扩大相比,无论是在进程、规模、程度各方面都明显不同。欧盟在没有确定明确的扩大方针的前提下,还依然推进扩大化的进程,这从波斯尼亚危机和科索沃危机这些外部因素来看,强烈地反映出欧盟方面在安全保障方面的担心。同时也反映出了欧盟加强内部改革的必要性。"该报告同时指出:"一般而言,欧盟下一阶段扩大的焦点当是中、东欧诸国,但是,由于马耳他、塞浦路斯、土耳其等地中海诸国同时也提出了加盟的申请,因此,欧盟重新认识到了南扩的重要性。尤其体现出欧盟东扩和南扩的均衡视角。"[①]

小久保康之《冷战后的欧盟扩大"效果"研究》课题就欧盟扩大进程给欧洲大陆带来的"效果"问题进行了实证研究。认为"欧盟一体化的历史就是一部加盟国'扩大'的历史,欧盟一体化的'深化'与'扩大'以相互提携的形式不断推进着。特别是加盟申请国以及欧盟自身普遍期待着冷战后的欧盟在推进内部一体化的同时,能够给欧洲大陆全体提供安全保障和带来经济繁荣的扩大'效果'。"研究报告指出:"实际上,在1995年的欧洲自由贸易联盟诸国加盟之时,以及2004年欧盟向中、东欧诸国和地中海诸国扩大之际就已经看到了扩大'效果',认为欧盟扩大已经在预防中、东欧地区民族纷争等问题上,发挥了一定的作用。但是,事实证明欧盟扩大并不是解决所有地区纷争的灵丹妙药,如在南北塞浦路斯问题未解决的情况下,只有南塞浦路斯申请加入了欧盟。当然欧盟东扩也成为南北塞浦路斯间开展对话的契机……如此,欧盟的扩大会在更广泛的层面为欧洲大陆带来和平与稳定的'效果'。同时,欧盟扩大的效果通过欧洲近邻国家政策(ENP)的实施波及欧盟周边国家,进而被欧盟视为提供安定与繁荣的手段而加以灵活利用。"[②]

[①] 小久保康之:《EU(欧州连合)拡大と新欧州秩序形成をめぐる政治力学に関する研究》,研究课题番号:10620074,科学研究费事业数据库:http://kaken.nii.ac.jp/d/p/10620074.ja.html。

[②] 小久保康之:《冷戦後のEU拡大《効果》に関する研究》,研究课题番号:15530105,科学研究费事业数据库:http://kaken.nii.ac.jp/d/p/15530105.ja.html。

在专题性的研究成果中，除上述论著和研究报告外，还有相当一部分涉及日欧关系的官方文章和学术论文发表在《外交论坛》《月刊EC》《国际问题》《经济与外交》《经团联月报》《外务省调查月报》等刊物上，在我们研究欧洲一体化进程中的日欧关系史时，均可利用。

　　日本学者细谷雄一认为："2002年以前，日本对欧洲一体化的理解还停留在冷战史与欧洲一体化史分述的水平上。尤其是关于欧洲一体化和北大西洋公约组织的历史考察也是基于这样的考虑。但是，只要再次深入发掘庞大的一手史料，即可明了欧洲一体化与冷战实际上处于同一个大问题阈，即关于国际秩序的形成问题，也就是说，无论是欧洲一体化，还是冷战，抑或是大西洋同盟，因其都事关世界大战后的欧洲大陆确立怎样的和平、形成怎样的国际秩序问题，进而成为当时的政治家们迫切需要破解的难题。"[①]

　　北海道大学教授远藤乾认为，"日本历来对欧盟的理解都是过度强调欧盟的和平理念，强调欧盟构建代替主权国家的联邦政府，因而缺乏长期的历史观，或者无视欧洲一体化背后的理念和思想，即仅仅从机构发展的角度论述分析欧洲一体化的倾向较为明显"[②]，强调指出："欧洲联盟（EU）通常是在战后大西洋同盟（NATO）的框架内，独自构筑了欧洲一体化的活力。但是，日本的欧盟研究欠缺历史的视角，因为难以超脱对内是共同体机构与民族国家、对外是欧洲与美国这样的二元对立的认识局限。"[③]

　　欧盟委员会为向世人广为宣传欧盟的历史，于2010年7月出版了题为"了解欧盟12章"的宣传小册子。2011年欧盟驻日代表处将

---

① 細谷雄一：《一次史料が語る新しい欧州統合史に期待》，《戦後国際秩序とイギリス外交——戦後ヨーロッパの形成 1945—51年》，東京：創文社，2001年，第26頁。
② 遠藤乾：《欧州統合の歴史の再検討：一次史料の多角的分析と体系の総合》，研究課題番号：14320023，科学研究費事業データベース：http://kaken.nii.ac.jp/d/p/14320023.ja.html。
③ 遠藤乾：《"EU-NATO-CE体制"の拡大と変容：現代欧州国際秩序の歴史巨視的検討》，研究課題番号：17330034，科学研究費事業データベース：http://kaken.nii.ac.jp/d/p/17330034.ja.html。

其翻译成日文，并添加了第13章"日本和欧盟的关系"，概括了日欧自1959年以来的关系走向及关系框架、发展特征。① 其中将日欧关系的发展放在世界范围内来观察的分析视角对本课题研究具有启发意义。

通观上述成果，明显体现出重视日欧关系发展性和协调性的倾向。此种研究倾向和趋势的确能够捕捉住日欧关系的一个侧面，但是，另一方面也凸显出忽视对日欧关系协调性中的对立结构的剖析和探究。鉴于此，本书力图在明晰日欧关系发展线索的前提下，围绕标志性的节点事件，深入解构日欧矛盾与摩擦。

在我国，对该项选题的研究工作尚未开展，现有研究论著或从国际关系的角度分析日欧关系的宏观走向，或分阶段论述日本对欧洲一体化政策的原因，没有系统地阐述欧洲一体化进程中的日欧关系演变及成因。在史料运用上也多为新闻媒体的报道及当事国的公告，较少使用原始资料。20世纪90年代出版了两部涉及日欧关系的综合性研究论著，均为概论或介绍性质。如《战后日本外交史（1945—1994）》②、《战后日本外交》③。这二部论著均属日本外交史研究，在涉及日欧关系时，只是通过日欧首脑外交的介绍，简单地分析了日欧关系的历程，尚未从欧洲一体化的角度分析日欧关系的演变，更缺乏对影响日欧关系的敏感事件的深入分析。《战后日本外交史（1945—1994）》一书利用一章的篇幅梳理了战后初期日欧外交关系史，其中对制约日欧关系发展的因素分析较为深刻。

进入21世纪，出现多部论著在相关章节或宏观介绍，或案例分析了日欧关系的节点问题。如《当代国际关系》作为教科书对冷战前后的日欧关系的概括较为精要，认为"欧洲与日本的空间距离遥远，日本与欧洲的关系自二战之后就一直主要是经济联系，而不是政

---

① パスカル・フォンテーヌ：《Europe in 12 lessons》（EUを知るための12章），《日本と欧州連合の関係》，駐日欧州連合代表部広報部，2011年。

② 宋成有、李寒梅等：《战后日本外交史（1945—1994）》，世界知识出版社1995年版，第381—405页。

③ 冯绍奎等：《战后日本外交》，中国社会科学出版社1996年版。

治和战略关系","冷战结束前,日欧关系的焦点主要集中在以贸易摩擦为代表的经济对立方面","冷战后日欧关系的主题是'以合作代替对抗',双边关系不断向前发展","进入新世纪以后,日欧进一步加强合作。确认了发展战略伙伴关系的重要性"①。

金熙德在《日本外交与中日关系:20世纪90年代新动向》一书中指出:战后的日欧关系一直处于西方多边合作机制之中。日欧双方在政治、安全方面长期处于以美国为中介者的薄弱关系;而在经济方面,则通过国际金融上的"布雷顿森林体系"(由国际货币基金组织和世界银行组成)、国际贸易上的"关贸总协定"以及素有发达国家俱乐部之称的"经济合作与发展组织"(OECD)等多边合作机制,不断发展了相互间关系。从1975年起每年举行一次的西方七国首脑会议,成为美日欧三边政策协调的重要场所。这标志着日欧关系的密切程度及其在国际事务中的比重有了一个飞跃。该书还对战后日欧政治关系发展缓慢的原因进行了分析。②

《欧洲联盟政治概论》一书专章论述分析了欧盟与日本间的关系,分析认为20世纪90年代以前,"日欧关系的主要内容是贸易及其有关问题。20世纪90年代以来,日欧关系的特点是双方在政治与安全方面合作的加强。由于欧盟和日本在价值观上大体相同,在国际社会均负有较大的责任,在安全方面有共同关心的问题,在战略上利益一致,因此,双方认为,不仅应在经济方面,而且应在政治、环境、援助、安全、科技、文化等领域加强合作,将欧日关系发展为全球伙伴关系"③。《大国战略研究》针对2000年日本的"欧洲季"热潮,重点分析了日欧计划的主要内容,总结概括为:(1)建立领导人的定期会晤机制;(2)支持日本出任联合国安理会常任理事国;(3)在国际和平和安全领域进行广泛的合作;(4)加强在国际经济、贸易领域的合作;(5)在对外援助方面加强协调;(6)促进亚欧合作。

---

① 参阅章前明《当代国际关系》,浙江人民出版社2006年版,第435—438页。
② 参阅金熙德《日本外交与中日关系:20世纪90年代新动向》,世界知识出版社2001年版,第197—210页。
③ 罗建国:《欧洲联盟政治概论》,四川大学出版社2001年版,第429—444页。

同时分析指出未来日本在发展日欧关系中可能遇到的困难主要表现在经济摩擦、文化摩擦、视野的错位三个方面。① 廉德瑰在《"大国"日本与中日关系》一书中用一章的内容介绍了日欧关系问题，特别强调了日本"对欧洲外交的位置意识"，指出："日本自战败以来就不得不依附于美国，很难独立作为一个主体与其他主要国家发展战略性关系，特别是在与欧洲国家的关系上，虽然美、日、欧都属于所谓民主主义阵营，但是，三边结构并不对称，由美国主导的美日关系与美欧关系两条线是主轴，日欧这条线向来是比较脆弱的。这种状况直到冷战结束以后才有所改变。""整个冷战期间，西欧各国都把与日本关系的焦点集中在了经济问题上，根本无意与日本谈政治问题"，直到冷战结束后，日欧关系才开始"正常化"。"尽管如此，日本人对西欧的亲近感仍然没有减弱，他们仍然希望日欧关系像日美关系那样紧密，至少希望日美欧三方能够成为国际经济的三根支柱，以便日本能够挤入世界主流国家行列。日本人想与美、欧为伍，借以抬高自己在国际社会序列中的'层次'，这种对西欧国家的一厢情愿反映了日本人对西洋文明的下位意识，然而，遗憾的是，日本人没有收到相应的回应。"②

《日本政治发展与对外政策》一书梳理了 20 世纪 50 年代到 80 年代间的日欧关系，将此间的日欧关系高度概括为五六十年代关系的重构与七八十年代的发展、90 年代的转折三个阶段，并分章讨论了各阶段日欧关系的概况。其中关于 20 世纪 90 年代的日欧关系分析较为深入和全面，特别是重点剖析了 90 年代后日欧关系处于新的历史转折点的原因，指出：（1）冷战对象消失后，日欧关系从"西方一员"向"全球伙伴"转变；（2）在日欧业已崛起的情况下，两者在对美关系中增加对等因素实属历史必然；（3）经济因素在各国对外政策中的比重提高。原来比日美、欧美关系相对薄弱的日欧经济关系亟待发展；（4）东亚经济蓬勃发展，亚洲对日欧关系的影响显

---

① 陈志敏：《大国战略研究》，中央编译出版社 1998 年版，第 243—248 页。
② 廉德瑰：《"大国"日本与中日关系》，上海人民出版社 2010 年版，第 117—119 页。

著增强。①

虽然我国学术界对日欧关系的研究还未形成规模，只是停留在现象介绍和概述的水平上，但是，也出版了两部涉及日本对欧洲一体化政策的学术水准较高的研究论著，即《日美基轴与经济外交》②；《战后日本的经济外交（1952—1972）》③。《日美基轴与经济外交》的作者金熙德是我国日本学研究界当中仅有的几位研究日欧关系的学者，他在1996年发表的《90年代日本与西欧关系的基本特点》④一文中，对日欧关系的基本特点及发展前景进行了深入分析，认为日欧联合声明的发表和日欧首脑会议的制度化，标志着日欧关系进入了以加强政治合作为特征的新阶段。尤其在战后日欧关系的基本框架分析上提出了日欧关系的三层体系说。⑤ 这一论述极大地启发了笔者的思路，促使笔者在分析欧洲一体化进程中的日欧关系的形成和演变问题上，形成了一个清晰的思路，即：欧洲一体化进程中的日欧关系两个层面、三个层次，即：两个层面为对西欧关系与对东欧关系；三个层次为：（1）日本与欧盟间的关系；（2）日本与欧盟成员国间的关系；（3）日美欧三角经济关系框架内的日欧关系。在战后初期，由于欧共体委员会职能的单一（经济整合），并且必须在欧共体理事会的授权下行使，使得日本只能在统一通商协定问题上与之交涉，而在一些具体的通商贸易谈判问题上，则绕开欧共体单独与其成员国进行双边谈判，或者充分利用欧共体成员国间在进口限制和关税协调上的分歧，从中渔利。后来随着欧共体委员会职能的加强，日本对欧共体的政策在整个对欧洲政策体系当中凸显出来。尤其是在1978年以后，日欧在原有的经济关系基础上，发展了政治关系（如在美国驻伊朗大

---

① 刘宗和：《日本政治发展与对外政策》，世界知识出版社2010年版，第284页。
② 金熙德：《日美基轴与经济外交》，中国社会科学出版社1997年版。
③ 张健：《战后日本的经济外交（1952—1972）》，天津人民出版社1998年版。
④ 金熙德：《90年代日本与西欧关系的基本特点》，《日本学刊》1996年第2期。
⑤ 金熙德认为60年代以来，日欧关系形成了由三个层次组成的体系，即：对西欧各国和欧共体关系重叠的日欧双边关系；以美国为中介的日美欧三边关系；通过国际货币基金组织、世界银行、关贸总协定、经合组织、西方七国首脑会议建立的多边机制（《日美基轴与经济外交》，中国社会科学出版社1997年版）。

使馆的人质事件上的双边对话协调;自 1983 年以来的定期日欧议员会议等)。1991 年《日欧海牙联合声明》发表以后,日本在对欧洲一体化问题上,就极大地关注与欧共体委员会的交涉,日欧关系也随之不断地走向成熟,由过去的单一经济型关系向经济、政治、文化、安全保障、环境等诸多方面关系在内的综合性、全球化关系发展。

金氏的《日美基轴与经济外交》一书的特点是突出个案分析和理论创设。全文以日美关系为基轴,以经济外交的开展为线索,重点分析了战后日本对欧美发达国家、对中东石油国家、对东南亚市场国家的经济外交的推行。

《战后日本的经济外交(1952—1972)》一书用两章的篇幅介绍了战后初期日本对欧共体各国的经济外交,实证性较强,大量地借鉴了日本的研究成果和大量地引证了原始数据、档案史料,是一部对了解和研究日本对欧共体经济外交政策有着极大参考价值的论著。上述两部论著突破了以往的研究界限,在历史环境分析上,不仅详尽地分析了当时的国际环境,更难得的是理性地分析了日本国内的独特环境(政治环境、经济环境、对外政策的决策体制),通过内外环境的分析充分展示了当代国际社会的全球化趋势和互动效应。

进入20世纪90年代后,国内学术界日益关注日欧关系的互动与效应问题,陆续发表了四篇关于日欧关系研究的学术论文。《战后日欧外交关系述论》[①] 一文是笔者所见国内唯一一篇关于日欧外交关系史的研究综述。该文在对日欧关系的认识上,提出:"日本对美欧外交一直是重美轻欧。同时,由于西欧各国经济发展相对落后于日本,对日贸易也处于不利地位,日欧之间呈现了'竞争多于合作、摩擦多于协调'的状况,使日欧关系显得比较疏远和脆弱。因此,在国际化浪潮中,西欧自然而然地成为日本走向世界大国过程中的重要合作伙伴。目前日本正致力于纠正对欧政策的偏差,力图在日美欧三者之间形成一个'正边三角形'关系"。该文在史料的利用上,多为新闻报道和日本外务省的《外交蓝皮

---

① 贺金颖:《战后日欧外交关系述论》,《日本学》第五辑,北京大学出版社 1996 年版,第 114—159 页。

书》,特点是史论结合、以史带论。不过,终究是属于外交史的研究文章,没有超脱外交关系研究的框架,并且大部分内容是介绍日本与欧共体诸国双边外交关系的,只用较少文字概述了日本与欧共体的关系。

潘德昌的《论欧洲一体化的复兴与90年代日本新欧洲政策》以欧洲一体化复兴为背景,对日本政府提出并实施的新欧洲政策进行了分析。[①] 董礼胜的《战后日本与欧盟关系发展演变的概述及分析》梳理了日本与欧盟间的关系,重点分析了日欧关系发展演变的原因。董礼胜把战后日欧关系发展分为三个阶段:1952—1989年在冷战中摸索前进;1990—1999年全面伙伴关系初见端倪;2000至今不断拓展与深化的全面伙伴关系。[②] 孙绍红的《21世纪初日本与欧盟的关系》认为:进入21世纪,伴随欧洲一体化的深入发展及其共同外交、安全政策的提出,欧盟在世界舞台上发挥着越来越重要的影响,并开始将目光更多地转向亚洲。同时,日本也出于在全球范围提高国际地位和影响力的目的,大力与欧盟发展"拥有共同价值观,共同面对全球性课题的伙伴关系"。日欧关系的发展对国际形势和世界格局的演变具有较为重要的影响。该文在借鉴学术界关于日欧关系分期的基础上,提出了日欧关系三阶段说,即1952—1990年经贸关系不断加深,政治关系薄弱;1991—2000年,《日欧关系宣言》为双方关系发展打下了良好的基础,双方关系由经济向政治、安全领域拓展;2001年"日本—欧盟行动计划"提出以来,双边关系全面拓展与深化。[③]

三 研究特点

本书将在坚持基础性研究体现原创性、开拓性原则和实事求是原则基础上,大力发掘史料和日本政府官方档案,理论联系实际,通过

---

① 潘德昌:《论欧洲一体化的复兴与90年代日本新欧洲政策》,《日本学刊》2006年第3期。
② 董礼胜:《战后日本与欧盟关系发展演变的概述及分析》,《欧洲研究》2007年第4期。
③ 孙绍红:《21世纪初日本与欧盟的关系》,载刘江永等《当代日本对外关系》,世界知识出版社2009年版,第278—287页。

实证和案例研究，系统阐述欧洲一体化进程中的日欧关系史的形成过程及其演变。将尽最大努力在以下四个方面进行尝试性的探索。

（一）日美欧三边互动下的日欧关系

本书的立意在于研究欧洲一体化进程中的日欧关系问题，重在分析日欧关系演变的背景，特别是关注欧洲一体化背景下的日欧互动关系及日美欧三边互动关系，不是单纯的日欧外交关系史研究。所以在体例安排上，以欧洲一体化进程中的每一个阶段（指 ECSC→EEC→EC→EU）为纵轴，以日本的反应（对欧洲一体化的认识及对欧政策的形成和推行），以及该政策推行影响下的欧共体的对日反应为横轴，紧紧围绕着日本和欧共体（包括成员国）间的摩擦和合作来进行，重点分析日欧的互动影响和日本对欧政策的成因。

当然，一国制定对外政策的动因和政策推行的效果分析，不能仅仅关注其国内因素，因为任何国家的对外政策都是国家利益在国内政治环境和国际局势影响下的反应。所以在研究时将其置于当时的特有环境当中，将日欧关系的发展变化视为国际政治经济与国内政治经济这一组变量互动影响的结果。冷战期的日欧关系与冷战格局和美国干涉有着极为密切的联系；后冷战时代的日欧关系虽然表现为全面的协调与合作、政治化趋向也日益加强。但是，更应该看到，只要日欧经济实力没有赶超美国、军事安全保障仍旧以美国为基轴，就难以改变日美欧三角关系中日欧一边淡薄的事实。

（二）充分利用新近解密日文档案资料展开论证

首先高度重视日欧双方公开发表的"政策文件"。分析双方政策文件的原因有二，即其一是进入20世纪90年代后，日欧双方非常重视对方的政策，且通过政策文件内容的梳理，可以解析双方外交政策的特征。1980年，欧共体委员会制订并颁行了《对日通商关系宣言》。这份宣言明确地反映了欧共体对日态度和要求，标志着欧共体对日共同通商战略的形成。该宣言是欧共体首次对日政策文件，但是，通观日本对欧政策文件的颁行情况，可以发现日本对欧外交一贯体现为"反应式外交"，缺乏"主导性外交"（如下文所述《吉野书简》《前川报告书》）。尤其是日本对欧政策文件往往是在呼应欧盟对日政策文件的前提下出台的，因而双方政策文件内容均为共同关心的问题和站在各自立场的表达。不仅仅是一种明文规定，更是双方意愿的明确意思表示。

其次发掘、利用了日本和欧盟方面的外交档案。尽管本书使用了大量的外交演说（日本首相、外相和欧盟官员以及成员国首脑的演说），但是，外交演说毕竟是外交辞令，更具有说服力的应该是内部的书信、决议。因此，本书在行文中并没有一味地引用外交演说，还竭尽所能挖掘当事人的书简、书信、回忆录及政府的决议、政府间的协议、声明、公告。

现已掌握的原始资料主要有：日本外务省历年所编《外交蓝皮书》中有关日欧关系部分，这是目前学术界利用最多的资料来源，为分析日本政府对欧洲一体化的政策制定和演变的动因提供了第一手史料。日本通商产业省《经济白皮书》《世界经济白皮书》历年版有关日欧关系部分；日本外务省情报文化局编《国际问题资料》有关日欧关系部分；日本东京大学东洋文化研究所田中明彦研究室编《战后日本政治·外交数据库》有关日欧关系部分、欧盟委员会驻日代表处文化宣传部《欧洲》（1983年创办、原名为《EC月刊》）、欧盟委员会驻日代表处网站（http：//www.euinjapan.jp）比较完整地收集了日本与欧共体（欧盟）关系的文件。这些资料有相当一部分还未被发掘、利用，对这些资料的掌握使笔者对该选题的研究有了一定的信心。此外，日本政府综合电子窗口（http：//e-gov.go.jp）；外务省网站（http：//www.mofa.go.jp）、日本国际交流基金网站（http：//www.jpf.go.jp）上的有关日欧关系的新闻和信息无疑对了解日欧关系的历史及现状有极大的帮助。日本国际问题研究所《国际问题》、日本外务省《调查月报》、经济外交研究会《经济与外交》、日本EC（EU）学会年报、日本外务省《外交论坛》（1989年创刊）、外交时报社《外交时报》（1983年创刊）、《世界经济评论》、《经团联月报》等刊载的政府报告及有关日欧关系研究的文章，不但使课题组全面了解了日本方面的研究成果，而且对课题研究提供不少启发。

（三）进行开创性、实证性研究，填补国内学界研究空白

以欧洲一体化进程为基本线索，通过引证大量原始资料，廓清日

欧互动过程，阐述日本对欧洲一体化的认识、对欧洲一体化的政策的形成和推行情况。通过对这些原始资料的分析，揭示出日欧关系是怎样从摩擦、对立到对话、协调的，以及日本政府对欧政策的制定和推行所引起的欧共体及其成员国的反应，在此基础上勾画出日欧相互作用和影响的过程。

（四）重视案例分析，关注人员交涉的作用

在充分注意欧洲一体化进程中的日欧关系变化发展的线性梳理基础上，突出案例分析，选取日本与欧盟间的重大事件，进行背景、经过及作用分析。同时注意到"人员因素"的影响，结合现代外交行为体的多元化现象，突出介绍了日本与欧共体双向政策推行中的人员行为及影响，并将此现象概括为日欧双向政策推行中的"首脑外交"与"民间外交"。"首脑外交"是一种现代外交实践，是所有国家及国家集团（也包括正处于国家整合过程中的国家组织，如欧盟）的政治首脑们为商谈、解决双边、多边关系与重大国际事务而以正式身份公开、直接参加的个人外交。包括双边、多边会议或会晤。日欧间的首脑外交开始于1954年吉田茂首相访欧，1991年以后，日欧双边首脑外交走向正常化、制度化，对日欧双边关系的发展起到了重要的促进作用。[①] 所谓的"民间外交"也称为"非正式接触者"，是指日欧双方的民间团体（经济、文化、学术等）间的对话与交流。"民间外交"在战后初期日本的欧洲政策推行上占有非常大的分量。尤其是日本的经济团体联合会（简称为经团联）在欧洲一体化启动阶段，多次组成代表团访问欧洲，实地考察了解欧洲一体化的实际情况。考察团所起草的报告成为日本政府制订欧洲政策的主要依据。

四 研究内容

欧洲一体化进程中的日欧关系历经战后20世纪五六十年代的摸索；70年代的发展；80年代的冲突与协调；90年代的成熟；世纪之

[①] 参阅潘德昌《论日欧首脑外交》，《日本学论坛》2002年第1期。

交的战略调整；近十年的拓展与密切合作六个阶段。尽管目前日欧双方正在按照新千年全球合作伙伴关系战略开展工作，并确认了双边关系的三个基轴（政治对话、经济与通商合作、全球性课题的合作），加强了对话与合作，在传统的关系框架中，增加了一些新的合作内容，即双方在政治、安全保障、环境等方面的合作。日欧关系朝着全球化的方向发展。

第一章：欧洲一体化的启动与日欧双边关系的摸索

欧洲一体化刚一启动，就立即引起国际社会的极大关注，对于正在倾尽全力复归国际社会（实际上是西方社会）的日本而言，欧洲经济共同体这一超国家机构的出现，更是超出其想象之外的。从欧洲一体化启动开始，日本就表现出极大的兴趣。1962年以前，日本对欧共体抱有敌视态度，普遍认为欧共体组织是与世界自由贸易原则背道而驰的保护主义经济集团。当时日本各界普遍怀疑法国、西德、意大利和荷比卢六个经济强国将联合在一起，构筑对外实施歧视性的关税同盟，认为这是违背关贸总协定精神的。自1962年开始，日本逐渐意识到欧共体的存在对自身贸易发展的影响。但是，由于战后初期日本对欧共体工作的主要任务是修复日欧感情，争取欧共体各国在"复归国际社会"问题上的谅解与支持。此外，在欧洲一体化启动阶段，日本对欧洲一体化的认识还很模糊，还难以将欧共体视作交涉对象，对欧共体政策还仅仅处于酝酿阶段。欧共体委员会虽曾努力加强它在日欧贸易关系中的地位，但是，由于它做出的决定必须经过部长理事会的同意，欧共体委员会在日欧贸易交涉中的权限小，任何欧共体与日本的交涉结果都需要长期的斗争才能取得部长理事会的许可。尽管欧共体六成员国都有推进欧洲一体化的想法，但是，各个国家却都保持了不同的对日政策。欧共体六国在与日本进行通商贸易交涉之际，往往从一国对外贸易发展的私利出发，未考虑欧共体的整体利益。因而日本利用了欧共体各国之间在对日问题上的分歧，采取单独与欧共体六国（加上英国）双边交涉的方式，收效甚大。由于战后日本与西欧一同被美国纳入到了以美国为主轴、日欧为两翼的资本主义阵营当中，日欧政治关系发展较为缓慢。欧洲一体化启动阶段的日本对欧共体政策只能以双边通商贸易谈判和首脑外交的方式，大搞经济外交。

在战后初期欧洲一体化启动阶段，日本对欧共体经济外交政策的推行对象由三个层次组成，即与欧共体各成员国间的通商贸易谈判；与欧共体委员会间的通商贸易交涉；与正处于入盟谈判阶段的英国间的交涉。与欧共体进行通商贸易谈判的目的就是为加入各种国际经济组织，开拓有利的外部经济环境，实现与欧共体的贸易自由化。战后初期日本对欧共体的政策表现为明显的经济型特征。

第二章：欧共体的扩大与日欧关系的发展

欧共体在过渡期完成后，进入了一个新的发展阶段，西欧的政治家们在既有的经济一体化基础上（关税同盟、共同农业政策），又提出了新的目标，即实现经济一体化的最大目标——建立经济货币联盟。同时，欧共体也在进行着有史以来的第一次扩大。日本政府极为关注20世纪60年代末70年代初欧共体的动向，正式与欧共体进行统一贸易协定谈判。日欧关系初步发展起来，但是，日欧双方在贸易保护问题了发生分歧。日本要求全面废除歧视性的贸易保护条款，使日欧通商贸易关系真正进入到关税及贸易总协定框架内。而欧共体却要求将双边贸易保护条款一体化。日欧通商协定谈判陷入僵局。日本面对欧共体的扩大化趋势，派出庞大的欧共体经济调查团，出访欧洲14国，实地探询扩大在即的欧共体的真实想法，直接考察欧共体的投资环境。日本与欧共体经过首脑高级会谈（1972年田中首相及大平外相访欧），共同发表了《日本·欧洲共同体联合声明》。欧共体委员会经过60年代的摸索后，于1974年设立了驻日本的代表处，标志着日本与欧共体双边外交关系的正式建立。日欧关系（指欧共体）进入了发展阶段。

第三章：开放主义？保守主义？1975—1985年日欧贸易战

20世纪70年代初，日本与欧共体间的贸易不平衡不断扩大，尤其在经济危机的打击下，日欧贸易摩擦不断激化促发"土光事件"。由纯粹的"贸易摩擦"转化为"贸易战"，导致"普瓦齐埃事件"。在日欧贸易战的过程中，欧共体方面的对日通商战略——标志是1980

年《对日通商宣言》的发表——开始形成。一方面采取保守的保护措施，另一方面采取激进的进攻策略，积极要求日本开放市场。面对欧共体上下"铺天盖地"的通商要求，日本政府为了确保日欧经济关系的顺利发展，在不损害自身利益的前提下，积极顺应欧共体的要求，在市场开放、出口自肃、双边合作、关贸总协定（GATT）第 23 条协商等几个问题上，做出了很大的让步。日本方面的对欧政策进一步发展，但仍停留在应急问题解决类型阶段。利用经济大臣的出访和双边贸易协商的方式，采取尽量拖延战术。日欧贸易战不断升级，由当初的纯粹的经济关系问题，演变为复杂的政治问题。1982 年，欧共体对日启动 GATT 第 23 条规则，强烈要求日本彻底对外开放国内市场，转变对欧共体市场的倾销趋势。日本针对欧共体的保护主义攻势，采取迂回战术，将在欧共体市场设立在地生产厂和增加对欧共体市场的直接投资作为回避贸易摩擦的方法。日本企业大举挺进欧共体市场。

日欧贸易战中的针锋相对的斗争并不是解决问题的良策，只能使事态不断激化。最后日欧双方不管主动还是被动，都会认真考虑对方的要求及自身的利益，采取妥协的合作方式，在向对方做出让步的同时，调整自身的国际贸易模式，以期立于不败之地。

第四章：欧洲一体化的复兴与日欧关系的成熟

从 20 世纪 80 年代中期起，欧洲一体化出现新的高潮，标志是《单一欧洲法案》的诞生。1986 年欧共体《单一欧洲法案》的出台，立即引起了日美的恐慌，面对欧共体在一体化目标上提出来的"1992 年计划"，日美均在怀疑 1992 年后的欧洲是否意味着"欧洲要塞"的出现？是否意味着保护主义的泛起？尤其是日本方面，对此更为关注。但是，自 1989 年起，日本对欧共体的看法发生了变化，不再认为 1992 年的欧洲有保护主义抬头的趋势，而是市场机遇的来临。因而一方面通过首脑外交的方式强化日欧关系——宫泽、海部首相访欧，另一方面转变对欧贸易模式，由出口为主转向对欧直接投资。日欧间再次出现了投资摩擦问题。但是，日欧双方均以理智的态度展开协商，并在贸易摩擦问题上，由对话、协商转入了实际操作过程。日本针对欧共体的"1992年统一大市场计划"及对日通商政策的强化，构筑并实施了新欧洲战略。日欧关系发生了重大变化，双边合作的视角也由过去偏重于双方市场开放等经济问题，逐步转为全球范围内的政治、经济、安全保障等问题的对话与合作，日欧关系日益成熟。

第五章：欧盟的扩大与日欧关系的战略调整

1993年11月1日《马斯特里赫特条约》的正式生效，宣告了以欧共体为基础的欧洲联盟的成立，标志着欧洲统一大市场的形成。日本政府明确表态：积极欢迎和支持该条约生效。日本国内在1993年兴起了"欧盟热"，日欧间发起了"草根运动"，政府间、民间对话与合作广泛开展。尤其在日欧限制缓和改革问题上，双方展开了所有级别的对话与协商。欧元的启动再次对日本产生了巨大的冲击，在欧日本企业积极顺应欧洲市场一体化的潮流，转变经营战略，积极研究导入欧元的对策。日本政府针对欧元对世界经济及自身的重大影响，也在积极推进日元的国际化。积极谋求建立一种美元、欧元和日元连动的货币体制，从而使日元成为世界三极货币体系之一极。

世纪之交，日欧双方在总结过去双边关系的基础上，顺应新时代的发展要求，积极探讨和构筑新千年全球合作伙伴关系。日欧首脑的频繁互访、日本河野洋平外相"十年合作构想"的提出、欧盟"对日工作文件"的制订以及日欧首脑会议的如期举行、《日欧十年合作计划》及《未来共同行动计划》的签订与实施，都是极有力的证明。

第六章：欧盟重返亚洲与日欧亚洲战略的调适

欧盟自1994年制订《新亚洲战略》起，开始大步迈向自战后以来本已初步淡出的亚洲。可以说欧盟《新亚洲战略》的制订与实施是欧盟政治经济外交政策一体化的表现，是全面实现欧洲一体化的重要环节。欧盟重返亚洲，给日本的"回归亚洲"产生了重大的影响。同时给战后以来所形成的日欧关系格局增添了新的内容，即日本与欧盟在亚洲的竞争与合作问题。日本在欧盟《新亚洲战略》的冲击下，进一步修改其亚洲战略，并将亚洲战略与对欧政策联系起来，视为对欧政策的一部分。在大力推进日元国际化的同时，充分利用亚欧会议、日欧首脑会议等一切渠道，积极开展对欧工作。日本与欧盟在亚洲问题上的竞争与合作，充分说明了日欧关系的全球化发展趋势。

余论：日欧关系的全球视角及困境

近十年，日欧关系在双方的共同努力下，不断得到拓展，双边或多边合作关系日益密切，由"地区性"转变为"全球性"。日本对欧洲一体化政策的理念也由当初的"开放的全球主义"与"封闭的国家主义"的二元对立转变为"开放的全球主义"与"开放的国家主义"的二元协调。欧盟成立后，日欧关系发生了根本性的变化，双方强调政治对话与合作的重要性，但是，同经济关系相比，政治关系还停留在通过对话进行共同分析阶段，表现出明显的滞后性。尽管目前日欧关系不断升温，战后以来保持了约半个世纪之久的以美国为主轴、以日欧为两翼的资本主义三角关系框架发生了明显的变化，但是，日欧双边关系在日美欧三角关系框架中仍然比较薄弱，只是一种点线式的联合。虽然日欧在世纪之交进行了双向关系的战略调整，日本正在按照新千年全球合作伙伴关系战略开展对欧工作，但是，日本与欧盟所希望并努力构建的"三方共处型"的日美欧三角关系框架不会在短期内实现。

第一章　欧洲一体化的启动与日欧双边关系的摸索

第二次世界大战结束以后，日本通过1952年生效的《旧金山和约》重返国际舞台，修复、重建同欧洲的关系。但是，当时日本与欧洲面临难以克服的各种制约因素，致使日欧关系难以迅速发展起来。日本与欧洲作为美国的伙伴，在两极格局的条件下，日欧关系必须服从美苏争霸和美国的全球战略。日欧关系又处于西方多边合作体制之中，在政治与安全方面，日欧关系的发展必然以美国为中介；在经济方面，主要是通过国际货币基金组织、世界银行、关贸总协定（GATT）和经济合作与发展组织（OECD）等多边合作机制进行。因此，日欧关系进展缓慢。究其原因在于：（1）日本专注于经济的恢复与发展，无力顾及亚太以外地区的政治事务；（2）二战结束不久，西方对日本和东方国家怀有戒心。（3）西欧和日本均将同美国的关系放在首位，注重处理地区内部的各种关系，欧日关系难以受到重视。在经济方面，战后日本重返发达国家行列的行动受到西欧的抵制与歧视。在安全保障方面，西欧受到以美国为首的"北大西洋公约组织"的保护，日本则受制于《日美安全条约》，双方不存在直接的双边安全合作关系。①

欧洲一体化的启动及欧洲经济共同体的成立，立即引起国际社会的极大关注，对于正在倾尽全力复归国际社会（实际上是西方社会）的日本而言，欧洲经济共同体这一超国家机构的出现，更是超出其想象之

---

① 罗建国主编：《欧洲联盟政治概论》，四川大学出版社2001年版，第427—428页。

外的。从欧洲一体化启动开始，日本就表现出极大的兴趣。欧共体委员会虽曾努力加强它在日欧贸易关系中的地位，但是，由于它做出的决定必须经过部长理事会的同意，欧共体委员会在日欧贸易交涉中的权限小，任何与日本的交涉结果都需要长期的斗争才能取得部长理事会的许可。尽管欧共体六成员国都有推进欧洲一体化的想法，但是，各个国家却都保持了不同的对日政策。欧共体六国在与日本进行通商贸易交涉之际，往往从一国对外贸易发展的私利出发，未考虑欧共体的整体利益。因而日本利用了欧共体各国之间在对日问题上的分歧，采取单独与欧共体六国（加上英国）双边交涉的方式，收效甚大。

所以，在欧洲一体化启动阶段，日欧关系还仅仅处于酝酿与摸索阶段。

第一节　欧洲一体化的启动与日本的态度

一　欧洲一体化的启动

西欧各国在第二次世界大战的冲击下，经济陷入困境当中。西欧各国为了恢复经济，为了彻底消除欧洲战争的根源，更为了保护自身在美苏两极争霸中的安全，开始考虑将战前就已经盛行的"欧洲联合""欧洲统一"思潮变成实践。认为"一个团结、强大而又有威信的欧洲就不会再被那个友好的超级大国视为是偶尔不顺从的驯服附庸，也不会有朝一日被另一个超级大国的枪炮和导弹所征服，成为懦夫般的奴隶"，"欧洲应该停止那些无谓的内部争执和对抗，整顿一下内部事务，建立共同的、有权威的民主机构，按照基本统一的标准来处理财务问题，采用统一货币，建立一个统一的强大的防务体系"[①]。"多数欧洲领导人意识到，关税必须降低，欧洲应该朝着合伙开发资源和经营市场的方向前进。"[②] 美国从自身安全考虑，通过给西欧提供经济援助，帮助西欧复

[①] [意] 路易吉·巴尔齐尼：《难以对付的欧洲人》，唐雪葆等译，生活·读书·新知三联书店1987年版，第8、10页。

[②] [英] C.E. 布莱克、E.C. 赫尔姆赖克：《二十世纪欧洲史》（下），山东大学外文系英语翻译组译，人民出版社1984年版，第859页。

兴以对抗苏联。马歇尔计划给予欧洲提供援助的先决条件是欧洲经济合作。因而马歇尔计划推动了欧洲一体化进程。1948年3月，英法比荷卢五国签署了《布鲁塞尔条约》。这一条约虽然是以军事同盟为核心的政治经济文化的条约，但是，它是西欧联合的一种实践。[①] 1948年5月，欧洲16国成立了欧洲经济合作组织（OEEC）。该组织负责向美国提出每个国家对马歇尔计划中的援助的详细要求，并为欧洲的合作和复兴制定一个长期的详细计划。在1952年马歇尔计划正式结束后，该组织成为欧洲经济一体化运动的基石。

1950年舒曼计划出台，法德和解与欧洲联合正式起步。1951年4月，法国、西德、意大利、荷兰、比利时、卢森堡六国签署了煤钢联营协定，欧洲一体化开始正式启动。欧共体六国建立的煤钢共同市场开辟了由经济一体化入手实现欧洲统一的新路径。欧洲煤钢共同体的成立，不仅标志着欧洲联合从观念和想象中真正转为具体和现实，而且开启了欧洲一体化的新阶段。由于煤钢联营取得了极大成功，欧洲的一体化论者又对欧洲的政治联合提出要求。但是，1952年5月27日欧共体六国签订的"欧洲防务共同体条约"，由于法国议会的反对，最终流产。西欧政治家想依靠经济整合和政治整合双轮并行的方式实现欧洲统一的计划受挫。这样，一体化的步伐不得不重新迈到经济一体化的路径上来。1955年，六国政府协商决定，欧洲的一体化应该首先从经济一体化入手，并成立斯巴克委员会进一步研究经济一体化问题。1956年5月，六国外长威尼斯会议通过斯巴克委员会提交的报告，经六国政府反复讨论，最后形成了1957年3月25日在罗马签署《罗马条约》的内容。1958年1月1日，该条约生效，欧洲经济共同体（EEC）正式宣告成立。

二　日本对欧洲一体化启动的认识

（一）敌视与批判（1957—1960）

欧洲煤钢共同体（ECSC）刚刚建立，日本就通过驻比利时大使

---

① 李世安：《世界当代史》，中国人民大学出版社1998年版，第207页。

馆取得了同 ECSC 的联系，双方约定可以随时进行协商。但是，对于日本来说，刚刚诞生的欧洲经济共同体毕竟是新生事物，当时日本各界普遍怀疑法国、西德、意大利和荷比卢六个经济强国联合在一起，构筑对外实施歧视性的关税同盟，是违背关贸总协定精神的。1956年10月到12月末，关税及贸易总协定第11次会议在日内瓦召开。会上，法国、西德、意大利和荷比卢以六国要结成关税同盟为由，向关贸总协定事务局提出免除该六国在关贸协定第24条上的义务。日本表示原则上反对这种集团化倾向。"日本虽然希望共同市场的构建有利于欧洲经济的发展与强化，乃至于有利于世界贸易的自由化，但是，另一方面也担忧该计划将促成地区经济集团的建立。"为此日本政府于1957年3月末给欧共体六国递交了备忘录，表明日本政府对欧共体建立的担忧之情，特别强调了"地区贸易自由化不应该以牺牲域外国家为代价，海外领土特惠区域的扩大违反了关税及贸易总协定的精神和原则"，并借此机会向法国和荷比卢三国提出撤除对日本的贸易保护条款及 GATT 第35条限制条款。① 同时日本政府还认为："西欧各国对欧洲大陆内部的贸易依存度极高，与日本的贸易所占的比重较小，尤其在工业品的交互贸易上，西欧各国为保护国内产业，对出口产品的限制较少，阻碍了世界贸易的进一步发展。"② 担心欧洲经济共同体将六国作为一个整体联合在一起，其对日通商政策无论如何都将受到对日歧视最严重的法国和意大利的影响。"日本对1957年建立的欧洲经济共同体感到忐忑不安，担心欧洲共同对外关税政策可能对日本与欧洲贸易造成不利影响，担心欧洲将形成一个贸易集团，把日本排除出去。"③

1958年12月末，西欧13个国家间实现了货币兑换美元的汇兑

---

① 外務省编：《わが外交の近況》，1957年，《欧州共同市場の結成とガットおよびわが国との関係》，http://www.mofa.go.jp/mofaj/gaiko/bluebook/1957/s32-2-2-4.htm。
② 通商産業省：《通商白書》，1957年，《各論.第4章国別貿易.Ⅲヨーロッパ諸国》，http://warp.da.ndl.go.jp/info:ndljp/pid/1246938/www.meti.go.jp/policy/trade_policy/whitepaper/html/backnumber.html。
③ 刘作奎：《中国和日本对欧盟看法比较》，《世界经济与政治论坛》2012年第2期。

第一章 欧洲一体化的启动与日欧双边关系的摸索

率。日本方面认为仅仅是将此前已经实现了的货币兑换率做出了法制上确认而已，但是，此举无疑促使欧洲支付同盟（EPU）的解体，然而却促成了欧洲通货协定（EMA）的生效，进而，战后以来一直成为悬案的单一市场在国际货币领域得以形成。同时由于法国下调了法郎的汇率，进一步促进了共同市场的一体化进程。尽管此种经济一体化（货币汇兑率的确定）步伐仅仅是一般意义上的汇兑方面的形式变化而已，在国际贸易上仍然持续着同以前一样的限制，然而从长远的观点看，可以说是西欧各国努力推进贸易自由化的阶段性成果，势必进一步推进国际经济的正常化、自由化。

通商产业省通过对1958年欧洲经济一体化现状的观察，认为1958年货币汇兑率将于1959年正式实施，同时作为共同市场条约规定的最初措施，就是带来关税的下调和进口份额的增加。尽管英国以欧洲经济合作组织（OEEC）各国为对象的自由贸易区提案没有实现，但是，取而代之的确是OEEC内部关税下调了10%，进而带动GATT成员国间的贸易扩大了20%，这可以说是所有OEEC各国努力缓和贸易摩擦的结果。[1] 西欧货币同美元汇兑率的确定虽然进一步推进了多边贸易体制，但是，势必进一步激化此后的出口竞争。如果将日本的出口同其他工业国相比，无论是在市场方面，还是在商品方面，很难说是有利的。同时，要求日本实现进口自由化的呼声会更强烈。[2]

1959年1月27日，藤山爱一郎外相在国会发表外交演说时指出：最近国际经济最受瞩目的是欧洲主要国家联合采取货币自由化的措施，这些措施基本上朝着贸易及汇兑自由化的方向发展。同时，英镑、马克等西欧货币越来越增大了其在国际货币上的信用和职能。可

---

[1] 通商产业省：《通商白書》，1959年，《総論．第3章世界経済の停滞と日本貿易．(2) 西欧の経済動向》，http://warp.da.ndl.go.jp/info：ndljp/pid/1246938/www.meti.go.jp/policy/trade_policy/whitepaper/html/backnumber.html。

[2] 通商产业省：《通商白書》，1959年，《総論．第5章通商政策の課題．2 通商政策の課題》，http://warp.da.ndl.go.jp/info：ndljp/pid/1246938/www.meti.go.jp/policy/trade_policy/whitepaper/html/backnumber.html。

以想见，在不远的将来，欧共体各国将实现贸易的完全自由化。但是，现在，这些国家依然对日本的出口实行歧视性进口限制，特别是日本的纺织品和日用品。也可以想见，今后还将存在着相当多的贸易壁垒。日本政府应该努力改善出口产品在这一地区所受到的不公正待遇。同时，为了日本今后贸易的发展，将适应国际经济的发展趋势，通过扩大各国相互间的贸易规模，推进通商贸易的自由化。[①] 1960年2月1日，藤山爱一郎在众议院发表演讲时再次指出：最近，世界经济潮流发生了急剧的变化，尤其是在欧洲，出现了倡导区域贸易自由化的欧洲经济共同体和欧洲自由贸易联盟两个经济合作组织。日本希望欧洲的经济一体化不要歧视区域外国家。所以，今后将与美国和加拿大等欧共体外的国家相互提携，刻意强调日本的基本立场。[②]

1959年9月，日本经济企划厅在《世界经济报告》中分析世界经济形势时，指出：当前世界经济出现了自由化与地区化的潮流。自由化是指货币汇兑自由化与贸易自由化，地区化风潮是指西德、法国、意大利和荷比卢共同构建的欧洲经济共同体（所谓的欧洲共同市场）的启动。受欧洲一体化启动的刺激，英国、瑞士、奥地利和北欧三国、葡萄牙七国结成了小自由贸易区。除此以外，在中南美以及其他地区也出现了构建共同市场的风潮。

日本经济企划厅认为，在这些经济区域化的浪潮当中，最值得关注的就是业已取得一定成效的欧洲经济共同体。因为欧洲共同体拥有与美国一样规模的人口，出口额也与美国相同，进口额约达美国的2倍。换句话说，就是在世界经济舞台上出现了一个可以与美苏比肩的第三大经济圈。

日本经济企划厅分析认为欧洲经济共同体取得如此显著的发展完全依赖于六个加盟国间去除了地区间的贸易障碍，实现了资本和劳动力流动的自由化，包括海外属地在内，实施了共同的开发政策和共同

[①] 《藤山爱一郎外务大臣外交演说》，1959/01/27，日本政治·国際関係データベース：http://www.ioc.u-tokyo.ac.jp/~worldjpn/documents/texts/fam/19590127.SXJ.html。

[②] 《藤山爱一郎外务大臣外交演说》，1960/02/01，日本政治·国際関係データベース：http://www.ioc.u-tokyo.ac.jp/~worldjpn/documents/texts/fam/19600201.SXJ.html。

的经济政策,才得以实现经济的繁荣。因而外部世界对于共同体的发展感到威胁也是理所当然的。伴随着广阔市场的构建,势必促进大量生产与国际分工,共同体的经济实力也必将得到显著的强化。如此一来,不仅造成了域外向共同体出口的困难,而且也将造成在第三国市场竞争的激化。① 对于世界经济整体而言,欧洲经济的发展无疑是促进世界经济繁荣的原动力,因为欧洲共同体与美国和苏联的不同之处在于对海外原料的依赖度高,认识到这一点具有特别的意义。但是,另一方面由于在欧洲内部形成了差别化的联盟,不仅隐含着破坏战后以来所形成的欧洲政治经济合作体制的危险性,而且也将促使欧洲以外地区自卫性联盟的产生,势必形成世界经济集团化的危险。②

正是基于这种疑虑和担心,日本对欧洲经济共同体的出现采取了批判的态度,认为无论是欧洲经济共同体还是1959年末形成的欧洲自由贸易联盟,撤除进口数额限制和关税的最终目标是实现贸易自由化,这是为彻底实现地域内贸易自由化而采取的措施。仅仅渐进地撤除数额限制是远远不够的,还有必要阶段性地下调乃至最后彻底废除关税。但问题是这仅适用于集团内的成员国,非成员国将处于相对不利的地位。西欧经济集团化的发展必将促进世界经济和世界贸易的发展,这是不可否认的,希望这种影响也能涉及处于相对不利地位的域外国家。③

日本政府试图通过外交渠道打探欧洲经济共同体的真实意图,并转达日本的担心。1959年7月11—22日,岸信介首相出访西欧,13

---

① 経済企画庁:《年次世界経済報告.世界経済の現勢》,1959年,《第一部 総論.第一章 一九五七—五八年における世界経済のうごき.第三節 世界経済の現状と問題点.(三)自由化と地域化の潮流》,http://www5.cao.go.jp/keizai3/sekaikeizaiwp/wp-we59/wp-we59-01103.html。

② 経済企画庁:《年次世界経済報告.世界経済の現勢》,1959年,《第二部 各論.第二章 西欧.第五節 通貨交換性の回復と欧州共同市場の発足.(五)欧州共同体の発足》,http://www5.cao.go.jp/keizai3/sekaikeizaiwp/wp-we59/wp-we59-02205.html#sb2.2.5.5。

③ 通商産業省:《通商白書》,1958年,《第6章貿易・為替自由化と日本貿易.西欧における経済統合と自由化》,http://warp.da.ndl.go.jp/info:ndljp/pid/1246938/www.meti.go.jp/policy/trade_policy/whitepaper/html/backnumber.html。

日到达伦敦与英国商务大臣会谈。日英双方均对刚刚形成不久的欧洲经济共同体问题发表了见解。日英均表达了希望欧洲经济共同体不要成为排他性的经济集团的愿望。岸信介表示"如果它（指欧洲经济共同体）对外部各国实行较为严厉的歧视，那么，日本政府必将遭受严重的损害"①。7月16日与西德总理阿登纳会谈时，岸信介曾不安地向阿登纳提到了欧洲经济共同体问题，并表示希望共同市场不要成为排他性的组织。②

日本经济企划厅为了摸清西欧自由化的条件以及日欧间的差距，于1960年发布了题为《日本经济成长力与竞争力》的年度经济报告。报告详细比照了日欧在自由化条件上的差距，得出两点结论：

第一，日欧在国际分工上的显著不同。报告分析认为，西欧以高度发达的经济圈为依托，在临近的工业国之间育成了特殊化的氛围，但是，日本周围就不存在这样的经济圈。即"日本是被欧美发达国家疏离的岛国"，其周边临近地区均为社会主义国家或者未开发的东南亚各国。战后日本虽说是在重化工业上取得了长足的发展，但是，通过同这些国家间相互交换工业产品，很难确立促进双方高度工业化的基础。

第二，日欧在雇佣形态上的差异。西欧各国除意大利和初期的西德等国家外，其他国家在战后几乎全部为完全雇佣状态。在这样的同质化环境下，比较容易吸收和消解掉因自由化而产生的雇佣摩擦。即使在西欧也存在着机械工业和化学工业高速发展的反面，即农业、棉纺织业和煤炭工业等相对缩小。特别是农业从业人数在多数国家呈现出绝对减少的趋势（从1953年到1958年，西德减少了30%，意大利减少了14%，瑞典减少了14%）。同时，英国的棉纺织业从业人员同期减少了12%，煤炭业从业人员从1958年1月到1960年1月间减少了12%。但是，这些相对缩小的企业释放的劳动力比较容易被其

---

① 木畑洋一など編：《日英交流史1600—2000》（2 政治外交卷），東京：東京大学出版会，2000年，第263页。

② 安原和雄、山本剛堵：《戦後日本外交史——先進国家の道へ》，東京：東京大学出版会，1983年，第191页。

他高速发展企业所吸收和接纳,因而整体的失业率一直保持低下的水平,且随着自由化的不断推进,更加促进了该地区的特殊化,能够享受到扩大生产规模所带来的利益。另一方面,造成了具备竞争优势的企业规模越来越巨大化,同时处于劣势的企业规模越来越缩小。

经济企划厅经过比较,认为日本"近年来国民经济发展显著,产业的现代化和合理化也逐步推进,工业生产力已经达到了世界工业国的水平。同时外币贮备较为充足,这些预示着推进日本贸易汇兑自由化的时机已经到来"①。

(二) 重视与研究(1961—1963)

日本朝野人士虽然对欧洲经济共同体的建立抱有怀疑态度,但是,还是认为欧共体各国在"构建一个超国家的机构,实在是一项理想主义的、创造性的、大胆的实验","遥遥领先于日本的欧洲各国集合在一起,构建一个更大的单位本身就是令世人惊叹的一件事"②。欧共体各国放弃一部分民主国家权力,联手打造超国家实体的做法,对于国家主义观念根深蒂固的日本人来说,是不可思议、更令人怀疑的一件事。"欧洲共同体的出现,在性质上,不同于战后以国际货币基金组织、世界银行、关税与贸易总协定为基础的世界性国际经济体系,以及在这一基础上进行的平等的多边自由贸易和开发金融,是一种地方主义,甚至孕育着发生动乱的危险……作为结局来说,同没有统一的情况相比,它同外部的贸易成果是进一步扩大呢?还是相反地正在陷入自我关闭的封锁市场中去呢?这一点谁也无法证明。"③ "西欧正在以欧洲经济共同体的形式持续推进经济一体化,在大力加强基于相互贸易自由化的经济交流的同时,大力发展世界贸易。但是,欧洲经济共同体的经济一体化和贸易自由化必须以有利于世界经济乃至

---

① 经济企画厅:《年次経済報告. 日本経済の成長力と競争力》,1960年,《日本経済の国際競争力と構造政策. 西欧と日本との自由化の条件の比較》,http://www5.cao.go.jp/keizai3/keizaiwp/wp-je60/wp-je60-030101.html。

② 驻日欧州连合代表部:《月刊EC》,1985年2月号,第15页。

③ [日] 堀江薰雄编:《日本对欧洲共同体的考察》,韩润堂等译,商务印书馆1978年版(原版《日本からみた欧州共同体:拡大EC経済調査団報告》,東京:時事通信社,1973年,第13页)。

于世界贸易协调发展的形式推进。不能陷入单纯的地域经济集团化的陷阱,进而给域外各国造成恶劣影响。这不仅是全世界共同关心的事情,更是日本必须关注的重大问题。"①

就在日本朝野各界忧心忡忡观望的三四年的时间里,欧洲一体化的步伐进一步加快,在关税同盟的形成上取得了意外的进展,经济同盟的构建也进入了西欧政治家的议事日程,特别是通过 1961 年和 1962 年两次向关税同盟的过渡,再次向世人证明欧共体"已进入了无法后退的阶段","今后无论戴高乐和阿登纳的政治地位怎样变动,欧洲经济共同体的崩溃都是难以想象的,日本忽视欧洲经济共同体或者徒劳敌视欧洲经济共同体的日子应该说一去不复返了"②。1961 年,日本议员河野一郎访问欧洲归来后说:"世界在变化","可怕啊!如果欧洲六国结合在一起,将具有相当大的力量。美国有 2 亿人口,日本有 1 亿,欧洲有 1.5 亿。真正的贸易须有 1 亿人的基础。过去分散的欧洲一旦结合起来,将具有巨大的力量"③。时任首相池田勇人在 1962 年 1 月 19 日的施政演说当中指出:日本外交的基础,无论在政治上,还是在经济上,都必须与自由国家群体保持协调,西欧六国在构筑欧洲经济共同体的目标上取得了成果,形成了与美苏匹敌的新欧洲。美国与欧共体的经济联合也在进一步地加强。对于日本而言,不仅在经济上,而且在国际政治上,都要积极应对自由世界的新动向,这是政府今后新的且长期的课题。④ 外相小坂善太郎在同日的国会演说当中也提到了欧共体问题,他指出:欧洲经济共同体在近年来取得了显著的发展,尤其是以英国为首的欧洲自由贸易联盟各国的入盟交涉正在不断进行。所以,可以想见,在西欧将诞生一个可以与美苏匹

---

① 通商産業省:《通商白書》,1961 年,《序章. 第 2 節国際経済の現状認識》,http://warp.da.ndl.go.jp/info: ndljp/pid/1246938/www.meti.go.jp/policy/trade_policy/whitepaper/html/backnumber.html。
② 山崎敏夫:《EECと日本》,《国際問題》,1962 年第 3 月号,第 22 页。
③ 《日本問題資料》,1989 年第 7 期,第 5 页。
④ 《池田勇人内閣総理大臣施政方針演説》,1962/01/19,日本政治・国際関係データベース: http://www.ioc.u-tokyo.ac.jp/~worldjpn/documents/texts/pm/19620119.SWJ.html。

敌的强大的经济圈。美国和欧共体为了加强双边贸易关系，希望相互大幅度下调关税。面对这种趋势，日本政府在继续推进与西欧各国的经济交涉的同时，为了促使欧共体的共同对日通商政策尽量自由一些，将与共同体当局开展各种形式的对话，努力密切双边关系。欧共体与美国两大工业圈的经济纽带肯定会进一步加强，日本必须做好充分的精神准备。[①]

1961年8月，被法德排挤在外的英国，决定申请加入欧洲经济共同体。9月，美国和加拿大与西欧六国重组了经济合作与发展组织（OECD）。欧洲一体化的扩大趋势及跨大西洋的OECD的重组，给日本的政界及经济界以强有力的冲击。一部分经济界人士认为，60年代欧洲的一体化并没有选择排外性的地区贸易主义，美国和加拿大两国加入OECD就是极好的例证。欧洲经济共同体不过是战后发达国家所共同追求的"市场均衡化"的一环而已。因而与国际货币基金组织和关税及贸易总协定体制并不矛盾。但是，也有人担心欧洲经济共同体在使世界经济区域化，这种以国际货币基金组织和关税及贸易总协定体制为中心的单一经济共同体，非常有可能造成区域集团化的危险。

1962年10月末，欧洲经济共同体委员会发表了《第二阶段行动计划》，明确表示将进一步推进经济一体化，对贸易及资本汇兑的早期自由化、税制、运输、社会保障和欠发达国家援助等各个领域的政策进行了重大调整，特别是计划在第二阶段将构建货币同盟和制定长期经济一体化计划。日本经济企划厅认为该项计划是一个极为大胆的、已经超过《罗马条约》限定的一体化实施方案。[②]

日本通商产业省经济企划厅首次在1962年版的《通商白皮书》中梳理了欧洲经济一体化启动以来的发展过程，并重点分析了经济一

[①] 《小坂善太郎外務大臣外交演説》，1962/01/19，日本政治・国際関係データベース：http://www.ioc.u-tokyo.ac.jp/~worldjpn/documents/texts/fam/19620119.SXJ.html。

[②] 経済企画庁：《世界経済の現勢．年次世界経済報告》，1962/12/18，《第2部 各論．第2章 ヨーロッパ．4．EECの発展．7）第2段階の行動計画》，http://www5.cao.go.jp/keizai3/sekaikeizaiwp/wp-we62/wp-we62-01401.html。

体化潮流对世界贸易的影响，预测了一体化对英美大国的影响。通商产业省分析认为：欧洲经济一体化并不是仅仅源于经济的原因。无可否认，社会主义阵营的扩大、殖民地的独立等政治体制的变化，以及随之产生的困扰西欧发展的政治原因等因素，均为难以否定的因素，但是，其决定性原因还应该是经济因素。对于广阔市场的期许和基于欧洲经济共同体共同追求的政治目标来说，其难度更大。但是，随着1962年1月六国协约的成立，欧洲经济共同体的经济一体化随之进入了第二阶段。经济一体化迈向第二阶段意味着欧洲经济共同体的一体化进程已无回头路可走了，一体化的步伐也难以停止下来。

概括而言，第一阶段的经济一体化尊重了各国的主权，如出现一国反对的现象，也有可能造成1年3次延期。相对于第一阶段而言，在第二阶段，若干决定可以通过特定多数票表决的形式得以通过，强化了欧洲经济共同体的超国家色彩。一旦进入第三阶段后，即使只有一国赞成，也可能得以通过。同时，如果欧洲经济共同体六国的一体化步伐进一步加快的话，各国货币一体化，乃至于政治一体化的议题也将提上议程。关于这些问题的探讨，即使在欧洲经济共同体内部意见也难以统一，其前景难以预测。但是，经济一体化的效应无疑提高了欧洲经济共同体各国调整经济政策的必要性，强化了人们对问题认识的共识，明显加强了各国国民间的亲近感。从此以后，或者是在不久的将来，势必出现超出预想的一体化步伐，并最终发展成为真正意义上的"命运共同体"。

欧洲经济共同体一体化地域的扩大也势必给其他欧洲国家造成巨大的影响，特别是那些与欧共体各国接触较为密切的西欧各国影响更大。如果不以某种形式与其接触，特别是在以高度同质化的经济体制间交流为基础的现代国际经济舞台上，势必难以生存与发展。特别是对于英国来说，务必要在"以纵向结合为中心的传统共同体英联邦和以水平结合为基础的新经济圈间，做出艰难的选择"。

1961年8月，英国正式申请加入欧洲经济共同体，西欧经济一体化迎来了一个新的阶段。随着英国的加入，欧共体迎来了成立以来的第一次扩大高潮，丹麦、爱尔兰两国申请正式加入；瑞典、瑞士、奥

第一章　欧洲一体化的启动与日欧双边关系的摸索

地利三个所谓的中立国以遵循永久中立为条件，申请准加盟。进入1962年，挪威申请正式加入，西班牙申请准加盟。加之此前申请准加盟的希腊和土耳其两国，几乎西欧所有的国家都强烈表达出加盟或者准加盟的意愿和行动来。特别是由于英国的申请加盟，再次极度强化了欧洲经济一体化至少在政治层面上不会产生困难的认识。这种欧洲经济共同体的扩大态势进一步搅动了国际经济的格局，特别是深刻地造成了英联邦制度本身的变动，由此直接给世界经济结构造成极大的影响。

日本通商产业省经济企划厅在分析欧洲经济一体化发展历程和对国际贸易产生影响的基础上，针对性地分析了经济一体化给日本的对外贸易产生的影响。归结为：（1）由于西欧各国关税和通商政策的变化给日本对欧出口所造成的直接影响，即为所谓的"关税（同盟）效果"，或者"贸易障碍效果"。（2）经济一体化刺激了西欧经济的扩大，造成西欧各国进口需求的增加，但是，这也只是域外各国面向西欧出口的整体扩大而已，即为所谓的"成长效果"。（3）由于经济一体化，造成了西欧各国生产力的提升和生产的合理化、规模化，进而降低生产成本，强化了西欧各国的国际竞争力，即为所谓的经济一体化的"生产力效果"。当然，这个结果无论在西欧市场，还是第三国市场，以及伴随着贸易自由化的日本市场，都会产生不少的问题。然而，正是由于"生产力效果"所带来的西欧各国出口产品生产成本的降低，势必带动初级产品出口国等交易条件的改善。（4）西欧经济一体化给第三国经济造成的影响，势必改变日本与该地域的贸易结构，带来一系列的间接影响，即为所谓的"波及效果"。西欧经济一体化的影响以及心理的预期效应，势必造成世界各地经济活跃起来的态势，加之西欧自身还存在着极大的变数，势必会进一步扩大经济一体化的影响力度，进而"波及效果"会非常大，也更为复杂。①

通商产业省甚至断言：由于欧洲经济共同体的扩大和经济一体化

---

① 通商産業省：《通商白書》，1962年，《第2章国際経済構造の変ぼうとその影響．第1節経済統合の潮流》，http：//warp.da.ndl.go.jp/info：ndljp/pid/1246938/www.meti.go.jp/policy/trade_policy/whitepaper/html/backnumber.html。

的深化，给域外所造成的"相对不利化"影响绝对不会小。特别是对于日本而言，绝对的甚至于相对的"不利化"也不少。①

在对国际经济背景，特别是对欧洲经济一体化现状及趋势分析的前提下，以小岛清和大来佐武郎为代表的日本政府部门的经济学家提出了"太平洋合作构想"。其目的就是与欧洲经济共同体的区域贸易相抗衡，确保太平洋地区贸易的正常发展。② 日本鹿岛建设协会会长鹿岛守之助在《经团联月报》1964 年第 1 号上发表了题为《亚洲太平洋共同体》的文章，指出在欧洲已经出现了以建立欧洲共同体为目标的欧洲经济共同体、欧洲煤钢联营和欧洲原子能共同体三个一体化机构。随着欧洲经济一体化的不断发展，政治一体化的构想也随之具体化。同时英国的加盟也指日可待。另外以欧共体成员国、美国和加拿大组成的大西洋共同体构想也初露端倪，北大西洋条约组织的建立为该构想的实现打下了基础。所以建立以日本为首的亚洲太平洋共同体的构想，是与欧洲共同体构想、大西洋联盟构想相通的。③

日本开始重视并研究欧共体。研究领域主要涉及政治、法律、经济三个方面，绝大多数成果集中在经济领域。从 1961—1963 年的三年是日本方面欧共体研究的百花齐放时期，出现了大量著作、论文、报告等学术成果。欧共体研究兴盛的原因主要是欧洲经济一体化的发展异乎寻常地顺畅。英国的加盟谈判、共同农业政策等问题成为日本学术界关注的对象。

20 世纪 50 年代到 70 年代末的成果绝大多数是由政府官员（且多从事日欧经济事务工作）撰写的文章，内容也多是介绍、分析日欧交涉过程的，其中不乏一些政策性建议。这些文章基本上反映了 50 年代到 70 年代日本政府对欧洲一体化的认识。

---

① 通商産業省：《通商白書》，1962 年，《第 3 章世界経済変遷期におけるわが国貿易の諸問題．第 1 節国際経済体制の変ほうとその影響》，http://warp.da.ndl.go.jp/info:ndljp/pid/1246938/www.meti.go.jp/policy/trade_policy/whitepaper/html/backnumber.htm。

② 五百旗頭真主編：《危機の日本外交——70 年代》，東京：岩波書店，1997 年，第 117—118 頁。

③ 鹿島守之助：《アジア・太平洋共同体》，《経団連月報》，1964 年第 12 卷第 1 号，第 47 頁。

自1962年始，日本才真正意识到欧洲经济共同体的存在对日本经济的影响，其原因主要有二：

第一，扩大日本商品在欧洲的市场。第二次世界大战结束以来，美国始终是日本最大的出口市场。日本对美国的出口量占日本出口总量的30%，对欧洲经济共同体的出口仅占4.9%（见表1-1）。

表1-1　　　　　欧洲经济共同体占日本贸易额的比重　　　（单位：百万美元）

	1959年		1960年		1961年	
	金额	比重（%）	金额	比重（%）	金额	比重（%）
出口	134	3.9	174 (29.9)	4.3	208 (19.5)	4.9
进口	181	5.0	209 (15.5)	4.7	312 (40.9)	5.3

备注：据日本大藏省通关统计（数据转引自山崎敏夫《EECと日本》，《国际问题》，1962年第3月号，第23页）整理括弧内数字为同前一年相比的增长率。

尤其是自1961年开始，日本的海外出口开始下降，据日本海关统计，同1960年相比下降了11%，再加上美国纤维产业的发展，日本出口商品在美国市场的份额很难超过30%。另一方面，虽然东南亚等发展中国家也是日本的重要出口市场，但是，由于这些国家的主要出口商品是农产品和矿产品，出口成绩一直不怎么好，并且为了实现本国的工业化目标需要大量的出口来换取外汇，所以日本在这些地区也很难有所作为。"对于日本而言，不得不将目光转向已经取得了显著成绩并且今后还要进一步发展的欧洲市场。"① 1962年2月，欧共体首次派遣专员简·瑞（J. Ray）访问日本，日本的反应非常积极，特意安排简·瑞晋见天皇，并与首相会谈。通过日本的刻意安排，可见日本对欧洲，尤其是欧共体的重视。

第二，对欧共体在自由贸易原则上的担忧。对于已经确立了"贸

---

① 山崎敏夫：《EECと日本》，《国际问题》，1962年第3月号，第23页。

易立国"发展战略的日本而言，海外市场尤其是具有巨大发展潜力的欧洲市场在促进其经济发展上的作用，是绝对不容忽视的。欧洲经济共同体的发展趋向成为日本最为关心的一件事。日本担忧如果欧洲经济共同体发展成为封闭性的经济集团，那么对日本贸易的发展将是一个沉重的打击，必将阻碍日本商品打入欧洲市场，或将使日本商品在这个市场的份额下降。所以日本对欧共体1961年以来的举动极为敏感。日本政府利用一切机会适时地向欧共体成员国表达自身的想法。1961年7月，小坂善太郎外相访欧时，英国正在进行加入欧共体的谈判。小坂向英国领导人表示："真诚地希望共同市场组织在国际经济方面将成为一个'外向'的团体，而不是一个'内向'的团体。"① 1962年11月，池田勇人访欧时，也在与各国领导人的会谈中多次提到欧共体，希望能够得到各国对欧共体实行开放性贸易政策的保证。② 1965年欧共体委员会为进一步推进一体化进程，加快了区内关税下调的节奏，决定工业品的关税将在1967年，农产品关税将在1968年全部废除时，日本通商产业省认为欧洲经济共同体尽管在工业品、农产品的关税各下调了60%和30%，但是，区域内外的关税差距总体上还是维持着，甚至扩大了。并且共同体的普遍化本身也蕴涵着集团化的危险。现在，普遍下调关税的交涉正在顺利地进行着，希望能够抑制这种封闭性集团化的危险。③

三 战后初期日本对欧关系的定位

太平洋战争的失败、日本帝国的崩溃、日本人民"剥竹笋式"的生活现实，沉重地摆在日本朝野面前。自明治维新以来所走过的约百年的"富国强兵"路，终究是一次错误的旅程。战败的日本向何处

---

① 路透社伦敦电讯，1961/07/06。
② 贺金颖：《战后日欧外交关系述论》，《日本学》第五辑，北京大学出版社1996年版，第149页。
③ 通商産業省：《通商白書》，1965年，《第2章. 先進国経済発展と国際競争の激化. 第1節高成長をめざす先進国》，http://warp.da.ndl.go.jp/info: ndljp/pid/1246938/www.meti.go.jp/policy/trade_policy/whitepaper/html/backnumber.html。

去？是日本朝野必须思考、反思的重大课题。吉田茂在总结过去的日欧关系时，指出："如果从历史的巨流来看，便可以了解到从满洲事变到太平洋战争期间，日本对英美关系的失常状态绝不是日本的本来面目，而只是一时的反常"，"日本应该以同英美两国的亲善为中心，广泛地开展同自由主义各国、特别是同不论在地理上或经济上都接近日本的东南亚各国的关系"。"事实上今天的日本，从国内政治、经济、产业、社会情况等方面来看，与其说是亚洲国家，还莫如说是属于西欧一类的国家，至少也达到了西欧的水准。"①

在1945—1952年美国单独占领期间，美国为了将日本改造成尊重和支持其未来目标的追随者，使日本不再成为未来的竞争对手，迫使日本政府进行一系列的民主化改革。正是在美国占领军司令部的干预下，日本政府继续沿用了明治以来所采用的依托其他大国的庇护，伺机发展自己的伎俩。不过所依托之国从西欧国家转向了美国，迅速确立了日本战后外交的基本路线，即倒向以美国为首的西方阵营，以对美实行一边倒的追随外交或维护日美特殊关系为总方针，求得国家的安全、复兴和发展。自此"脱亚入美"的外交战略，长期占主导地位。"脱亚入美"是指政治上唯美国马首是瞻，经济上最大限度地争取美援，军事上依赖美国核保护伞的庇护，将维系日美关系作为日本外交的基轴。

而在对西欧的关系上，自1946年冷战推行以来，日本与西欧一同被美国纳入到以美国为主轴的非对称性的西方阵营当中，日欧双方虽然未有直接的安保关系，但是，同样对来自共同敌人——苏联——威胁的恐惧，促使双方保持在一个阵营当中。在战后初期特殊的国际政治经济局势的影响下，日美欧虽同属"西方阵营"，但是，美国处于主轴地位，制定"自由世界"的战略，日欧则处于两翼地位，对美国的战略加以响应和配合。因此，在日美欧三角关系框架中，日美、欧美关系较为密切，日欧关系较为淡薄。寻找日

---

① ［日］吉田茂：《十年回忆》第1卷，世界知识出版社1965年版，第8、11、13页。

与欧共体相互关系的适当位置，是战后初期日本当政者处理日欧关系的出发点。这一切都为战后初期日本对欧共体的政策定下了基调，即修复日欧感情、扩大双边经贸关系，借助欧共体各国的支持，重返国际社会。

四　西欧各国对日本复归国际社会的态度

由于日本在明治维新以来"脱亚入欧"的以欧为师和二战期间"脱欧排欧"以欧为敌的敌友选择，给日欧关系的修复带来巨大的障碍，主要表现在：

第一，第二次世界大战前日本对西欧的不光彩的经济扩张行为的影响。1929年世界经济危机的爆发，使整个世界经济陷入经济恐慌当中。日本为解决经济困难，采取"倾销"（也叫饥饿输出）策略，用日元自行贬值的方法廉价出口，其纺织品出口额超过英国居世界第二位。20世纪30年代初，日本的纺织品在印度市场上的份额也超过了英国，在中国市场上的份额则为英国的6倍。其产品在世界市场上泛滥，就是由于日本采取不正当手段，压低出口价格而实现的。此外日本企业还采取伪造商标、仿冒假冒等手段，促进出口。日本商品连年出超挤占了欧美传统海外市场的份额。日本战前的贸易扩张行为给西欧国家留下了深刻的印象。

第二，战争创伤的影响。太平洋战争初期，日军席卷了英法荷等国在东南亚的殖民地。攻城拔寨，重创宗主国的军队并虐待战俘，将俘获的英澳联军官兵驱赶到泰缅边界，修筑"死亡铁路"，使大多数人死于苦役折磨，给英国朝野留下了痛苦的回忆。日军占领期间，对东南亚等地的欧洲移民极其残暴。在荷属东印度，"战时居住在印度尼西亚的1万荷兰人由于日军的侵略被滞留达5年以上，造成1800人死亡，1100人成为寡妇孤儿，永久残废者不下1000人。这些滞留者丧失了全部财产"[①]。战争的创伤对日欧关系的影响是非常大的，日本政府认为促进日欧友好关系的最大障碍是西欧各国对日战争索赔

---

① 永野信利：《わが国外交のすべて》，東京：耕文社，1989年，第71页。

第一章　欧洲一体化的启动与日欧双边关系的摸索

等战后处理问题。① 战后的日本首相当中，首次访问西欧的吉田茂心有余悸地阐发了访欧感想，他说："无论走到哪里总要听到类似索债的话，我的处境恰似一个债台高筑的公司经理一样。例如到了法国，对方提出了以法国货币售出的东京市债的处理问题。在意大利，遇到了要求偿还该国汇兑管理局被冻结在横滨正金银行的财产问题；在英国遇到了关于和约第 16 条所规定的赔偿的催索……诸如此类，不一而足。"②

日本汲取战败的惨痛教训，因循传统的历史逻辑，再次为西方所吸引，"脱亚入美"、以美为师，但是，西欧诸国在日本重返国际社会问题上占据了主导权。由于战前经济扩张及战争创伤的影响，西欧诸国在这一问题上采取观望和拖延的战术。如何说服西欧诸国、抹去西欧人心中的阴影，使之接纳日本，发展双边经贸关系是战后初期日本对欧工作的重点。但是，西欧诸国的对日态度存在着极大的差异，其中英、法、西德三国的对日态度最有代表性。日本政府认为西德对日态度最为宽大、最为积极和热情，英国次之，法国最为苛刻，被日本认为是对欧工作上的堡垒。这三国的对日态度在战后 40 年的时间里，几乎没有太大的变化。造成西德、英、法对日态度不同的原因是多方面的。

例如西德，是欧洲"与日本关系最密切的国家"。西德之所以长期以来一直与日本保持良好关系，与它们在战后的国际地位相似分不开。双方同样是第二次世界大战的发动者、战败国，双方在战后重建外交上不存在战争创伤的阴影，且双方同样处于战败地位，"不得不在占领军的管理之下，谋求国家的复兴"。双方均选择了"贸易立国"的发展战略。在战后初期两大阵营形成过程中，双方又都属于西方阵营，在政治、安全保障方面都依附于美国。由于双方在东西关系中的处境相同，使得双方在国际局势的见解上，往往能够取得共识。吉田茂访问西德与阿登纳总理会谈时，"证实了西德领导人的想法同

---

① 外務省編：《わが外交の近況》，1957 年，《西欧諸国との友好関係の増進》，http://www.mofa.go.jp/mofaj/gaiko/bluebook/1957/s32-2-1-4.htm。
② [日]吉田茂：《十年回忆》第 1 卷，世界知识出版社 1965 年版，第 159 页。

我的想法是完全一致的","充分认识到西德和日本都站在同共产主义阵营做斗争的前哨阵地,这就是说,两国共同保卫自由,就等于保卫自由国家阵营"①。此外,双方在经济关系上,由于日本产品对西德的威胁不像其他西欧国家那样严重,因而西德对日本的指责语气最为缓和。

英国是日本在太平洋战争中的敌对国家,其遭受的打击也最为严重,英国不但因战争遭受极大的经济损失,而且20世纪30年代日本的倾销给英国造成的损失也最大。战争创伤和不光彩的商业行为给英国人留下了难以消除的印象,妨碍了日英关系的沟通,使得日英关系的修复相当困难。1953年3月,日本皇太子明仁接受英国政府的正式邀请,参加伊丽莎白女王的加冕仪式,并决定顺便访问英国各地。但是,由于遭到英国一些地方团体(原英军战俘团体)的激烈反对,不得不取消了对纽卡斯尔(Newcastle)的访问,访问考文垂(Coventry)时同样遭到了当地工会的反对。英国媒体对皇太子明仁中止访问纽卡斯尔的报道规模远远大于对皇太子参加丘吉尔主持的午餐会的报道。由此可见,在战争创伤的影响下,并不是所有的英国人都能够支持英国政府改善日英关系的举措。② 尽管英国在日本加入关税与贸易总协定问题上的态度十分冷淡,曾带头坚决反对日本加入关税与贸易总协定。但是,在欧洲一体化启动时,英国被法德孤立在外,这给日英关系的调整提供了契机。英国由于具有自由贸易传统,同样担心欧共体实行封闭式的团结,会损害英国在欧洲大陆的商业利益。所以尽管在对日贸易上存在难以忍受的巨额贸易逆差,英国对欧共体的担忧仍远远大于对日英贸易问题的担忧,因而在指责日本贸易政策、商业习惯的同时,仍加强了与日本的经济联系。

法国之所以对日本态度冷淡、成为日本对欧共体工作的堡垒,原因在于:

首先,法国对日本缺乏兴趣。据法国媒体的民意调查表明,在法国

---

① [日]吉田茂:《十年回忆》第1卷,世界知识出版社1965年版,第132页。
② 《朝日新聞》,1953/05/02;1953/05/18。

人最有好感的国家中，西德位居第一，其后依次是欧洲各国，第 10 位是美国，第 11 位是中国、第 12 位是苏联。日本连前 12 位都没能进去。①

其次，法国和日本在国际战略上存在着分歧。战后日本选择了"向美一边倒"（日美基轴）的政策，在政治、外交、安全保障等方面均被美国纳入其全球称霸的战略轨道上来。而法国在战后初期便在欧洲安全问题上与美国发生分歧，并首先对美苏两极结构发起挑战：拥有自己的核武器，并退出北大西洋公约组织，开展独立外交活动。法国向来看不起日本这种软弱外交，不失时机地讥讽日本。1962 年池田首相访欧时，法国总统戴高乐曾当面戏称池田是"半导体商人"，将日本首相称为推销商这种说法很难说是友好态度的表现。②"戴高乐的评价与其说是给池田本人的，不如说是给全体日本人的。"这与后来流传于世的日本人被称为"经济动物"的评价没什么两样。③ 另外，法国是欧共体成员国当中保护主义倾向最严重的国家，对日本的批评也最多、最尖锐。

欧共体成员国对日态度的不同，迫使日本在发展对欧共体关系上采取不同的对策，在进一步密切日德关系的同时，把对欧政策的突破口放在法国身上。同时，与在西欧有着极大影响力的英国进行通商贸易协定谈判，并给欧共体六国施加影响。

第二节　日本政府对欧经济外交政策的制定与推行

在战后初期欧洲一体化启动阶段，日本对欧共体经济外交政策的推行对象由三个层次构成，即与欧共体各成员国间的通商贸易谈判；与欧共体委员会间的通商贸易交涉；与正处于入盟谈判阶段的英国间

---

① 梅津和郎など：《現代日本の国際関係》，京都：晃洋書房，1986 年，第 186 页。
② 今川健、加文敬子：《EC 統合と日本—歴史・理論・実証》，東京：中央経済社，1993 年，第 87—88 页。
③ 原栄吉：《日本の戦後外交史潮 その選択》，東京：慶応通信，1984 年，第 89 页。

的交涉。与欧共体进行通商贸易谈判的目的就是为加入各种国际经济组织，开拓有利的外部经济环境，实现与欧共体的贸易自由化。

在欧洲一体化启动阶段，欧共体六国间的经济一体化还存在着一系列的困难，在对日政策上，出于自身的利益需求，还存在着很大的分歧。同时日本对欧共体的认识还很模糊，尽管对欧共体的共同关税政策非常敏感，但在对欧共体政策的推行上，往往绕过欧共体委员会，直接与欧共体成员国进行双边经济交涉。欧洲一体化启动阶段的日本对欧共体的统一通商贸易政策尚处于酝酿、摸索阶段。并且在这一阶段，在日欧双向政策的推行上，表现为日本方面的积极主动，欧共体方面的消极应对。

一 日本对欧经济外交政策的提出

1952年随着《旧金山和约》和《日美安全保障条约》的签订，美军结束了对日占领。日本在国际政治上成为"西方的一员"，复归国际政治舞台，不再被视为"国际孤儿"。但是，在经济上并没有立即被西方国家所接受，复归国际经济舞台仍是战后初期日本政府的重大课题。复归国际经济舞台就是指日本加入西方经济货币体系，通过加入西方国家主导下的各种经济组织（国际货币基金组织、关税及贸易总协定、经济合作与发展组织），最终真正成为"西方的一员"。

因而，1952年以后，日本的总体对外政策就是大搞经济外交。1957年9月，战后日本第一次发布外交蓝皮书，书中提出了未来工作的"三大原则"，即"以联合国为中心""与自由主义各国的协调"和"作亚洲的一员"。并在三大原则指导下提出了日本外交的三个重要课题，即"与亚洲各国的睦邻友好；经济外交；调整对美国的关系"[①]。这时日本的经济外交旨在发展对东南亚各国的经济关系。自1958年开始，经济外交的地理范围扩大了，1958年的外交蓝皮书在"经济外交"一节中强调：日本要扩大国际贸易和与国外签订通商协定。1959年的外交蓝皮书提出"为加强出口而改变日本的出口结构，

---

① 外務省編：《わが国外交の近況》，1957年，第7、9页。

加强与欧美发达国家的经济关系，以及确保日本的出口市场"等问题。① 这说明自50年代末开始，日本的经济外交已全面展开。日本为加入西方经济货币体系，走上西方国际经济舞台，必然要与欧共体各国就贸易及关税等问题进行对话和协商。但是，由于日本长期以来推行贸易保护政策，加之战争创伤的影响，使欧共体各国在日本加入国际经济组织过程中，防守反击，对日本援引了关贸总协定第35条规定，② 并对日本实行种种贸易歧视。为了消除欧共体各国对日本的贸易限制，日本一方面改革国内贸易体制，推行贸易自由化政策，另一方面全力推行对欧共体的经济外交。

同时，日本政府为了搭建与欧共体对话、协商的平台，于1959年派遣了驻欧共体的政府代表，调任驻比利时大使倭岛英二为驻欧洲煤钢联营共同体（ECSC）、欧洲经济共同体（EEC）、欧洲原子能共同体（ECRATOM）三个机构的政府代表，负责与上述机构的具体交涉事宜。1961年2月由下田大使接任。派驻代表目的在于通过驻比利时大使馆和欧共体事务局开展非官方的对话与交流，预测欧共体今后的发展动向，推进成员国间的双边政府交涉，以利于日本将来能够充分利用欧共体的对日通商政策。③ 这意味着日本与欧共体三个机构关系的正式建立，也表明了日本想进一步发展与欧共体关系的愿望。

二 日本对欧经济外交政策的推行

（一）努力赢得欧共体各国支持日本加入关贸总协定

日本首先从"贸易立国"战略考虑出发，在加入关贸总协定问题

---

① 外务省编：《わが国外交の近況》，1959年，第24—25页。
② 关贸总协定第35条规定："如果（甲）两个缔约国没有进行关税谈判，（乙）缔约国的任何一方在另一方成为缔约国时不同意对它实施本协定，本协定或本协定第2条在这两个缔约国之间不适用"。（张健等：《加入关贸总协定及中国对策》，新华出版社1993年版，附录：关税及贸易总协定条文，第135页。）
③ 外务省编：《わが国外交の近況》，1962年，《五最近における通商貿易上の諸問題.貿易経済関係使節団の派遣（接受）および要人の来日.2）貿易経済関係要人の来日.(6)《EEC委員会対外関係担当ジャン・レイ委員の来日》，http://www.mofa.go.jp/mofaj/gaiko/bluebook/1962/s37-5-6.htm#26。

上，积极开展对欧共体各国的经济外交活动。1952年6月16日，外相冈崎胜男代表政府发表关于外交政策的演说，提出：随着东西方两大阵营紧张关系的缓和，世界经济也朝正常化发展，日本必须顺应此际之变化，强化经济自立的基础，扩大贸易规模。但是，依赖自由贸易谋求通商规模的扩大，不仅对于日本来说至关重要，同时对于世界整体经济的发展与生活水准的提升也是不可或缺的。但是，令人担忧的是，近期一些自由世界的国家为了维持自身国际收支的均衡，或者为了保护一些产业，纷纷设置关税壁垒，采取限制通商措施，借以维持缩小贸易规模后的均衡。可以这样说，这些措施无疑是一种违背自由主义国家的基本理念、视野狭小的短视政策。日本必须强烈要求各国互相开放，实施自由的、为实现经济发展的通商贸易制度。因此，政府将基于此种认识致力于加入国际货币基金组织及世界银行，以及参加各种国际经济机构，乃至于加入关税及贸易总协定组织。① 1952年7月，日本政府决定申请加入GATT，并向GATT事务局申请开始进行关税谈判。日本正式加入GATT的申请遭到了英、法等国的坚决反对，它们担心日本的经济竞争，认为日本具有特殊的经济结构，兼具亚洲的低工资和西方的先进技术，在纺织等劳动集约型的产业部门具有极强的竞争力，尤其具有价格上的优势。② 另外，日本在战前对欧美不光彩的商品倾销也使它们记忆犹新，对其不正当的贸易竞争手段感到十分恐惧。日本对英国等国的百般阻挠进行反驳，主要陈述三点理由：（1）经过战后民主改革，日本已经铲除了在世界上进行"不公平贸易竞争"的根源，并建立起维护公平竞争的法律机制。（2）日本已被国际货币基金组织、世界银行等国际组织所接纳，GATT也没有正当理由把日本排除在外。（3）更重要的是，日本已经同GATT的一些成员国进行了合作，对共产主义国家实行禁运政策，

---

① 《岡崎勝男外務大臣外交演説》，1953/06/16，内閣制度百年史編纂委員会：《歴代内閣総理大臣演説集》，1985年，日本政治・国際関係データベース：http://www.ioc.u-tokyo.ac.jp/~worldjpn/documents/texts/fam/19530616.SXJ.html。

② 赤根谷達雄：《日本のガット加入問題》，東京：東京大学出版会，1992年，第5頁。

收到了良好的效果。

　　1953年秋，日本再次发动攻势，要求加入GATT，甚至提出在没有举行关税谈判之前，暂定加入的方案。日本代表威胁说：如果该组织仍不接纳日本，"日本国民已经不能再忍耐下去了，他们将开始质疑同自由世界进行政治经济合作的政府的政策"①。日本政府有意渲染其对外为了同西方国家继续协调反对共产主义，付出了很大的代价，在国内又受到国民的压力，把自己描绘成反共斗士又不被各方理解的形象，并以此博取西方世界的同情。日本政府的策略恰好迎合了美国的反共世界战略，美国决心提携日本，大力推荐日本加入GATT。

　　事实上，美国是出于自身利益考虑才推荐日本加入GATT的。美国曾对西方多数国家力陈、呼吁撤除对日本战争期间和第二次世界大战开始实施的歧视性进口政策。美国在力陈给予日本同西德同样的最惠国待遇的同时，还一再强调"美国对日本负有特殊的责任，如果日本不能自立，因日本出口势必造成其他国家所有的对日歧视性限制措施的出台。但是，这些终将转嫁为美国的负担"。一再强调"对日本的出口歧视性限制越严格，则在这些国家与日本间就越容易引起新的国际政治纷争。同时，即使对日本人来说，心理上同样渴求着能够得到同其他国家国民同等的待遇。如果能够给予平等待遇，则日本人就会与西欧合作"。当然，美国虽然没有明说，但实际上就是为了避免将日本推入社会主义阵营，担忧冷战态势下的日本的"共产党化"②。

　　西德这时也表示支持日本的要求。但是，英国、法国当局仍然坚决反对日本加入。1954年夏，日本对GATT进一步施加压力，要进行关税谈判，美国也在积极活动，帮助日本说服GATT成员国。这样，先后有24个成员国表示愿意和日本进行关税减让谈判。对此，英法等原来激烈反对日本加入的国家也采取了不干涉的态度。美国为了消除要与日本进行关税谈判各国的后顾之忧，让日本与各国达成关税减让协定，顺利结束谈判，公开表示："和日本进入关税谈判的国家，

---

①　山本满：《日本の経済外交》，東京：日本経済新聞出版社，1973年，第109页。
②　池田美智子：《ガットからWTOへ—貿易摩擦の現代史》，東京：筑摩書房，1996年，第62—63页。

在日本不实行关税减让的情况下，其与关税减让相当的部分，美国准备给该国以充分的补偿。"① 1955年春季，日本与GATT的17个成员国举行了关税谈判。得到减让税率288项，其中215项下调，73项保留。日本对谈判对象国减让关税总数达248项，减免总额占日本当时关税总数的27%，其中75项下调，173项保留。同年9月，GATT成员国一致同意日本成为其正式成员国。但是，英、法等14个成员国宣布援引GATT第35条，与日本不使用GATT关系。占GATT成员国近一半国家的如此做法，使日本的加入效果大为逊色。

尽管如此，日本政府对于经过努力而取得的经济外交成就依然充满了期待。1955年12月，外相重光葵满怀信心地提出：近期日本对外经济的显著发展得益于政府推行的经济外交政策，非常庆幸的是由于9月份实现了加入GATT的目标，从此以后，日本将作为主要加盟国活跃在所有的国际经济机构的舞台上，这是我们所取得的巨大进步。②

基于上述分析，可以这样认为：战后以来的日欧关系史是从贸易问题开始的。由于战后初期日本政府亟待解决的课题就是国民经济的恢复与国民生活的安定。因而"与欧洲各国间的贸易交涉成为日本外交的重要课题"，因此可以说"战后长期以来的日欧关系史，实际上就是一部关于GATT第35条交涉的历史"③。日本政府为实现上述目标，在要求整体一揽子撤销GATT第35条受阻的情况下，采取迂回战术，转而与欧共体成员国开展两国间的通商贸易交涉，逐步扩大欧共体成员国对日进口自由化商品的范围，再次开展增加欧共体对日进口配额的经济外交。

（二）加入经济合作与发展组织上的努力

经济合作与发展组织（OECD）是由1948年4月西欧各国成立的

---

① 山本满：《日本の経済外交》，東京：日本経済新聞出版社，1973年，第110页。
② 《重光葵外務大臣外交演説》，1955/12/02，内閣制度百年史編纂委員会：《歴代内閣総理大臣演説集》，1985年，日本政治・国際関係データベース：http://www.ioc.u-tokyo.ac.jp/~worldjpn/documents/texts/fam/19551202.SXJ.html。
③ 柏倉康夫、植田隆子、小川英志：《EU論》，東京：日本放送大学出版協会，2006年，第206—207页。

欧洲经济合作组织（OEEC）扩充而来的，自成立开始就被誉为"发达国家俱乐部"，该组织为协调成员国之间的经济政策，促进经济增长起着重要的作用。尤其是该组织还有一个惯例，即在联合国、关贸总协定、国际货币基金组织等重要的国际组织讨论国际经济问题之前，先要在该组织内讨论和交换意见。因此，该组织在世界经济中发挥着重大的作用。在冷战的国际形势下，如果不加入这个组织，至少在经济上就不能成为有发言权的"西方一员"。因而，努力想成为"西方一员"的日本，把加入该组织视为经济外交的重点课题之一。而要成为该组织的成员，就必须加强与欧共体各国的对话与协调，求得各国的谅解和支持。

日本最早提出加入经合组织是在1961年7月小坂善太郎外相访问英、法、西德和意大利等欧共体国家时。小坂在与欧共体各国领导人会谈时提出：欧共体各国对日本所实施的以GATT第35条规定为代表的各种通商贸易上的歧视性待遇，对于亚洲唯一的发达工业国、自由阵营中强有力的一员的日本而言，实在难以接受。[①] 欧共体各国领导人对小坂的言论表示理解，并提出今后将继续通过交涉，全面改善现状。小坂甚至对日本加入了对发展中国家的援助，但却未被纳入发达工业国家集团，表示了强烈的不满。

西德首先对日本的加入要求表示同情，并希望日本通过在开发援助委员会的活动，逐步全面加入经合组织。1962年6月，大平正芳外相访问欧共体四国，对各国首脑表示日本愿意全面加入经合组织的愿望，得到了欧共体四国领导人的赞许。[②]

1962年11月，池田首相访欧时，进一步就日本加入经合组织问题探询了欧共体各国的态度。池田大力宣扬日本在开发援助委员会里的活动，强调欧洲与美国通过北大西洋公约组织、经合组织，以及关

[①] 《小坂善太郎外務大臣外交演説》，1961/09/28，内閣制度百年史編纂委員会：《歷代内閣総理大臣演説集》，1985年，日本政治・国際関係データベース：http://www.ioc.u-tokyo.ac.jp/~worldjpn/documents/texts/fam/19610928.SXJ.html.

[②] 日本経済調査協議会編：《OECDの加入と日本経済》，東京：経済往来社，1964年，第63—64頁。

贸总协定具有多边、直接的连带关系，日本与欧洲之间也要进一步加强联系，不仅在对发展中国家的援助方面，还要在通商、金融、财政等方面加强与自由世界的合作。① 西德向日本做出了支持其加入经合组织的保证。法国、英国、比利时等国先后表示了积极的态度。日本还通过驻欧大使探询了经合组织其他各国的态度，结果表明，这些国家是支持日本加入的。② 1963 年 7 月，日本与经合组织达成协议，经合组织正式邀请日本参加。经日本国会批准后，于 1964 年 4 月 28 日正式成为经合组织的成员国。此后，经合组织成为日欧发展关系的平台，日本政府认为，由于加入了国际货币基金组织和经合组织，才真正得以确立发达国家的资格与国际地位。日本作为世界上有数的发达工业国家，将承担起直面发展中国家问题等诸多世界经济问题，担负重大国际责任和义务。特别是在发展与发达国家间经济关系方面，日本政府信心百倍地提出：日本高度评价基于自由无歧视原则的、谋求世界经济发展的肯尼迪回合的意义，并将积极地参加，努力做出重大贡献。今后将积极利用两国间定期协议、GATT、OECD 等多数国家间会议的场合，谋求废除对日歧视，改善日本出口环境，在国际协调机制当中谋求日本经济的繁荣。③

（三）通商贸易谈判的开展

在英法等西欧国家的带动下，GATT 的一些成员国对日本一直拒绝按照 GATT 关系进行往来，使日本在 GATT 和国际上的经贸活动受到很大的限制。此外，美国商品乘 1960 年日本实施贸易自由化之便，大量涌入日本，加剧了日本贸易不平衡的局面。日本迫切希望扩大美国以外的市场。因而，克服西欧各国对日本的经贸歧视和开拓欧洲市场是 20 世纪 50 年代末以及 60 年代前半期日本对欧共体经济外交的

---

① 日本経済調査協議会編：《OECDの加入と日本経済》，東京：経済往来社，1964 年，第 64 頁。
② 外務省編：《わが外交の近況》，1963 年，第 237 頁。
③ 《椎名悦三郎外務大臣外交演説》，1965/07/30，内閣制度百年史編纂委員会：《歷代内閣総理大臣演説集》，1985 年，日本政治・国際関係データベース：http://www.ioc.u-tokyo.ac.jp/~worldjpn/documents/texts/fam/19650730.SXJ.html。

又一重点。

1. 日本与欧洲经济共同体的经贸协商

1958年欧洲经济共同体成立后，日本对欧经济外交关系发生了变化，由过去的与西欧各国的双边对话、协商发展为1958年以后的日本与欧共体及日本与其成员国的二元关系体系。但是，在欧共体成立之初，由于"欧共体委员会"这样的国际组织史无前例，日本政府当局也实在难以判断什么属于欧共体委员会的权限，什么是欧共体成员国政府的权限。① 此外，欧共体在一体化的初期阶段（1972年以前），除拥有对外共同关税交涉权外，还没有形成一个共同的通商政策。日本对欧共体的经济外交只能停留在利用正式的对话渠道进行意见交换的范围内。而欧共体试图将对日通商政策的调整作为扩大自己职权的一个环节，从而表现出对日交涉的极大热情。1961年欧共体委员会对外关系委员简·瑞访问日本之时，与日本要人举行会谈。双方约定在1962年5月在布鲁塞尔举行日本和欧洲经济共同体间交换意见的会议。简·瑞认为此次会谈总的来说是对抗性的，并没有进行任何具体的交涉，但是，相互全面深入地探讨了双方的通商关系，并一致认为应该改善现状。日本政府则认为：此次会议是旨在全面加强日本与欧洲经济共同体关系的、虽然谨慎但却是良好开端的一次会议。②

欧共体为了以一个统一的欧洲形象面对日本，于1963年提出了一个统一的贸易保护条款和统一的敏感产品清单。但是，当时欧共体各国和日本都担心如果接受并实施这一做法，必将丧失经过艰难交涉所获得的利益（指日本和欧共体各国的通商协定中都设立了对欧共体各国有利的保护性条款）。因此，日本和欧共体之间的贸易谈判不了了之。不过，在欧共体实施共同关税情况下，对日本所蒙受的损失予以补偿问题的解决上，取得了一点成绩。由于欧共体拥有共同关税的对外交涉权，六个成员国实行共同关税方案，使日本在日欧通商贸易

---

① 驻日欧洲联合代表部：《ヨーロッパ》，1999年第6、7月号，第2页。
② 山崎敏夫：《EECと日本》，《国际问题》，1962年第3月号，第25页。

上蒙受损失。为此，从1960年12月到1961年5月，日欧双方在日内瓦就欧共体共同关税实施下的日本损失补偿问题举行谈判。在此次谈判中，因荷比卢三国和法国援引GATT第35条，引发了复杂的法律问题。日本从推进日欧关系的想法出发，建议双方将GATT第35条问题搁置起来，在现实的立场上进行交涉。结果经过交涉，欧共体方面在相当多的商品上对日下调了关税。截止到1963年末，日本与视为经济外交障碍的法国、荷比卢三国关于撤除对日GATT第35条的通商交涉告一段落。包括已经撤除对日延用GATT第35条的西德和意大利两国在内，欧共体六国全部与日本进入了正常的关税及贸易总协定状态。日本就此打开了欧共体统一对日通商政策交涉的僵局，初步形成了欧共体以放宽对日进口限制为中心的对日贸易交涉的方针。①

1965年3月末到4月初，欧洲煤钢共同体（ECSC）的钢铁总局局长贝古（Becourt）及涉外局局长莱伊·斯林克（Ley Silink）受日本钢铁协会邀请，来日参加日本钢铁协会成立50周年纪念庆典。与日本政府要人及企业界代表举行了会谈。ECSC建议双方在当年5月份，通过驻布鲁塞尔大使馆召开日·ECSC间定期交换意见的会议。ECSC方面提出了4个会谈方案：（1）钢铁消费及生产预测调查；（2）钢铁市场现状；（3）原材料的供应（铁矿石、生铁、煤炭）；（4）技术发展和科学研究。同时还建议每年举行两次交换意见的会议。

日本政府接受了这一建议，并做出如下答复：通过正式、定期的协商渠道，加深在世界钢铁业中共同占有重要地位的日本及ECSC间的相互了解，以有利于将来ECSC过渡到欧洲经济共同体后的日本、欧洲经济共同体间关系的进一步加强。日本与欧洲经济共同体的接触不仅仅局限于同欧洲经济共同体加盟国间的双边交涉，还扩展到联合国贸易开发会议、OECD等国际组织和机构，将日本对欧洲经济共同

---

① 小堀訓男：《EEC諸国経済外交》，《政治学論集》創刊号，駒沢大学，1974年7月号，第161页。

体的关系尽可能地置于互惠平等的基础上。① 日本与 ECSC 在 20 世纪 60 年代共举行过两次交换意见的会谈，就上述四个议题进行了对话与协商，但是，还仅仅停留在相互试探阶段。

2. 日本与欧共体成员国间的双边交涉

由于欧共体委员会在其一体化初期职权的单一和弱小，使得日本对欧共体的经济外交政策只能以与其成员国间双边交涉的方式来进行。但是，六成员国与日本的通商情况又各有不同，如对日援引 GATT 第 35 条的荷比卢三国和法国，荷比卢三国对日采取了比较宽大的政策，而法国的对日政策则最为苛刻。另外，没有对日援用 GATT 第 35 条的西德和意大利的对日政策也有所不同，西德对日开放了相当广阔的市场，意大利则保留了相当多的对日贸易歧视政策。因此，在这层意义上讲，欧洲经济共同体六成员国的对日歧视政策同援用 GATT 第 35 条问题没有多大关系，并且六成员国的对日歧视政策也非常不同，因而可以想见，欧共体若想将这些千差万别的对日通商政策统一起来，是非常困难的。

所以日本对欧共体推行经济外交政策的目的就是通过同这些国家的交涉，尽可能地使之减少对日贸易歧视，或者使之完全撤除对日歧视政策。在力图进一步扩大对欧出口的同时，尽量使早晚都要形成的欧共体统一对日通商政策变得自由、宽大、慷慨一些。日本在充分了解欧共体成员国对日通商贸易歧视政策的基础上，有选择地先与开放的西德开展对话、协商，然后依次与荷比卢三国、意大利、法国，最后是与正在为加入欧共体进行谈判的英国进行了交涉。

首先是与西德的交涉。西德在 1957 年春被国际货币基金组织判定为"没有以国际收支为由实施进口限制的资格"。因而在对日贸易协商上，只能在关贸总协定的框架内进行。1959 年 5 月，由于西德给予日本的贸易待遇与给予美元地区的贸易待遇是一样的，所以，谈判进行得比较顺利。双方主要围绕如何继续维持互相没有歧视性待遇的贸易和进一步放宽双方间的贸易限制问题进行交涉。7 月，西德制

---

① 《欧州石炭鋼鉄共同体と日本》，《経済と外交》，1966 年第 71 期，第 19—20 页。

定了对日贸易自由化程序表，规定了除纤维、瓷器、打火机、普通眼镜（双眼）及家用缝纫机五种限额商品外，全部对日实行进口自由化。即使是上述五种限额商品也规定了自由化的日程。

其次是与荷比卢三国的交涉，因为荷比卢三国已经于1958年结成了经济同盟，实行共同的对外经济政策。尽管三国一起对日援用GATT第35条，但是，实际上它们的对日通商政策是相当宽大的。为了尽快使这三个国家撤销对日援引GATT第35条规定，日本于1959年10月，与荷比卢经济同盟在海牙举行了预备会谈。1960年5月在东京举行了正式会谈。同年10月双方将GATT第35条问题先搁置一边，签署了以贸易制度上的互惠为原则的《日本·荷比卢经济同盟通商协定》。该协定规定双方均给予对方在进口贸易上的最惠国待遇，荷比卢三国除28种商品外，均对日本商品实行自由化。同时还规定即使是这28种限定商品，将根据今后的贸易情况，逐步削减数额。① 荷比卢三国将依照该协定实行对日贸易自由化措施。日本与荷比卢三国经济同盟签订的这一通商协定是战后日本与西欧国家签订的第一个带有最惠国条款的通商协定，其意义不仅限于日本与该三国之间。由于该三国均为欧洲经济共同体的成员国，而欧洲经济共同体正在趋向对外采取共同的经济政策，所以该协定的签订，对于此后日本与其他西欧国家之间的经济交涉非常有利。②

第三是与意大利的交涉。意大利同样被国际货币基金组织判定为"没有以国际收支为由实施进口限制的资格"，即在对外经济贸易关系上，没有实施歧视性进口限制的权利，所以意大利与日本也只能在GATT框架内进行交涉。1960年5月双方开始接触，交涉的焦点是减少对日本商品的歧视性进口限制。1961年，日本进口自由化方案出台之际，日本国内曾出现了主张应该对意大利实施贸易限制的强硬

---

① 《通商に関する一方日本国と他方オランダ王国及びベルギー＝ルクセンブルグ経済同盟との間の協定, 合意された議事録及び交換公文》，外務省編：《わが外交の近況》，1960年，第259—267页。

② 张健：《战后日本的经济外交》，天津人民出版社1998年版，第160页。

论,但是,日本政府考虑到对西欧政策的整体性,马上制止了这种议论。① 1962 年 3 月末,意大利方面实施了对日贸易自由化政策,但是,规定了对 285 种日本商品实行进口限制。虽然意大利没有国际货币基金组织的第 8 条权利,只能依照关贸总协定规则与日本交涉,但是,意大利是所有对日实行贸易歧视的国家当中最为苛刻的国家。到 1963 年末,意大利对日进口歧视商品才减少到 116 种。②

第四是与法国的交涉。法国是对日 GATT 第 35 条援引国,在对日商品进口份额的限制上也极为严厉,并且在关税上也对日本实行歧视性做法。日本对法工作的目的就是通过每年的双边贸易交涉,使之逐步改善对日待遇。在 1961 年 6 月到 1962 年 2 月举行的通商贸易谈判中,日本提出了自由化均沾的建议,法国对此做出让步,大幅度改善对日贸易歧视政策,废除了对进口日本商品的关税上的歧视条款,同时,对相当多的日本进口商品实施自由化,以及倍增限定商品份额,表现出了相当大的诚意。截至 1963 年,法国对日本的进口限制商品达 153 个。对日进口商品歧视问题是在法国完全撤销对日援引第 35 条规定以后,才最终得以解决。1963 年 4 月,日法签订了《日法通商条约》。

3. 与英国的交涉

英国是西欧国家中坚持对日援用 GATT 第 35 条的国家,并且由于日本在太平洋战争中使英国在亚太地区的利益遭受沉重打击。日本政府要人也深知战后初期英国的对日舆论正卷入反日情绪当中。吉田茂首相曾多次表示了对日英贸易摩擦的担忧。日本驻英国的联络事务官朝海浩一郎认为,英国人战俘问题和贸易摩擦是英国舆论反日的原因,并将此观点写进观察报告上报到外务省。③ 战后初期的英国成为日本对欧工作的第二个堡垒。因而日英双边经济贸易谈判较为艰难,并且任务较重,关键内容有两项:

---

① 山崎敏夫:《EECと日本》,《国際問題》,1962 年第 3 月号,第 25 页。
② 外務省編:《わが国外交の近況》,1964 年,第 204 页。
③ 木畑洋一など編:《日英交流史 1600—2000》(2 政治外交卷),東京:東京大学出版会,2000 年,第 236 页。

一是签订贸易协定,尽可能使英国减少对日本商品的限制数目,撤销在日英贸易中的对日歧视待遇。这一工作主要是利用每年一度的日英贸易协商会议的机会来进行。通过交涉谈判,使英国对日歧视商品数目逐年减少,而且贸易总额增长了一倍以上。其中日本的出口增长近一倍,进口增长了一倍多。①

二是使英国撤销对日援用 GATT 第 35 条,谈判缔结日英通商条约。英国虽然自日本提出加入 GATT 申请开始,就公开表示反对日本加入。但是,实际上英国政府并不是真正反对日本加入 GATT。其真正的用意是通过在日本商品入关问题上的交涉,避免使英国国内经济利益受损。同时,将日本逐渐地纳入到 GATT 所体现出来的新国际经济规则当中。②所以自 1955 年 10 月日本最终加入 GATT 之后,日英双方立即开始交涉。谈判焦点是最惠国待遇问题,由于英国政府坚持不给予日本最惠国待遇,使得谈判非常艰难,直到 1960 年,才初步达成谅解:英国要求日本如果能对市场扰乱问题采取措施,并解决好国内幼稚产业保护问题,则双方互相给予最惠国待遇。③此后双方进入了缔结通商条约的阶段。

可以说,在战后日英关系中,无论怎样强调《日英通商航海条约》的重要性也不过分。因为该条约的缔结抬升了战败国日本的地位,使日英关系变成了比较"对等关系"态势。日本政府也认为如果不缔结条约,那么日本作为独立国家在国际社会中生存是很难的。④但是,由于英国到处充斥着反日情绪,交涉进程极为缓慢。为了扭转这种局势,负责交涉的英国商务大臣莫尔和日本驻英大使大野胜已协商决定,将英国的著名实业家派到日本,让他们了解日本的实际情况,以打破对日本的偏见。依据该计划,1961 年秋英国产业联盟的

---

① 外務省編:《わが国外交の近況》,1962 年,第 162 页。
② 木畑洋一など編:《日英交流史 1600—2000》(2 政治外交卷),東京:東京大学出版会,2000 年,第 249 页。
③ 《貿易自由化と経済外交》,《國際問題叢書》,1963 年第 30 号,第 54 页。
④ 木畑洋一など編:《日英交流史 1600—2000》(2 政治外交卷),東京:東京大学出版会,2000 年,第 277 页。

萨尔·诺曼·凯宾克（Sarre Norman）来到日本。凯宾克为日本的经济现状所感动，回国前就在箱根写了考察报告书发送到伦敦。正因为该报告书是由英国最有名的实业家写的，所以被广泛传阅，给英国政府、议会、传媒及产业界留下了深刻的印象。[①] 1962年11月15日签署了《日英通商航海条约》。根据这一条约，双方在"原则上"给予对方进出口贸易上的最惠国待遇，日英两国建立起正常的经济贸易关系。该条约的签订，不仅使英国宣布撤销了对日本援引GATT第35条规定的做法，而且使两个贸易大国有了进一步发展经济关系的保证，同时由于英国是对日援引GATT第35条规定最坚决和最积极的国家，因此，英国的做法显然会对西欧其他国家和英联邦国家产生重要影响。日本媒体对此大肆报道，并总结出诸多意义，如"通商正常化""贸易的扩大""打开对欧洲经济共同体贸易的桥头堡"[②]。而日本实业界及经济界对此给予了高度评价，经团联事务局长堀越祯三对日英交涉过程及结果发表了感慨，认为："《日英通商航海条约》的缔结，对于日本而言，可以说是战后外交的一大转机，特别是在英国加入欧洲经济共同体的交涉中能够缔结不能不说是一大成功。"[③] 言外之意就是在英国加入欧洲经济共同体前，日英交涉的成功使日本获得了同英国的对等地位，为以后日本与欧洲经济共同体的交涉打下了基础。

三　欧共体对日通商政策的酝酿

根据欧洲经济共同体一体化方案，在完成第一个过渡期后，各成员国将实施统一的对外通商政策，其中对日通商政策是其必要的一环，但是，根据日本政府观察，由于欧共体六国的对日政策存在着差异，因而确立一个六国普遍接受的共同对日通商政策尚需时日。尽管如此，欧共体方面依然加快推进制定对日通商政策的进程。

[①] 木畑洋一など編：《日英交流史1600—2000》（2 政治外交卷），東京：東京大学出版会，2000年，第277页。
[②] 《每日新聞》，1962/11/15。
[③] 堀越祯三：《日英交涉感》，《国際問題》，1962年9月号，封三。

第一阶段，提案及协商阶段。1961年12月欧共体委员会对外关系委员简·瑞访日，为了商议日欧通商问题，提议事前必须出台一个共同对日通商政策。① 日本政府希望以简·瑞访日为契机，通过与该委员会的接触，进一步改善和增进与欧共体六国的经济贸易关系。因而给予简·瑞国宾级的礼遇，访日期间得到了天皇的接见，并先后与池田首相、小坂外相、藤山经济企划厅长官、佐藤通商产业大臣进行会谈，同时与日本经团联、日本贸易会、经济同友会和关西财界人士交换了意见。

简·瑞此次访日的目的不是为了通商贸易政策交涉，主要是为了加深对日本实际情况的认识，同时一般性地交换意见和看法。

简·瑞向日本方面透露了近期欧共体在对日共同通商政策制定上的基本动向：（1）关于欧共体的共同通商政策，特别是对日通商政策，根据《罗马条约》的规定，需要在欧共体过渡期结束之后才开始实施。特别是在这期间，需要尽量调整欧共体六国的通商政策，其中多次讨论到对日通商政策问题。（2）关于对日通商政策方面，由于欧共体六国各自存在着差异，因而调整各国的政策实在不是件容易的事情，如果日本方面采取歧视性措施加以报复的话，恐怕会引起欧共体方面对日进口限制论者的不安。（3）关于日欧通商贸易协商问题，认为1962年进行日欧间关于一般通商问题交换意见的时机已经成熟。

日本方面针对简·瑞提出来的欧共体构建共同通商政策的态势，发表了看法：（1）日本方面已经预想到了欧共体方面的对日政策将相当的严格，但是，希望欧共体方面尽量采取自由的政策。（2）提出了借鉴欧共体经验构建亚洲共同市场的构想。（3）建议对瓷器等产品采用混合关税。（4）英国一旦加入欧洲经济共同体，势必涉及英联邦的问题。

日欧双方在上述问题交换意见的基础上，于1961年12月9日发

---

① 欧共体委员会作为欧共体的执行机构，由各加盟国任命的9名委员组成，其中设外关系委员3人。对外关系委员相当于欧共体的外相。

第一章 欧洲一体化的启动与日欧双边关系的摸索

表了联合声明,"双方就日本与欧洲经济共同体间的全部经济通商关系交换了意见。双方认为完全有必要为了增进彼此间的关系,加深双方在经济状况和通商政策方面的相互理解。为此,双方约定相关人员随时可以会见,并交换意见和情报。双方一致认为1962年春在布鲁塞尔召开第一回合论坛"。日本外务省认为:"从今后促进对欧通商的角度来看,改善与欧洲经济共同体间的关系,并进一步增进和密切对欧洲经济共同体的关系,即将到来的布鲁塞尔会谈将在日欧关系上成为意义深远的出发点。"①

欧共体对日通商政策并没有如欧共体委员会对外关系委员简·瑞所说的那样如期出台,究其原因主要是因为1962年欧共体扩大化的态势凸显出来,由于英国加盟交涉的进行和共同农业政策的实施,欧共体的事务极为繁忙,欧共体六国的对日态度很难一下子调整为共识。因此,欧共体制定对日通商政策的步伐一下子缓慢了下来。

第二阶段,欧共体共同通商政策实施计划酝酿阶段。1962年7月,欧共体理事会采纳了该项计划,其后进行了若干的调整和修订后,9月25日正式采用。根据该项计划,欧共体将来将遵从GATT原则对第三国实行自身的通商政策,并尽量将自由化统一到较高的水准上来。

第三阶段,欧共体委员会制定《共同体行动计划备忘录》。该备忘录于1962年10月24日发表,其中涉及与日本间的通商贸易问题,指出"向对日本这样的GATT成员国实施自由化时,如果不经过关于若干限制商品清单的特别检讨是不可能的"。1963年末欧共体才最终出台了包括欧共体对日限制商品清单及共同经济进口限制条款在内的《对日共同通商政策》。但是,欧洲经济共同体此后的行动要比预想的还要快,就在《共同体行动计划备忘录》发表后的11月13日,欧共体委员会就向欧共体理事会提请了《对日共同经济进口限制条款

---

① 外務省編:《わが外交の近況》,1962年,《五 最近における通商貿易上の諸問題.貿易経済関係使節団の派遣(接受)および要人の来日.2 貿易経済関係要人の来日.(6) EEC委員会対外関係担当ジャン・レイ委員の来日》,http://www.mofa.go.jp/mofaj/gaiko/bluebook/1962/s37-5-6.htm#26。

案》和《欧共体对日限制商品清单案》。①

第四阶段，欧共体内部对日通商政策的调整和整合阶段。整合包括以下三项内容。

（1）劝告各成员国政府对日采用统一的经济进口限制条款。欧共体委员会于1963年2月劝告各成员国政府，在同日本政府进行通商政策交涉时，一定要采用共同的经济进口限制条款。②

（2）欧共体委员会《关于对日共同通商政策》的提出。欧共体委员会于1963年7月向欧共体部长理事会提出了《关于对日共同通商政策》的理事会决议案，内容包括两个方面。

第一，委员会基于以下原因认为日欧间召开关于缔结通商协定的预备会议的时机已经到来。欧共体成员国和日本间的现有通商关系当中，不仅有经济进口限制条款，而且限制商品清单的数量也存在着巨大的差异，因此有必要树立共同体的对日通商关系。受肯尼迪回合的影响，欧共体和日本必须明确一齐下调关税的例外商品目录。同时，鉴于下调关税的重要性，经济进口限制条款的紧迫性也凸显出来。尤其是根据《罗马条约》第115条之规定（为了防止由于采取迂回贸易的形式致使通商政策的各项措施的实施受阻情况的发生），有必要最小限度地适用于日本商品。

第二，委员会向欧共体部长理事会提出授权申请，申请理事会授权给委员会在三个月的时间里与日本政府开展通商贸易协定的预备性对话。

（3）《对日共同通商政策》提案以后的进展情况。1963年7月到年末，欧共体部长理事会根本没有审议委员会提出的《对日共同通商政策》。1964年2月，委员会为了促成一般性的共同通商政策的实现，再次向部长理事会提出备忘录。在备忘录中特别提到了对日通商

---

① 外務省編：《わが外交の近況》，1963年，《五貿易経済に関する諸外国との関係および国際協力の進展．諸外国との貿易経済関係》，http://www.mofa.go.jp/mofaj/gaiko/bluebook/1963/s38-5-4.htm#e6。

② 小堀訓男：《EEC諸国の経済外交》，《政治学論集》創刊號，駒沢大学，1974年7月，第162頁。

政策，提请理事会马上执行1963年7月提出的《关于对日共同通商政策》决议案的方针，以及真正开展对日通商预备交涉，建议最迟应该在6月末前能够向理事会报告对日预备交涉的结果。

综上可见，在欧共体内部已然兴起了促进制定对日共同通商政策的热潮，1964年4月15日，欧共体部长理事会开始审议委员会提出的《关于对日共同通商政策》的决议案。该项决议的内容虽然没有公布，但是，一度传言委员会曾经向理事会发出指令，指令理事会进一步探讨与成员国专家的合作；共同的经济进口限制条款、共同的限制商品清单；以及共同的进出口贸易管理三个任务，并在6月向委员会报告理事会工作结果。①

正是由于20世纪60年代的欧共体对日通商政策尚处于酝酿阶段，因而此间的日欧通商关系基本上是以欧共体各国与日本间的双边关系发展起来的，且基本上呈现出扩大均衡发展的态势。同时，此间的欧共体委员会和欧洲议会为了制定共同对日通商政策，汇集了成员国所有的对日通商协定，呈现出"马赛克式的通商协定"文本，与此间欧共体整体的贸易扩大均衡发展形成鲜明的对比。另外，从奉行自由贸易的西德，到奉行贸易保护主义的法国，均与日本构成了"马赛克式"的通商关系，主要体现为欧共体各国与日本间是否有通商协定和贸易管理方法的多样性，成了整个20世纪60年代日欧关系的一大特征。② "可以说欧共体对日关系就是与日本间诸多双边关系的累积而已。"③ 表1-2展示了1969年末欧共体各国与日本的通商关系。

---

① 外務省編：《わが外交の近况》，1964年，《五貿易経済に関する諸外国との関係および国際協力の進展》，http://www.mofa.go.jp/mofaj/gaiko/bluebook/1964/s39-5-4-005.htm。

② *Japan-economic power and partner for the Common Market*, EC-Bull. 12-69. pp. 17-20.; Baas, M., *Bericht uber die Handelsbeziehun. gen zwischen den sechs EWG-Landern und Japan*, Europaisches Parlament Sitzungsdokumente, 1969-70, 2 Februar1970, Document 212.

③ 内田勝敏、清水贞俊編：《EC経済論—欧州統合と世界経済》，京都：ミネルゥア書房，1993年，第335页。

表1-2　　　　　　1969年末欧共体各国与日本的通商关系①

国家	通商协定	经济进口限制	对日进口限制商品数目及主要限制商品
西德	有	无	23；纤维制品、瓷器等
法国	有	有	42；纤维制品、瓷器、收音机、电视等
意大利	无	无	45；纤维制品、瓷器、汽车、摩托车等
荷比卢	有	有	27；纤维制品、西餐餐具等

第三节　日本对欧洲一体化进程的实地调查

在欧洲一体化刚刚起步阶段，日本对欧共体的政策虽然以与欧共体国家的双边交涉为突破口，但是，在对待欧洲一体化问题上，也较为积极。通过派遣欧洲经济调查团的方式，实地调查欧洲一体化的进程。对于欧洲一体化问题，日本方面反映较为强烈的是经济界、财界人士及其经济团体。最为积极的是经济团体联合会（经团联），以民间团体的方式或者在日本外务省的委任下多次组成欧共体调查团。

一　欧洲经济调查团的派遣

在战后初期日本对欧共体政策的推行上，日本政府与经济界人士间的合作非常密切，最主要的表现就是欧洲经济调查团的派遣。欧洲经济调查团有两种类型，一是政府派遣的官方正式调查团；一种是纯粹的民间经济调查团。无论是官方的，还是民间的，都在对欧共体政策的推行上，充分发挥了"移动大使"的作用，尤其是调查团回国后发表的考察报告以及通过召开座谈会所取得的访欧共识，已然成为日本政府制订对欧共体政策的重要依据。②

日本经济界自1963年开始，不断地组成经济调查团，实地调查欧洲市场，并且将欧洲一体化问题列为核心问题。其中规模较大的就

---

① 安藤研一：《欧州共同体の共通通商政策の政治経済学：1970年—1973年の対日共通通商政策の展開を中心にして》，《経済学研究》，1990年6月，第59页。
② 《民間経済外交の役割と成果》，《経団連月報》，1967年第15卷12号，第29页。

有 4 次。

1963 年 9 月 17 日—10 月 6 日，日本生产本部组成了以三菱石油会长竹内俊一为团长的首次民间访欧经济调查团。调查团历访了西欧的英国、法国、比利时、荷兰、西德及意大利六国，目的是实地考察欧洲各国经济运行的基本想法，特别是官民合作以及产业界自主调整的实际做法，希望从中汲取经验，推动日本开放经济体制的整备，尤其是产业体制的整合。

10 月 20 日—11 月 16 日，日本政府派遣了以住友银行总裁堀田庄三为团长的访欧经济调查团，以欧洲自由贸易联盟（EFTA）为中心，历访了丹麦、挪威、瑞典、芬兰、奥地利、瑞士、西班牙、葡萄牙及英国。目的是实地考察与欧洲经济共同体并进的欧洲自由贸易联盟的一体化状况。

10 月 16 日—11 月 24 日，日本政府又派出了以经济调查协会事务局长青叶翰於为团长的欧洲经济一体化调查团。以官方身份实地考察欧洲经济共同体一体化的具体状况。

日本经济界非常重视这三次实地调查，经团联于 1964 年初召开了由上述调查团主要成员组成的座谈会，交流了对欧洲的考察体会。调查团成员普遍为欧洲经济一体化的活力所吸引，纷纷建议尽早建立一个以日本为主导的日朝台（指韩国和中国台湾）共同体。同时指出了在日欧关系上所存在的问题，即欧洲各国普遍不了解日本，在双边经济关系上，一直存在着难以消解的"对日恐惧心"，提出在不断向欧洲派遣经济调查团的同时，必须主动地约请对方实地考察日本，让他们参观日本的工厂，全面地了解日本人的勤劳与技术的先进。[①]

二　石坂经济使节团

1965 年 6 月中旬到 7 月初，日本外务省派出了以经团联会长石坂泰三为团长的访欧（EEC）经济使节团。目的是实地考察欧洲经济共

---

① 参阅《経済運営のあり方——欧州と日本——》，《経団連月報》，1964 年第 12 卷 1 号，第 30—42 页。

同体的动向，并听取西欧各国对日本经济的看法。使节团经过实地调查了解到，意大利是欧洲经济共同体当中，对日通商要求最苛刻的国家。虽然意大利的钢铁业对日本非常友好，但整个意大利经济界依然实施着严厉的对日进口政策。调查团成员、三井银行常务理事饭野匡认为：意大利方面存在着强烈的保护政策倾向。在自由化已经成为世界经济通用原则的背景下，任何国家都不能够违背它。但是，令日本感到吃惊的是意大利竟然公然违背自由贸易原则，露骨、大胆地对日强调"只要日本不认可贸易保护条款，日意通商谈判问题就不会前进一步"。调查团通过与法国各界的接触了解到，虽然法国是日本对欧共体政策推行过程中需要攻克的"堡垒"，但是，在接触过程中却表现出令调查团感到惊奇的欲与日本接近的热情，多次提出与日本召开日法双边财界会议的建议。

调查团通过对欧共体的详细调查了解到，虽然欧洲在经济一体化上遭遇了种种困难，但是，欧共体的首脑们表现出了团结一心努力向前的不可动摇的信心和姿态。调查团尤其对那些执着于一体化理想的欧洲经济共同体的政治家们，由衷地从心里表示敬意。不过令调查团成员感到最为担心的还是欧共体的共同通商政策。代表团成员之一的日本丸红公司常务理事松尾泰一郎指出，在对日通商政策上，意大利最为苛刻，法国次之，意大利与法国依然对日实施着严厉的进口限制。西德较为缓和，其次是荷比卢三国。欧共体六国之间在对日通商歧视性限制上，有着相当大的差异。所以欧共体在起草对日敏感产品清单时，就难以一下子统一起来。松尾泰一郎表示在贸易保护条款问题上，因为在关贸总协定中已经有所规定，所以就没有必要在国家间的贸易协定当中另行规定。但是，当初日本在与西欧国家协商撤除GATT 第 35 条时，在法国和荷比卢三国的强烈要求下，作为四国撤除第 35 条的一种补偿，原则上认可了后来被日欧双方视为"时代错误"的贸易保护条款。松尾泰一郎担心这种国别性的贸易保护条款一旦成为欧共体的共同对日通商政策，将不利于日本在欧洲的贸易活动。这是日本经济界最为担心和充满疑虑的核心问题。

同时调查团还提醒日本政府和企业界，以往在日欧贸易问题上所采取的"各个击破"的通商政策，在欧共体实现通商政策一体化后，必将面临困境，将难以发挥作用，必须研究统一的对欧共体通商政策。①

第四节 基于"日美欧三角关系论"的日本对欧外交

一 战后初期日本对欧政策推行中的"日美欧三角关系论"

战后初期，日本政府将对欧政策的制订与推行纳入"日美欧三角关系"当中，并充分借助美国在日美欧三角关系中的特殊地位，实现对欧共体工作目标。

在战后初期特殊的国际政治经济局势的影响下，日本、西欧虽与美国同属"西方阵营"，但是，美国处于主轴地位，制定"自由世界"的战略，日欧则处于两翼，对美国的战略加以响应和配合。因此，在日美欧三角关系框架中，日美、欧美关系较为密切，日欧关系较为淡薄。寻找日本与欧共体相互关系的适当位置，是战后初期日本当政者处理日欧关系的出发点。通过对战后初期几位首相关于日美欧三角关系的定位可见日本对日欧关系认识之一斑。

1959年，岸信介出访西欧后，比较明确地勾画出日欧关系的轮廓，即"在不改变目前日美协调关系的同时，今后还要增加日英协调，以期形成美、日、英三位一体的基调"②。日本此时之所以从西欧国家中突出英国，是因为英国虽然在欧洲一体化初期被法德排除在外，但在国际政治舞台上——尤其是在西方阵营中——被视为西欧的代表。通过岸信介有关日欧关系的勾画，可见日本已将日欧关系看作是日美欧三角关系框架中的一边。随着欧洲一体化步伐的加快以及日欧关系的深化，西欧作为一个整体（欧共体）在日本的三角关系视

---

① 《みてきた最進のEEC——訪EEC経済使節団にきく——》，《経団連月報》，1965年第13卷8号，第22—39页。
② 安原和雄、山本剛堵など：《先進国家の道へ進め》，《戦後日本外交史》（第4卷），東京：三省堂，1983年，第191页。

角中的地位上升。1962 年，岸信介的"日美英三位一体论"被继任首相池田发展为"日美欧三根支柱论"。"池田一贯主张将日欧（EEC）关系与日美关系等同对待"①，池田在访欧前发表讲话时，提到"在各自由主义国家中，应以北美（美国和加拿大）、欧洲以及日本、亚洲三根支柱为中心"②。池田的"三根支柱论"将"英国"改为"西欧"，把"三方协调"改为"三根支柱"，可见日本对西欧的重视程度，但是，仍将日欧关系纳入以美国为主轴的日美欧三角关系当中。日本政府始终不认为日欧关系是纯粹的双边关系，即使 1970 年以后的田中角荣的"三角关系论"，也在强调"不是在同时进行的三边努力中建造一个三角形，而是应把日欧间的第三条线划得与另外两条边一样粗"③。此后，铃木认为要把三角形变成"三边平衡的关系"；中曾根希望使三角形得到加强；竹下登认为要建立日美欧之间"正三角形"也均是如此。

日本政府"日美基轴"对外战略的定位，对日本的欧洲政策产生极大的影响。日本对欧共体政策的调整，始终没有超脱三角关系框架，并且在冷战不断升级的影响下，日欧政治关系的发展非常缓慢。战后初期的日欧关系表现出鲜明的经济关系特征。同样，也正是因为日本这种外交战略的定位，使得在战后初期对欧共体政策推行过程中，得到美国的帮助。如在加入关贸总协定问题上，日本申请加入这一组织时，曾遭到英法等国的坚决反对，在美国的大力支持下，向关贸组织提出了要求"暂定加入"的申请，1952 年 10 月 23 日关贸总协定同意日本"暂定加入"④。在实现了"暂定加入"之后，又在美国的支持下，先后与 24 个缔约国进行了关税谈判。为了帮助日本进行谈判，美国向这些国家表态：对于没有从日本得到充分降低关税保

---

① 伊藤昌哉:《池田勇人とその時代》，東京：朝日新聞社，1985 年，第 184—185 页。
② 安原和雄、山本剛堵等:《先進国家の道へ進め》，《戦後日本外交史》（第 4 卷），東京：三省堂，1983 年，第 186 页。
③ 美联社波恩电讯，1973/10/05。
④ 所谓"暂定加入"是指可以参加缔约国大会，但是，没有表决权，申请国需要与其他缔约国分别进行关税谈判，然后方可加入。

证的国家，美国愿意对该国降低关税。① 正是有了美国的全力支持，日本才得以在1955年9月10日正式加入了关贸总协定。日本为使各国撤销援用第35条规定，倾力促成关贸总协定第15次代表大会在东京举行。美国代表在这次大会上的演说中，积极支持日本，劝告各国代表们放弃对日援用GATT第35条规定。

二 战后初期日欧首脑外交

在战后初期日欧外交关系中，首相及外相等政府首脑的频繁互访是一个应该引起注意的问题。但是，从首脑互访的规模和频次来看，日本显然较为主动。尤其是从战后初期日本历任首相及外相出访目的地统计来看，出访次数除美国外当属西欧各国。尤其是英、法、西德三国。日本政治首脑之所以主要出访这三国，是因为在欧洲一体化的启动阶段，法国与西德两国成为带动欧洲一体化的火车头。一体化初期所取得的成果完全是在法德合作的前提下完成的。英国虽然在一体化启动期被法德排挤在外，但却在欧洲范围内尝试进行与欧共体一体化并进的另一种经济一体化模式，即组织欧洲自由贸易联盟。无论是法德，还是英国都是欧洲一体化运动的领头羊。所以日本非常重视同英法德三国的关系对其欧洲政策的影响。

自吉田茂首相开始到1971年裕仁天皇和皇后访问西欧七国时止，历任首相均将上任后的首次出访地选在西欧。战后初期日本首脑频繁访欧的目的就是修复日欧感情，求得西欧各国在日本重返国际舞台问题上的谅解和支持，扩大日欧贸易。从表面上看，日本首脑访欧的口号是强化自由阵营，是政治外交的表现，但实际上是日本对西欧经济外交活动的组成部分。虽然日欧通商贸易交涉主要在事务部门间进行，但日本首脑访欧则在日本对欧政策的推行上起着信使的作用，在复杂的通商贸易协商上，进行先期的感情铺垫。

1954年10月4—26日，吉田茂的西欧之行是战后日本首相首访西欧。其目的在于进一步修复日欧感情，商讨缔结双边通商贸易条约

---

① 山本満：《日本の経済外交》，東京：日本経済新聞出版社，1973年，第110页。

和加入关贸总协定问题。吉田在出发的那天早晨,在羽田机场发表了题为"告全体国民"的讲话。在讲话中提道:"我的愿望是向这些国家从第二次世界大战结束到日本恢复主权期间所给予我们的关怀和援助,表示日本国民的谢意,并借此机会加强外交和贸易上的理解。"10月4日吉田抵达巴黎,5日会见法国副总理兼财政部长埃德加·富尔(Edgar Faure)。会谈时,吉田"要求富尔副总理对缔结包括最惠国待遇在内的新通商航海条约以及加入关税及贸易总协定的问题给予援助",富尔答复说"充分研究之后再具体地与各主管部门进行商讨"。吉田在法国逗留7日,不但成果甚微,反而在与法国政治家会谈时,被法国多次谈及"按法国货币售出的东京市债问题",由于日法双方在支付额上差距很大,所以吉田只能答复说"日本政府愿以诚意从中斡旋"①。10月12日吉田抵达波恩,开始对西德进行为期三天的访问。西德媒体对吉田的访问表现出极高的热情,称吉田为"东京的兜售商人",认为"吉田先生在德国会发现对日本问题的谅解和真正的同情"②。15日,吉田一行抵达罗马,先后与马里奥·谢尔巴(Mario Scelba)总理、马蒂诺(Martino)外长及其他意大利政府首脑们会谈。吉田提出了"希望早日缔结日意通商航海条约的请求",并指出:"由于日本与意大利之间悬案很少。我认为缔结条约的交涉也比较容易推进",希望意大利能在英法两国之前接受这个建议。③ 18日,吉田、谢尔巴对外界宣布将尽快缔结《友好通商航海条约》,并发表了《联合公报》,强调双方在国际舞台上密切合作的重要性。

吉田此次访欧最重要的一站是英国。因为以英国为首的英联邦国家坚持反对日本正式加入关贸总协定。日本政府在依赖美国从中斡旋的同时,试图通过吉田的访问与英国讨论该问题。而吉田本人认为:"日英双方在经济方面还存在着令人不甚愉快的悬案和问题,所以我对于正式访问英国一事并不十分热衷"。吉田访英期间,与英国外交大臣艾登(Ayden)、贸易大臣桑尼克罗夫特(Thornycroft)、财政大

---

① [日]吉田茂:《十年回忆》第1卷,世界知识出版社1965年版,第126页。
② 共同社东京电讯,1954/10/14。
③ [日]吉田茂:《十年回忆》第1卷,世界知识出版社1965年版,第138页。

臣巴特勒（Butler）会谈。同样提出希望英国能够支持日本加入关贸总协定的请求，但遭到了桑尼克罗夫特的拒绝。桑尼克罗夫特强调，除非日本对不公平的贸易活动——如奖励出口和限制进口——采取措施，日英贸易关系就不可能令人满意。26日下午，吉田在英国议会上下两院自愿出席的集会上，做了一次演讲。对日英关系的现状作了如下分析："在对日通商竞争这个问题上，英国方面存在着杞人之忧。之所以说是杞人之忧，是因为我认为贵国对于现在或最近的将来日本在商业上竞争力所抱的不安并没有充分的根据……总之，日本政府决心采取各种措施以防止不公正的竞争。"最后向英国发出呼吁，"我衷心希望英国在恰从今天起在热那亚举行的关税及贸易总协定会议上，支持日本参加这个协定"①。

1959年7月11—22日，为密切日欧经贸关系，岸信介对英、西德、意、法四国进行访问。7月12日飞抵伦敦，与首相麦克米伦（McMillan）等英国政府首脑举行会谈。岸信介要求英国撤销援用关贸总协定第35条，英方表示"进一步研究这个问题"。7月16日、17日在波恩与阿登纳（Adenauer）、经济部长艾哈德（Erhard）举行会谈，并受到豪斯（House）总统的会见。岸信介希望西德取消对日进口限制，主张西方各国合作开发东南亚。西德方面无意因形成日德特殊关系而受到西欧其他国家的指责，故强调贸易问题不应由少数国家，而应由多国合作解决。在罗马（7月18—20日）与塞尼（Ceni）总理集中讨论了两国的经济问题时，岸信介强调日本在同意大利的贸易关系中取得"最惠国"待遇的重要性，塞尼以意大利加入了欧洲经济共同体，无法单独给予日本最惠国待遇为理由加以拒绝。在巴黎（7月21—23日）与总统戴高乐（Charles de Gaulle）、总理德勃雷（Michel Debré）举行会谈时，岸信介要求法国放弃对日援用关贸总协定第35条，但未达到目的。法国仅在双方发表的《联合声明》中表示将给予"最充分的注意"②。岸信介西欧之行的目的本来是增加贸易，通过对

---

① ［日］吉田茂：《十年回忆》第1卷，世界知识出版社1965年版，第144—146页。
② 路透社巴黎电讯，1959/07/03。

话为西方完全撤除对日援用 GATT 第 35 条做准备。但是，事实上此行的目的显然没有达到，就连当时日本媒体对岸信介的西欧之行的评价也不高，认为这次"礼貌亲善的"访问并"无经济成果"①。

1961 年 7 月，小坂善太郎外相访问英、法、西德。在英国，为早日签订《日英通商航海条约》，小坂主动表示善意的让步，提出日本将采取保护性措施保障英国对日贸易顺利进行的建议。小坂同时向英国领导人提出日本加入经济合作与发展组织的请求。在法国，小坂与法国总统戴高乐等围绕日法贸易、欧洲经济共同体和日本加入经济合作与发展组织等问题举行会谈。法国方面表示"一个一个、一点一点地解决悬而未决的问题"②。在与西德领导人会谈时，西德领导人保证以后更密切地与日本合作，双方在《联合公报》中强调发展相互贸易、鼓励日本与欧洲经济共同体加强贸易往来。

1962 年 9 月 25 日，大平正芳外相出访西欧三国（英法西德），与英国贸易大臣史蒂芬·格林（Stephen Green）审查了《日英通商航海条约》的结果。与法国财政部长德斯坦（Giscard d'Estaing）讨论了美国国会通过的、以促进美欧贸易为目的的贸易扩大法案，并提醒法国在给予美国优惠待遇时，不要忘记日本。同西德外长施罗德（Schroder）讨论了日本与欧共体的关系。日本外务省认为"大平外相的非正式出访是在英国和欧洲经济共同体各国的动向引起国际社会关注的时候发生的，与这些国家元首面对面就当前国际政治经济问题交换意见，意义重大"③。

同年 11 月，池田勇仁首相访问西德、法、英、意大利、比利时等西欧 7 国。此行的目的还是集中在经济方面，即解决对日援用 GATT 第 35 条、日本加入经济合作与发展组织（OECD）以及协调

---

① 安原和雄、山本刚堵等：《先進国家の道へ進め》，《戦後日本外交史》（第 4 卷），東京：三省堂，1983 年，第 192 頁。
② 法新社巴黎电讯，1961/07/10。
③ 外務省编：《わが外交の近況》，1963 年，《三 わが国と各国との間の諸問題. 2 大平外務大臣の西欧諸国訪問》，http://www.mofa.go.jp/mofaj/gaiko/bluebook/1963/s38-3-9.htm#1。

日本与欧洲经济共同体的贸易问题。访德之际,池田称赞西德是欧洲经济共同体中与日本经济关系最密切的国家,并希望能够得到西德的协助,使西欧国家放宽对日本商品的限制。池田称经济合作与发展组织是"自由世界经济合作的基础",希望同这个组织取得更密切的联系。西德则表示支持日本早日加入该组织。① 为了促使法国取消援用 GATT 第 35 条,池田保证将向法国提出保护条款,并对那些输入后可能影响法国市场的产品规定了限额。双方保证"基于无歧视性待遇的原则与满足两国共同利益的形式,早日解决双方在关税及贸易总协定一般协定上所存在的悬案,尤其是开展以签订新的通商条约为目的的交涉"。法国方面同意在通商条约签订后放弃对日援引 GATT 第 35 条。日法双方一致认为"强化日本与经济合作与发展组织成员国间的经济关系会带来很大的利益",此外谈及日本"渐进加入及将来加盟问题"②。此次访法虽然没有在加入经济合作与发展组织问题上讨得法国的立即同意,但是,法国表现出向前看的积极态度。

池田同比利时首相西奥多尔·勒费弗尔(Theodore Joseph Lefevre)就两国间的经贸关系交换了意见,双方一致认为:"同属于自由世界的两国今后更应该进一步密切双边关系,推进基于无歧视原则的两国间贸易,以及密切日本与西欧各国间的经济关系完全符合两国的利益。"池田明确表示:"希望日本能够作为正式成员加入 OECD。"勒费弗尔对池田的倡议表示了极大的关注,表示将认真研究该问题。池田希望"欧洲经济共同体将来应该是一个开放的组织和市场,应该有益于世界的福祉和繁荣",勒费弗尔首相表示有同感。③

1962 年 11 月 12—14 日,池田与英国首相麦克米伦(Macmil-

---

① 《日独共同コミュニケ》,1962/11/08,外務省編:《わが外交の近況》,1963 年,第 22—23 页。
② 《日仏共同コミュニケ》,1962/11/12,外務省編:《わが外交の近況》,1963 年,第 23 页。
③ 《日本・ベルギー共同コミュニケ》,1962/11/17,外務省編:《わが外交の近況》,1963 年,第 24—25 页。

lan）、财政大臣莫德林（Maudling）等举行会谈。池田在会谈中提出"希望欧洲经济共同体能够采取开放政策"，麦克米伦在"表示同意池田首相见解的同时，也表示英国将努力争取早日实现加入欧洲经济共同体的愿望"。双方一致认为"为了承担起对发展中国家经济发展援助的共同责任，有必要通过开发援助委员会等国际组织，进一步密切彼此间的协调和合作关系"，为此，池田表示："为了进一步密切日本与西欧各国间的合作，日本希望不仅加入开发援助委员会，而且希望全面加入经济合作开发机构。"池田还请求英国帮助日本加入经济合作与发展组织，麦克米伦没有给予明确答复，但是，14日，池田与麦克米伦最终签署了《日英通商航海条约》。①

在意大利期间，池田与意大利总统进行了会晤，双方均表示在国际经济合作方面推进日本与OECD的关系，并深入探讨了日本正式加入OECD的可能性，得到了意大利的明确表态：将来日本提出申请时，意大利将给予支持。②池田访欧期间多次向德国、英国、意大利和荷兰国家元首表达了日本政府对欧共体发展的关心，"在对欧洲经济共同体的发展表示敬意的同时，希望欧共体能够推行自由且开放的通商政策，以有利于自由世界的稳定与发展。同时，欢迎联邦德国政府继续坚持在欧洲经济共同体内部采取自由主义通商态度，以及在密切全世界自由贸易关系上做出的努力。"③

池田此次访欧可谓成绩斐然，化除了西欧国家拒绝与日本按照GATT关系进行往来的强烈意见，为争取英、法等国撤销对日援用GATT第35条和日本加入经济合作与发展组织创造了良好的外交氛围。

作为1962年池田首相访欧的回应，自1963年始，西欧各国首脑

---

① 《日英共同コミュニケ》，1962/11/15，外務省編：《わが外交の近況》，1963年，第23—24页。
② 《日本・イタリア共同コミュニケ》，1962/11/19，外務省編：《わが外交の近況》，1963年，第24—25页。
③ 《日独共同コミュニケ》，1962/11/12，外務省編：《わが外交の近況》，1963年，第22—23页。

第一章　欧洲一体化的启动与日欧双边关系的摸索

陆续回访日本，日益凸显出西欧各国对日本在世界经济舞台和日美欧三角关系中地位的高度重视。

1963年11月6—15日，西德总理阿登纳访问日本。访日期间，阿登纳拜会了日本天皇，并与池田首相及日本政府首脑交换了意见。"总理向日本政府转达了德国国民对日本政府的谢意，感谢日本政府一以贯之地坚持理解的立场，支持德国再次统一的诉求"，"日德双方表示将继续努力推进日本与一体化进程中的欧洲经济共同体的合作关系"。阿登纳"赞赏日本国民和日本政府在经济建设上所取得的成绩的同时，也表明了欢迎日本即将加入OECD的诚意"。日德双方一致认为"阿登纳总理作为欧洲国家元首首次访日意义重大，不仅仅有利于日德关系，更对日本与欧洲友好关系的强化做出了巨大的贡献"[①]。

1964年4月9日，法国总统蓬皮杜接受池田首相邀请率团访问日本。访问期间拜见了天皇夫妇，并与池田首相进行了会谈。两国政府首脑表示"为了解决两个国间存在的种种问题，以及为了尽可能调和日本和法国关于解决一般问题的态度，决定继续加强两国政府间的接触，并且尽快实现所有领域的合作"。日本外务省高度评价蓬皮杜访日的重大意义，认为"此次蓬皮杜总统访日虽然是按照约定进行的，但是，更符合当前两国的意愿。尤其是双方一致认为此次访日对于强化联结日法两国间的友好纽带做出了巨大贡献"[②]。

1964年5月1—5日，英国外长拉博·巴特勒（Rab Butler）偕夫人访问日本，此次出访是进行日英定期协商第二轮会谈[③]。期间，巴特勒夫妇拜见了天皇夫妇和池田首相，并与大平正芳进行了多方面的磋商。双方"认为经过交换意见，在促进理解两国共同关心的问题的相互立场的同时，发现两国政府在解决各种问题的建议上也极为相

---

① 《リュプケ・ドイツ連邦共和国大統領の訪日の際の日独共同コミュニケ》，1963/11/15，外務省編：《わが外交の近況》，1964年，第29—31页。
② 《日仏共同コミュニケ》，1964/04/09，外務省編：《わが外交の近況》，1965年，第24—25页。
③ 1963年春，英国外长亚历克·道格拉斯-霍姆（Alec Douglas-Home）访日，日英双方约定定期举行双方首脑协商。第一轮协商会谈是在大平正芳外相访问英国期间进行的。

似。两国外长再次重申了日英定期协商制度对于维持日英亲善关系以及进一步发展两国关系极为有益"①。

综上分析，可见战后自吉田茂以来的历届首相均将打开对欧共体渠道、密切日欧贸易关系视为施政中的重大课题。虽然日本与西欧在通商贸易、关税等经济问题上的交涉与谈判，主要由专职的主管部门（如通商产业省、外务省经济局）来完成，但是，政府首脑的出访对于日本对欧共体政策的贯彻实施则起到了沟通感情、促进交流的推进作用，并且日本首脑对西欧的访问式外交本身也是对欧共体经济外交的组成部分。

经过吉田以来几任内阁的多年努力，至池田执政时，在促进与欧共体关系上取得了极好的成效，各种协定、条约的谈判进入收尾阶段。自吉田茂内阁以来，日本政府采取逐个交涉谈判的方式，分别与欧共体各国缔结经贸协定，逐步与欧共体各国形成对等伙伴关系。长期耐心细致的对欧共体经济外交政策的推行终于收到水到渠成的结果。可以说欧共体国家撤销对日援用关贸总协定第 35 条和日本加入经济合作与发展组织，意味着日欧贸易的扩大和欧共体国家正式承认日本为西方俱乐部的成员，也就是说战后初期所制定和推行的对欧共体经济外交政策目标的最后完成。

---

① 《日英定期協議共同コミュニケ》，1964/05/04，外務省編：《わが外交の近況》，1965 年，第 25 页。

第二章　欧共体的扩大与日欧关系的发展

欧共体在过渡期完成后,进入了一个新的发展阶段,欧共体的政治家们在既有的经济一体化基础上(关税同盟、共同农业政策),又提出了新的目标,即实现经济一体化的最大目标——建立经济货币联盟。同时欧共体也在进行着有史以来的第一次扩大。日本政府极为关注20世纪60年代末70年代初欧共体的动向,正式与欧共体进行统一贸易协定谈判。日本对欧共体的政策以调查、谈判的方式展开。在与欧共体进行通商贸易交涉的同时,派出庞大的欧共体经济调查团,出访欧洲14国,实地探寻扩大在即的欧共体的真实想法并考察日本对扩大欧共体直接投资的环境。日本与欧共体经过首脑高级会谈(1972年田中首相及大平外相访欧),共同发表了《日欧联合声明》。欧共体委员会经过60年代的摸索后,于1974年设立了驻日本的代表处,标志着日本与欧共体双边外交关系的正式建立,日欧关系进入了发展阶段。

第一节　日本对欧共体扩大化的形势分析

一　日本政府及学界对欧共体扩大化的形势分析

1969年末,根据《罗马条约》的规定,欧共体完成了过渡期,进入了经济一体化的巩固和扩大化阶段。将欧共体货币同盟的构想变为现实的是1969年12月的海牙首脑会谈上所达成的共识。这次会谈高度评价了欧共体过渡期所取得的实际效果,并确定了此后十年欧洲一体化的基本方向。特别是在声明当中明确宣布：1969年末为《罗马条约》所规定的过渡期完成的时间，同时确定了70年代后的共同体"强化"和"扩大"的基本方针，其中确认了创设经济货币同盟为强化欧共体的核心措施之一。① 日本政府认为进入70年代后的欧共体必将取得显著的发展和外延上的扩大，必定对世界经济产生重大的影响。日本政府之所以有此种认识，缘于对欧共体扩大化的形势分析。

日本政府认为20世纪70年代欧共体发展的原动力有两个：

其一是经济货币联盟的启动。欧共体经济一体化的最终目标是经济货币联盟的形成。1972年10月巴黎扩大欧共体首脑会谈召开，经过成员国的磋商，预定经济货币联盟于1973年末完成第一阶段，从1974年1月起逐渐过渡到第二阶段，并决定于1973年4月1日前创设欧洲货币合作基金。欧共体首脑会谈的召开及公告的发表，引起日本的高度关注。尤其是在欧共体共同农业政策问题上，日本政府认为欧共体的共同农业政策是同关税同盟和农产品价格支付制度结合在一起的、保护主义色彩极浓厚的政策。"由于欧共体的扩大，可以想见域外各国在农产品出口上必将受到不小影响，扩大后的欧共体集团内的自给率将越来越高。如果这种内向化的趋势加强的话，那么也许会引起其他区域的对抗性保护主义和集团化的连锁反应"，"欧共体主要依靠地域内贸易的显著扩大才得以实现世界贸易地位的飞速提高。这将会对域外贸易的发展造成不利。从这一点来看，必然引起人们对欧共体这种内向化倾向的批判，假使这种倾向今后依然持续的话，必将阻碍世界贸易的发展。"

日本政府预测，"欧共体货币同盟启动后，必将逐步增强其在国际会议上的发言权。今后随着英国加入后的、扩大的、欧共体货币同盟的形成，势必在国际经济舞台上出现一个与美元区并列的欧共体货

---

① 経済企画庁：《世界経済報告. 転機に立つブレトンウッズ体制》，1971年，《第2章揺れ動く国際通貨体制. 5. EC通貨同盟への道》，http：//www5.cao.go.jp/keizai3/sekaikeizaiwp/wp－we71/wp－we71－000i1.html。

币区，这也必将给国际货币体制的再构建造成巨大的影响"①。"随着欧共体第一次扩大化的实现以及1972年7月扩大后的欧共体与原欧洲贸易联盟（EFTA六国）间关于创设自由贸易区的协定的签订，到1977年7月，欧共体将扩展到欧洲所有的发达国家。并且扩大的欧共体各国原来就与非洲18国签署过《雅温德协定》②，与东非三国签署过《阿鲁沙协定》③，与希腊、土耳其和西班牙等国缔结了合作及特惠协定。此外与英国海外领属地间的合作协定、与英联邦内发展中国家和地中海沿岸各国间的特惠协定也在动议过程当中。可以想见，即使在与发展中国家间的经济关系上，欧共体也在不断强化彼此间的特惠关系。这种欧共体各国特惠贸易地域的扩大必将带来世界经济集团化的危险，日本必须高度关注扩大后欧共体各国的今后通商政策。""现今日本与西欧各国间的贸易关系从双方经济规模来看，还很难说是紧密的。占世界贸易份额较大的西欧各国和日本的经济关系，如果仍然以现有规模发展下去的话，对于世界经济的发展而言，绝对不是双方希望的状态，因而，70年代以来日益加剧的日欧间贸易摩擦应该以两地域间贸易规模均衡发展的态势加以解决，如何进一步推进水平贸易应该是以后双方关注的关键点。"④

其二是欧共体的扩大及其带来的影响。欧共体的扩大化表现在两个方面：

---

① 经济企画庁：《世界经济报告》，1971年，《第2章摇れ动く国际通货体制》，http://www5.cao.go.jp/keizai3/sekaikeizaiwp/wp－we71/wp－we71－000i1.html。

② 《雅温得协定》又称《欧洲经济共同体和与共同体有联系的非洲和马尔加什国家联盟公约》，1963年7月23日在雅温得签订。其主要内容是：共同体对联系国的产品进口免税；联系国应在4年内对产自成员国的货物的进口取消定额限制并逐渐取消关税；各联系国在拟定对第三国的贸易政策时，应与共同体协商；联系国不实行外汇限制，保证成员国在联系国的投资和利润自由汇回本国；联系国可享受共同体内部的贸易优惠待遇；共同体给予联系国财政援助等。

③ 1968年7月26日，欧共体和东非共同体签署关于优惠贸易的《阿鲁沙协定》，允许东非商品自由进入欧洲以交换对欧共体关税产品的关税减让。

④ 通商产业省：《通商白书》，1973年，《第Ⅱ部变貌する内外情势とわが国対外经济活动．第2章严しさを増す対外环境と市场．第1节対先进国经济关系と対応の方向．ECの扩大强化をめぐる动き》，http://warp.da.ndl.go.jp/info:ndljp/pid/1246938/www.meti.go.jp/policy/trade_policy/whitepaper/html/backnumber.html。

第一，随着英国及爱尔兰等国的加入所产生的欧洲两大货币圈的整合和影响。日本政府认为欧共体扩大前，欧洲市场并存着欧洲共同体（EC）和欧洲自由贸易联盟（EFTA）两个货币圈，从20世纪50年代末一直持续到60年代末。1970年6月以英国为首的欧洲四国开始了正式加盟欧共体的交涉。以此为契机，两大货币圈开始了融合过程。以英为首的欧洲四国加盟欧共体一旦实现，必将给世界经济带来重大影响。世界经济格局将因欧共体的扩大化而产生重大变化。扩大后的欧共体经济实力及在世界经济中的地位将进一步提升，同美国关系中的对等性也必将进一步加强。此外，日本政府认为，由于英国加入欧共体，以英为首的英联邦经济集团也将面临解体的命运，这将给日本对英联邦成员国的经济关系的活跃带来契机。综上分析，日本政府认为必须在英联邦经济集团解体、世界经济格局变动重组的过程中采取适当的对策。① 日本政府特别强调：欧共体的贸易动向给世界经济造成很大的冲击，特别是随着共同体内自给率的提升，更加强化了保护主义倾向，势必给强化各国相互依存关系的世界经济发展带来不小的障碍。此外，各欧共体加盟国依然存在着各不相同的对日歧视性贸易政策，爱尔兰依然对日延用GATT第35条，乃至于实施歧视性的贸易保护措施。尤其是在即将召开的日欧通商协定谈判问题上，欧共体强烈要求将贸易保护措施制度化。由此可以想见，扩大的欧共体在促进加盟国经济成长、给世界经济发展带来极好影响的同时，也必然会随着急速扩大外延，进一步强化集团内出台对外经济政策的可能性。②

第二，欧共体互惠地域的扩大化及对日影响。《罗马条约》第

---

① 通商産業省：《通商白書》，1971年，《第2部国際環境とわが国の対外経済活動．第1章転換期を迎えた先進国経済．第3節ECの拡大化と国際経済に与える影響》，http://warp.da.ndl.go.jp/info：ndljp/pid/1246938/www.meti.go.jp/policy/trade_policy/whitepaper/html/backnumber.html。

② 通商産業省：《通商白書》，1972年，《第2部世界経済の新局面とわが国の対外経済政策．第1章 転換期を迎えたブレトンウッズ体制．第2節巨大化するECとその対外政策》，http://warp.da.ndl.go.jp/info：ndljp/pid/1246938/www.meti.go.jp/policy/trade_policy/whitepaper/html/backnumber.html。

237条规定：加入欧共体的资格必须是欧洲各国，但是，该条款并不意味着对欧洲以外的国家完全封闭。因为第238条规定了同第三国、国家联盟、国际机构的关系，即规定签订联合协定后，双方必须履行权利与义务的双重责任。也就是说签订了联合协定的对象国必须互相给予特惠待遇。欧共体依据该规定，同以希腊为代表的地中海沿岸各国、非洲各国及一部分欧洲国家缔结了互惠协定。日本政府认为这样一来，将可能出现一个以欧共体为中心的巨大经济圈。但是，1966年以来欧共体的对外贸易一直没有太大的发展，向"地区主义"倾斜的趋势很明显。"日本今后在充分注意扩大后的欧共体各国动向的同时，为了协调世界经济的均衡发展，有必要通过GATT、OECD等国际机构，采取积极的对策。"

1970年1月，日本《外务省调查月报》刊发了题为《欧共体70年代的课题》的调查报告。在英国加入欧共体、欧共体扩大问题上，报告认为：英国通过加入欧共体，得以从"追求世界国家的梦幻"中解脱出来，进一步坚定其作为西欧国家的立场，反映出英国想依靠欧共体的扩大，确保经济贸易上的长远利益的想法。从欧共体来看，扩大的欧共体无论在世界经济贸易上，还是国际政治上，都比六国时期的欧共体强大，更能发挥强大的国际作用。并且，英国加盟后的十国关税同盟及共同农业市场必将给原六成员国带来相应的利益。所以从长远的眼光来看，无论是英国还是欧共体都会欢迎欧共体的扩大。[①]但是，作为实现日本贸易持续发展的市场对策，改变以往过度依赖美国的现状，完全有必要推进日本市场的多边化。为此，接近发展迅速的欧洲经济共同体意义重大。日本通商产业省分析认为，从日本方面来看，欧洲经济共同体的重要性远比美国的重要性低；而从欧洲经济共同体方面来看，日本依然处于很低的水准上。此外，即使从双边贸易来看，1969、1970两年内日本对欧洲经济共同体出口基本上反映了欧洲经济共同体各国经济的状况，以钢铁、机械设备为主体的贸易

---

① 《欧州共同体70年代の課題》，《外務省調查月報》，1970年第11卷1月号，第19页。

额显示出了显著的增长，从欧洲经济共同体的进口也以化学品、机械、纺织品等为中心大幅地增加了。尽管如此，通商产业省仍然不满意日欧贸易现状，认为1969年日本进出口总额中欧洲经济共同体所占的比例仅为6.1%和5.5%。而从欧洲经济共同体方面来分析，除去域内贸易所占的比重外，欧洲经济共同体进出口额中，日本所占的比重仅为1.9%和2.4%而已。但是，如果从欧洲经济共同体市场份额占世界贸易约25%的情况来看，不得不说，此种贸易现状处于极低的水准。

日本通商产业省剖析了日欧贸易失衡的原因：（1）由于地理距离遥远，对相互经济重要性认识程度的不够，货运上亦有不利；（2）双方贸易结构缺乏互补性，对于商品出口结构高度市场化的日本来说，无疑是一种竞争的关系；（3）日本历来的出口政策都是以对美优先为原则，在出口产品的式样、设计、品质等方面无不以满足美国人的消费习惯为要；（4）西欧市场流通机制复杂；（5）对日本过度的警戒心理；（6）对于日本而言，由于欧洲经济共同体的构建而出现的关税上的不利形势等因素；（7）西欧各国对日歧视性进口限制清单的存在。

日本政府在充分肯定欧洲一体化推进效果的同时，更加看重一体化给外部世界所带来的影响，并在1971年12月出版的《年度世界经济报告》中重点强调了欧共体的扩大化所造成的影响，即：（1）对那些与英国结成英联邦特惠关税关系的各加盟国的影响。由于英国加盟欧共体在即，进而造成英联邦特惠关税制度的废止。（2）给美国造成的影响。美国原本将建立欧共体视为强化欧洲政治力而加以强力推进，但是，由于欧共体顺畅地推进一体化，促使美国强烈地意识到了扩大化带来的经济层面利害关系的对立。（3）给发展中国家造成的影响。从此前的世界贸易实际情况看，联盟关系国对欧出口增长率要比其他发展中国家低得多，但是，伴随着欧共体的扩大，那些与欧共体有密切关系的发展中国家与其他发展中国家间的贸易政策上的差别在实质性地扩大。（4）给关贸总协定造成的影响。欧共体本身作为确立世界自由贸易体制的梯子，随着其自

第二章　欧共体的扩大与日欧关系的发展

身的逐步扩大与深化，自然而然会强化对外部的歧视性政策，极容易妨碍世界自由贸易，即便有扩大世界贸易的整体规模的作用，但是，也仅仅惠及一部分地区与国家，与以世界经济均衡发展为理念的布雷顿森林体系相背离。①

1973年，日本外相大平正芳在国会发表外交演说时指出：欧共体的扩大使欧共体在世界政治和经济当中，占有越来越重要的位置。日本与欧洲的贸易关系也随之越来越活跃和密切。政府将全方位地推进积极外交，使日本与以共同体为中心的西欧各国的关系更加紧密。②在1974年的演说中，大平正芳提出：欧洲与日本是在有限的国土资源条件下，充分地享受着高度发达的文化和经济，同时面临很多共同课题的老朋友。欧洲一体化推动了政治一体化的进程，加强了欧洲在国际社会上的发言权。日本政府将加强与欧洲的对话，增进具体的合作关系。同时进一步发展日本与美国及西欧协调的合作关系。③

日本新闻媒体也在关注着欧共体的扩大问题。1972年3月，《经济往来》杂志刊发了日本经济新闻社评论员齐藤志郎的文章。齐藤志郎分析了扩大后的欧共体的政治课题，并批驳了日本舆论界对欧共体的看法，总结了欧洲一体化启动以来的历程，提出了对未来一体化目标的看法。他指出：原本在美国马歇尔计划扶植下启动的欧洲一体化，经过了从欧洲煤钢联营到欧洲经济共同体，进一步发展为欧洲共同体，这是一场开放的地域主义与超国家主义相结合的政治革命。这场政治革命已经从欧共体六国波及英国等欧洲十国。这是"扩大的欧共体"所应该追求的"政治课题"的必然结果。

齐藤志郎针对世界舆论所提出的，扩大的欧共体的建立对于日本等第三国而言，意味着与美苏超级大国并立的"第三巨人"的出场；

---

① 経済企画庁：《年次世界経済報告》，1971年，《第4章 変貌する世界貿易.4. 拡大するEC．（4）EC拡大が世界貿易に与える影響》. http：//www5. cao. go. jp/keizai3/sek-aikeizaiwp/wp－we71/wp－we71－00404. html。

② 《大平正芳外務大臣外交演説》，1973/01/27，日本政治・国際関係データベース：http：//www. ioc. u－tokyo. ac. jp/~worldjpn/documents/texts/fam/19730127. SXJ. html。

③ 《大平正芳外務大臣外交演説》，1974/01/21，日本政治・国際関係データベース：http：//www. ioc. u－tokyo. ac. jp/~worldjpn/documents/texts/fam/19740121. SXJ. html。

或者可以说是与美中苏三极世界政治结构对接"第四极势力"的登台；乃至意味着美日欧世界经济三极结构的形成；欧共体一体化的终极目标是重新掌握旧殖民时代的世界霸权的说法。他指出：扩大的欧共体已经难以复归旧殖民帝国时代的老路，所谓的"欧洲复权"是永远不可能实现的。欧共体的政治首脑们也决不希望将欧共体变成"美国的再版"或者"苏联的再版"。所以说，将欧共体扩大的目的看作是建立一个像美苏一样的、在一个主权下的统一国家的看法是完全错误的认识。这种将欧共体的扩大视为是"第三巨人"的崛起、"第四极"的形成的看法是过于片面的。齐藤志郎认为真正的欧洲共同体并不是在强大的统一主权的支配下形成一个统一体，而应该是在尊重成员国各自主体性的前提下的"多样性整合"。所谓的超国家理念并不是在强者支配下的对弱小国家的吸收或合并，而是真正地保护了民族的东西，为了重新发掘不被漠视、抹杀的个性及其能量，而形成的新政治体制。

齐藤志郎认为欧共体的扩大标志着欧洲的一体化从法德提携向英法协商的过渡。但是，并不意味着西德的被疏远或被孤立，而应该是伴随着欧洲一体化从小欧洲向扩大化欧洲发展的英法德三极结构框架的设定。这样，欧洲一体化经过了20世纪50年代的美国主导型的地域一体化、60年代的法德提携型的一体化，发展到70年代的英法协商型的扩大一体化进程。[①]

二 通商产业省的建议

日本通商产业省基于上述形势分析，提出了建议：

第一，提出旨在缓解日欧贸易摩擦、活跃日欧经济交流的贸易对策。通商产业省认为：今后充分关注扩大的欧共体各国的发展动向，同时，力争通过GATT、OECD等国际机构积极地协调世界贸易的均衡发展。日欧间的贸易规模在双方对外贸易规模中所占的比重

---

① 参阅齐藤志郎《"新欧州"へ未踏の挑戦》，《経済往来》，1972年第24卷3月号，第62—72页。

还很小。由于日本出口的激增而出现的摩擦问题应该以均衡扩大贸易规模的方式加以解决，但是，均衡扩大贸易规模不应该仅仅局限于出口数量的增加，还应该通过协调出口政策来实现。即：在出口上，应该防止对特定市场的、特定商品的集中出口。为此，应该在出口上反映日本产业结构的知识集约化和出口商品的高附加价值化、多元化，以适当的价格出口，尊重对象国的流通秩序。在进口上，日本政府已在1973年3月向英国派遣了采购代表团，希望借此扩大进口。日本政府认为今后更应该进一步发展日欧间的水平贸易，扩大进口一般机械、电力机床等生产资料，以及家庭用品、纤维制品等消费品。另一方面，日本政府还认为欧共体各国也应该积极地开发新产品来扩大出口。

第二，制定资本交流对策，同欧共体各国对日直接投资相比，日本对欧共体的直接投资较为迟缓。日本希望通过增大对欧共体的直接投资来深化相互间的合作关系，认为"为了进一步活跃日欧间的经济交流，不能只依靠强化贸易关系，资本交流也非常重要"，"希望通过增大对西欧的直接投资来深化相互间的提携关系"。建议应该采取以下几项措施：（1）日本所拥有的独特的技术和商品是向发达地区资本渗透的切入点。所以日本应该努力积极开发新技术、新产品。（2）提高日本企业在国际金融市场上的资金调配能力。（3）努力培养适合跨国企业经营的人才。（4）日本企业的经营方式是因为日本特色才得以取得成功。但是，就这样原封不动地移植到欧共体，未必有效。因而有必要积极学习发达国家的跨国企业的全球化经营管理模式，特别是在雇佣当地人时，必须充分注意到不仅劳动习惯、工会与日本不同，而且在人种、宗教、文化、语言等方面也大不相同。（5）在日欧经济摩擦方面，由于双方在对方社会经济和政策运营等方面的相互误解而造成经济摩擦的情况也很多，因此，为了加强双方的正确理解和认识，在进一步加强情报交流和推进人员文化交流的同时，利用一切机会与政府及民间的所有渠道开展对话与交流。（6）在亚洲、非洲等第三国市场，通过互相提供多年来积累的关于这些市场的各种知识，双方的销售网络及在技术、资金等方面的优势，推进日欧的共同行动和联合经营，强化日欧间的经济关系。①

第二节　日欧通商协定谈判

一　20世纪60年代末欧洲一体化现状及日欧经济关系

1969年12月初，欧共体六国在荷兰海牙举行首脑会谈。这对于欧洲一体化而言，可以说是再次点燃了此前奄奄一息的一体化之灯，成功地酝酿了推进一体化进程的氛围。欧洲一体化经过初期的尝试已然取得卓越的成绩。随着过渡期的结束，欧洲一体化发展到"难以返回、难以逆行的阶段，否定一体化的原则就意味着否定欧共体自身的将来"②。

在20世纪60年代末的日欧关系当中，最大的问题是通商关系的调整。日本在20世纪五六十年代的对欧政策取得了显著的成绩，使得欧共体各国撤销了援引GATT第35条，但是，作为代价，日本与英国、法国、荷比卢交换了规定双边贸易保护条款的议定书。这样，在欧共体各国中，既有依然对日援用GATT第35条的国家，也有维护双边贸易保护条款的国家。并且几乎所有欧共体国家都对日本实施歧视性的进口限制。从欧共体和日本双边贸易层面来看，双方向对方出口的比重同双方的市场规模相比都比较低。这种状况即使从企业方面来观察也同样如此，如日本企业从进出口地区差别来看，平均每个企业的进出口额是西欧市场出口271百万日元，进口302百万日元，当时欧共体的平均出口额为333百万日元，进口额为881百万日元，日本对欧贸易在进出口两方面都是唯一的低水平（低份额）市场。因而，日本通商产业省分析认为：欧共体市场对于日本而言，历来是一个有限的市场。究其原因主要是：（1）基于地理原

---

①　通商産業省：《通商白書》，1973年，《第Ⅱ部　変貌する内外情勢とわが国対外経済活動．第2章厳しさを増す対外環境と市場．第1節対先進国経済関係と対応の方向．ECの拡大強化をめぐる動き》，http：//warp.da.ndl.go.jp/info：ndljp/pid/1246938/www.meti.go.jp/policy/trade_policy/whitepaper/html/backnumber.html。

②　《欧洲統合の新局面と対欧経済外交》，《経済と外交》，1970年1月号，第17页。

因所造成的运费的增加及情报搜集的不利。（2）欧共体各国对日歧视性限制品种的存在。（3）双边贸易结构上缺乏互补性，日本的贸易结构是进口原材料和一般机械及化学品生产性材料，出口各种成品。这种贸易结构，对欧共体难以适应。此外，日本出口市场主要在美国和东南亚。日本出口企业在打入欧共体市场上，缺乏力度，努力不足。

从日本和欧共体的贸易结构可以看出日欧贸易结构的水平竞争性。如在日本对欧出口上，食品出口从1962年的21.7%减少到1970年的4.8%。轻工业品从1962年的31.4%下降到1970年的15.9%。其中纺织品的比重下降的最显著。与此相比，重化学工业品的出口从1962年的42.8%大幅度增长到1970年的77.0%。而在进口上，加工产品从1962年的83.7%增长到1970年的87.3%。机床从1962年的49.3%下降到1970年的41.5%。日本与西欧间的双边贸易无论是在进出口上，还是在制成品上都占据了进出口额的大宗，因而与其说是双方存在着互补，还莫如说是双方存在水平的贸易结构。因而在今后推进对欧贸易上，关键在于能否促进与西欧的水平贸易。对于已经取得显著扩大成果的日本经济而言，接近西欧市场仍然是关键。当然，过于快速地转变市场、急于挺进西欧市场等动向，引起日欧间摩擦的可能性也大，因而从提高西欧各国对日本的印象角度分析，完全有必要注意到这一点。

日本通商产业省认为：日本和欧共体各国的贸易关系，从双方的经济规模来看，还不密切。这种贸易现状，不利于世界经济的发展。也是日欧双方所不希望的。所以1971年以后不断激化的日欧贸易摩擦问题应该以均衡扩大两个地域间的贸易规模的方式加以解决。① 所以调整这种不自然的通商贸易现状，促进双边贸易的水平发展，成为这时日本对欧共体工作的重大课题。

---

① 中小企業庁：《中小企業白書》，1971年，《第3部"新たな局面に直面したわが国通商産業政策の課題とその対策"第1章"変貌する対外環境とわが国の立場"第1節"今後のわが国の対先進国貿易のあり方"》，http://www.chusho.meti.go.jp/pamflet/hakusyo/S46/0--01-09.html。

欧洲一体化进程中的日欧关系史研究

欧共体曾在20世纪60年代初,对日欧通商政策的调整表现出极大的热情,但是,由于其职权单一及成员国在交涉时的干扰,才不得不告一段落。早在1961年12月,欧共体委员会通商委员简·瑞为策动日欧1963年到1964年的通商贸易协定谈判访问日本,但是,由于双方认识上的分歧,此次访问无果而终。① 日欧通商关系只能够以欧共体各国与日本间的双边关系形式发展起来,但是,日欧贸易规模大体上保持均衡发展。

20世纪60年代末,欧共体的对日态度又有了新的变化,即想以整体的力量就通商问题与日本进行对话、协商。欧共体这种对日态度的变化主要是欧洲一体化的必然要求,即:(1)《罗马条约》的要求。过渡期结束之后,必须调整、统一欧共体成员国的对外通商政策。(2)战术上的考虑。通过与日本的交涉,将欧共体各国的力量集结在一起,形成一个整体。(3)欧共体委员会的意图。通过与日本的交涉,进一步提高自身的权威,制约一下动不动就任意而行的成员国政府。

此外,还有一个原因不容忽视,即欧共体各国对日本经济实力和经济能力认识的提高。在1960年以前,日本经济并没有引起世界的更多关注,欧美新闻媒体更少报道日本的经济状况。可以说,当时欧美舆论对日本经济的评价是:日本依然没有能够改变它是一个低工资出口国的形象,充其量只不过是借助朝鲜战争设法恢复了工业力量而已。进入60年代后,日本经济持续快速的发展,年经济增长率在加入国际货币基金组织和关税及贸易总协定后,仍保持在10%以上。日本经济的飞速发展,引起欧美各国的高度关注。对日本经济的看法也随之迅速发生变化。1962年9月,伦敦的《经济学家》周刊首次刊发了题为《令人惊奇的日本》的专集,对日本经济的增长给予了高度评价。1967年再次大量发行了题为《太阳出来了》的日本专集,称日本已成为世界六大发达工业国之一。同年,美国的经济学家哈

---

① Rothacher, op. cit., Ch. 4. *Euro – Japanese Relations 1950 – 68: The Prelude to the Common Commercial Policy and the Gradual Emancipation of Japan.*

曼·汗（Hamqnn）出版了一本名为《纪元2000年》的书，指出日本经济在20世纪末或21世纪初，人均国民收入很可能超过美国而居世界第一。该书被传入日本后，又有些夸大，说"21世纪是日本世纪"，进而成为日本国民的热门话题。此后，又陆续出现了法国人罗伯特·吉兰（Robert Guillain）的《第三大国：日本》、瑞典人波坎·黑德贝格（Pocam Hedberg）的《日本的挑战》、哈曼·汗的《超级大国日本的挑战》。① 从而经济大国、日本经济论得以在日本海内外盛行。欧美不断高涨的日本经济论在日本国内也引起了极大反响，它纠正了日本战后出现的自卑感、悲观论及对欧美所持的谨慎态度。使日本在对欧共体政策的推行中，充满了自信。而此时的欧共体认为，日本向自由化迈进，确立开放体制本身对欧共体的发展和繁荣是有利的。1969年2月初，荷兰自由党派议员巴拉斯向欧洲议会提交了一份《关于欧洲经济共同体和日本通商关系的报告》。该报告在一定程度上反映了此时欧共体的对日认识。报告对日本的政治、经济、社会、同欧共体的关系进行了独特的分析。断言："日本对外政策的目标是一边维持并发展同美、苏、中共的友好关系，一边确保自己独立的立场。"报告还将日本在社会构造上与欧美的不同列为日本经济取得惊人发展的一大要素，认为贸易保护条款是同主动限制互为表里的措施。将美国、欧共体、日本视为在世界贸易上发挥重要作用的统一体。日本和欧共体已变成巨大的市场，双方之间的合作，必将促进世界贸易的扩大，增进人类福祉，维护世界政治的安定。②

日本也想通过接触欧共体进一步促进对外贸易的发展、资本的自由化和发挥经济大国的国际作用，日欧双方均对通商协定谈判寄予厚望。

二 日欧通商协定预备会谈

日欧间早在1954年就通过日本驻比利时大使馆取得了正式外交

---

① [日]内野达郎：《战后日本经济史》，赵毅等译，新华出版社1982年版，第209—210页。
② 冲本精一：《日本EEC通商协定预備会談》，《経済と外交》，1970年4月号，第46页。

渠道和窗口，特别是日本与欧洲煤钢联营（ECSC）间的关系正式启动。1963年初，由于日本对欧钢铁出口额的激增，引起了欧洲煤钢联营的保守反击，提高了进口钢铁的关税。为缓解欧洲方面对日本出口钢铁的限制，日本开展了多方协调与外交，并最终约定双方以后随时可以开展协商与对话。

1965年4月，ECSC钢铁总局局长访日，提议日本政府和ECSC最高机构的相关局长定期召开交换意见会议，并确定了4个会议议题，即国际钢铁市场行情；钢铁消费及生产预测调查；原材料的供给（铁矿石、碎铁、煤炭）；技术发展与研究。日本政府经过慎重的讨论，认为日本及ECSC各国具有钢铁出口国的共性，进一步加深日欧间在钢铁等重要的产业领域的相互理解尤其重要，最终同意每两年召开一次交换意见的会议。但初期实际举行会议的频率要高得多：1965年9月第一次会议如期在卢森堡举行，此后，1966年4月第二次会议在东京举行，10月第三次会议再次在卢森堡举行。① 日欧间就钢铁贸易问题的定期协商会议逐步走向制度化和常态化，并得到了顺畅的发展。

1969年3月在卢森堡举行的日欧棉织品出口控制交涉是日欧间就经济贸易问题进行的第一次正式交涉。欧共体六国代表和委员代表齐聚一起共同商议棉织品出口问题，一旦该项协商结果得到通过，则意味着棉织品领域的欧共体对日通商政策的成立，因而此次交涉备受关注。② 特别值得关注的是欧共体六国根据《罗马条约》第111条的规定，派遣了委员会代表参加会议，这意味着日欧双方将欧共体委员会作为多边交涉的一环而加以重视。

1969年9月，日本外相爱知一郎访欧之际，邀请欧共体委员会对

---

① 外務省编：《わが外交の近況》，1967年，《四貿易経済に関する諸外国との関係および国際協力の進展．経済に関する諸国際機関との関係》，http://www.mofa.go.jp/mofaj/gaiko/bluebook/1967/s42-4-3.htm#e。

② 外務省编：《わが外交の近況》，1969年，《第2部各説．第1章わが国と各国との諸問題．2．西欧地域との経済関係．（2）西欧諸国との貿易交渉．欧州経済共同体（EEC）との関係》，http://www.mofa.go.jp/mofaj/gaiko/bluebook/1969/s43-13-2-1-5.htm。

外通商委员德尼奥（Deniau）访日，旨在协商缔结日欧通商协定问题。①

1969年11月10日，欧共体理事会为了试探同日本进行通商协定谈判的可能性，令共同体委员会同日本进行预备性接触。该指令开列了三个理事会最为关心的问题：（1）扩大相互间贸易，以利于世界贸易的发展；（2）以双方在贸易保护条款上相互承担义务为前提，渐进地、最大限度地促进相互间的贸易自由化，以及撤除以行政手段为主的贸易障碍；（3）设立混合委员会。②

进入1970年以后，欧共体将各成员国与第三国间的通商关系一律调整为统一的关系，规定与第三国的通商交涉一律要经由委员会获得理事会的认可（《罗马条约》第113条规定）。进而希望将所有欧共体成员国与第三国签署的通商协定逐步改造为统一的共同体为代表的对外通商协定。③ 同时，欧共体确定了对日共同通商协定谈判的三点基本方针：（1）将成员国各自对日通商协定整合为欧共体统一对日通商协定；（2）通过推进相互间的贸易自由化，维持和促进双方贸易的均衡发展；（3）在实现贸易自由化之际，引入欧共体统一采取对日经济进口限制措施。

日本经济界强烈批判欧共体的对日主张，认为"欧共体委员会在一体化过渡期结束后，与日本谈判时，将日本视为后进国家并提出强硬的通商要求，这是欧共体的时代错误"④。

1970年2月11日，欧共体委员会对外通商委员德尼奥接受理事会的指令，率团访日。同日本外务、通商、大藏、农林各省的负责人

---

① 安藤研一：《欧州共同体の共通通商政策の政治経済学：1970年—1973年の对日共通通商政策の展開を中心にして》，《経済学研究》，北海道大学，1990年6月号，第68页。
② 沖本精一：《日本EEC通商协定予備会談》，《経済と外交》，1970年4月号，第45页。
③ 外務省編：《わが外交の近況》，1969年，《第2部各説.第1章わが国と各国との諸問題.第5節西欧地域.5.欧州経済共同体（EEC）との関係》，http://www.mofa.go.jp/mofaj/gaiko/bluebook/1970/s44-2-1-5.htm#a1。
④ 並木信義：《EECの对外経済関係とそのわが国および世界経済に及ぼす影響》，《世界経済評論》，1970年7月，第22-27页。

就即将举行的通商协定谈判问题,进行了预备性会谈。

日本方面本来无意阻碍欧共体共同通商政策的形成,认为欧共体委员会确定对日通商要求的基本方针和启动对日通商谈判完全与既定的一体化新路线相一致。即:(1)为了与强化欧共体委员会职能相一致,欧共体理事会将谈判权交予欧共体委员会。(2)尽管20世纪60年代欧共体对日贸易整体上保持着均衡发展,但是依然认为日本市场是封闭的,对于欧共体来说,日本依然是其潜在的巨大市场。因而实现贸易自由化就意味着欧共体域外市场的扩大。(3)基于双方义务的经济进口限制措施虽然是域外国家认定的不稳定因素,但是,作为欧共体来说,却是一种维持稳定的政策。①

由此可见,被日本经济界视为"时代错误"的欧共体主张确实是一体化视阈下的认识,有其合理性的诉求。

日本政府正是基于上述认识,才将此次会谈的目的确定为通过交涉,为欧洲经济共同体成员国撤销对日本的歧视性政策及废除两国间的贸易保护条款创造一个机会。会谈中,双方坦诚地交换了关于欧共体成员国的对日歧视性进口限制,以及现行的日法、日荷比卢间的双边贸易保护条款的见解。日欧间也存在着分歧,双方争论的焦点主要有两点:

第一,关于歧视性进口限制问题。虽然欧共体成员国正在缩小歧视性进口限制的差距,但是,在这次会谈中,欧共体方面却要求日本必须全部接受欧共体各国的歧视性限制要求。此外,尽管在同一商品上各成员国都有限制,但是,由于各有差别,在共同对日行动上也有差异,因而日本要求必须将对日歧视政策的处理与撤除残余的限制措施同时解决。

第二,关于贸易保护条款问题。日本的立场就是利用这一时机,消除这个"时代错误"——撤除两国间贸易保护条款,从而进入纯粹的关贸总协定关系。欧共体委员会则想以现行的两国间贸易保护条款

---

① 安藤研一:《欧州共同体の共通通商政策の政治経済学:1970年—1973年の対日共通通商政策の展開を中心にして》,《経済学研究》,北海道大学,1990年6月号,第61页。

替代共同体贸易保护条款。因而日欧间的正面冲突自然不可避免。①

日欧通商协定预备会谈虽然没有取得实质性的结果,但是,通过此次会谈,日欧双方对彼此的真实想法有了进一步的了解,尤其是日本方面认识到欧共体的对日感觉中有"好奇心"和"恐怖感"两种心情。此次会谈中欧共体方面强硬的对日贸易保护主张就是很好的例证。所以日本认为日欧双方只有排除心中疑虑,才能够以真正公平、平等的伙伴身份承担起国际责任。同时日本也认识到这不是一朝一夕就能化解的问题,最现实的做法就是首先从解决看得见的通商问题入手。②

通商产业省深刻分析了日欧通商贸易协定预备会谈双方分歧的主要原因,认为:日本与西欧间的贸易在20世纪五六十年代尚处于起飞阶段,当时西欧各国普遍认为日本是低工资国家,且日本也是以发达国家正式成员的身份被各国所认可(IMF8 条国,GATT11 条国,OECD 加盟)。同时为了进一步开拓市场,日本以撤除 GATT 第 35 条为代价,使得西欧各国继续保持对日歧视性贸易条款的资格,这在当时也是不得已的事情。日本对西欧进口限制商品数目远比西欧对日进口限制数目多,但是,在西欧各国普遍要求日本开放市场和贸易自由化的前提下,西欧各国对日歧视性进口商品数目清单随着国与国间的交涉和在国际会议等各种场合的再三对日要求,已经在相当大程度上缩小了范围。且日本人均国民收入与工资水准已经达到了西欧主要国家的水平,上述对日认识不仅仅有悖于以自由无歧视和最惠国待遇为至上原则的 GATT 原则,同时还极大损害了日本的国际立场和国际形象③。西欧各国的差异及对日歧视性商品进口限制清单和贸易限制条款的存在,即使对于欧洲经济共同体来说,也必将在确立、制定其对

---

① 平原毅:《EECの対日共通通商政策》,《経団連月報》,1971 年 1 月,第 48 - 51 页。

② 沖本精一:《日本 EEC 通商協定予備会談》,《経済と外交》,1970 年 4 月号,第 47 页。

③ 通商産業省:《通商白書》,1970 年,《第 3 部国際経済政策上の諸問題とわが国の対外経済政策. 第 2 章国際貿易の発展と先進国間経済政策. 第 4 節当面のわが国の対先進国経済政策問題》,http://warp.da.ndl.go.jp/info:ndljp/pid/1246938/www.meti.go.jp/policy/trade_policy/whitepaper/html/backnumber.html。

外共同通商政策阶段产生困难。

三 日欧统一通商协定谈判

日本政府了解到,欧洲经济共同体委员会商讨的对日共同通商政策的主要内容包括:(1)基于相互主义的长期自由化约束;(2)协定期间自由化计划的设定;(3)基于双边义务的贸易保护条款的设定;(4)通商以外经济领域的合作;(5)设置混合委员会等。提出今后将以平等伙伴关系在经济领域与欧洲经济共同体确立合作的关系,改变过去仅以两国间交涉确保日本利益的做法,向对共同体整体关系方面扭转,力图改善双边关系,以向前看的姿态努力实现通商关系的正常化。[①] 由此可见,日本政府对日欧通商贸易谈判以及双边通商贸易正常化的实现充满了期待与信心。

1970年3月,欧共体议会主席阿尔梅尔（Armelle）和委员会主席莱伊（Ray）出访日本,成为首次访问日本的欧共体高级官员。1970年7月,欧洲理事会正式授权欧共体委员会专门负责对日共同通商政策的交涉事宜,并最终确定了欧共体委员会对日共同通商政策的基本方针,即自由贸易和管理贸易。[②] 1970年9月17日,日本和欧共体在布鲁塞尔进行了为期一周的通商协定谈判,取代了此前日本与欧共体各成员国间的通商协定谈判。双方就贸易自由化、贸易保护条款、欧共体的权限、混合委员会、非关税壁垒等问题进行了友好而又激烈的讨论。日欧双方此次争论的焦点依然是贸易保护问题。

日本方面想通过与欧共体缔结通商协定,使双边通商关系正常化、紧密化,遵循关贸总协定和国际货币基金组织的基本原则,推进相互间的贸易自由化,促进世界贸易的发展。要求全部废除欧共体成

---

① 通商产业省:《通商白書》,1970年,《第3部国際経済政策上の諸問題とわが国の対外経済政策．第2章国際貿易の発展と先進国間経済政策．第4節当面のわが国の対先進国経済政策問題》,http://warp.da.ndl.go.jp/info：ndljp/pid/1246938/www.meti.go.jp/policy/trade_policy/whitepaper/html/backnumber.html。

② 安藤研一:《欧州共同体の共通通商政策の政治経済学：1970年—1973年の対日共通通商政策の展開を中心にして》,《経済学研究》,北海道大学,1990年6月号,第68页。

员国现存的对日歧视性限制政策。此外，日本认为 GATT 第 19 条的规定："由于特定产品进口的激增，给进口国的同类产品或者直接给竞争产品的生产者造成重大损失及恐慌时，进口国可以采取其规定的措施"，已经包括了日法、日荷比卢同盟间存在的双边贸易保护条款，如果再将这些双边贸易保护条款写进与欧共体缔结的新协定中，那么必然会造成日法、日荷比卢同盟间的贸易保护条款扩大化，扩展到德国、意大利。这是日本绝对无法接受的。

欧共体固执地坚持将原有的贸易保护条款写入新协定中的原因是：

（1）受欧洲一体化进程的影响。《罗马条约》所规定的过渡期结束之后，欧洲一体化进入了经济一体化的最后、最高阶段——构建统一大市场。确立共同通商政策就成为欧共体急需解决的重要问题，制定共同对日通商政策也就成为其中最重要的一个环节。欧共体委员会代表欧共体直接对日交涉。但是，由于欧共体委员会所拥有的交涉权限被限定在欧共体理事会的指令范围内，理事会给委员会的指令虽然只是一般性的指导方针，但是，却特别提出通商协定谈判必须以获得双边贸易保护条款为前提。日本虽然期待着欧共体的态度能够软化一些，但是，想让法国及荷比卢三国轻易放弃既得利益是不可想象的。这样，日欧双方在贸易保护条款问题上互不相让，僵局几乎无法打破。

由于欧共体委员会在贸易保护问题上不能从日本那里获得满足成员国的要求，就不得不改变以确立共同通商政策的策略。在日本问题上，通过交涉来策动统一的对日通商政策的方式不得不转换为自身单方面地制定对日共同通商政策。

（2）欧洲各国根深蒂固的对日观念——对日警惕、恐惧心理。造成欧共体各国对日警惕、恐惧心理的原因除上文指出的战争创伤及战前日本不光彩的商业行为外，还有下列三点原因：

第一，20 世纪 60 年代以来日本经济的持续高速增长和经济实力的不断壮大，引起了西欧人的"警惕、恐惧心理"。自 1967 年起，日本连续 5 年的 GNP 平均增长率为 12%，相当于意大利的 2 倍。1969 年日本的 GNP 超过西德，居世界第三。出口增长率在整个 60 年代均保持在 16.8% 以上，而同时期全世界的出口增长率仅为 8.2%。1970

年10月初，日本爱知一郎外相与法国总统蓬皮杜会谈时，蓬皮杜讲到："贸易保护条款是欧洲人对日本经济实力尊敬的表现"①，充分说明了日本强劲的增长势头引起欧共体的警惕和恐惧。

第二，日本市场的封闭性和非开放性。日本资本市场在行业上的自由化率只达到50%，以欧美人的标准来看，很难说是资本自由化。在贸易上，日本以违反GATT为由实施进口限制的商品种类有很多。并且在进口制度或者同一制度的实施上也存在着贸易障碍。再加上日本商人的商业习惯及日本人独特的消费结构，无不成为欧共体商品在日本市场准入上的非关税壁垒。

第三，欧洲人对日本或日本人有一种"不适感"。人往往对自己难以理解或不知道的事感到一种恐惧和不安。日本对西欧人而言，不但人种不同，而且在历史、宗教、思想体系、价值体系、风俗习惯等方面均不相同，成为相互理解上的障碍。当然在这一点上，无论是日本人，还是西欧人都不负有直接责任，但这种文化上的差异无疑给日欧间的通商协定谈判造成阻力。②

此次谈判是日本与欧共体在通商贸易协定谈判上的第一次接触。双方只是阐明了各自的立场，原则上同意相互自由化，但是，在贸易保护条款、自由化等问题上由于看法的对立没有达成具体的结论。

1971年7月，日本与欧共体举行第二次统一通商协定谈判。尽管日欧双方都渴望贸易自由化，但是，欧洲经济共同体代表团团长达德道尔夫强烈要求在协定中加入贸易保护条款（依据该条款，可在紧急时期实施进口限制），日本认为GATT第19条就是这种紧急时期的对策，断然拒绝了欧共体的要求。但是，日本为使此次谈判不至于流产，向欧共体提出了关于贸易保护条款的三条妥协案，即：（1）将双边贸易保护条款限定在此前就存在的法国、荷比卢范围内；（2）将进口限制从

---

① 小林智彦：《对EEC政策を考える》，《経済と外交》，1971年1月号，第11页。
② 佐藤裕美：《第1次日本EEC通商協定締結谈判》，《経済と外交》，1970年12月号，第30—35页；另参阅 Shonfield, A., *Reshaping the Economic World Order Relations between the European Community, the United States and Japan*, Chroniquedepolitique etrangere, 26. 1973, pp. 48 – 53.

配额限制改为品种限制；(3)适用期限为三年或五年。①

欧共体委员会没有接受日本的建议，统一通商协定谈判被迫中断。日欧双方为了打破僵局，都在进行着试探。1972年2月12日到18日，欧共体委员会主席曼斯霍尔特（Mansholt）一行接受日本驻比利时大使安倍薰的正式邀请访日，与佐藤荣作首相、福田赳夫外相等日本政府首脑举行会谈。曼斯霍尔特与福田赳夫会谈时，共同回顾了日本和欧共体在世界经济中的地位越来越重要的情况，双方表示在1973年关贸总协定新回合谈判中，积极争取更多国家的参加，开展多边通商谈判，并强调了双方立场的一致。关于日本和欧共体通商交涉问题，双方约定依据关贸总协定所规定的基本原则稳妥地解决。并且，为了今后双方经济关系的进一步发展，在日本阁僚和欧共体委员会间随时交换双方共同关心的贸易及经济问题的意见。②

但是，双方一直争执的贸易保护条款问题依然悬而未决，成了"唯一未解决的重要问题"。尤其是日本方面一直坚持的取代贸易保护条款而实行的非制度性紧急措施"有序出口"与欧共体的共同竞争政策间的整合问题不断显现。3月访日的欧共体委员会竞争和宣传事务委员让·保罗·特朗·谢特（Borschette）在表达欧共体方面对日共同通商贸易保护条款要求的同时，也表达了对"有序出口"与欧共体共同竞争政策间分歧的担忧。③ 5月，达德道尔夫委员为打破僵局，再次访日，提出了欧共体方面的妥协案。即：(1)不仅缔结业界的通商协定，而且要缔结政府层面的通商协定。(2)协定内容应该包括贸易相互自由化、撤销关税日程、解决产生摩擦的办法、设置实施相互监视"有序出口"的机构等。(3)在关税及贸易总协定新回合谈判改善贸易保护条款前，签订暂定贸易保护条款。

值得关注的是，欧共体为什么在该项妥协案中一方面将对日贸

---

① 清水嘉治：《拡大EC問題と日本経済進出》，《経済と外交》，1973年5月号，第48—49页。
② 渡辺俊夫：《ECの機構からみた欧州統合——マルフアティEC委員長の訪日に関連して》，《経済と外交》，1972年4月号，第58—59页。
③ 《日本経済新聞》，1972/03/31。

易保护条款确定为暂定条款，而另一方面却将暂定的根据寄望于 GATT 第 19 条的改革。换句话说，就是欧共体委员会初步表明了将与日本构成特殊问题的贸易保护条款视为比较一般的国际制度的意图。但是，日本方面始终坚持将"贸易保护条款"认定为 GATT 第 19 条。特别是将与欧共体各国间产生的问题（如围绕钢铁和电子产品而发生的贸易摩擦）视为分别谈判、分别解决的问题。日本之所以坚持分别对待、分别解决的做法，主要源于：（1）应对机动灵活，并且同应对欧共体整体而言，分别应对日本的交涉能力相对得到强化；（2）欧共体委员会内部协调能力的欠缺；（3）日本对欧出口特征使然，即如果将特定商品对特定国的倾销管理作为欧共体共同管理操作，势必造成出口市场的缩小。①

但是，日本一贯坚持的对欧出口方针也意味着对欧共体共同通商政策的否定，更是对欧共体强化委员会机能的否定。故而，日欧通商贸易协定谈判无果而终也就顺理成章了。

日欧通商协定谈判之所以没有取得实质性的进展，主要原因在于日欧双方在贸易保护条款上的争执。双方各执己见，欧共体方面强烈要求将日本与各成员国间缔结的贸易保护条款一体化。而日本要求在通商协定当中，全面废除这种歧视性的贸易保护条款。致使通商协定谈判触礁。因而，这段时期的日欧关系被一些学者称为"因贸易保护条款而对立的时期"②。

第三节　日本政府欧共体经济调查团的派遣

一　欧共体的扩大与欧共体经济调查团出访西欧

1972 年 1 月 22 日，英国、爱尔兰、丹麦三国同欧共体原六成员国在布鲁塞尔共同签署了接受该三国正式加入欧共体的多国条约。这

---

① 安藤研一：《欧州共同体の共通通商政策の政治経済学：1970 年—1973 年の対日共通通商政策の展開を中心にして》，《経済学研究》，北海道大学，1990 年 6 月号，第 71 页。

② 今川健、加文敬子：《EC 統合と日本》，東京：中央経済社，1993 年，第 98 页。

样，扩大后的欧共体将构成一个庞大的经济区。同扩大前相比，人口将增加35.2%，GNP将增加31.3%，出口将增加29.4%，进口将增加35.5%（见表2-1）。

表2-1　　　　　　　欧共体扩大前后各项数据统计

类　别	扩大前	扩大后
人口（百万）	190	257
GNP（亿美元）	4850	6374
出口（亿美元）	885	1146
占世界出口总额比（%）	32	41
进口（亿美元）	884	1198
占世界进口总额比（%）	30	41

备注：此表根据渡边俊夫（经济局经济统合课）《关于对欧共体政策的思考》，《経済と外交》1972年7月号第50页表整理而成，各项原始数据来自欧共体事务局资料。

再加上同扩大后的欧共体有特殊关系的国家，多达50余国，其中包括仍留在欧洲自由贸易联盟内，与欧共体已缔结有关工业品自由贸易协定的国家，根据"雅温德""阿鲁沙"两个公约而产生的非洲各联系国家。这样一个庞大的经济区，对世界经济、贸易体系和国际政治都将产生极深远的影响。

1972年10月19—20日，扩大的欧共体成员国国家和政府首脑在巴黎举行第一次扩大首脑会议，并发表了《巴黎公告》，确定了欧共体今后的工作进程。其中最能引起日本注意的是关于对外关系的规定。公告称"为保证世界贸易的协调发展，共同体决心在尊重共同体的成果的同时，采取一些建立在互惠基础上的和涉及关税障碍与非关税壁垒的措施，为国际贸易的逐步自由化做出贡献"，"本着开放精神和采取最适当的形式，同美国、日本、加拿大和其他工业发达的贸易伙伴进行建设性的对话"[①]。《布鲁塞尔条约》的签订及《巴黎公告》的发表均向

---

① [日]堀江薰雄：《日本对欧洲共同体的考察》，韩润堂等译，商务印书馆1978年版（原版《日本からみた欧州共同体：拡大EC経済調查団報告》，東京：時事通信社，1973年），第42页（附件：巴黎扩大的欧洲共同体首脑会议声明）。

世界表明欧洲一体化进入了第一次扩大阶段。为日欧通商协定谈判所困扰的日本又将迎来一个扩大后的欧共体。欧共体扩大的前途怎样？对世界特别是对日本将造成怎样的影响？日本又将采取怎样的反应和对策？日本上下各界以怀疑、惊异的目光关注着欧共体的动向。

日本外务省分析认为欧共体外延的扩大主要体现在三个方面，一是欧共体自身的扩大；二是欧共体与EFTA（欧洲自由贸易联盟）间缔结了关于工业品的自由贸易区；三是互惠区域的扩大，扩充了与发展中国家的合作与互惠关系，伴随着英国加盟欧共体而消解了英联邦内部的特惠关系[①]。"同欧共体成员国间的关系，在传统的友好关系的基础上，基本上是正常的，同时贸易额也有显著的增加。但是，与欧洲共同体领域内的关系，往往有偏重商品贸易的倾向，除商品进出口以外的双向交流，如资本和技术交流，应该说还是很不够的。这种情况使商品贸易方面的交流受到了一定的限制，对欧洲的出超，将引起欧洲的相当不安。为了在原有基础上进一步促进日欧间的经济交流，加深相互了解，除扩大和发展贸易外，还必须洞察欧共体各国今后的动向，建立起保证互利的广泛合作关系。也就是说，现在应该充分研究这种可能性，使日本的资本和技术也为欧洲的区域发展以至共同体的发展发挥作用。"[②]

进入20世纪70年代，日欧经济关系逐步呈现出贸易的不均衡态势，特别是1972年日本的对欧出口呈现急速扩大的态势，如1972年日本从欧洲进口增长率为20.2%，全年进口增长率为19.1%，但是，对欧出口增长率为39.9%，远远高出全年出口增长率。并且急速增长的出口商品主要集中在一些特定的产品上，如收音机（对欧共体出口增长率为约97.7%）、汽车（对欧共体出口增长率为135.8%）、电视机（对欧共体出口增长率为157.1%）、卡带式录音机（对欧共体出口增长率为100%）。尽管这些产品的出口量小于历年来的对欧出口总量，并且处于低水准上，但是，出口的急速增长迅速强化了西

---

① 外務省編：《わが外交の近況》，1973年，《第2部各説．第1章わが国と各国との諸問題．第5節西欧地域．6. 欧州共同体（EC）との関係》，http://www.mofa.go.jp/mofaj/gaiko/bluebook/1973/s48-2-1-5.htm#m256。

② 堀江薫雄：《拡大EC調査団に参加して》，《経済と外交》，1973年1月号，第9页。

欧各国对日本经济扩张的警惕性。为此日本外务省建议应该尽快消除西欧各国对日本商品输出的恐惧和不安心理，从维持稳定出口秩序的立场上，主动限制成为问题的出口商品，努力改善日欧经济关系。与此同时游说欧共体各国认识到实施关于扩大日本进口的应对之策的必要性，并进一步转变日本一旦主动约束对欧出口则会给欧共体市场带来不良影响的认识。为此需推进西欧——特别是对欧共体——出口秩序的维持对策，并要充分考虑到欧共体内部的复杂细节。①

基于上述认识，日本外务省向扩大的欧洲经济共同体各国及其周边国家派遣了经济调查团。外务省委托调查团通过同各国的政府机关、中央银行和经济团体等交流意见，对日本同欧洲共同体间互相协调、增进经济交流的可能性，以及政府、民间和其他方面所能采取的具体措施，进行综合考察。② 外务省极为重视此次调查团的出访，这在团员的组成上可见一斑。调查团人员由日本的经济界首脑、实业家和经济专家组成。任命贸易研究中心会长（原东京银行总经理）堀江薰雄为团长。外务省给调查团指定了具体的考察对象，总共有六项：(1)扩大的欧洲共同体的本质及其今后动向；(2)货币同盟建立的可能性；(3)经济同盟建立的可能性；(4)经济货币联盟的对外影响；(5)日欧间资本、科学技术交流的可能性；(6)日欧间在第三国合作的可能性。

调查团在出发前，仔细地研究了调查提纲，把准备提出的问题整理成详细的书面材料，并事先寄给对方，为调查的顺利进行做了先期的准备工作。欧共体经济现状调查从1972年10月14日开始，历时近一个月。期间，调查团与共同体委员会主席曼斯霍尔特（Mansholt）、副主席巴尔（Barr）、秘书长诺耶尔（Neuer）；荷兰外交部副

---

① 外務省編：《わが外交の近況》，1973年，《第2部各説．第1章わが国と各国との諸問題．第5節西欧地域．1．日欧経済関係》，http://www.mofa.go.jp/mofaj/gaiko/bluebook/1973/s48-2-1-5.htm#m256。
② [日]堀江薰雄编：《日本对欧洲共同体的考察》，韩润堂等译，商务印书馆1978年版（原版《日本からみた欧州共同体：拡大EC経済調査団報告》，東京：時事通信社，1973年），第1页。

部长贝当古（Benthancourt）；比利时财政部长布莱里克（Blerick）；卢森堡总理兼财政部长维尔纳（Werner）以及14国的事务部门的次官、局长；金融、财界的首脑们，在非常具体的问题上坦率地交换了意见。这样的会谈达60多次。此外，调查团以欧洲引进和奖励外国企业进入的地区为中心，进行了实地考察，先后参观了英国东基尔伯里得的新市区——伊尔文产业开发区；爱尔兰都柏林郊外产业开发区；荷兰安特卫普开发区等地。

二 欧共体经济调查团调查报告

调查团回国以后，向政府递交了详细的调查报告。报告内容均是在团员之间深入讨论之后才写成的，由两大部分组成。一是扩大的欧洲共同体的现状和未来，二是欧洲各国的投资环境。报告书就欧共体扩大的现状和将来以及日本财界所关心的经济和货币同盟问题、资本市场、投资环境和日本对欧投资展望等问题进行了介绍。该报告成为日本政府制定对欧政策的参考文献。

报告书的第一部分通过翔实的数据介绍了欧共体扩大前后的情况，并对一些事关日本的问题的解决提出建议。

（1）关于欧洲市场的认识及建议。扩大前的欧共体在经济一体化上向前迈进了一步，进行了资本市场的整合。调查团认为："欧洲共同体市场的统一，是历史发展的必然趋势，它今后的行动将会沿着这个方向发展。但是，它在什么时候才能在实际上或在技术上实现统一或协调起来，那还是遥远将来的事。"也就是说，调查团认为欧洲一体化进程加快了，第一次扩大已成定局。与此同时在经济一体化的细节问题上，尤其在资本市场的整合上，"仍只是一种想法，使之实现，还要不可避免地经过一段相当迂回曲折的过程"。调查团认为："欧洲共同体市场的统一，尽管也许是遥远未来才能实现，但是，它迟早是会实现的……世界上将会出现一个很有发言权的巨大的资本市场"，并预言"在其实现统一以后，世界主要资本市场的各种制度也必将会出现一个均衡化或相互协调的过程"。建议日本政府"必须推进资本输出"，"顺应国际上出现的均衡化方向，努力改革日本有关证券的各种制度和惯例"①。

(2) 经济和货币同盟问题。1971年3月,欧共体理事会通过决议,决定建立经济和货币同盟。1972年11月20日巴黎扩大欧共体首脑会议公告声称:"国家或政府首脑重申扩大的欧洲共同体成员国不可改变地要实现经济和货币同盟的愿望……在1973年应该采取必要的决定,以便使经济和货币同盟在1974年1月1日进入第二阶段,并且最迟在1980年12月31日完成。"②调查团经过实地考察后认为"经济和货币同盟"的前景就是走向国家的联合。"它所采取的形式也许是瑞士的联邦制或西德的联邦共和国制……应该看到,政治上的统一形式,不会像欧洲共同体初创时浪漫主义者的梦想那样的具有高度统一的欧洲联邦共和国或欧洲合众国的形式,而将是瑞士类型的欧洲联邦制","将在货币、外交、教育和军事方面统一领导权,而在经济上,各成员国将保留广泛的自治权",并且,调查团认为目前欧共体的追求目标"似乎和它相类似"。

(3) 对欧洲投资的现状和展望。调查团认为日本对欧投资的水平很低,并且由于受国际收支的制约以及资本不足等各种原因,对欧投资受到了限制。尽管如此,调查团仍然认为1972年以后,"日本企业进入欧洲的时机已经成熟",有两方面的原因。

一是日本国内企业劳动生产率的增长、技术水平的进步和工资水平的提高,以及日元升值,促使日本对欧投资基础日趋完善。此外,出口结构发生了重大变化,"以前只注意大宗产品的出口,而现在已逐渐适应技术集约程度的提高","这将成为投资的有力诱因"。

二是欧共体方面的两个原因。首先是为了防止欧共体的保护主义。调查团认为,在今后三四年内,共同体内的企业将会扩大并将全

---

① [日] 堀江薰雄:《日本对欧洲共同体的考察》,韩润堂等译,商务印书馆1978年版(原版《日本からみた欧州共同体:拡大EC経済調査団報告》,東京:時事通信社,1973年),第94、107页。

② [日] 堀江薰雄:《日本对欧洲共同体的考察》,韩润堂等译,商务印书馆1978年版(原版《日本からみた欧州共同体:拡大EC経済調査団報告》,東京:時事通信社,1973年),附件:巴黎扩大的欧洲共同体首脑会议声明,第34页。

力以赴地扩展欧共体内的销售比重。就整个共同体而言，主要是进口的增加将使日本成为主要的受惠国之一，在今后数年内，日本对欧洲共同体的出口会进一步增加。反过来，欧共体对日本的出口如不经过一番努力，就不能指望有相应的大幅度增长。再加上欧洲各国严重的通货膨胀趋势，势必造成日欧之间贸易不平衡进一步扩大。对此，日本如置之不顾，将会造成欧共体保护主义的抬头，并使之激化。因而，不论是从当地生产替代出口的观点出发，还是从维护和确保欧洲共同体内部市场，并使之进一步扩大的想法考虑，今后都需要日本企业向欧共体发展。其次是欧洲各国欢迎外资的进入，并相应地制定各项优惠政策。调查团经过实地考察了解到，欧共体各国在欧共体经济一体化得到巩固之前，都在急切地扶植和强化本国企业的成长，借以获得经济一体化的最大利益。因此，都欢迎资金和技术兼备的外国企业进入。并且各国都在大力开发人口稀少、工业不发达的地区以及对煤炭、采矿等夕阳产业进行改造。此外，一部分国家（如爱尔兰、苏格兰、意大利、法国）因缺乏劳动力，为了创造和增加就业机会，也在积极引进外国企业。

调查团认为投资时机虽已成熟，但是，日本企业在打入欧洲市场问题上将会遇到一系列的障碍，不过，这些障碍主要是由于日本自己的语言、文化、习惯以及日本企业的特殊性质（指过分日本化）造成的。为此，调查团建议为了进一步打开欧洲市场，日本应该采取四个对策，即：与接受国政府及有关行业建立友好关系，必须进一步推行对内直接投资的自由化；进入当地的企业必须努力实现管理的本土化；政府改善对外投资环境，以此作为从侧面支持日本企业向外发展的手段；官民合作，在国内和投资地设立对欧投资情报和咨询机构，促使对欧投资情报的充实、完备、可靠。

调查团最后得出结论："为扩大日欧间的交流，不应仅限于贸易，在资本方面也应该实现交流，对于这种想法，欧共体各国并无疑议，甚至对来自日本的直接投资和从日本引进企业表示欢迎"，"我们感到最近三五年是日本企业进入的关键时期"。鉴于各国对日本在资本自由化方面缺少互惠主义的强烈批评，调查团认为日本"不论就贸易方面或资本交易方面来说，自由化和国际化的程度都是不够的"，指出日本"现在已到了积极推进资本自由化的时刻，同时，应该进一步推进贸易自由化以及减轻关税和非关税壁垒"。并发出警告："如果听任现在的状况发展下去，欧洲共同体各国潜在的对日不信任将会表面化。美国对日本的批评也将增多，两者结合起来，日本在世界经济中不能不说有被孤立的危险"，"日本必须充分认识这种变化，同时要迅速地与之相适应，并进行各种调整"，建议日本政府不仅加强同欧洲共同体的关系，而且还应该通过加强与美国、加拿大和其他第三国的合作，适当地利用关税及贸易总协定、经济合作和发展组织等多边制度框架，以牵制扩大的欧洲共同体的活动，努力争取使其参与到世界规模的国际合作、国际协调机制当中去。

第四节 田中内阁对欧外交的开展

1969年以来开始突显出的日欧贸易摩擦不断激化。在尼克松冲击①和石油危机的影响下，国际经济秩序也开始解体。如何协调双方经济关系、密切发展同美国的传统关系，进一步巩固、促进世界经济的发展，成为日欧共同关心的问题。为此，日本首脑频繁访欧，外长磋商定期举行，说明日本对欧政策的发展进入了一个新的高潮。尤其是1972年田中角荣组阁后，更加注重对欧共体政策的调整在"多边自主外交"中的作用。田中一改以往首脑经济信使的特色，带着鲜明的政治目的访欧，使日欧关系的发展摆脱了原有框架的束缚，

---

① 为摆脱越南战争时期美国社会失业、通货膨胀、国际收支赤字的困境，减缓美元暴跌、黄金大量外流的危机，尼克松政府于1971年8月15日宣布实行"新经济政策"。该政策对外采取了两项措施：放弃金本位，停止美元兑换黄金和征收10%的进口附加税，从而导致二战后的"布雷顿森林体系"崩溃，西方国家股价普遍下跌，严重损害了许多国家的利益，加剧了国际经济、金融的动荡。美国政府的这一决定对日本的影响最为严重，故被日本金融界称之为"尼克松冲击"。尼克松的"关岛主义"出台后，美国对外政策发生巨大转变，特别是要改善和中国的关系以共同应对苏联的威胁。1971年基辛格访华，为尼克松访华做铺垫。这一事件直到公布前的最后一刻才通知日本政府，日本人深感被美国抛弃。这次事件对日本政坛和外交政策都产生了巨大冲击，称为第二次"尼克松冲击"。

将日欧关系真正纳入日美欧三角关系框架当中，并且明显表现出外交上的自主性。本节主要就田中首相访欧的原因、经过及对日欧关系的影响，做一下简介，旨在说明20世纪70年代初期日欧关系的调整受到国际政治经济形势的影响，出现了日本对欧经济政策政治化的倾向。

一　田中首相、大平外相访欧的原因

首先，国际政治经济格局的变动。日本与欧共体经济经过20世纪50年代的持续增长，进入60年代，经济繁荣进入了鼎盛时期。欧共体的发展和日本的崛起，对战后世界经济格局产生了巨大的影响，美国一统天下的局面被打破，形成了资本主义世界的经济三角关系，从而促进了世界经济多元化的发展。而在国际政治方面，60年代末以来，美苏两极对峙趋向缓和，尤其是中苏关系的破裂、社会主义阵营的分裂，美、中、苏构成了"战略三角关系"。美国实力的下降以及对外战略的调整，给日本和欧共体造成巨大的冲击，尼克松访华的"越顶外交"给长期追随美国、对美一边倒、敌视中国的日本的冲击尤为严重。"尼克松冲击"无论从哪个方面来看，都难以促成美国与日欧间的信赖关系，相反，从中可以看出美国对日欧政策的二重性，即：一方面执意作为同盟关系的保护者，想维持其在三角关系中的主轴地位；另一方面，由于美国自身实力下降，无法像过去那样仅凭自身实力就能与苏联抗衡，不得不让盟国分担责任和负担，消减对盟友的政治经济投资。[①] 美国此种做法无疑对同盟国的日本和欧洲间的关系带来影响，日欧均对美国的保护能力产生怀疑。尽管依然要求美国对其加强军事保护，但是，同时也努力加强自身的安全保护能力，为此展开多边外交。

此外，日欧经济实力的发展壮大，也给日美欧三角关系种下了不和的种子。美国舆论出现了要求对日采取贸易保护主义政策的呼

---

① F·ドアシェーンH·オーエン、武者小路公秀：《国際社会における美欧日協力の展望》，《国際問題》，1974年1月号，第7页。

声，进而引发了对日本能否同成长率低下的其他发达国家的经济关系保持顺畅的疑问。同时美国对欧共体的看法也在发生变化，劝告欧共体不要短视并将问题的责任完全推给美国，应该以积极的态度来处理问题。

国际政治经济局势的变化给日欧关系的调整带来了契机。日欧双方希望借助加强双边关系，来巩固、提高自身在国际政治经济格局中的地位和影响力。

其次，"基辛格设想"的出台及影响。基辛格在1968年就提出美国应该在对欧洲政策上有所调整。他指出，美国在欧洲驻军20年，已经减少了欧洲对苏联进攻和美国撤离的恐惧心理，一个新的、更强大的欧洲，一定会同1949年的欧洲表现不同，因此"美国不能指望把欧洲战后力量耗尽的偶然情况，变成国际关系的一种永久类型"。基辛格向尼克松总统提议：（1）肯定美国对北大西洋公约组织的义务；（2）肯定美国对欧洲统一、包括英国参加共同市场的传统支持；（3）说清楚美国不愿卷入欧洲内部关于走向统一的形式、方法、时间和步骤的辩论。[①] 基辛格认为，"我们重视的是大西洋关系，而欧洲的内部安排是欧洲人自己的事，应该留给他们自己去解决。从长远来说，这种态度是最有助于英国参加共同市场的"[②]，美国应该"让欧洲人自己去解决欧洲联合的内部发展，并且运用美国的影响力就大西洋合作的新形式提出建议"[③]。

正是由于两极对峙构造的软化，促使日美欧巩固、强化"自由阵营"的团结诉求开始松弛。美国尽管在核武器等军事力量上的龙头地位无人能敌，但是，在经济实力上，已经丧失了以往的绝对优势，从安全保障到通货制度的所有领域，美国独掌局面的时代已经结束，其

[①] [美] 亨利·基辛格：《白宫岁月——基辛格回忆录》第1册，吴继淦、张维、李朝增译，世界知识出版社1980年版，第110—119页。
[②] [美] 亨利·基辛格：《白宫岁月——基辛格回忆录》第1册，吴继淦、张维、李朝增译，世界知识出版社1980年版，第520页。
[③] 姜南：《20世纪70年代美国对欧政策的调整》，《中国社会科学院研究生院学报》2005年第2期。

在西方阵营中的指导权完全取决于同日本和西欧的合作程度如何。为了进一步加强同欧洲、日本的同盟关系，1973年4月23日，国务卿基辛格提出制订"新大西洋宪章构想"，史称"基辛格设想"。基辛格认为在东西方对峙过程中，美国与苏联势均力敌，因此，日本和西欧在西方阵营中的重要性越来越明显。"尤其是随着世界其他地区在国际舞台上重要性的不断增强，日本已经作为主要的'极'之一登上国际舞台，因而在诸多领域里问题的解决，尤其是'作为大西洋地域'问题的有效解决，必须有日本的参加。"美国呼吁在国际紧张局势缓和、两大阵营对立化解的同时，为适应新的变化，美日欧应在经济、军事、外交上建立新型的合作关系。[①] 由此可见，美国已经将实力逐步壮大的日本纳入了"基辛格设想"的视域内。

此外，美国提出"基辛格设想"还有更深层的目的。西欧自一体化以来相对于美国的独立化倾向越来越明显，而美国虽然"以希望和赞叹的心情关注着西欧，并认为强大的、统一的欧洲对美国来说不是竞争对手，而是伙伴"[②]，但是，从来就没有将西欧视为现实的对等的伙伴，而是认为美欧的对等伙伴关系是将来的目标。所以，当西欧经济实力发展起来以后，美国开始对西欧鼓吹所谓的"费用分担"，既想通过构建新大西洋联盟进一步控制西欧，又期待强化西方阵营。基辛格呼吁"期待着欧洲继续进行经济团结，更要达成政治团结，因为唯有团结的欧洲才能够在大西洋伙伴关系框架下，与美国合作，多多减轻美国的国际负担"，"美国将继续支持欧洲的团结，并将其作为更重要的大西洋伙伴关系的构成要素"[③]。

美国之所以在设想中提到日本，并将其视为伙伴的原因，主要是美国在1970年提出了"伙伴关系"的基本原则，认为伙伴关系、实

---

① 外務省編：《わが外交の近況》上卷，1974年，《資料.5.その他の重要外交文書等.（1）キッシンジャー米大統領補佐官のAP年次午餐会における演説（新大西洋憲章）（仮訳）》，http://www.mofa.go.jp/mofaj/gaiko/bluebook/1974_2/s49-shiryou-5-1.htm。
② 山本満：《新大西洋憲章構想と日本》，《国際問題》，1974年1月，第37页。
③ 外務省編：《わが外交の近況》上卷，1974年，《資料.5.その他の重要外交文書等.（1）キッシンジャー米大統領補佐官のAP年次午餐会における演説（新大西洋憲章）（仮訳）》，http://www.mofa.go.jp/mofaj/gaiko/bluebook/1974_2/s49-shiryou-5-1.htm。

第二章 欧共体的扩大与日欧关系的发展

力、谈判是和平的基本前提,是解决国际纷争、预防冲突的三个支柱。① 同时,美国认为确保西欧和日本能够在两大阵营的对立中站在自己一侧,对其国家利益是至关重要的。美国担心在发达国家中唯将日本排除在外,会引起日本人心理上的不平衡,会对将来日本人的行动产生影响。此外,美国拉拢日本还出于将其作为打破西欧地域主义自我封闭的战略考虑。② 基辛格在1971年12月召开的美英首脑会议上呼吁:"我们必须以友好的态度促使日本人向建设性的方向发展。特别是日本作为对于中国和苏联的平衡要素发挥着至关重要的作用。就像此前的战争中日本平衡过美英一样,将来日本也势必发展成为引起中苏恐惧的敌人。""我们的目的应该是将美国、欧洲以及日本放在'同一个书包中'。"③ 同时,尼克松总统在与西德总理勃兰特会谈时,敦促西德务必在发展与日本的关系上发挥强大的作用。④

1971年7月基辛格的秘密访华与1972年尼克松的访华对于一直追随美国外交路线的日本而言,无异于是一场越顶外交,给日本带来了强烈的震动。但是,另一方面,日本国内正在日益兴起一场"中国热",呼吁中日关系正常化的呼声日益高涨。⑤ 美国政府早在尼克松访华之前就深入研究了美中和解会给美日关系带来的影响,"认为势必造成日本开展违背美国利益的独立自主外交,一旦(日本)误解了美国接近中国的目的,就会促成日本外交的'戴高乐化',造成最坏的恶果,乃至于造成日本核武装的危险"⑥。

---

① 外務省编:《わが外交の近況》,1970年,《ニクソン大統領の外交教書》,http://www.mofa.go.jp/mofaj/gaiko/bluebook/1970/s44-3-1-6.htm#a8。

② 山本满:《新大西洋憲章構想と日本》,《国际问题》,1974年1月,第45页。

③ 山本健:《"ヨーロッパの年"と日本外交、1973—74年—外交の多元化の模索と日米欧関係—》,第149页,NUCB Journal of Economics and Information Science .57(2)149.2013(3)。

④ Akten Zur Auswartigen Politik der Bundesrepublik Deutschland, 1971. Dok. 450. Gesprach des Bundeskanzlers Braudit mit Prasident Nixon in Key Biscayne, 28.12.1971。

⑤ 若月秀和:《全方位外交の時代—冷戦変容期の日本とアジア1971—80》,東京:日本経済評論社,2006年。

⑥ 菅英辉:《美中和解と日米関係——ニクソン政権東アジア秩序在编ィニシァティブ》,《冷戦史の再検討 変容する秩序と冷戦の終焉》,東京:法政大學出版局,2010年,第311—312页。

与理想主义、国际主义色彩较为浓厚的《大西洋宪章》相比而言,"基辛格设想"比较低调,是一个现实主义色彩较为鲜明的构想。其主要目的是调整美国与其他发达资本主义国家间的经济摩擦,缓和经济矛盾,转嫁美国的防卫负担。"基辛格设想"意味着美国领导权的进一步加强。美国对欧洲一体化的支持,建立在一体化不会威胁大西洋框架的前提下。换言之,美国对欧洲的领导是不容置疑的,而支持欧洲一体化,只是美国对欧洲进行领导的一种方法而已。

"基辛格设想"出台后,日本和欧共体产生了不同的反响。日本原本就有意通过加强同欧共体的关系来调整日美欧三边的不对称性,同时想通过接受该设想改变对美的依附程度。所以田中角荣在访欧期间,不遗余力地兜售该设想。

第三,日本外交战略调整的需要。尽管日本对欧共体政策的思路一直限于日美欧三角关系框架内,但是,也应该注意到,日本拓展对欧共体的关系,还有一项重要的目的,就是减少对美国的依附,寻求同盟力量。1972年7月,田中角荣组阁后,展开"多边自主外交",旨在提高日本在西方阵营中的地位与政治作用。田中角荣首相曾在1972年8月31日举行的日美首脑会谈上,向尼克松总统明确表示:"近日,基辛格在不断地游说西欧各国拉近彼此关系,但是,今天日本的作用已经不再仅仅局限于亚太地区。日本已然成为可以与苏联和西欧匹敌的经济权力中心。鉴于此,不仅希望加强日美间合作,更希望加强日欧间的合作。"① 恰在这时,美国提出了为对抗苏联、牵制西欧、控制日本的"基辛格设想",为日本的对欧共体外交提供了战略依据。但是,日本最初对这个1973年4月提出的"基辛格设想"感到吃惊和迷惑,时任外相大平正芳也一再强调:"作为日本来讲,只考虑应该合作的方面。"② 当时的日本新闻媒体也对"基辛格设想"的反应较为冷淡。此时日本正在着力发展同亚洲,尤其是临国的关系,对建立日美欧间的特殊关系有可能冷落亚洲盟友,疑虑重重。但

---

① 服部龍二:《田中首相・ニクソン大統領会談記録—1972年8月31日・9月1日—》,《人文研紀要》,2010年第68号,第423页。
② 《朝日新聞》,1973/05/04,夕刊。

第二章　欧共体的扩大与日欧关系的发展

是，又意识到如果接受"基辛格设想"会提高日本的国际地位。于是在原则上接受"基辛格设想"的前提下开展对欧共体的工作。①

1973年7月13日，大平正芳外相在内阁各部大臣会议上强调指出："基辛格演说中所提的'欧洲年'已经突出了美国当今的外交方针，即强化美欧关系。由此可见，当前欧洲各国与美国间即将进行深入的协商，而且也许可以认定与日本无直接关系，但是，美欧间的通货问题，或者贸易、资源等问题，绝对不是美欧两者就能够解决的。当前日本必须以全球的视野就上述问题与美国和欧洲进行协商。因此，我认为首先应该探询美国总统关于该问题的真实看法。""同时，田中首相也务必向对方表明日本关于该设想的看法。"在7月13日召开的众议院外务委员会会议上，大平正芳外相回答外务委员会主席藤井胜志的质询时指出："所谓的《新大西洋宪章》（基辛格设想）是当前美国对欧政策的基本思路，欧洲各国接纳与否成为问题的关键。因而，深入了解美国的真实想法以及欧洲各国的反应是我们当前的紧要任务，（田中首相出访美欧）绝不是投机行为。"② 所以，田中角荣在赴欧访问前夕，飞赴美国探询美国的真实想法。在与尼克松的会谈中，田中原则上接受了"基辛格设想"，并在访欧前的记者招待会上，强调要"形成日美欧等边三角形"，并明确表态，希望访欧期间说服西欧国家接受日本作为"三角形"中的一员。③

1973年外务省在《外交蓝皮书》中宣布："鉴于欧洲重要性的提高，日欧间合作的可能性和必要性增大，应使日本与欧共体诸国的关系达到前所未有的紧密化和广泛化"，为此"要进一步强化日欧间的对话"④。全面发展日欧关系已然成为日本外交自主化的一个重要环节。但是，欧共体国家对"基辛格设想"普遍不感兴趣，田中试图

---

① 石井修（监修）：《アメリカ合衆国対日政策文書集成》，第25期第三卷，第258页。
② 第071回国会外務委員会第30号：http://kokkai.ndl.go.jp/SENTAKU/syugiin/071/0110/07107130110030a.html。
③ 美联社波恩电讯，1973/10/05。
④ 有贺贞、宇野重昭等：《日本の外交》，《講座：国際政治》第4卷，東京：東京大学出版会，1989年，第214页。

通过首脑层的互访，加强日欧间的政治对话，说服欧共体接受"基辛格设想"。

二　田中、大平访欧经过及成果

1973—1974 年两年间，日欧关系取得了突飞猛进的进展，主要表现在日欧双方的首脑外交上。1973 年 4 月 28 日—5 月 6 日外相大平正芳访问欧洲三国和欧共体总部，期间与各国首脑及 OECD、欧共体首脑进行会谈。5 月 1—4 日，访问法国期间与外交大臣米歇尔·若贝尔（Michel Jobert）举行了第十次日法定期协商会议，就国际形势，特别是欧洲的东西紧张局势及亚洲局势，尤其是国际经济问题、日法关系紧密化的具体方案等问题交换了意见。期间还同蓬皮杜总统、皮埃尔·梅斯梅尔（Pierre Messmer）总理、吉斯卡尔·德斯坦（Valéry Giscard d'Estaing）财政部长、范·莱内普（Van Lennep）OECD 事务总长进行了会谈。

4 日大平正芳访问比利时，在布鲁塞尔先后与外交大臣范·埃尔斯兰德（Van Elsande）和欧共体主席弗朗索瓦·格扎维埃·奥托利（François-Xavier Ortoli）、副主席克里斯托弗·索姆斯（Christopher Soames）进行了会谈，特别是与外交大臣范·埃尔斯兰德就国际形势、欧共体与日本的合作关系交换了意见，并签署了日比文化协定。[①]

5 月 4 日，大平正芳作为日本的外相首次访问布鲁塞尔的欧共体总部，并与主席奥托利和副主席索姆斯进行会谈，凸显出日本政府对欧共体的高度重视。此次会谈历时 3 个半小时，双方针对"当今世界面临的诸多贸易及经济重要问题提出建设性意见，双方确认了基于相互理解的精神共同做出贡献是为了欧洲与日本共同的利益"。"关于日本与欧共体间的双边关系，为了强化推进双方的友好关系，双方一致认为应该通过相互对话解决两者间的问题。"双方会谈的焦点问题

---

① 外務省編：《わが外交の近況》上卷，1974 年，《第 2 部各説．第 5 章各国の情勢およびわが国とこれら諸国との関係．第 7 節西欧地域．2．わが国とこれら諸国との関係．(4) 日・EC 関係》，http://www.mofa.go.jp/mofaj/gaiko/bluebook/1974_1/s49-contents-2-5-7.htm。

第二章　欧共体的扩大与日欧关系的发展

是即将举行的关税及贸易总协定多边贸易谈判，特别是双方关心为了促进国际贸易的扩大而要减轻关税及非关税壁垒和贸易歧视政策问题。①

1973年9月26日，田中首相飞赴西欧，旨在通过同西欧各国首相的直接对话，进一步加深相互间的了解，确立"老朋友间的新伙伴关系"，"树立日本同欧洲间适应新时代要求的紧密合作关系"②。田中首相在访欧前一周，亲自接见了英法德派驻日本的特派员，强调了访欧的目的就是强化与欧洲间的政治关系。田中强调指出："日本对欧外交的目的不是为了将日本的商品推销到欧洲市场。（此次出访）目的就是为了强化此前被逐渐淡漠了的与欧洲的政治关系。尽最大的努力促成日美欧三角关系的形成。"③

同年9月27—30日，田中访问法国，与法国总统蓬皮杜举行了两次会谈。双方主要围绕"基辛格设想"和日法经济合作问题交换了看法。田中首先阐述了关于"基辛格设想"的基本立场，认为："战后以来发生了诸多跨越多国的问题，如发展中国家援助、外太空开发、能源、统一下调关税谈判等。为了此类问题的解决，创立了欧共体并逐步扩大，扩大的欧共体也将进一步扩大。因此日本希望未来的欧共体能够吸收加拿大和澳大利亚等自由主义国家也参加进来，并借此开展更加广泛的对话。"④ 但是，蓬皮杜对于田中的建议以及"基辛格设想"表达了极大的不信任，认为"基辛格设想"所包括的政治、安全方面的内容与法国独立于北大西洋公约组织之外的安全政策相抵触。而且，法国方面尤其不希望完全依赖美国保护的日本在西方整体关系中与西欧国家平起平坐。蓬皮杜明确表示了对"基辛格设想"的不赞成态度，认为"所谓的'基辛格设想'实

---

① 《日本·EC共同コミュニケ》，1973/05/04，外务省编：《わが外交の近況》上卷，1974年，第106-107页。
② 稲川照芳：《田中総理大臣の西欧諸国訪問》，《経済と外交》，1973年12月号，第4页。
③ 平野実：《外交記者日記》（中），東京：行政通信社，1978年，第134页。
④ 西欧課：《総理訪欧会談録（フランス）》，1973年10月（外务省情报公开：2011—00458）。

际上就是由美苏两个超级大国完全掌控的体制，是一个包括欧洲、中国和日本在内的多极化时代的到来，但是，实质是美苏以及人口众多的中国间的角力，也意味着欧洲和日本将以特定的宣言为纽带被迫依附于美国的意图。确实，欧洲的防卫需要美国的核保护，日本的安全也需要依靠日美安保条约来保障。法国也认可美法相互提携的重要性，但是，欧洲具有欧洲自己的特性，绝对不能容忍欧洲仅仅因为美国的对外政策而沦为棋子的境地。"① 指出"目前是欧洲自主开展与美国的对话时期，关于是否与日本共同对话，还没有考虑"。认为"法国对于强化欧洲和美国及日本间紧密关系的主张毫无疑义，但不认为必须以美国为中介。同时，美国也不应该成为三角顶点"。对于日本是否参加三角关系框架，蓬皮杜也表示反对，仅强调欧共体与日本合作的重要性，以欢迎亚洲大国总理的态度明确地表示法国愿积极促进日法双边关系。②

9月28日，田中首相在蓬皮杜总统主持的午餐会上发表了演讲，一再强调日法合作关系的重要性，指出："日本作为当今主要工业国的一员，不仅仅停留在和平的享受者的水平上，还要为创造和平和再建世界经济秩序，进行积极的谋划，应该站在应尽义务和贡献的立场上发挥作用。由此可见，发展与伟大的法国——特别是与欧洲全体的紧密关系是摆在我面前最大的课题之一。""日法两国已经意识到了各自在国际社会的地位与责任，必须发挥推进21世纪人类社会进步的先驱的作用。我确信日法两国的合作将在通商、通货、能源、防止公害、科学技术等领域具有无限的可能性。""坚信日法两国间的相互合作将成为日欧关系的支柱。"③

9月28日，田中参加了法国总理梅斯梅尔举办的欢迎晚宴，并发表演讲。田中在演讲当中重点强调了日法传统友谊的价值和在日美欧

---

① 西欧課：《総理訪欧会談録（フランス）》，1973年10月（外務省情報公開：2011-00458）。
② 《朝日新聞》，1973/10/05。
③ 《フランス経団連主催午餐会における田中内閣総理大臣挨拶》，1973/09/27，《田中内閣総理大臣演説集》，東京：日本広報協会，1975年，第276—279页。

第二章 欧共体的扩大与日欧关系的发展

三角关系中加强日欧关系的重大意义,指出:"访法期间,与蓬皮杜总统和梅斯梅尔总理就各种问题进行了毫无隔阂的交流,特别是对于如何促进日法合作的问题得到了很多的启示,感到非常高兴和满意。"田中强调指出:"在现今的日美欧三角关系当中,与日美关系和美欧关系相比,日欧关系尚不够密切。我痛感有必要强化日欧关系,特别应重视促进与在欧洲占有领导地位的贵国(法国)间的合作关系。"田中强调指出:"与贵国间持续存在着传统的友好关系,如何使这种关系符合当今时代的要求?唯有确立'与老朋友的新合作伙伴关系'。"①

1973年9月30日—10月2日,田中首相与外交大臣大平正芳一同赴英国访问。其间,田中角荣与英国首相希斯、大平正芳与外交大臣霍姆分别举行了正式会谈。关于"基辛格设想",双方一致认为,日美欧之间应该建立更密切的接触,西欧与美国之间存在的非军事合作应该扩大到日本。但是,希斯表示:"三者间是否制定联合宣言是以后的事。"② 所以,《联合公报》只强调了田中关于"基辛格设想"的看法。"双方首相强调在工业化民主国家间维持密切友好合作关系的重要性,与此相关,田中首相表明了对发达民主国家间将来合作指针(指基辛格设想)必要性的理解。"同时,田中表示,希望与英国及其他欧共体成员国就合作问题进行密切协商。但是,希斯明确表示"关于合作指针的探讨需要在美国与欧共体成员国间或者在北大西洋公约组织内部进行"③。

田中首相在10月1日英国产业联盟主办的午餐会上发表演讲时再次强调:"现代社会所面临的新课题的解决需要世界各国的合作,尤其是日本、欧共体和美国三方的密切合作。基于此种想法,期待着日英两国能够作为伙伴进一步充实合作关系,促进世界经济的扩大与发展。"④

---

① 《総理主催晩餐会における田中内閣総理大臣挨拶》,1973/09/28,《田中内閣総理大臣演説集》,東京:日本広報協会,1975年,第286—288頁。
② 《朝日新聞》,1973/10/05。
③ 《日英共同声明》,1973/10/03,外務省編:《わが外交の近況》,1974年,第36—38頁。
④ 《イギリス産業連盟等主催午餐会における田中内閣総理大臣挨拶》,1973/10/01,《田中内閣総理大臣演説集》,東京:日本広報協会,1975年,第289—291頁。

1973年10月2日，田中在英国新闻协会举办的午餐会上发表了题为"与欧洲的新伙伴关系"的演说。田中强调"西欧各国对于日本而言，既是良师又是益友，日欧应加强合作"，认为其欧洲之行"将成为日欧关系的一个转折点"，"在第二次世界大战后的世界格局中，发挥主导作用的是美国，而如今，欧洲和日本已发展成为能够左右世界繁荣的新'极'，世界经济问题的解决离不开世界主要经济势力的相互合作，尤其是日欧美的密切合作"。田中呼吁："今后，日欧在质与量两方面进一步扩大相互的交流合作关系的同时，将自身所具备的经济力量与技术力量投向发展中国家，真正开展有实效的援助。日欧美自觉意识到各自在国际社会的地位与责任，为了面向21世纪的人类进步，同时也为了国际社会的协调与融合，必须发挥先驱和主导的作用。我确信这才是在多极世界中的日欧新作用。""为了构建永久的和平，日美欧三个发达工业地区必须基于相互利益、约束的相互主义原则，建设一个普遍的、开放的经济秩序"，并强调"日本和西欧都到了重新评估对方重要性的时候了"①。

1973年10月3—5日，田中赴西德访问，与勃兰特总理等西德政府要人举行会谈，相互交换了对东西方关系的看法。勃兰特提醒田中在制定对欧政策时，注意欧洲政治联盟即将形成的事实。勃兰特认为，日欧应开展建设性的对话和密切合作，而日美欧三角关系只是将来合作的一种模式，② 同时指出："美欧、日美间关系最紧要的是进一步深化三方在世界银行、关贸组织和经合组织上的合作。"③ 关于欧共体的未来，勃兰特作了简要说明，认为欧洲一体化的道路要比预想的艰苦得多，货币联盟十年内将会实现。④ 10月4日，田中在勃兰特主持的欢迎晚宴上的谢词中强调："贵国和日本的合作不应该仅仅

---

① 《田中角栄内閣総理大臣演説：欧州との新しいパートナーシップ》，1973/10/2，外務省編：《わが外交の近況》上卷，1974年，第33頁。
② 德新社电讯，1973/10/04。
③ 《朝日新聞》，1973/10/05。
④ 稲川照芳：《田中総理大臣の西欧諸国訪問》，《経済と外交》，1973年12月，第6頁。

第二章 欧共体的扩大与日欧关系的发展

停留在政治领域,唯有扩大和促进经济领域的交流与合作才是我们将来共同面对的课题。贵国是日本在西欧的最大贸易国,两国间的贸易额逐年增加,但是,目前的规模还很难说与两国所具有的经济能力相对应,因而需要探讨相互扩大经贸规模的必要性与可能性。"①

1973年10月5日,大平与西德外长谢尔(Walter Scheel)就欧亚形势和对苏关系深入地交换了意见。谢尔向大平保证,一个政治上统一的欧洲将奉行"对世界开放和对第三方开放的政策",共同体愿意同日本、美国、加拿大进行充分的对话。

归结而言,田中访欧期间双方协商的主要议题为:(1)日欧合作在促成GATT新的国际回合以及关于货币汇兑方面多边交涉成功方面的必要性。(2)日欧具有在资源领域对外依存度大的共同特点,因而双方共同探讨了与第三国进行开发合作的种种可能性。(3)基于"基辛格设想"的日美欧合作的可能性与必要性。双方一致认为,必须强化日欧间的伙伴关系,今后双方进一步加强协商与对话。②

面对美国的"基辛格设想"及田中的游说,西欧各国强调欧共体内部的团结才是"建立欧洲共同体的先决条件"③。特别是在1973年9月26—27日召开的欧洲政治合作协定政务委员会(EPC)会议上,欧共体九国就日美欧三极宣言的交涉问题达成了三点基本共识:(1)交涉中的美欧(EC)宣言专属美欧,欧共体九国可以任何形式开展与日本的交涉,但是,这里并不打算包括日本;(2)认可日本在通商贸易等国际问题的解决上所起到的重要作用;(3)九国不排除与日本直接对话。④

---

① 《ブラント·ドイツ連邦共和国首相主催晩餐会における田中総理大臣挨拶》,1973/10/04,外務省編:《わが外交の近況》,1974年,第39—40頁。

② 外務省編:《わが外交の近況》上卷,1974年,《第1部総説.第3章わが国の行った外交努力.第1節田中総理大臣の各国訪問》,http://www.mofa.go.jp/mofaj/gaiko/bluebook/1974_1/s49-1-3-1.htm#a1-2。

③ 时事社东京电讯,1975/10/05。

④ MAE. Asie. carton2358. *Cooperation Politique Europeene*. CP/RC(73)13 Projet. Comite Politique 27 Esession. New York. 26/27 septembre 1973. *Releve deconclusion*. 28.9 1973;New York tel no. 4717/21 a paris. 27.9.1973.

由上可见，日欧间尽管意识到了相互之间潜在的主要关系，但是，双方几乎缺乏向对方以及美国施加影响的共同意识，只是各自将与美国的双边外交作为本国主轴外交。① 资本主义阵营内出现了"三个中心国家间战略联合的尝试"，西方七国首脑会议及日美欧三边委员会的设立就是极好的例证。②

三 日欧领导人及媒体的评价

"基辛格设想"一经提出就引起了日欧各界的高度关注，但是，由于各自与美国关系的不同，反应也有所不同。西欧各国面对基辛格的"欧洲年"演说起初普遍表现出疑虑与不安，英国和西德对于美国出于自身安全保障和经济问题考虑提出的"基辛格设想"抱有强烈的担忧，并加以拒斥。同时也反映出了同盟国担忧如果不能在经济方面做出些许让步的话，必将促使美国撤出驻欧美军。③ 同时，西德对于"新大西洋宪章"这个提法表示反感，认为这样会让人一下子想到1941年针对德国而由英美提出的"大西洋宪章"来。因此不主张马上使用"新大西洋宪章"称谓，代之以"原则宣言"。法国则完全对基辛格阐述的美国负有全球化的利益和责任、西欧各国只关心国家利益的说法表示极为强烈的抗议，认为"美国提出'基辛格设想'的目的就是让欧洲服从于美国的利益，同时也是对法国在欧共体内部领头羊地位的挑战"④。

但是，西欧各国（英国和西德）对于"基辛格设想"将日本包

---

① F・ドアシェーンH・オーェン、．武者小路公秀：《国際社会における米欧日協力の展望》，《国際問題》，1974年1月，第20页。

② スティーヴン・ギル（Stephen Gill）、远藤誠治訳：《地球政治の再構築——日米欧関係と世界秩序》，東京：朝日新聞社，1996年。

③ AAPD. 1973. Dok. 11, *Botschafter von Staden*, Washington, an das Auswartige Amt, 26. 4. 1973; Noble, *Kissinger's 'Year of Europe' Britain's Year of Choice*. p. 226.

④ Michel Jobert, *Memoires d'avenir*, Grassert, 1974, pp. 231 – 232; Daniel Mockli, *European Foreign Policy during the Cold War: Heath, Brandt, Pompidou and the Dream of Political Unity*, I B Tauris & Co Ltd, 2008, pp. 155 – 158; Gefeller, *Imagining European Identity*, p. 136; Marc Trachtenberg, "The French Factor in U. S. Foreign Policy during the Nixon-Pompidou Pompidou Period. 1969 – 1974", *Journal of Cold War Studie*, Vol. 13. No. 1, 2011, pp. 25 – 26.

括在内的提法完全表示赞同。1971 年，英国首相希斯接受了尼克松的主张，也对日本表示了强烈的关心。希斯认为长期以来英国都是在敷衍地对待日本，于是决定利用美英首脑会谈的有利时机亲自访问日本。① 1972 年 3 月在与法国总统蓬皮杜会谈时再次强调了欧洲要强化与日本关系的重要性，指出："由于尼克松总统访问北京，一下子降低了日本的地位……使日本人感到了不安"，"因为美国已经不考虑日本的利益了，势必会进一步促使日本将目光转向中国。"希斯表示不希望看到日本出现这样的认识。因此主张尽管日欧间在通商贸易方面存在着对立，但是，应该从政治角度考虑进一步密切日欧间的关系。② 希斯的主张反映了英国政府为了在西方阵营内部不孤立日本，在加强日欧关系方面英国要发挥新的作用。

5 月初，勃兰特总统访美时就曾经提出了探讨包括日本在内的美西关系的提案。在同月 16 日举行的英德外长会谈时，两国外长一致认为欧盟方面应该积极应对基辛格演说，在经济和通商贸易问题的解决上，必须要有日本的参与。③ 与英德对日本的积极态度相比，法国的态度则较为冷淡。例如法国总统蓬皮杜对日本的认识就不太好。1971 年 12 月召开的法德首脑会谈上，蓬皮杜就曾经严厉指出："就目前情形而言，尤其是日本是一个在政治上没有确定性的国度。而在苏联和美国，可以知道大概会发生什么事情，即使是在中国，也能够知道会发生若干事情。但是，在现今的日本，到底会发生什么事情，就根本无从了解。"④

田中出访西欧虽未达到按照"基辛格设想"来构建日美欧三极关系的目的，但是，此次出访依然引起日欧各界，尤其是西欧各国领导

---

① DNSA, *Memorandum for Record*, KT00414. 20. 12. 1971；宫城大藏：《国際環境と戦後》，《創文》，2009 年 1/2 月号。

② TNA. PREM15/904. Record of Conversation between the Prime Minister and the President of the French Republic at Chequers at 10. 30. a. m. on Sunday. 19 March 1972.

③ TNA. FCO33/2179. Bonn tel no. 579 to FCO. 18. 5. 1973；*AAPD*. 1973. Dok. 143. Amn. 3. p. 699.

④ AAPD. 1971. Dok. 429. Gesprach des Bundeskanzlers Brandt mit Staatsprasident Pompidou in Paris. 4. 12. 1971.

人及媒体的高度关注，成为1973年日欧最关心的热点新闻。日本各大媒体及官民各界普遍认为田中访欧取得了成功。田中本人在10月5日举行的记者招待会上，也称他的访问是"真正成功"的。①

日本外务省高度评价田中访欧的政治意义，认为田中首相访欧距"1962年池田总理访欧已时隔11年，是伴随着日本国际地位的提升而进一步活跃外交活动的重大举动，引起了国内外的高度关注，并且得到了对象国的重视，充分显示出西欧各国高度重视对日关系的重要性。与各国首脑的直接对话，促进了日欧间的相互理解，成为推进日欧合作关系的契机，同时从推进多极化时代日本外交的观点看，可以被认为是扩大了日本外交的基础。"日本外务省认为："1973年开展的广泛的日欧交流，是双方强化合作关系的意愿的反映，对日本而言，可以说在扩大外交基础方面做出了巨大贡献。"② 日本同在扩大的欧共体中占有重要地位的法、英、西德这些国家的政府首脑，就主要国际问题交换意见，并在很多方面取得了一致看法，意义重大。③ 从田中首相访欧被接待的规模和程度来看，也反映出了欧共体各国对日本认识的深化。如蓬皮杜总统及希斯首相在事先约定的首脑会谈结束之后，表示希望进行第二次会谈。勃兰特总理放弃了参加自西德加入联合国后的首次联合国总会的重要日程，而改为参加日德首脑会谈，显示出欧洲方面对此次田中访欧的重视。

更为重要的是，通过此次出访，田中首相切身感受到了西欧各国对"基辛格设想"的态度，深刻认识到了欧美关系的实态。"欧洲方面关于新秩序（指新大西洋宪章）形成的立场是极其微妙的。对于欧共体而言，通货、通商、能源，无论哪一个方面都首先是自身经济一体化的重要课题。各国无不希望新国际秩序朝着有利于自身一体化的方向发展。即使是美欧关系，美国的安全保障也绝对是不可或缺的，为推进欧洲一体化步伐，西欧必须保持自身的个性和独立性，因

---

① 美联社电讯，1973/10/05。
② 外務省編：《わが外交の近況》上卷，1974年，第53页。
③ 稲川照芳：《田中総理大臣の西欧諸国訪問》，《経済の外交》，1973年12月号，第6页。

此，与美国的利害关系是错综复杂的。"①

日本意欲提高其国际政治地位的动向，极大地引起了西欧媒体的密切关注。9月2日，英国《经济学家》发表了题为《第三个人进来了》的评论文章，认为"日本人想要从冷宫出来"，"在近30年来处于世界政治大门外以后，他们现在决心成为他们的外相大平所称的'国际内部人士'"。《每日电讯报》10月3日也发表社论《田中先生提醒欧洲》，认为田中"十分明确地表明，他是充分意识到日本同西欧和美国一起发挥世界性作用的必要性的"。英报《舰队街信札》10月4日也发表文章评论田中访欧目的，认为田中"想把日本对外关系的全部重点更多地转向欧洲"。西德《新莱茵报》也在同一天发表了题为《经济巨人日本正在寻找政治航道》的评论文章，10月4日《世界报》载文，认为田中访欧"是一次冲击日本人20年来的政治自我孤立的尝试"②。

第五节 20世纪70年代日欧关系的飞跃与拓展

一 日本对欧皇室外交的开展

皇室外交③成为日本赢得国际社会认同的手段之一。据统计，

---

① 経済産業省編：《通商白書》，1973年，《第Ⅰ部72年の世界経済と日本の貿易．第1章世界経済の動向．第4節アメリカの対外経済政策の新展開とECの拡大強化》，http://warp.da.ndl.go.jp/info：ndljp/pid/1246938/www.meti.go.jp/policy/trade_policy/whitepaper/html/backnumber.html。

② 宋成有、李寒梅：《战后日本外交史（1945—1994）》，世界知识出版社1995年版，第401页。

③ 尽管日本政府高度重视并频繁启动皇室外交，但是，在政界和学术界一直存在着皇室外交是否具有政治色彩的论争。日本众议院宪法调查会认为："天皇及皇族的出访是在政府的斡旋下开展的，同时有'政治家'的随行，因此'皇室外交'被赋予了政治色彩。但是，应该排除这种'政治色彩'。"同时关于"天皇行为"本身的界定，日本众议院宪法调查会的意见也不统一，但多数认为："天皇行为依据宪法的规定，依然被确定为国事行为，除此之外的一些行为可以划分为'个人行为'与'公式行为'。然而其中的'皇室外交'的认定存在着问题。天皇出国访问本身就是基于政府的判断，因而其自身自然而然就具有了政治色彩，因而在随员的选择上要尽量去除政治色彩。"（衆議院憲法調査会ニュース，H152003.2.7 Vol.42，http://www.shugiin.go.jp/index.nsf/html/index_kenpou.htm。衆議院憲法調査会事務局：《衆議院憲法調査会における"天皇"に関するこれまでの議論》，衆憲資第61号，2005/02）

"1953年到2011年6月，日本皇室成员共计出访586次。出访地区按次数多少计，依次为西欧、北美、东南亚、东北亚。在皇族中，出访次数最多的是明仁天皇夫妇，共计108次"①，其中有27次是皇太子时期代替裕仁天皇出访的。裕仁天皇本人战后共出访9次、8个国家，主要是美国和西欧国家。②

20世纪50年代开始，日本通过皇室成员不断出访西欧各国及接待西欧各国政要及王室成员，展开皇室外交。通过皇室外交，一定程度上修复了西欧各国的仇日情绪，推动日本政府与西欧各国建立和加强外交关系，有利于日本复归国际社会。客观上，皇室外交对重塑日本的国家形象、促进和改善与西欧各国的双边关系发挥了一定的作用。

1953年3月，明仁皇太子以出席英国女王的加冕礼为由，代替裕仁天皇出访英国，并顺访了欧洲其他14个国家，历时七个月之久。明仁访欧的最大阻力来自于英国媒体和民众的极力反对。对于明仁夫妇代父访英，仍有许多英国人极力反对，如英国《每日邮报》所做的舆论调查表明，反对明仁访英者占68%，纽卡斯尔等城市市民不欢迎明仁前去观光，剑桥旅馆业协会做出了拒绝日本人住宿的决定。有人强烈主张把明仁扣留下作人质，直到日本付出俘虏英国人的赔偿费才将其释放，甚至有人提出抓明仁去当筑路工，为被日本折磨死的英国俘虏偿命。这给明仁访英造成了极大困难，对此，明仁考虑到日本应邀出席英国女王加冕礼是日本回归国际社会的良好机会，也是使日本国民恢复自信的重要契机。于是，他以不向困难低头的顽强意志出访英国，以雄辩的口才和英俊潇洒的风度赢得了英国人的谅解。

此次访欧之行，对促进欧洲各国对日本的了解与友好发挥了重要作用。明仁皇太子的欧洲之行从外交上讲属于礼仪性的，但是，在日本政府的特意安排下，他的出访取得了额外的效果。

第一，加强了欧洲国家对日本及天皇制的理解，为促进这些国家对日本的理解和友好做出了巨大贡献。皇太子夫妇的亲善形象在一定程度

---

① 相关数据根据《天皇·皇族外国访问一览表（战后）》统计，日本宫内厅网站：http://www.kunaicho.go.jp/about/gokomu/shinzen/gaikoku/gaikoku.Html。
② 佐藤考一：《皇室外交とアジア》，東京：平凡社，2007年，第27—28页。

上消除了欧洲人民对日本的憎恶与反感。与裕仁天皇相反,明仁皇太子则是"洁净、潇洒而又美国化的人物"。松浦总三说:"就洁净而言,比之于以自己的名义向美英宣布第二次大战,结果不仅彻底失败,而且使300多万人丧命的天皇,不管怎么说,皇太子要洁净得多。815 投降根本不是出于考虑国民的生活,而是为了维持天皇制。如果是为了国民生活,理应早一年左右投降。从这点来说,与老奸巨猾的天皇相比,皇太子确实要天真、洁净得多。谈到潇洒,在日本人的体格当中,没有特别标致的人,但是,比之于弯着背的天皇,皇太子自然要潇洒些。至于美国化,因为跟培宁学过英语,当然不在话下了。"①

第二,皇太子访问欧洲是战后日本重返国际社会的重大举措,为日本的国际化扫清了障碍。欧洲国家均视皇太子为天皇的代表,更是日本国家的代表,皇太子访欧的成功无疑改善了日本的国家形象,成功地重塑了日本的民族自信心,受访国对皇太子的礼遇也增加了日本人民对欧洲国家的好感与感激,这些都有利于日欧之间的友好交往。

第三,明仁的欧洲之行使他深深感到"一国的价值在于如何使国民富足"。在日本经济复兴之际,他的这些外交活动具有重大的经济意义,改善和密切了与西欧国家的联系,便于日本在西欧拓展市场、获得技术,为日本经济的发展创造了良好的国际环境。

第四,明仁是战后日本皇室中第一位出访欧洲的,并且出访的时间选在了日欧关系长期冷淡之际,这使他的出访具有明显的试探性,即试探西欧国家对日本的反应。实践证明,明仁访问的成功为此后日本政府高层顺利出访欧洲减少了阻力。

经过明仁太子访欧的尝试,日本政府深刻体会到皇室外交的作用,在此后皇室成员访欧或者接待欧洲皇室访日的时候,精心挑选随行的政府官员,体现出了日本皇室外交的官方色彩。日本政府高度重视日英关系对日欧关系的影响,更加重视日英皇室外交对于消解英国民众仇日情绪和日英贸易摩擦的主要作用。日本自20世纪60年代始就积极推动对英皇室外交,到1971年,日英皇室成员互访,打造了日英皇室外交的

---

① [日] 牛岛秀彦:《日本新天皇明仁》,金高译,南京出版社1989年版,第130页。

热潮。早在1961年，英国王室亚历桑德拉公主访问日本。第二年，秩父宫雍仁亲王王妃势津子接受英国王室邀请访问英国，"对推进两国友好关系与增进相互了解做出了巨大贡献"。同年4月，英国查尔斯王子妃正式访问日本，视察了正在举办的大阪国际博览会。

1971年9月27日—10月14日，以外相福田赳夫为首席随员，天皇夫妇访问了英、法、西德、瑞士、荷、比、丹七国。这次出访对加强日欧合作、开辟西欧市场作用巨大。此外，天皇首次出访的政治意义更加突出。首先，作为现任天皇出访他国，在日本皇室史上尚属首次；其次，因为"这次天皇访问欧洲，兼有对比利时皇帝和西德总统的答谢，以及与英国伊丽莎白女王的互访，因此，作为日本元首访欧的政治色彩极浓"①。这次出访是"战后天皇作为国家元首的地位被首次公开确认"②。天皇夫妇访问英国期间，得到了伊丽莎白二世为首的英国皇室以及英国国民的热烈欢迎。开启了日英皇室外交的新时代。③

裕仁访欧时，会见了各国元首，和元首一起检阅仪仗队，所受欢迎可算空前。英国舆论以"英日新时代序幕拉开"为题，纷纷报道天皇的访问盛况；英国女王在欢迎天皇的正式宴会上致辞，并重新授予裕仁天皇英国最高勋章。这枚勋章是裕仁1929年作为皇太子访英时被授予，但在第二次世界大战中被取消。由于天皇未在正式场合就侵略战争表示反省之意，遭到这些国家人民的强烈不满和新闻媒体的攻击。根据当时报道天皇出访的新闻记者儿玉隆也的透露，当时欧洲媒体认为裕仁访欧"只不过是从军事侵略向经济侵略转变的象征而已"④。但是，不管怎么说，作为现任天皇对西欧进行"亲善访问"，在日本史上尚属首次，并且也是相当成功的。裕仁的出访加深了西欧

---

① ［日］牛岛秀彦：《日本新天皇明仁》，金高译，南京出版社1989年版，第216页。
② 後藤靖编：《天皇制と民衆》，东京：東京大学出版会，1976年，第257页。
③ 《日英協会年次晩餐会における佐藤内閣総理大臣のあいさつ》，1970/12/09，内閣総理大臣官房：《佐藤内閣総理大臣演説集》，内閣総理大臣官房出版，1970年，第106—109页。
④ 舟橋正真：《佐藤栄作内閣期の昭和天皇"皇室外交"》，河西秀哉编：《戦後史のなかの象徴天皇制》，東京：吉田書店，2013年，第111页。

国家对日本的关注与理解，特别是促进了这些国家对日本和战后天皇制的了解，在很大程度上提高了日本的国际地位，改善了日本的国际形象。天皇出访使日本与西欧的关系掀起一个新高潮，对日本巩固欧洲市场、加强日欧合作具有现实意义。

1975年5月7—12日，英国伊丽莎白女王夫妇赴日访问。期间，按照"皇室访问"的程序，女王夫妇会见天皇，并出席了三木首相举行的欢迎宴会，在英国大使馆举行了答谢宴会。女王的访问虽说礼仪色彩浓厚，属于"皇室外交"范畴，但是，却具有特别意义。其访问通过电视、广播等频繁报道，使日本传统文化和现代工业文明给西欧人留下深刻印象，有助于提高日本作为文明国家的形象。两国媒体普遍认为"此次访问进一步加深了日英两国皇室间的友谊"。此外，女王访问日本显示了英国对日本国际地位的承认、尊重和两国间的亲密关系，影响广泛。

二 日欧正式外交关系的建立

从欧洲经济共同体建立起到20世纪60年代末，日本与欧共体之间一直未建立起正式接触渠道。其间，日本政府虽曾任命驻比利时大使兼任日本驻欧共体三个机构的代表，负责日本与欧共体的事务。但是，由于日本对欧共体委员会还不太了解，对欧共体政策的推行只是以欧共体成员国为对象。所以，日本与欧共体委员会间除通商协定谈判以外，还未建立正式外交关系。1962年池田勇人首相提出"日美欧三根支柱论"，并在11月访欧之际高度强调在布鲁塞尔与欧洲经济共同体主席哈尔斯坦（Hallstein）会谈的重要意义。[①] 可以说，"在当时日本一直优先发展与西欧各国双边关系的倾向下，（池田）作为当时的政治指导者能够将与欧洲经济共同体的高层接触放在最为优先考虑的事情，体现出了（池田）优秀的先见性"。据当时池田勇人的秘书官伊藤昌哉回忆，池田作为当时日本的政治指导者绝对是个例外，高度评价了欧洲经济共同体在国际政治上的地位与影响，指出"欧洲

---

① 小和田恒、聞き手山室英男：《外交とは何か》，NHK出版，1996年，第204页。

经济共同体经济实力强大，拥有阻止战争发生的力量"①。"池田首相不仅仅将日欧关系视为经济方面的实务关系，而是将其视为世界和平的关键，并且将其作为世界政治构造的核心关系来看待。"②

欧洲一体化进程的加快以及委员会职能的加强，欧共体委员会将对日通商协定谈判视为进一步加强其职能的一个环节，极欲与日本建立正式关系。但是，由于双方在贸易保护条款问题上的分歧，致使通商协定谈判陷入僵局。1969年日欧贸易关系的恶化为日本和欧共体关系的进一步发展提供了机会。

1972年2月，欧共体委员会主席曼斯霍尔特（Mansholt）访问日本，在与佐藤首相会谈时，表示欧共体委员会将于当年底在东京设立代表处。但是，由于法国的反对，代表处筹建一事被拖延下来。1974年2月18—23日，欧共体委员会主席弗朗索瓦·格扎维埃·奥托利（Francis-Xavier Ortoli）应日本政府的邀请偕夫人对日本进行正式友好访问。奥托利与日本首相及外相等主要政府官员举行会谈时，日本外相及与会的各省厅官员均对共同体委员会驻日代表处设立的拖延表示遗憾，希望能够早日设立，日本将给予必要的支持和援助，奥托利表示赞同。2月22日，双方草签了关于欧洲共同体委员会驻日代表处的设立及其特权、免除的协定。③ 3月正式签署了该协定，5月31日生效。欧共体委员会驻日代表处于同年7月16日设立，它在日本将作为受到《关于外交关系的维也纳公约》保护的外交使节，代表欧共体的行政机构——委员会行使职权。11月，首任代表恩斯特（Ernst）走马上任。同月，驻日代表处事务所在东京都千代田区设立。根据《欧洲共同体委员会代表处的设立及特权、免除协定》的规定，代表处的业务主要有：（1）代表欧共体委员会，同日本政府交涉协商关于欧共体各机构中委员会的权限。（2）代表欧共体委员会开展与通商、产业

---

① 小和田恒、聞き手山室英男：《外交とは何か》，NHK出版，1996年，第204页。
② 木畑洋一など編：《日英交流史1600—2000·2 政治·外交Ⅱ》，東京：東京大学出版会，2000年。
③ 《フランソワ·グザヴィエ·オルトリ欧州共同体委員会委員長の公式訪問に際してのコミュニュケ》，外務省編：《わが外交の近況》，1974年，第134—136页。

相关的业务及科学技术、研究开发业务。(3)将日本发生的事,报告给欧共体委员会本部(布鲁塞尔)。(4)通过同日本各阶层的接触、对话,促进日欧关系的发展。①

上述业务大致相当于一国驻外大使馆的业务,但是,又与大使馆业务有很大不同,其中最大的差异就是代表处不能进行发放签证这样的领事馆的业务和保护国民等以个人为对象的业务。同时,代表处与欧共体成员国驻日大使馆保持着密切的交流。代表处成为"欧共体和日本间沟通情报的桥梁",在协调日欧关系上发挥了重大作用。②

日本对欧共体委员会驻日代表处的设立非常重视,早在设立前17个月就已经给予它外交地位。日本自1959年以来,一直让驻比利时大使兼任驻欧共体三个机构的政府代表,直到1976年才正式任命了驻欧共体总部布鲁塞尔的政府大使,并于1979年将日本政府驻欧共体代表处从驻比利时大使馆分离出来,另设别馆。③ 这样,日本与欧共体正式建立了外交关系,随后双方接触渠道不断拓宽。但是,"当时日本国内,对欧共体,尤其对驻日代表处的反应有点迷惑","像欧共体委员会这样的国际组织还没有先例,所以哪些属于欧共体委员会的权限,哪些属于欧共体成员国政府的权限,日本当局实在难以判断"④,所以在很长的一段时间里,日本和欧共体代表处的关系处于摸索阶段,直到80年代中期,随着欧共体和日本关系的扩大以及日本对欧共体及欧共体委员会在通商政策方面权限的广泛了解,代表处才被日本广泛认识到。

三 20世纪70年代日欧外交关系的拓展与推进

随着日本经济的腾飞,日欧经济摩擦逐步激化。同时随着日欧经济的崛起和美国的相对衰落,1972年田中角荣首相提出"多边自主外交",加强了对西欧外交,日欧关系取得了突飞猛进的进展,1972

---

① 《ヨーロッパ》,1999年5、6、7月合刊,第5页。
② 《ヨーロッパ》,1999年5、6、7月合刊,第5页。
③ 田中俊郎:《EUの政治》,東京:岩波書店,1998年,第224页。
④ 《ヨーロッパ》,1999年5、6、7月合刊,第2页。

到 1975 年间日欧首脑外交即为其突出的见证。"1975 年日欧开始在西方发达国家首脑会议上进行政策协调，标志着日欧关系的密切程度及其在国际事务中的比重有了一个飞跃。"①

通观 1972—1975 年间的日欧首脑外交，一改战后初期日本对欧单向首脑外交的态势，出现了日欧间频繁的首脑互访。尤其是在 1973—1974 年间，随着田中访欧出现了此后的西欧政府首脑的频繁回访，日欧关系进入高潮期。凸显出了日本"多边自主外交"的功效。

1972 年 9 月 16—19 日，英国首相希斯接受日本政府的邀请正式友好访日，希斯成为英国历史上首次访问日本的首相。访日期间，希斯拜见了天皇夫妇，田中首相设晚宴招待。希斯还出席了经团联、日本贸易会和日本商工会议所共同主办的午餐会，并与池田首相及大平外相就日英两国共同关心的问题交换意见。

当谈到欧共体问题时，希斯首相强调指出："英国高度重视已经取得成效了的日本与扩大的欧共体通商关系。"田中首相表示："希望欧共体采取开放政策，希望英国能够发挥在欧共体内部的影响，借以促成这一目标的实现。"希斯表示"英国将继续坚持开放的立场"②。

1973 年 4 月 23—27 日，意大利总理朱利奥·安德烈奥蒂（Giulio Andreotti）访日，这是意大利总理首次访日。天皇设午宴款待，田中首相在官邸设晚宴招待。安德烈奥蒂还出席了经团联、日本贸易会和日本商工会议所主办的午餐会。

安德烈奥蒂访日期间，与田中首相就双方关心的国际问题深入交换了意见。"双方对两国间长期存在的良好的政治与经济关系极为满意，希望通过密切的接触进一步增进彼此间的经济合作及种种国际问题上的合作。"③

---

① 孙绍红：《21 世纪初日本与欧盟的关系》；刘江永：《当代日本对外关系》，世界知识出版社 2009 年版，第 279 页。
② 《エドワード・ヒース英国首相の日本公式訪問に際しての共同コミュニケ》，1972/09/19，外務省編：《わが外交の近况》，1973 年，第 501—503 页。
③ 《ジュリオ・アンドレオッティ・イタリア共和国首相の訪日に際しての共同コミュニケ》，1973/04/27，外務省編：《わが外交の近况》，1974 年，第 104—105 页。

第二章 欧共体的扩大与日欧关系的发展

1973年9月,欧共体副主席克里斯托弗·索姆斯(Christopher Soames)为了出席GATT东京部长会议访问日本,期间与以田中首相为首的日本主要内阁官员进行了会谈。此外,先后两次就日欧间的具体事务交换了意见。1974年2月,欧共体主席奥托利接受日本政府的邀请,正式访问日本一周,期间先后与田中首相及外相等主要官员开展了有益的对话与交流,并就设立欧共体委员会驻日代表处问题达成共识。

法国总统德斯坦提议定期召开美、英、西德、意、日、法各国首脑出席的最高级会议,商讨并解决世界经济尤其是欧美各国共同面临的难题,尤其是缓解日欧双边经贸摩擦,克服能源危机。德斯坦的建议立即得到了日本政府的积极响应。日本政府高度重视参加西方国家首脑会议的政治意义,三木首相率团参加了1975年11月15日在法国朗布依埃举行的第一次发达国家首脑会议,三木在会上提议将"朗布依埃精神",即发达国家团结合作的精神,写入会后发表的《朗布依埃宣言》中,得到了各国首脑的赞同。日本出席这次会议,意味着"在战后第一次获得参加对世界经济进行管理的多边会谈",标志着日本加入了少数西方国家组成的大国俱乐部。借助日欧间这一进行协商的主要渠道,日欧联系日益密切,并且,随着国际形势的变化,相互之间的政治联系也得到了加强。①

此后三年内,法国总理希拉克、欧共体委员会主席詹金斯、西德总理谢尔和外长根舍、西德总统施密特先后访问日本,充分体现了西欧各国对日本的重视。1976年7月29—31日,希拉克总理与三木首相举行了两次会谈,确认双方要为建立平衡协调的经济秩序而合作,就扩大经济贸易关系取得了一致意见。这次会谈的主题之一是原子能和裁军问题。日本希望法国参加核不扩散条约和联合国裁军委员会,希拉克坚持独立的原子能政策,同时认为裁军问题前途暗淡,对这两个请求都加以拒绝,显示了日法在核政策和裁军等国际问题上的巨大

---

① 宋成有、李寒梅:《战后日本外交史(1945—1994)》,世界知识出版社1995年版,第403页。

分歧。① 施密特于 1978 年 10 月 10—14 日访问日本，该访日活动则显示了日德之间的一致性。访问期间，施密特和福田首先就国际政治和包括通货问题在内的国际经济形势达成一致意见。在双方发表的联合公报中强调："为了世界经济的稳定和发展，西方国家必须增进国际协作。"双方一致认为，"基准通货国"（即美国）应该为国际收支的平衡做出努力。在核武器政策方面双方也取得了一致意见，认为应当尊重核不扩散条约的原则，和平利用原子能。双方会谈中还交换了对日本的亚洲政策的意见，福田首相向施密特介绍了《日中和平友好条约》缔结后的形势，施密特高度评价日中条约的缔结和福田对东盟国家的外交，强调西德以"同情的兴趣"注意着日本在亚洲发挥越来越大的作用，"缔结《日中和平友好条约》对亚洲地区的和平与安定将做出巨大贡献"②。

20 世纪 70 年代末，随着日欧贸易摩擦的进一步激化，特别是在"土光事件"（详见第三章第一节）发生后，日欧关系日益紧张。日本为了避免与欧共体在贸易方面的争吵，从政治、经济各个方面加强与欧共体的关系，突出与欧共体整体外交平台的功效，1978 年 7 月 18 日，福田赳夫首相对欧共体总部和轮值主席国比利时进行了为期两天的友好访问。这是自日本与欧共体建立外交关系以来，首相第一次访问欧共体总部，凸显了日本对欧共体外交的政治姿态，表明日本加强与欧共体关系的强烈愿望。福田明确表示日本"把欧洲作为它在国际舞台（不仅是在政治和商业方面，而且在欧洲活动的所有方面）的最重要的伙伴，与它进行合作和共同繁荣"③。在欧共体方面看来，福田访欧是解决贸易问题的一个重要步骤，双边经贸关系自然而然成为会谈的中心议题。欧共体主席罗伊·詹金斯（Roy Jenkins）和副主席哈费尔坎普（Hafir nou camp）在会谈中强调希望日本采取具体措施缓和日欧贸易逆差。福田则一再辩解，强调"如果国外的通货膨胀

---

① 《ジャック・シラック・フランス共和国首相夫妻訪日に際しての日本とフランスの共同新聞発表》，1976/07/31，外務省編：《わが外交の近况》，1977 年，第 64—65 页。
② 时事社东京电讯，1978/10/13。
③ 美联社布鲁塞尔电讯，1978/07/18。

继续下去,即使我们控制出口量,出口商品的价格仍可能增加"①,同时做出让步,决定采取"果断行动",纠正日本对欧贸易持续增加的顺差,刺激国内需求,紧急进口,限制出口。

综观20世纪60年代末至70年代日本对欧共体政策的推行情况,可见,日本将对欧洲一体化的政策始终置于"日美欧三极合作构想"的框架内。60年代末至70年代,日本的外交政策虽然转变为"多边自主外交",但是,并不意味着日本已完全放弃了追随美国、对美一边倒的政策,只是由于欧共体经济力量的增强、国际影响力的提升,美国力量的下降以及冷战态势的软化,才使得日本外交政策发生变化。追随美国、对美一边倒的政策仍然是日本的外交支柱,只是在程度上有所减弱而已。所以当美国提出"基辛格设想",希望建立以日美欧相互合作为基础的西方世界新秩序时,日本欣然接受。1973年9月,田中角荣访欧前夕,在出发前的记者招待会上,强调"要形成日美欧等边三角形"。到达波恩后,他进一步加以阐述,认为基辛格所建议的三角联系的两边已存在于东京—华盛顿、美国—欧共体的密切关系中。这个三角关系不是在同时进行的三边努力中建造一个三角形,而是应把日欧之间的第三条线划得与另外两条线一样粗。② 从中可以看出,田中的三角关系论虽然将日美欧三边合作视为维护世界经济稳定发展的决定力量,但是,其强调的核心是在三边合作中,着力拓展日欧关系,将欧共体作为其减少对美依赖程度的同盟力量。田中对欧共体政策的思路一直囿于日美欧三边合作构想,还没有也不可能超出"基辛格设想"的圈子,只是稍加修饰加入了日本的想法而已,"日本在帝国主义全球战略中继续局限于华盛顿意志执行者的角色"③。

此外,日本此时虽将欧共体视为同盟力量,但是,在对欧共体政策的实际操作上,却存在着二重性。即在理念上,将欧共体视为行动

---

① 合众国际社布鲁塞尔电讯,1978/07/18。
② 美联社电讯,1973/10/05。
③ [苏]尔·阿利耶夫:《日本和西欧的伙伴关系和竞争对手》,《世界经济译丛》1982年第1期。

实体，提出"把日欧之间的第三条线划得与另外两条线一样粗"。但是，实际上，"日本并没有将欧共体看作是交涉的行动实体，倾向于将与日本进行交涉的行动实体视为日本与欧共体成员国两国间关系连加"[①]。欧共体委员会虽然是日欧交涉的主体，但实际上，成员国政府往往冲在前面与日本展开交涉。这种二元交涉的存在，造成日本难以将欧共体视为实体。进而在对欧共体政策的实施上，对欧共体往往以经济问题为核心，对成员国除经济问题外，还往往带有政治性的目的，突出三极合作构想。二元交涉行动的存在也造成日美欧三极构造的不均衡。欧共体同美国以基本相同的价值观、文化、人种为纽带，在政治、经济、军事等各个领域保持着密切的合作。而日欧关系非但不像欧共体与美国的关系那样密切，而且还很不稳定。尽管田中所提的"三角关系"框架是以日美欧为顶点的稳固的等边三角形，但是，日欧关系的不稳定，造成了日美欧三角关系长期以来只能以美国为主轴，日欧关系的调整也就受到美国因素的制约。

[①] 元三房三编：《現代の国際政治》，神奈川県秦野市：東海大学出版会，1984年，第66页。

第三章 开放主义？保守主义？
——1975—1985年日欧贸易战

20世纪70年代初，日本与欧共体间的贸易不平衡不断扩大，尤其在经济危机的打击下，日欧贸易摩擦不断激化。由纯粹的"贸易摩擦"转化为"贸易战争"。在日欧贸易战的过程中，欧共体方面的对日通商战略开始形成。欧共体一方面采取保守的保护措施，另一方面采取激进的进攻策略，积极要求日本开放市场。面对欧共体上下"铺天盖地式"的通商要求，日本政府为了确保日欧经济关系的顺利发展，在不损害自身利益的前提下，积极顺应欧共体的要求，在市场开放、出口自肃、双边合作、GATT第23条协商等几个问题上，做出了很大的让步。日本方面的对欧政策也在进一步发展，但是，还停留在应急问题解决类型阶段。利用经济大臣的出访和双边贸易协商的方式，采取尽量拖延的战术。日欧贸易战不断升级，由当初纯粹的经济问题，演变为复杂的政治问题。1982年，欧共体对日启动GATT第23条，强烈要求日本彻底对外开放国内市场，约束其对欧共体市场的倾销。日本针对欧共体的保护主义攻势，采取迂回战术，在欧共体市场设立在地生产厂和增加对欧共体市场的直接投资以回避贸易摩擦。日本企业自此大举挺进欧共体市场。

第一节 日欧贸易摩擦的显现与"土光事件"

一 日趋激化的日欧贸易摩擦

20世纪五六十年代，日本和欧共体间的贸易发展还比较顺畅。

欧共体六国在日本贸易总额中所占的份额无论是进口还是出口都大体占8%的份额。欧共体六国的对日进出口仅占进出口总额的1%—2%。① 日欧间的贸易还有很大的发展空间。60年代日欧双边贸易规模比较小，原因主要是距离遥远、双方极为相似的产业结构和进出口贸易结构，双方在很多产业领域是一种竞争关系，相互依赖性很淡薄。此外日本和欧共体均保持着传统的贸易格局，日本长期以来一直以拓展对美国和东南亚的市场为重点；而欧共体将重点放在非洲、中近东、拉丁美洲市场上。同时，欧共体各国对日本商品的警戒心理根深蒂固，对日本商品实施着程度不同的歧视性进口限制。而日本在对外贸易和资金汇兑上也残存着种种限制性措施。因而"可以说60年代的日本与欧洲还是一种相互隔绝的状态"②。当然，日欧在处理已有的贸易联系上，主要围绕着欧共体方面撤除对日进口限制和促进日本贸易自由化来进行。60年代前的日欧贸易顺差与逆差交错出现，但是，从1969年开始，日欧通商关系出现了长期的日本黑字与欧共体赤字的稳定贸易逆差现象。③

1968年，日本对欧共体贸易收支为正7780万美元，1970年日本对欧共体的出口额是18.6亿美元，其后维持在30%—40%的年增长率，1976年达到72亿美元的纪录，从1970年到1976年，日本对欧出口增加了3.88倍（见表3-1）。

表3-1　　　　　　日本对欧共体（9国）贸易统计　　（单位：百万美元）

年　份	对EC出口	对EC进口	收　支
1959	258.0	288.7	△30.7
1960	315.3	313.4	1.9

---

① 三好正也：《日米・日欧貿易にみる不均衡構造》，《国際問題》，1978年2月号，第5页。
② 《欧州経済共同体70年代の課題》，《外務省調査月報》，1970年第11卷1月号，第3页。
③ 田中俊郎：《1990年代における日本・EU関係の発展》，《法学研究》，2000年1号，第3页。

续表

年 份	对 EC 出口	对 EC 进口	收 支
1961	354.0	457.7	△103.7
1962	500.3	499.8	0.5
1963	511.0	555.1	△44.1
1964	613.1	653.9	△40.8
1965	743.0	570.2	172.8
1966	882.5	679.4	203.1
1967	897.7	937.5	△39.8
1968	1102.7	1024.9	77.8
1969	1379.8	1186.2	193.6
1970	1861.8	1553.1	308.7
1971	2296.4	1604.5	691.9
1972	3299.4	1958.9	1340.5
1973	4399.8	3177.0	1222.8
1974	5967.9	3981.9	1986.0
1975	5675.2	3371.3	2303.9
1976	7233.7	3623.3	3610.4

资料来源：日本关税协会发行《外国贸易概况》，"△"为赤字。

而欧共体对日本的出口额在 1970 年为 15.5 亿美元，其后不但没有显著增加，在日本进口总额中所占的份额反而从 1970 年的 8.2% 下降到 1976 年的 5.8%。这样日本从 1968 年起在日欧双边贸易上开始处于出超位置。由于国内经济的衰退导致日本进口需求减少，1975 年和 1976 年，欧共体对日本出口连续两年急剧下降，双边贸易由此出现严重的不平衡。另据日本统计，1972 年日本对欧共体贸易黑字达到 13 亿美元，1974 年为 19 亿美元，1975 年为 23 亿美元，1976 年上升到 36 亿美元，[1] 比 1975 年增长了 156%，创下了历史纪录。[2] "简言之，从某

---

① 三好正也：《ECと日本との——日・EC 貿易問題改善をめざして——》，《経済世界評論》，1977 年第 21 卷 8 月号，第 39 頁。
② 外務省編：《わが外交の近況》上卷，1978，《第 2 部各説. 第 1 章各国の情勢及びわが国とこれら諸国との関係. 第 5 節西欧地域. 2. わが国と西欧諸国との関係. (2) 日・西欧経済関係》，http://www.mofa.go.jp/mofaj/gaiko/bluebook/1977_1/s52-2-1-5.htm#j1。

种意义上说，日本在这一时期已经'赶上'了欧洲，并开始在许多领域同欧共体直接展开了竞争。"①

日本经济实力的壮大及日欧贸易不均衡的不断扩大，促使欧共体开始真正意识到了日本的存在，并认识到了日本作为竞争对手的重要性。② 尤其是欧洲新闻媒体一改过去对日本的漠视态度，特别是在"英国入盟交涉刚刚结束的1972年，'日本企业进入'逐渐成为欧洲人关注的话题。在欧洲各地到处充斥着日本商品和日本旅游团体的身影，他们的关注点也随之发生变化。欧共体一旦决定什么重要的事情，信息就会马上反馈到我们这里，向我们打探日本方面的反应，或者委托我们引荐大使馆的商务参赞，以便调查了解日本经济情况。他们对日本问题的敏感程度令我们吃惊！"③

欧共体方面认为日本对欧共体的倾销造成了日欧贸易不均衡且不断扩大。④ 但是，还有一个不容忽视的国际经济背景，即自1969年以来，欧共体经济的不景气和1973—1975年经济危机的打击。1969—1972年间，西方各国先后发生了非周期性和短期性的工业生产轻度下降和部分停滞，通货膨胀势头加剧。从1973年末开始，一场始发于英国进而扩展到美、日、西德、法国等国的周期性世界经济危机爆发了。这次危机使发达国家的工业生产普遍下降了8.1%，铜产量下降14.5%，小汽车减产28.6%。尤其是英、法、西德、意大利四国工业生产下降幅度均高于世界平均数，分别达到11.2%、16.3%、12.3%和19.3%。⑤ 此次危机结束了战后资本主义世界持续高速增长的历史，使西方资本主义国家的经济发展速度普遍减缓，由此进入了一个长期

---

① 陶大镛：《现代资本主义论》，江苏人民出版社1996年版，第853页。
② Julie Gilson, *Japan and the European Union*. London: Macmillan Press LTD, 2000, p. 23；土屋六郎监修：《EC统合と日本》，东京：中央经济社，1993年，第88页。
③ 伴野文夫：《EC＝ヨーロッパの颜》，东京：日本放送出版协会，1981年，第158—159页。
④ 木村崇之：《日本とEUの关系》，柏仓康夫ほか：《EU论》，东京：放送大学教育振兴会，2006年，第207页。
⑤ 吴于廑、齐世荣：《世界史·现代史编》（下卷），高等教育出版社1998年，第339页。

低速增长的"滞胀"发展时期。

自欧洲一体化启动以来,欧洲的国际政治经济影响力得到了极大的提高,尤其是欧洲各国在经济一体化上所取得的骄人成绩,一时令欧共体各国的国民沉浸在成功的喜悦和对未来的憧憬中。即便是与欧洲远隔重洋的日本也在欧洲一体化的刺激下,积极探讨着亚太经济一体化的问题。但是,由于石油危机的冲击,经济危机的打击,欧洲一体化的步伐一下子缓慢下来。欧共体各国所面临的大量失业以及通货膨胀、国际收支的逆转、政治方面的不安,给一时陶醉在一体化成功喜悦当中的欧洲人以沉重的打击。日本对欧共体市场的商品倾销进一步加剧了为经济危机所困扰的欧共体各国的困境,造成了日欧经济关系的恶化。一桥大学经济学教授小岛清在《世界经济秩序与日本》一书中警告日本当局:"关于日欧贸易的将来……担忧和恐惧感与日俱增。这是基于以工业品水平贸易为主的日欧贸易特征而产生的担忧,是由于日本对欧出口增长速度过快而产生的恐惧感,尤其是日本对欧大幅出超所带来的打击。此种担心与忧虑势必激发欧洲方面保护主义情绪的产生。"①

日欧贸易摩擦随之不断升级,由纯粹的经济问题向政治化方向发展,演化为1976年开始的第一次"贸易战争"。"欧日贸易问题已从'欧(EC)日贸易战争'这样的单纯的贸易问题转变为政治问题。"②其导火线就是"土光事件"。

二 土光事件

贸易不平衡的扩大使日欧双方的关系紧张起来,矛盾不断激化。1976年上半年,欧共体各机构和英国、西德、法国、丹麦等国的代表接踵访问日本,要求日本政府和产业界采取措施,对欧共体国家实行出口"主动限制"和增加从欧共体的进口,以消除贸易不平衡状况。但是,日本均不予理睬,使得事态进一步恶化。

---

① 小岛清:《世界経済秩序と日本》,東京:日本経済新聞社,1975年,第23页。
② 元三房三编:《現代の国際政治》,神奈川県秦野市:東海大学出版会,1984年,第69页。

1976年10月15日，以经团联会长土光敏夫为团长的经济代表团出访法国、西德、比利时、丹麦等五国以及欧共体委员会。期间与以英国首相卡拉汉（James Callaghan）、法国总理雷蒙·巴尔（Raymond Barre）、比利时首相莱奥·廷德斯曼（Leo Tindemans）、欧共体委员会主席恩斯特为首的各国政府、财界要人举行会谈。经济代表团在此次访问过程中，遭到了各国政府及财界的尖锐、严厉的批评和指责。欧共体强烈要求日本改善双边贸易的不平衡及纠正日本自身的进出口行为。欧共体委员会主席恩斯特提醒日本注意："现在欧共体各国普遍强烈感受到了日本强大的出口攻势和贸易收支上的大幅赤字。"[①] 土光代表团不仅没有达到预期的目标，反而造成了欧共体方面对日批判的表面化。参加代表团的成员谈到了当时的感受，"我们耐心、认真地听取了对方的陈述，尽量克制无用的反驳。但是，由于误解太多，痛感今后各方面开展沟通协商的必要性"[②]。欧洲方面的对日批判和对日感情的恶化不仅使使节团成员，更使日本政府感到"愕然"。[③] 土光事件致使日欧贸易不均衡问题一下子政治问题化了。

欧共体对土光代表团的指责集中在三个方面：

第一，"贸易收支不平衡的扩大倾向"。欧共体各国纷纷提出"从各国由于经济危机的打击及滞胀的影响所出现的600万失业人口的现状来看，也不允许放任这种对日贸易赤字的扩大化倾向"。欧共体方面指出，日本通商贸易部门有意识地维持日元的贬值及扩大出口、压缩进口是造成贸易不平衡的重要原因。

第二，特定商品领域日本商品的倾销。欧共体以钢铁、汽车、造船、轴承、电子等所谓的"受害产品"为例，以极为严厉的语气指责日本"特定领域日本产品的倾销，引起了共同体内部的经济混乱和

---

① 内田勝敏：《日・EC贸易投资关系》，《同志社商学》，1991年第43卷第2.3号，第132页。
② 居林次雄：《厳しい対日贸易インバランス批判》，《世界週報》，1976年第57卷46号，第46页。
③ 岩城成幸：《日本・EU関係の進展と課題——経済・通商分野を中心に》，国立国会図書館調査及び立法考査局，レファレンス，2007年，第13页。

社会、政治的不安定"。

第三,"日本市场的封闭性"所引起的欧共体各国对日出口的停滞。欧共体委员会主席恩斯特指出,"共同体对来自日本的出口攻势和大幅度的贸易赤字感到非常为难";西德经济部副部长罗贝塔(Roberta)指责"日本的市场是封闭的,尽管德国努力扩大对日出口,但几乎没有增加";法国外长批评日本:"法国产品对日出口没有增加,也许存在着语言障碍的问题,但是,日本行政当局的介入造成法国产品不能充分打入日本市场。"① 同时,欧共体各国也在担忧:对日的指责一旦升级,日本政府就会和经济界通力合作,采取极为民族主义的经济政策,潜意识里将外国产品从本国市场排挤掉。②

土光与欧共体委员会副主席威廉·哈费尔坎普(Wilhelm Haferkamp)会谈时,哈费尔坎普提醒日本:虽然日欧双方共同维护自由贸易体制是极为重要的,但是,一旦日欧间的贸易形势进一步恶化,即使是共同体委员会也难以抵挡日益高涨的各成员国政府限制进口的压力。他向土光提出了三点建议,即:(1)尽早纠正贸易不均衡;(2)纠正钢铁、汽车、机械、船舶等特定产业领域内,日本产品对欧出口激增问题;(3)希望日本政府及产业界对欧共体各国表现出"成人的判断"③,希望日本能够认真对待日欧贸易摩擦问题,不要"像小孩子一样"偶尔感兴趣,并拿出具体的解决策。

欧共体利用 11 月召开欧洲理事会会议的时机,强烈呼吁日本约束特定商品对欧出口的激增,改善欧共体方面对日出口障碍,避免 1976 年下半年的日欧贸易不均衡问题显像化。日本媒体认为:日欧间的贸易摩擦一旦激化,势必引发危险的事情发生。引爆日欧贸易摩擦问题的则是 10 月的土光经济使节团访欧。土光在结束了为期两周

---

① 池本清:《日·米·西欧の貿易を中心とする調整》,《国際問題》,1977 年 4 月号,第 32 页。
② 三好正也:《日米·日欧貿易にみる不均衡構造》,《国際問題》,1978 年 2 月号,第 9 页。
③ 三田村秀人:《最進の日·EC 貿易問題》,《経済と外交》,1977 年 1 月号,第 47 页。

的西欧之行后，在东京羽田机场发表了西欧之行的感慨，说"一去才知道日欧贸易不平衡问题的严重性"①。土光事件使日本和欧共体的贸易摩擦问题内外皆知，也表明了欧共体各成员国一改过去的个别对日交涉的做法，是对日采取共同步调的开始。土光事件给日本各界的冲击相当大，它迫使日本不得不认真对待贸易摩擦问题。日本外务省辩解认为：改变日欧贸易不均衡的问题必须坚持自由贸易原则。至于贸易不均衡问题的解决，也应该考虑到贸易外的收支问题，并且要充分考虑国际经济的整体关系，但无论何种考虑都应该朝向扩大均衡的方向加以解决。为扩大欧共体的对日出口，基本上还需要欧共体方面自身的努力来实现，在对日出口和进口两方面，开展日本能够接受的各种合作措施。同时，鉴于造成日欧经济摩擦的主要原因是两者间理解的不足，尤其是双方在经济、社会、文化等方面的差异，日本将努力通过各种渠道，活跃人员往来和强化宣传活动，增进相互间的理解。②

第二节 日欧贸易摩擦的初步缓和

一 日欧定期高级事务协商会议的召开

1976年11月15—16日，日欧定期高级事务协商会议在布鲁塞尔召开。日本方面以外务审议官吉野文六为代表，出席人员还有外务省、通商产业省、农林省各部门的有关官员。欧共体方面以委员会对外关系局代理局长卡斯帕里（Caspari）为代表，出席人员还有欧共体委员会的有关人员。日欧双边定期协商会议开始于1973年10月，以后随时举行。在此次会议上，双方代表就共同关心的问题进行了探讨并广泛地交换了意见。特别是关于日欧双边经济关系问题，欧共体方面强烈要求日本早日纠正贸易不平衡，召开关于造船问题的日欧协商

---

① 《日本を批難しつづけるECの事情》，《中央公論》，1977年4月号，第183页。
② 外务省编：《わが外交の近況》上卷，1978年，《第1部総説. 第3章わが国の行つた外交努力. 第1節各国との関係の増進. 5. 西欧地域. （2）日欧貿易問題》，http://www.mofa.go.jp/mofaj/gaiko/bluebook/1977_1/s52-1-3-1.htm#b27。

会议。在对日农产品出口问题上，欧共体方面要求日本扩大乳制品和肉食品的进口份额，下调点心类、酒精饮料类的关税，改善医药品的进口检查手续等。在此次会议上，欧共体方面依然对日本展开猛烈攻势。日本方面的代表们再次感受到了欧共体对贸易不平衡的愤愤之情，尤其是吉野文六的感触最深。此次会议进行当中，吉野与哈费尔坎普进行了个别交谈，吉野向哈费尔坎普阐述了日本政府解决贸易问题的方针，即扩大进口，自肃产品出口等。① 哈费尔坎普对日本所采取的措施表示理解，但提醒日本：委员会在各成员国强大的保护主义压力下，煞费苦心维持自由贸易体制，将在11月29—30日的海牙欧洲首脑会议上讨论对日贸易问题。可以想见各成员国政府将提出对日采取保护主义的对抗性手段，为了避免这种极端事态的发生，哈费尔坎普建议日本政府能采取紧急、具体的措施，表示出日本方面的诚意和合作态度。哈费尔坎普还就上述问题的解决向日本政府提出了三点要求：自肃对英国的汽车出口；召开双边双向的造船协商会议；扩大进口共同体农产品的规模等。

同时，哈费尔坎普还向日本发出最后通牒：如果日本不在11月欧共体首脑会议召开之前采取上述三点改善贸易不平衡的行动，欧共体将采取抵制日本商品进口的报复性行动。②

日欧媒体非常关注日欧间的贸易交涉问题，纷纷预言将在日欧间爆发一场贸易战争，欧共体方面必将对日采取报复性措施。③

二 《吉野书简》与《欧共体对日贸易声明》

土光代表团访欧及日欧定期协商会议时，欧共体方面就日欧贸易不平衡问题所进行的对日批评和指责，引起了日本政府的高度关注。

---

① 池本清：《日・米・西欧の貿易を中心とする経済調整》，《国際問題》，1977年4月号，第32页。
② 三田村秀人：《最進の日・EC貿易問題》，《経済と外交》，1977年1月号，第48页。
③ 三好正也：《ECと日本との——日・EC貿易問題改善をめざして——》，《経済世界評論》，1977年第21卷8月号，第43页。

日本方面紧急组织政府、财界和企业界人士进行磋商。讨论的结果是：对哈费尔坎普所提出的欧共体各国所面临的政治、社会、经济等问题表示理解，日本政府对于欧共体及各成员国为解决这些问题所付出的努力，将以所有可能的形式给予合作。最后日本政府为了回答欧共体方面所提出的问题，以《吉野文六外务审议官发给哈费尔坎普共同体委员书简》（简称《吉野书简》）的形式于1976年11月25日在布鲁塞尔递送给了欧共体。书简全面阐述了日本方面对日欧贸易不平衡的看法及解决方案，体现了日本政府的基本思路，即支持自由贸易原则；增进同欧共体的对话；维护第三国的利益。主要内容如下：

第一，日本政府对日欧贸易问题的见解。（1）关于日欧贸易不平衡问题。日本认为不应从双边关系去理解，而应以全球的眼光来思考，有必要将贸易收支以外的因素以及广泛的经济交流因素考虑在内。（2）日欧经济贸易关系的均衡发展不能以缩小平衡，而应以扩大平衡的方式才能解决。（3）对欧共体部分成员国面临的经济困难以及因此所引起的问题，表示理解。此类问题只能继续依靠双方政府有关部门及有关企业间的不间断的对话及遵循自由贸易原则的具体方案加以解决。

第二，对欧共体所提出的敏感商品的说明。日本政府在书简中指出，对欧敏感商品的顺畅出口，主要是日本产业多年合理化及积极开拓欧洲市场的结果。日本商品质量好，深受消费者和用户的喜爱。欧共体方面不应该忽视这一点。尽管时常听到对降低商品价格的批判，但是，这些做法仅是产业合理化的结果，降低了产品的成本，绝不是什么倾销。关于欧共体方面所提出的敏感产业问题，日本政府认为：

（1）汽车问题。日本政府做出保证，1976年对英出口的小轿车的数量不会大大超出1975年的水准。希望近日召开的日英企业界的会谈能够圆满解决。

（2）造船问题。日本政府同意遵行发达国家经济合作与发展组织（OECD）的协议，同有关企业界人士保持密切接触，同时双方就共同关心的问题举行双边会谈。

（3）扩大农产品进口比例。日本政府保证扩大饮料用脱脂奶粉、

第三章 开放主义?保守主义?

一般奶油的进口比例。此外关于法国产肉类产品进口解禁问题,日本政府宣布将派动物检疫官到产地进行调查,如符合日本的进口标准,就可进口。另外简化烟草进口手续,依据需求程度进一步增加进口比例,并相应地增加进口烟草专卖店。

第三,减轻或撤除关税及非关税壁垒问题。针对欧共体最近提出的"互惠主义"原则,日本政府提出解决此类问题的最适当的方法就是坚持"互惠主义"的立场。尤其适用于以前的定期事务协商中双方共同关心的种类。

第四,日本政府的建议。为了今后双边贸易的顺畅发展,官民都应该密切接触,加深相互的了解。在误解和对立意见产生前解决问题。日本政府欢迎企业界人士保持密切接触的同时,保证增大政府间在所有层次上的接触。①

在日本政府将《吉野书简》传递给欧共体之后不久,欧共体首脑会议在荷兰的海牙举行。欧共体首脑会议开始于1974年12月的巴黎会议,以后每年举行3次,主要是欧共体各成员国首脑就共同关心的经济等问题进行最高级别的对话。但是,在这次首脑会议上,日本和欧共体贸易问题首次成为第一项议题,可以想见欧共体对日欧贸易问题的关注程度。会后,发表了《对日贸易关系声明》。该声明在某种程度上可以说是欧共体对"日本政府及其《吉野书简》的回答"②。主要内容如下:

(1)欧洲理事会强调了维持日欧间良好关系的重要性,并强烈希望这种关系能够有利于双方利益的发展。(2)欧洲理事会时刻关注着日本与欧共体间贸易形势的迅速恶化以及在特定领域发生的问题。(3)欧洲理事会站在有利于双方利益的立场上,特别注意日本迅速扩大从欧共体进口的必要性。为了改善现状,欧共体将付诸坚决的努力。(4)欧共体理事会将促令有关欧共体各机关,对这些问题给予充分的探讨,在与日本协商时,要求强烈追求共同体统一通

---

① 《吉野文六外務審議官発グソデラックEC委員宛書簡》,1976/11/25,《国際問題資料》,1976年12月号,第11—12页。
② 外務省编:《わが外交の近況》上卷,1976年,第182页。

商政策这一首要目标。(5) 欧洲理事会为了各目标的实现，将采取紧急、必要的解决对策，希望在下一次首脑会议召开前取得实质性进展。(6) 理事会对日本政府在已产生的贸易问题的解决上所付出的努力，表示满意，并将继续关注日本政府在相互理解的基础上同欧共体合作的意向。①

欧共体及其成员国对《吉野书简》的评价不一，但是，基本上给予了肯定。大致有三点：《吉野书简》表现出日本政府为解决问题而迅速采取措施的诚意和努力；《吉野书简》出台得比较适时，缓和了欧共体首脑会议发表的对日声明的语气；《吉野书简》是日本解决日欧贸易问题的第一步，今后应继续沿用这种形式解决具体的问题。

《吉野书简》暂时缓解了日欧之间的贸易战争。日本外务省在1976年的《外交蓝皮书》中关于"日欧贸易战"总结道："欧共体各国因为不安定的政治形势，以及以钢铁、造船等基础产业的不景气为代表的严峻的经济形势，对日本的批评不断提升，已经出现了政治化趋向。但是，日本从维持、加强日欧间友好关系的立场出发，努力圆满地解决了这一问题。"随后提出了比较笼统的解决方案："经济上着眼于扩大均衡，努力克服各种各样的困难，开拓新的合作领域；政治上加强双边对话；文化上促进文化交流，形成广泛的合作关系"②。《对日贸易关系声明》的发表也显示了欧共体的合作态度。之后，日欧间召开了关于造船、汽车、尾气排放限制、农产品、特种钢等问题的专家会谈。1977年3月25日召开的欧共体罗马首脑会议高度评价了日本方面在贸易摩擦问题上所表现出的诚意及为此所作出的努力。尽管日本政府抢在欧共体首脑会议召开之前提出了《吉野书简》，使得"土光事件"发生以来的贸易风波平息下来，但是，日欧间的贸易战争并未结束，一旦遇到突发事件，还会激化、升温。

---

① 《EC首脑会议（欧州理事会）ステートメント（対日貿易関係）(1976年11月30日、ハーグにおいて)》，三田村秀人：《最進の日·EC貿易問題》，《経済と外交》，1977年1月号，第49页。

② 外務省編：《わが外交の近況》上卷，1977年，第30—31页。

第三节 日欧贸易战的升温与调节

一 欧共体对日欧贸易摩擦及日本对策的态度

自1976年"土光事件"开始激化的日欧贸易摩擦问题，在日本、欧共体的共同努力下有所缓解，尤其是日本被动采取的合作态度，得到了欧共体方面的好评，对日批评和指责也有所缓和。欧洲理事会在1977年3月发表的《对日声明》中称："在过去的4个月的时间里，双方在几个贸易问题的解决上取得了进展。但是，并不是所有的问题都得到了解决，特别是欧共体的对日出口问题，有必要继续关注。为了尽可能、尽快地处理这些未解决的问题，欧共体当局将继续与日本当局进行集中讨论。"[1] 欧洲理事会的对日贸易问题政治化倾向一下子缓和了许多。之后，日本与欧共体进行了多次协商，努力改善同欧共体的通商关系，但是，日欧间的贸易不平衡依然在扩大。据国际货币基金组织统计，欧共体对日贸易赤字从1976年的36亿美元一下子飙升到1977年的52.6亿美元。1980年欧共体对日贸易赤字达到110亿美元（见表3-2），突破了当时欧共体的心理防线所认定的100亿美元。[2]

表3-2　　　　　欧共体对日贸易差额（1973—1980）　　（单位：百万美元）

年份	出口	进口	差额
1977年	3523	8792	-5269
1978年	4738	11062	-6324
1979年	6272	13489	-7217
1980年	6360	17399	-11039

资料来源：国际货币基金《贸易方向》1979年年刊 OECD《外贸统计》1981年5月。

随着日欧贸易不平衡规模的不断扩大，欧共体的对日态度也越来

---

[1] 渡辺俊夫：《牛場大臣の欧州訪問——最進の日・EC関係》，《経済と外交》，1978年3月号，第3页。
[2] 田中俊朗：《EUの政治》，東京：岩波書店，1998年，第224页。

越强硬，对日贸易要求也越来越具体。1977年10月，欧共体委员会主席詹金斯访日，在10月13日的记者招待会上，指出："欧共体委员会遵守自由贸易政策，带头与保护主义作战，今后12个月将是这种斗争的关键时刻。但是，如果我们维持了对自由贸易的许诺，以及明年东京多边贸易谈判能够取得成功的话，那么就必须找出解决日本和欧共体间贸易问题的方案。"同时哈费尔坎普要求日本在主动限制对欧共体出口以及扩大从欧共体进口问题上给予合作。[1]

自詹金斯访日开始，日本当局认真研究探讨了削减对欧贸易收支黑字的对策。但是，由于日美贸易摩擦的激化，日本在美国的强大压力下，不得不全力以赴解决日美贸易问题。欧共体委员会则以"老成的态度"关注着日本的举动。12月16日，对外经济大臣牛场信彦在访美归途中，匆忙赶到布鲁塞尔，向詹金斯以及欧共体委员会其他委员们详细地介绍了日本的经济波动、市场开放程度等内外政策，并向欧共体方面表示，这些政策是从全球化的立场，考虑到欧共体关心的问题的基础上才制订的。欧共体方面对牛场的表白反应比较冷淡，指出日本这么做对于日益严重的贸易不平衡问题的解决未必十分有效，只是照顾到欧共体的一些想法而已。[2] 与同样存在对日贸易摩擦的美国的态度相比，欧共体的对日要求从土光事件起，始终没有太大的改变，就是要求彻底纠正日欧双边贸易的不平衡。

二 牛场信彦对外经济大臣访欧

1978年1月12日，日美经济协商会议召开，23日双方发表了联合声明。欧共体尽管有种被冷落的感觉，但是，还是从一开始就关注着日美交涉事态的发展。其实牛场早在13日就曾经对比、预测过此次出访欧美的成效，指出："无论美国方面如何想办法解决日美间的贸易黑字问题，绝对不会从正面向日本提出抑制日本产品的要求。关

---

[1] 渡辺俊夫：《牛場大臣の欧州訪問——最進の日・EC関係》，《経済と外交》，1978年3月号，第3页。
[2] 渡辺俊夫：《牛場大臣の欧州訪問——最進の日・EC関係》，《経済と外交》，1978年3月号，第4页。

于这一点，欧共体方面就难以猜测了，估计会提出极为详细的要求来。"① 1月24—30日，牛场一行访问欧共体4国（西德、英国、法国、比利时）和欧共体委员会。欧共体以一种审视、观察的态度面对牛场的来访，"想探究一下日本与美国共同干了一件漂亮的大事（指经济协商会议的举行和联合声明的发表），那么日本对正在被保护主义压力和对日贸易不平衡所困扰的欧共体到底采取什么样的措施"。牛场此次正式访问欧共体的目的就是向欧共体当局表明：日本为了明年7%的经济增长率和大幅度削减收支黑字所采取的一系列措施虽然写在《日美联合声明》当中，但该措施适用于全球范围，而不仅仅局限于美国。正如下调关税的种类中所规定的威士忌、白兰地、化妆品、汽车等，都是欧共体最为关心的种类，已经充分考虑到了欧共体的利益。日方欲通过声明求得欧共体的理解。

如前所述，欧共体最关心的是双边贸易不平衡以及如何通过协商取得一些进展。因而欧共体方面除个别成员国对牛场来访表示理解外，欧共体委员会的官员们在会谈时，言辞非常犀利。向牛场提出了三点意见：（1）委员会在对日关系上的忧虑和苦恼日益加深。（2）委员会虽然一直站在维护自由贸易的立场，但是，欧共体内部的保护主义压力也在不断加强。希望日本为了扩大欧共体产品的进口，改善日欧贸易不平衡，采取坚决的措施。（3）虽然日本为削减贸易黑字付出了一定的努力，但是，这些宏观经济政策效果的实现需要一定的时间，希望日本在微观经济政策上采取及时有效的措施。②

特别是牛场访英期间，英国财长严厉批判"日本在纠正贸易黑字方面努力不足"，并警告日本政府"如果日本不能够拿出具体纠正贸易黑字政策的话，欧共体外长理事会将于2月7日出台《对日强硬声明》"③。反映出欧共体方面认为在处理贸易黑字问题上，日本一直在轻视欧共体。针对欧共体委员们提出的意见，牛场一一加以反驳，表

---

① 日本国际问题研究所：《国际年报》，1978年，第141页。
② 渡辺俊夫：《牛場大臣の欧州訪問——最進の日・EC関係》，《経済と外交》，1978年3月号，第6页。
③ 日本国际问题研究所：《国际年报》，1978年，第141页。

明日本的立场。尽管牛场的访问同样遭到了欧共体方面的责难,但是,使欧共体方面了解了日本在解决贸易摩擦问题上的立场。

三 日欧通商会谈的举行

1977 年 12 月召开的欧洲理事会,重点讨论了詹金斯主席的访日问题,最后决定继续加强同日本政府协商。① 1978 年 2 月 7 日,欧共体外长理事会指令委员会与外长理事会主席国丹麦合作,同日本政府进行高级别的接触,并将接触的结果报告给 4 月 2 日召开的欧洲理事会。此次外长理事会结束后发表了新闻公告,指出"理事会已确定了共同体各机构同日本政府进行对话的共同战略,该战略也将成为各成员国同日本接触的指导方针",理事会特别强调:"对于日本政府已经采取的各项措施表示认可,但是,日欧贸易状况自 1977 年以后继续恶化,日本在贸易及国际收支上的大幅度转换必须在 1978 年夏季结束之前完成。为达到这一目的,日本政府有必要有效地开放国内市场,采取宏观措施。"②

2 月 7 日外长理事会的指令直接促成了新一轮日欧通商会谈的举行。欧共体委员会主席詹金斯马上向日本首相福田赳夫提议,在日本政府和欧共体委员会间举行协商会议。日本政府基于继续维持同欧共体对话的考虑,接受了该建议。为了筹备此次会议,日欧间事先进行了两次接触,2 月 13 日,在东京进行了预备协商。欧共体委员会委员阿纳内尔(Hananel)表示:"日欧协商会谈已在日欧关系上乃至日美欧三者关系上引起了政治性的重视。欧共体对日欧贸易不平衡的扩大倾向非常担忧。希望在本年夏季结束前能够看到日本在贸易收支方面的转换。欧共体非常关心日本宏观经济政策目标的完成,同时希望日本政府在微观上采取进一步开放市场的措施。"日本方面则以日本的收支状况、增大进口份额、下调欧共体所关心的商品的进口关税、进口检查制度等非关税壁垒的减轻、撤除等事项为例,向欧共体方面

---

① 小田部阳一:《日 EC 通商協議》,《経済と外交》,1978 年 5 月号,第 2 页。
② 渡辺俊夫:《牛場大臣の欧州訪問——最進の日・EC 関係》,《経済と外交》,1978 年 3 月号,第 8 页。

阐述了日本的基本想法。

2月27日—3月1日，欧共体外长理事会议长安德尔森（Andelson）访问日本。安德尔森此行的目的不是就具体问题同日本协商，而是向日本政府说明日欧贸易问题的严重性，日欧通商会谈对欧共体通商政策一体化的政治影响，希望日本能够从侧面给予欧共体委员会以政治上的支援。安德尔森表示："希望将日欧间通商会谈的内容整理成联合声明的形式。"

3月15日，日欧通商会谈在东京正式举行。首先在欧共体委员会对外关系局局长罗伊·登曼（Roy Denman）和日本外务审议官宫崎间进行了事务协商。从22日起，欧共体委员会副主席哈费尔坎普同日本对外经济大臣牛场信彦进行了部长级别的协商。会谈中，"双方对共同关心的经济及贸易等问题交换了意见，并努力在加深相互了解和解决各种经济问题上达成共识"①。此次会谈虽然只是为了交换意见，不是正式谈判，但由于日欧间的针锋相对，致使会谈一度陷入僵局。欧共体方面强烈要求日本必须在1978年度收缩贸易黑字，增大进口份额，转变贸易不平衡的扩大趋向。并提出：希望在下调关税、订购欧洲产飞机的可能性上得到日本政府的确认。日本方面认为，贸易平衡与否应该从全球的角度看，在自由经济体制下，难以在产品进口上设定明确的目标。而飞机机种应该任由民用航空公司自愿选择。② 由于日欧双方在具体的事务上没有达成共识，所以这方面的联合声明也就无法实现。最后日欧双方经过夜以继日的协商，得以在部长级的会谈中达成共识，于24日午后发表了《联合声明》。

四 《日欧联合声明》的发表

该联合声明是关于日欧部长级会谈结果的介绍。日欧双方在声明中，以外交辞令强调了"强化日本和欧共体的关系、制订共同的世界经济战略，以及在两国间或多国间进行紧密合作的重要性"，并从扩

---

① 小田部阳一：《日EC通商协议》，《経済と外交》，1978年5月号，第4页。
② 小田部阳一：《日EC通商协议》，《経済と外交》，1978年5月号，第4页。

大经济及国际收支、关税及贸易保护条款、贸易措施、援助 4 个方面介绍了双方的看法：

第一，扩大经济及国际收支问题。双方一致认为在国际收支上，国际性调整对于调和并发展通商贸易关系是有利的。关于目前的国际经济形势，双方认为大幅度的经常性收支黑字的积累是不适当的，与此相关，双方再次确认了关于进一步稳定国际通货形势的共识。基于上述见解，双方一致认为应该实施以持续增长为目的的政策。

第二，关税及贸易保护条款问题。双方强调了维护开放的贸易体制及防止保护主义倾向的重要性。双方约定在全面互惠的前提下，在关税及贸易总协定新回合谈判的所有领域，尽可能地取得实质性的成果。在关税上，双方约定在互惠的前提下，尽可能下调对方关心的商品的关税。关于贸易保护条款问题，双方一致认为应该注意到双方在适用原则上的各自立场，为了制订一个能够满足所有欧共体成员国所要求的关税及贸易总协定框架内的贸易保护条款，与其他成员国进行全面的协调，积极地交涉。双方一并阐述了各自在这方面的要求。

第三，贸易措施。哈费尔坎普强调了日本扩大进口份额的重要性。牛场信彦指出：日本政府为了扩大进口，将继续采取所有适当的措施。同时牛场也表示：日本将大幅度扩大进口总量，在目前国际经济状况下，石油价格提升后的进口份额已经着实增大了，希望能够在合理的期限内恢复到正常的水平。日欧双方为了进一步扩大双边经贸关系，约定：日本向欧共体派遣商业订购代表团，欧共体向日本派遣商业销售代表团。双方认为欧共体的出口产业应该充分利用现有的市场机会，促进对日本的出口，双方将继续探讨欧共体对日出口产业所面临的种种问题。

第四，援助。这部分内容主要反映了欧共体对日本在政府援助方面的不满。欧共体认为日本当前的做法同其实力是不相符的，希望日本迅速地扩大同国际机构的合作。[1]

---

[1]《日本·EC 共同コミュニケ》，1978/03/24，《わが外交の近況》，1979 年，第 368—371 页。

《日欧联合声明》在世界经济普遍不景气的情况下发表,意义重大。日本和欧共体努力克服各自的困难达成协议,对于加强日欧关系非常重要,同时也说明日本和欧共体在经过一番贸易战之后,能够进行协调,一定程度上抑制了保护主义的进一步泛滥。此外,在联合声明当中,呼吁日本努力开放国内市场和制定有效刺激需求的政策,充分发挥日本作为"发动机"的作用,突出双方希望开展宏观"国际合作"的期许,使一度白热化的贸易战稍稍平息,这也说明了欧共体对日政策发生了重大变化,一改过去感情色彩浓厚的攻击性批评,转换为积极地促进对日出口,要求日本进一步开放国内市场的做法。

第四节 日欧贸易战的激化与日本的对策

一 日欧贸易关系的进一步恶化与福田首相访欧

日欧贸易战在日本的紧急应对下,以发表《日欧联合声明》的方式暂时平息下来。但是,双方在联合声明中所宣称的以扩大均衡的方式来解决贸易摩擦的做法是无法实现的。因为日欧之间在贸易结构和产业结构方面没有互补性,处于一种趋同性的竞争关系。日本进口欧共体产品的比率在进口总额中很难有很大的提升。与此相反,日本产品大量地挺进欧共体市场。此外双方在1978年的关贸总协定东京回合谈判中,针对贸易保护条款的适用问题发生了争执。欧共体的目标就是想把贸易保护条款合理化。日本方面认为关贸总协定框架内的贸易保护要求,无论对哪个国家都应该无差别地适用。因此为了抑制来自特定国的进口冲击,应该迫使出口国采取相应的自愿"出口限制"措施。而欧共体中的多数国家以国家利益优先为原则,明确地提出了保护主义的主张。这种贸易保护条款一旦被公认并实施,保护主义潮流就会进一步发展。尤其是欧共体的意图最为明显,即通过实施贸易保护条款,有效地抑制日本商品对欧共体市场的渗透。[①]

自1976年以来,伴随着日元升值,日本因出口额急速扩大而带

---

① 木下悦二:《日本·EC貿易摩擦意味》,《経済評論》,1978年2月号,第70页。

来了对外贸易黑字的持续增大,一直持续到日元升值的最高峰。此后这种因对美、对欧的贸易黑字引发的贸易摩擦问题一直延续到1978年。尤其是从贸易黑字扩大率上看,尽管对美贸易黑字扩大率远高于对欧贸易黑字扩大率,但是,如果从贸易规模对比来看,对欧贸易则明显表现为急速扩大的不均衡。1975年,对美进口是日本4%的赤字,对欧则是日本85%的黑字。1976年,对美进口是日本32.9%的黑字,对欧进口则是日本120.8%的黑字。1977年尽管对美体现为日本的59.1%的黑字,但是,对欧的进口黑字率则进一步高涨,达到了134%。① 因而,日欧双方之间贸易摩擦日益激化。

日欧双方在贸易保护问题上的对立,也引起了双方媒体的高度关注。西欧媒体对日本的批评非常严厉,电视、广播、报纸等新闻机构刊载、报道的批评文章连篇累牍,被日本方面批评为"信口开河","将日本贬得一文不值"。英国的《泰晤士报》在1976年10月19日的社论中指出:"日本经济虽然采取了西欧的民主形式,但是,实际上依靠的是非公开的政府指令来运行的,结果变成了简直同计划经济(共产圈)各国一样的了,同这样的国家进行自由竞争是不可能的。"法国的《勒芒报》在10月10日的一篇文章中指责日本:"日本的通货膨胀政策完全依靠其他国家无法想象的工人的劳动豢养。丰田公司在过去的24年里居然没有一次工人罢工。"② 日本新闻媒体也进行了乏力的反驳,指出:"同样是对欧共体出超的美国为什么没有被批评,而只有日本非遭到围攻不可呢?"③ 并建议日本政府"克服所有的困难,将应该说的事情在应该说的时候向世界说清楚"④。日本的经济界、学术界人士也在关注并研究日欧贸易摩擦问题,得出几个结论:(1)英国救济说,指英国对日要求最多,也最具体,目的是为了救济

---

① 日本国际问题研究所:《国际年报》,1978年,第140页。
② 仓田保雄:《ECになめられた情报小国・日本》,《中央公论》,1977年3月号,第106页。
③ 《日本を批难しつづけるECの事情》,《中央公论》,1977年4月号,第181页。
④ 仓田保雄:《ECになめられた情报小国・日本》,《中央公论》,1977年3月号,第105页。

英国衰退的出口行业。(2) 替罪羊说，指日美欧三方同样存在贸易摩擦的情况下，欧共体只以日本为敌，拿日本开刀。前文所述的吉野外务审议官在同欧共体定期事务协商完了回到日本之后，就曾指出"日本已被当成了替罪羊"①。(3) 隐身草说，指英国将欧共体作为隐身草，躲在幕后利用欧共体来实现自身的对日贸易要求。(4) 搭便车说，指英国提出对日贸易要求后，其他欧共体各成员国乘机也提出了对日要求。(5) 过度反应说，指日本对来自欧共体方面气势汹汹的责难和批评，过于敏感，引起了过度反应。②

欧共体方面认为日本在日欧贸易摩擦上的反映表现为四种类型。即：漠不关心，将摩擦问题视为一扫而过、很一般的经济问题；被害妄想，即日本替罪羊论；辩解，主张日本是无资源、实力弱小的国家，欧共体中尽管多为无资源国，但是，还是努力扩大对外贸易；积极应对，为维持自由贸易体制，采取经济对策。③

日欧双方在贸易摩擦及贸易保护条款上的争执，使得双边经济关系在1978年3月《联合声明》发表之后，毫无进展，而且欧共体对日贸易赤字从1977年的45.4亿美元扩大到1978年的50.3亿美元。④

在这种形势下，日本政府认为，"强化日欧关系不仅仅是为了日欧的安定与繁荣，更有利于维护世界和平及世界经济的发展，为此应该努力推进所有领域的日欧关系"⑤，最好的例证就是福田首相出访欧共体总部。福田赳夫首相在出席完波恩发达国家首脑会议后，于1978年7月18—19日赴布鲁塞尔，对欧共体委员会进行了正式访问。这也是战后日本首相首次出访欧共体总部，说明日本政府对日欧关系及欧共体委员会的重视。福田此行虽是政治访问，但是，其肩负的经

---

① 仓田保雄：《ECになめられた情報小国・日本》，《中央公論》，1977年3月号，第106页。
② 池本清：《日・米・西欧の貿易を中心とする経済調整》，《国際問題》，1977年4月号，第38页。
③ 今川健：《日本・EC関係文献展望Ⅰ——英文文献》，《経済学論纂》，1993年第34卷3、4合并号，第269页（原见 L. Fielding1982, *Current Strains in EC-Japan Trade*）。
④ 外務省编：《わが外交の近況》，1980年，第142页。
⑤ 外務省编：《わが外交の近況》，1979年，第23页。

济使命也非常明显,即向欧共体方面表明日本的真实想法,呼吁日欧之间协调合作,抵制保护主义对自由贸易的冲击,力陈日欧合作对世界安定繁荣的重要性。同时警告欧共体方面:"如果国外的通货膨胀继续下去,即使我们控制出口量,出口产品的价值仍可能增加。"①19日,福田在当地新闻协会举办的午宴上发表了关于日欧关系的演讲。福田首先指出:"第二次世界大战后的日欧关系,从表面上看,往往给人以经济问题尤其以贸易问题为中心展开的印象,但是,单纯从经济方面理解日欧关系是非常片面的看法,正确认识过去数个世纪的日欧交流的历史,潜心关注现在日欧关系表象背后的根本问题是非常重要的。正确理解这些基本问题,对于创造性地建设今后长期的双边关系,必不可少。"

福田谈到日欧关系现状时,指出:"战后日本同西欧的接触,往往以美国为中介,也就是说以美国为主、以西欧为辅的形式进行的。另一方面,西欧国家同日本接触时,也存在着没有将日本视为真正的友人、真正的伙伴,而是视为异质国家的做法",呼吁:"日欧双方自觉地站在共同的立场上,为了共同的目标,发展真正的纽带和协调的关系。这个时代已经到来了!"对于日欧贸易关系问题,福田指出:"绝对不允许日欧之间'兄弟阋于墙'","保护主义对世界繁荣的危害只要想到20世纪30年代悲惨的世界形势就能够充分了解到","今天最重要的是,我们应该发誓汲取历史教训,不再走毁灭自身的保护主义的老路","非常希望西欧各国加倍努力促进对日本的出口"。在欧共体进口限制问题上,福田认为:"日本在复归战后国际社会之时,得到了西欧对等伙伴地位的认可,其后关系尽管得到了种种改善,但是,依然残存着一部分残余。这些歧视性措施的存在,对日欧关系及今后双方建设性的发展都将留下阴影,我希望西欧各国从真正稳定发展日欧关系的立场,认认真真地考虑一下这些问题","世界贸易问题的解决不能依赖基于保护主义的缩小均衡来实现,还需从基于自由主义的扩大均衡的角度加以解决。只有坚持这个理念,才能够真正实

---

① 合众国国际社布鲁塞尔电讯,1978/07/18。

现世界经济的更加繁荣"。"令我们难以释怀的是,无论强化日欧关系的哪一方面,都已经超出了技术解决的范畴,其背后的关键是日欧间实现比较深刻的相互理解的问题。当然,要想使日欧间的相互理解提升到美欧间相互理解的水平绝对不是一件容易的事情。因而就必须通过持续不间断的努力强化日欧间关系,确保日欧关系顺畅地发展下去。"福田在结束演讲时指出:"日本和西欧已是'同舟之客',强大繁荣的西欧对于日本来说是必要的,同样安定健全的日本对于西欧来说也应该是必要的。"①

福田首相访欧及其演说虽然不能从根本上解决日欧贸易摩擦问题,但是,多多少少从政治角度加强了与欧共体委员会的对话,拓宽了日欧关系渠道。

二 欧共体对日本的批评和指责

1979年的欧共体委员会内部备忘录中已开始认为:"有必要让日本认识到必须纠正不公开贸易这种做法导致的对欧贸易顺差。"②

1979年3月13—21日,日本政府代表访欧,旨在向欧共体及成员国首脑、OECD秘书长和欧共体经济界说明日本政府关于对外经济关系的基本想法。同时就当前的国际经济形势、日欧通商关系等问题与上述各方交换意见。日本政府已经预感到上述各方的反应虽然有所不同,但是,有一点是一致的,即对日本经济运营的基本看法和对日本削减贸易黑字措施的关心。此时,欧共体各成员国政府及经济界的对日要求虽略有不同,但基本上认为日本市场对外仍然是封闭的,阻碍了欧共体商品的进入。都强烈希望日本政府能够拿出具体可行的办法,阻止事态的恶化。

在此次会谈中,欧共体委员会并没有过多指责日本的国内经济政策,而是向日本阐明了欧共体内部严峻的对日形势及不满:(1)《日

---

① 外务省情报文化局:《福田赳夫内閣総理大臣の日欧関係に関するスピーチ》,《国际问题资料》,1978年8月号,第68—73页。
② 肖文、林娜:《论美欧对日贸易政策的不协调》,《国际贸易问题》,1999年第2期。

欧联合声明》所约定的主要事项至今仍没有完成。(2) 日本应该进一步开放市场,维持日欧贸易平衡。(3) 日本对欧共体特定产业及特定地域的集中出口除引发经济问题外,还将引发社会的、政治的问题。(4) 对日欧在关贸总协定新回合谈判中的交涉结果不满意。(5) 欧共体委员会随时随地与日本保持协商,但欧共体的忍耐是有限度的,希望日本能够记住这一点,在东京发达国家首脑会谈召开前,努力改善事态的现状。

欧共体委员会及其成员国对日本自《联合声明》发表以来的"只说不做"的表现非常不满意,敦促日本拿出具体可行的方案,不要总许愿。

3月26—28日,欧共体委员会副主席哈费尔坎普访日,就日欧之间的各种问题与大平正芳内阁的阁僚们进行会谈。日本方面表示,将像重视美国一样重视同欧共体的关系,在调整对美经济关系时,已经充分考虑到了欧共体方面的要求。关于贸易不平衡问题,日本方面指出:日本的贸易黑字同前年相比虽有所增加,但是,黑字的增长率同以前相比,呈现出缩小的势头。大平首相在1979年4月24日第十次日美欧东京会议上的演讲当中,重点强调了日欧贸易摩擦问题。指出:"我从来没有对日本与欧共体各国,特别是与世界最大的贸易集团——欧共体间的经济摩擦问题的严重性,给予任何避重就轻的评断。日本在经济摩擦问题的解决上,不仅要制定短期对策,而且要从长计议,制订相应的政策。具体而言,就是一方面进一步开放日本市场,另一方面站在日本经济是国际经济重要一环的立场,以积极促进世界经济协调发展的形式,调整日本经济结构。"

大平首相认为:"尽管日本与欧美各自保持着独立性,但都是作为发达工业社会在共同的基础发展起来的,这一事实本身就证明了日美、日欧乃至于日美欧间创造性地确立相互依存关系,以及进一步发展三边关系,确立有意义的合作关系的可能性。日美欧间的关系已经不仅仅局限于发达国家间,还涵盖着将以共同的方法去加以解决的广泛的南北问题、东西问题等。唯其如此,才能够大大地贡献于世界的和平与人类的繁荣。如果日美欧间相互携手,不仅解决自身面临的问题，而且以解决世界问题为己任，则能够构建日美欧间的真情，同时引导人类的未来发展。"①

对于日本方面的辩解，欧共体方面予以反驳，指出：贸易不平衡不但没有改善，反而扩大了，《联合声明》发表后的事态并没有像欧共体所希望的那样推进，强调"在欧共体产品准入日本市场方面，存在着各种各样的政治、心理因素的制约，希望日本政府给予重视"②。

欧共体方面对日本言行不一的不满情绪不断提升，最能够表明欧共体对日看法的是1979年3月13日泄露的被誉为"兔子窝文书"的《对日关系报告》。在这份报告当中，将日本人称为住在"兔子窝"里的"工作狂"，日本的经济成长完全靠这些"工作狂"支撑，并将日本过度依赖出口、日本人的过度劳动以及日本社会的特殊性视为造成日欧贸易问题复杂化的原因。③ 该项指责反映出了欧洲方面（EC）将日本视为与欧美诸国完全不同体制的"日本异质论"，当时欧洲正面临"石油危机"，进而整个社会充斥着对将来的悲观认识（欧洲悲观主义）。④ 该报告书原本是欧共体的内部资料，但是，英国的报纸将嘲笑日本人是"住在兔子窝里的工作狂"的言论刊登出来，引发了一阵不小的骚动，也上演了日本政府进行抗议的一幕。⑤

这使得本已有所好转的日欧关系再次遭到冲击。日欧双方各执己见，将造成贸易摩擦的责任完全推卸给对方，尤其是欧共体方面，将日本对欧共体的"急风暴雨式出口"视为造成欧共体产业衰败、失业人口增加的一大原因。1979年4月30日，欧共体委员会出版了一份名为《欧共体日本关系》的宣传材料。这份材料是根据欧共体委

---

① 《日米欧委員会第10回東京総会における大平内閣正芳総理大臣のスピーチ》，外務省編：《わが外交の近況》，1980年，第348—350页。
② 小田部阳一：《最進の日・EC関係の動き》，《経済と外交》，1979年5月号，第61—64页。
③ 外務省編：《わが外交の近況》，1980年，第143页。
④ 木村崇之：《日・EU関係の将来》，植田隆子編：《EUIJ第1回国際会議"EUの新しいフロンティア"会議報告集》，国際基督教大学社会科学研究所，2005年，第235页。
⑤ Jean-Pierre Lehmann, *France, Japan, Europe and Industrial Competition: The Automotive Case*, International Affairs, 1991, 68 (1): 41; 《日本経済新聞》，1979/04/26。

员会驻日代表处代表莱兹里·菲尔德（Field）在日本的欧洲商业会所的演讲和回答日本经济新闻报采访时的提问制成的。在这份资料中，欧共体指出："与政治关系不同，欧共体最关心的是同日本的通商关系"，"据日本估算，1978年的贸易黑字总额是183亿美元，其中约55亿美元是对欧共体的。而据欧共体的统计，日本对欧贸易黑字总额近60亿美元。这是一种构造性的不平衡，对世界贸易是有害的，将酿成保护主义的压力"①。

1980年，日本对欧贸易黑字猛增至88亿美元，比1979年增长了73%，特别是在汽车、彩色电视机和机床等领域，日本对欧出口激增，再次引起欧洲的恐慌和反感。欧共体委员会强烈要求日本要一视同仁，对欧共体采取与对美国同样的出口限制措施，同时要求日本积极开放国内市场和增加从欧共体方面的进口。② 11月，欧共体外长理事会表达了对日欧贸易关系的深深忧虑。

1980年秋，日本外务省对外经济关系大臣大来佐武郎访问欧共体总部，同欧共体委员会主席詹金斯及相关官员会谈。大来明显地感觉到欧共体的对日责难日益高涨。与詹金斯会谈时，大来指出："在欧共体的进口总额中，来自日本的进口额还不足3%，将欧洲人的失业归罪于日本出口增加的说法，是不能接受的。"詹金斯反驳说："这是可以理解的，但是，欧洲有一条谚语说'加在骆驼背上的最后一根稻草'，就在欧洲经济背负巨大包袱时，因为加上了来自日本的出口攻势这把草，就很有可能造成骆驼脊背的骨折。"③ 法国汽车制造业协会强烈抗议"日本的汽车制造商蚕食西欧市场已经超出了界限，对于日本汽车制造业的蚕食做法断难认可"④。

日本通商产业省针对欧共体方面的指责，在1981年版的《通商白皮书》中辩解道："进入70年代后，日本产业急速赶上了欧美发达

---

① EC委员会広報資料：《EC·日本関係》，《国際問題資料》，1979年6月号，第106页。
② 経済企画庁：《経済白書——日本経済の創造の活力を求めて》，1981年，第292—293页。
③ 大来佐武郎：《経済外交に生きる》，東京：東洋経済新報社，1992年，第72页。
④ 石川謙次郎：《ECの挑戦 日本の選択》，東京：中央公論社，1990年，第48页。

国家的水平，特别是一部分制造业已经超越欧美发达国家的水平。在近10年的时间里，与欧美各国的国内产业展开了激烈的竞争与合作。伴随着这样激烈的产业竞争，历来站在缓慢推进发达国家间（特别是欧共体内部）产业分工立场上的欧共体各国，一下子感觉到了突然的威胁，纷纷认为日本产品一下子涌进稳定的市场，使处于经济不景气下的欧洲劳资双方都产生了一种危机感，势必走上非理性的、感情色彩浓厚的贸易保护主义之路。可以说，这才是日本与欧共体贸易摩擦政治化的背景。"①

三 欧共体委员会《对日通商政策》的制订

自1979年开始，欧共体各国的经济持续低迷，失业人口不断增加。而日本对欧共体的出口规模却连年扩大，就连长期保持收支平衡的西德和比利时，自1979年始，对日贸易平衡也被打破，形势不断恶化。日本与欧共体间自1980年开始以汽车问题为中心发生了贸易摩擦。欧共体成员国的个别国家违背GATT的基本原则，重拾对日沿用的各种限制性贸易规则的手段，如意大利的对日歧视性进口数额限制，法国基于行政措施的进口限制等。这些限制性措施的实施一定程度上限制了日本汽车的对欧出口。但是，由于坚持自由贸易原则的西德和比利时没有限制日本汽车的进口数额，因而带来了日本汽车进口份额的增加，也因此招致了欧共体成员国内部要求限制进口日本汽车的呼声日益高涨。欧共体各国对日批评和指责日益激烈。

加之进入1980年后，日本与欧共体间贸易收支不均衡问题和欧共体各国经济低迷和失业增加等一系列问题的频繁发生，日本具有强大竞争力的一般机械、电力机械等产品进口的不断增加，使欧共体各国的基础产业陷入困境。

日欧贸易摩擦的升级，引起共同体各国的严重关注和强烈不满。

---

① 通商産業省：《通商白書》，1981年，《第3章日本の貿易と国際収支．第4節我が国をめぐる貿易摩擦の現状と今後の方向．1. 我が国をめぐる先進国間通商問題の経緯と現状》，http://warp.da.ndl.go.jp/info: ndljp/pid/1246938/www.meti.go.jp/policy/trade_policy/whitepaper/html/backnumber.html。

1980年7月，欧共体委员会向欧共体外长理事会提出了《EC对日贸易政策——再次检讨》。欧共体委员会据此确定了新的对日通商贸易方针，即撤除各国已有的对日歧视性进口限制政策，作为替代的政策，要求日本在2—4年的时间里，主动约束给欧共体各国的产业造成重大影响的商品数额，同时希望欧共体各国进一步加强这些产业的国际竞争力，要求日本进一步开放市场。

1980年11月25日，欧共体外长理事会针对日本政府发表的《关于日本与欧洲共同体关系的声明》，发表了"要求日本主动约束产品出口"的《对日关系声明》，提出并在1981年1月在东京召开的日欧高级会谈中坚持如下要求：（1）限制日本产品对共同体的出口；（2）要求得到与美国同等的待遇；（3）要求日本努力增加共同体各国商品的进口；（4）促进日欧间产业和企业之间的相互协作。而日本方面只是含糊地表示，预计1981年日本向共同体出口汽车和彩电的增长率会有所下降。东京会谈后，日本产品出口却仍有增无减。据《泰晤士报》报道，1981年头四个月日本向共同体的出口增加了64亿美元，比上年同期增长了31%，共同体对日逆差36亿美元，比上年同期增长了46%。迫于这种形势，共同体决定自1981年2月起，对日本产品的进口实行监视。[①] 1981年2月，欧共体外长理事会再次发表对日关系声明，要求欧共体委员会定期向外长理事会汇报日本产小轿车、录像机及显像管、特殊机械的进口监视制度的执行情况。[②]

欧共体方面在不到半年的时间里先后两次发表对日关系声明，说明了欧共体方面对日欧贸易摩擦的高度关注，更体现出了对欧共体各国在对日贸易政策上各自为政的不满。且对日不满情绪从产业界、工会、传媒不断地汇集到欧共体委员会那里。欧共体对日的强硬态度表明欧共体的对日攻势较之1976年时更加急切、更加理智、

[①] 郝一生：《日欧贸易摩擦及其根源》，《国际贸易问题》1982年第1期。
[②] 通商产业省：《通商白书》，1981年，《第3章日本の貿易と国際収支．第4節我が国をめぐる貿易摩擦の現状と今後の方向．1. 我が国をめぐる先進国間通商問題の経緯と現状》，http: //warp. da. ndl. go. jp/info; ndljp/pid/1246938/www. meti. go. jp/policy/trade_policy/whitepaper/html/backnumber. html。

也更加现实。

1980年是日欧关系史上比较重要的一年。3月3—4日，世界汽车产业会议在日内瓦举行。在会议上，欧洲主要汽车制造业的头脑们群起攻击日本汽车对欧洲的出口。7月4日，欧洲共同市场汽车制造协会向欧共体委员会递呈了要求调查日本进口汽车的报告。欧共体委员会马上向外长理事会提交了一份名为《对日通商政策》的文件。主要内容是：为了扩大同日本的合作关系，欧共体各成员国应撤除各自的对日歧视性进口配额限制（Quota restriction），为此，日本方面应该有时限地主动限制出口以免给欧共体各国产业造成巨大压力，尤其要求日本主动限制对欧共体的汽车出口。同时要求日本进一步开放市场。欧共体委员会认为各成员国所实施的对日歧视性进口配额限制是不适应80年代日欧关系的"20世纪50年代的遗物"，是违反GATT规定的，早就应该撤除。①

那么，欧共体委员会为什么到此时才要求撤除这些措施呢？其原因正如欧共体委员会在这份文件中所阐述的那样，主要是对日本国际地位认识的提高和作为一个整体采取统一的通商政策将在对日交涉上有利的考虑。但是，其最大的原因应该是，为了增强不稳定的欧共体产业的国际竞争能力，短期限制从日本的进口，在这期间全面改造产业结构，在数年后构建一个没有歧视性进口配额限制的自由市场。

《对日通商政策》是一份日本也能够接受的文件，但是，在同月召开的欧共体外长理事会上，决定继续对这一文件进行讨论而没有被采纳。其后不久，随着日欧贸易摩擦的进一步扩大，欧共体各成员国的保护主义情绪越来越高涨。这说明在欧共体内部，认为完全撤除歧视性进口配额限制为时尚早的情绪还很浓厚。② 在欧共体外长理事会否决了该项建议不久，欧共体委员会的对日要求也开始保守起来，强硬要求日本主动限制对欧共体的出口和开放国内市场。《对日通商政策》的流产也充分说明了欧共体委员会在欧共体机构中职弱权小，只

---

① 别所浩郎：《揺れ動く日·EC関係》，《経済と外交》，1981年2月号，第39页。
② 外務省編：《わが外交の近況》，1981年，第154页。

能在理事会的指令下开展对日工作。而此时的日本政府依然认定只能与欧共体委员会进行交涉、协调日欧贸易摩擦问题，反映出日欧双边交涉过程中，行为体职权的不对称。并且日本的一部分官员，通过与欧共体委员会的通商谈判，认为欧共体在对日通商谈判上，只是一只纸老虎。①

四 欧共体对日共同通商战略的形成

据日本通商部门统计，1980年日本对欧共体出口增长率超过了对整个世界地区的出口增长率，达到37.3%，而同期从欧共体的进口大体上处于停滞状态，只稍稍增长了3.5%。日本对欧共体贸易黑字的持续扩大，进一步刺激了欧共体方面的保护主义情绪。日本政府为了防止欧共体的对日态度完全转向保护主义，也为了防止世界贸易自由主义原则的崩溃，积极地同欧共体展开对话，一方面听取欧共体的想法和要求，另一方面向欧共体积极地辩白。1980年10月，大来佐武郎作为日本政府代表访问欧共体委员会。11月17日，伊东正义外相发表了讲话，断然拒绝了欧共体提出的关于日本主动限制出口的要求。日本政府利用这两次机会向欧共体严正表明了自身的立场：（1）日本政府已经充分认识到了欧共体方面所面临的各种经济困难，但不是由于日本的出口造成的。（2）应该多角度考虑贸易不平衡问题，日欧间的贸易不平衡应该以增加对日出口的方式解决。希望欧共体方面进一步促进对日出口。（3）将劝奖日本民营企业不要对欧共体的相关地区进行特定产品的倾销。（4）将进一步推进投资交流在内的产业合作。②

日本政府的举动再次引起了欧共体方面更加强硬的反应。1980年11月25日，欧共体外长会议审议并通过了欧共体在日欧关系上应该采取的方针。以往外长理事会大体上每月举行一次，讨论审议欧共

---

① ディック・ウィルソン著、北川晃一訳：《1990年のニッポン診断——ヨーロッパの見たその素顔》，東京：CBS・ソニー出版，1985年，第190頁。

② 《日本・EC経済関係についての伊東正義外相談》，1980/11/17，《国際問題資料》，1980年12月号，第27—28頁。

体面临的各种问题。但是，此次外长理事会的召开对日欧关系意义重大。

首先，日欧关系首次成为外长理事会的中心议题。欧共体最高决策机关的部长理事会将日欧关系作为中心议题本身就足以说明欧共体各国对日欧关系重视的程度。

其次，此次外长理事会结束之后，将举行欧共体首脑会议。此次会议的结果必将对欧共体各国首脑在日欧关系上的决策产生重大影响。

据欧共体新闻报道，在此次会议上，各国外长在解决日欧贸易不平衡问题上，产生了原则性的分歧。以法国为首的一部分国家主张对日采取强硬手段，充分体现了欧共体内部保护主义的面目；西德等其他国家则主张稳健的、自由主义的路线。但"西德等国的自由贸易立场在意大利、法国等国强大的保护主义压力下，不得不有所收缩"。最后首脑审议的结果以《对日通商关系宣言》的方式发表。

这份宣言书明确地反映了欧共体的对日态度和要求，标志着欧共体对日共同通商战略的形成。宣言书一开头就表示了欧共体严厉的态度，即"对日本和共同体现在的贸易关系，以及将来的发展趋向表示深刻地担忧"。宣言书的内容主要由两部分组成。第一部分提出应该继续进行双边对话；第二部分提出了具体的对日要求，是宣言书的重点，是欧共体对日共同通商战略的体现：（1）日本必须对那些给欧共体造成困难的产业采取明显有效的措施。并且这些措施应该适用于欧共体全部市场，而不是几个出口市场。（2）日元应该体现出日本的经济实力。（3）日本当局不应再采取限制进口的新举措，而应该快速明确地公布实质性地增加进口欧共体商品的举措。应该扩展欧洲在日本进行投资和银行业务的机会。（4）日本当局在进口贸易政策上，应该给予欧共体以公平待遇。（5）欧洲不仅要改善自身的产业、贸易结构，还要努力打入日本市场，使欧洲企业制订出能同日本进行竞争的积极战略。[1]

---

[1] 《欧州共同体（EC）の対日通商に関する宣言》，《国際問題資料》，1980年12月号，第26页。

欧共体的《对日通商宣言》虽然没有提出具体的种类和数量标准，但值得注意的是，在宣言中明确将抑制日本特定产品对欧出口和扩大欧共体产品进口视为日本政府的行为。

欧共体对日共同通商战略的目的就是以成员国放弃各自既有的进口限额，来换取缔结共同体与日本贸易协定和日本对欧共体实行自限出口。然而，各成员国为了保护各自利益，却对实行共同战略持不同立场，特别是意大利、法国和英国为保护本国产业不愿放弃已采取的进口限额，而西德自恃其经济实力还可抵挡住日本的出口攻势，荷兰、比利时、卢森堡也出于对自己出口利益考虑，都主张实行自由贸易，希望对日贸易中相互不设限制。因此，各成员国虽有意制订一个对日本的共同贸易政策，以便改变成员国在对日贸易中各行其是而被日本钻空子的状况，但是，实际进展却非常缓慢。日本正是利用了共同体这一弱点，在1980年对西德和荷兰、比利时、卢森堡等国急剧增加汽车的出口（对西德增加40%，对荷比卢增加了30%），日本汽车在这些国家市场上排挤了法国、意大利和英国的汽车，打击了西欧汽车制造业，造成共同体国家汽车生产和销售的严重困难，欧共体与日本的贸易摩擦仍在继续。

第五节　欧共体步步为营与铃木内阁的应对

一　伊东外相访欧与日欧定期双边事务协商

进入1980年后，日欧贸易不均衡进一步扩大，欧共体对日本的贸易赤字突破了100亿美元的大关，达到了106.89亿美元。因而，欧共体方面的对日要求不断升级，并于10月27日向访问布鲁塞尔的日本政府对外经济大臣大来佐武郎提出强烈抗议与要求，要求日本"必须纠正（欧共体）对日贸易的不均衡"。日本政府于11月16日以伊东正义外相的名义发表了反驳声明，声明强调指出："贸易不均衡的问题不仅仅是两国间的问题，应该是全球性的问题。""对欧共体的问题应该靠欧共体增大对日本的出口来解决，因此希望欧共体企业界作出努力。"① 由此可见，日本政府将日欧贸易不均衡产生的原因以及解决的办法完全推卸给了欧共体方面。11月25日，欧共体外长理事会反驳认为伊东声明缺乏具体内容，进而采取了《新对日战略》，主要内容就是表达了欧共体方面对日欧关系的"重大遗憾"，并提出了极为严厉的对日要求，包括：日本在特定的对欧共体出口商品上，应该"早日采取可预见到的、有成效的"自肃措施；日本政府增加欧共体商品的进口，在欧共体扩大对日投资问题上拿出明确的规划来。②

1980年12月11日，日本伊东正义外相访问了法国、英国、比利时、荷兰、德国和欧共体委员会总部，同各国首脑进行了会谈。尽管会谈的中心内容是从政治角度将日欧间的政治合作再推进一步，但是，伊东本人在此次访问过程中到处游说，力陈"这种对话的目的也是为了不使经济问题朝着政治问题化方向发展，这也是政治家的本职工作"。"即使在日欧经济关系上，着力解决贸易不均衡等问题，随着经济问题的政治问题化，努力勿使其给日欧整体协调关系造成不利影响。"③ 经过磋商，日欧双方达成协议，决定在1981年3月欧洲理事会会议召开前，协商解决双边贸易问题。

1981年1月28—29日，日本和欧共体举行了定期事务协商。欧共体代表海尔德曼斯（Haeldermans）像日本事先预想的那样，一边引用欧共体理事会的《对日通商宣言》，一边要求日本对小轿车、彩色电视机配件等出口商品采取"快速且有明显成效的自肃措施"，扩大欧共体产品的进口。④ 日本代表菊地清明外务审议官则回答：在小轿车的出口上，日本政府已经要求企业界向西德、卢森堡出口时，采取慎重的对策。并指出1981年的对欧出口增长率同前一年比，要有

---

① 《日本経済新聞》，1980/11/17。
② 《日本経済新聞》，1980/11/26。
③ 《第94回国会における伊東外務大臣の外交演説》，1981/01/26，外務省編：《わが外交の近況》，1982年，第365页。
④ 内田勝敏：《日．EC貿易投資関係》，《同志社商学》，1991年第43卷第2.3号，第133页。

所收敛。关于彩色电视机零配件的出口问题,菊地认为 1981 年的对德出口增长率肯定比 1980 年低。菊地向海尔曼德明确提出日本的主张:"全面撤除欧共体对日歧视性进口配额限制"。

因为日欧定期事务协商不是谈判的场所,所以欧共体方面也就没有对日本方面的回答做出任何反应。但是,海尔曼德在协商后的记者招待会上,全面地评价了日本同美国进行的关于汽车、电视机、烟草、汽车零配件的关税谈判问题,认为日本在谈判中全面重视欧共体的做法是值得肯定的,但是,日本的应对同欧共体的要求相比,依然存在着相当大的差距。①

二 欧共体外长理事会的最后通牒

欧共体理事会对海尔德曼和菊地清明的交涉结果非常不满意,制订并实施了旨在限制日本对欧出口的紧急措施——进口监察制度。1981 年 2 月 17 日,欧共体外长理事会就日欧贸易摩擦问题发表了严正声明,重申了 1980 年《对日通商宣言》的精神,对日欧的贸易现状和未来发展趋向表示担忧,对日本的反应没能消除理事会的疑虑表示遗憾。在声明中,理事会认为"经济要素只是欧洲和日本全部关系的一个层面,因而应将共同体的担忧以政治方式表达出来,应该通过驻日本的各成员国和委员会驻日代表处代表,将各国的担心马上传达过去"。理事会还在声明中向委员会发出了三条指令:(1)迅速收集关于日本小轿车、彩色电视机配件及显像管、一部分机床的统计资料,制订并实施进口监察制度。委员会定期向理事会汇报进口监察的结果。(2)采取积极战略,要求日本开放市场,以利于欧洲企业扩大对日本的出口。(3)对日贸易问题事关所有的工业国家,欧共体理事会将对日贸易问题在 7 月份召开的渥太华经济首脑会议上提出来。

欧共体以最后通牒的语气要求日本"主动限制"汽车的出口,宣称日本如果不主动限制,欧共体市场"将不得不实行保护主义的措

---

① 别所浩郎:《揺れ動く日·EC 関係》,《経済と外交》,1981 年 2 月号,第 41 页。

施"。欧共体委员会在理事会的指令下,马上制订了关于进口小轿车、彩色电视机以及机床的事后监察规则。该规则虽然是针对上述三种商品分别制订的,但是,内容大体相同:具体地规定了监察的对象和种类;将对各成员国的监察结果在20日内汇报给理事会;该规则的有效期限是3月1日到12月31日。①

1981年5月1日,日美双方就日本主动限制对美汽车出口问题达成协议。日美汽车出口主动限制协议的签订,更加坚定了欧共体委员会的对日通商要求。欧共体委员会决定同样要求日本主动限制对欧洲的汽车出口。

5月19日,外长理事会在布鲁塞尔举行会谈,一致通过了欧共体委员会的上述提案。此次理事会同样发表了"对日关系声明",旨在强调日本应该在对欧汽车出口上与美国一视同仁,提醒日本注意不要因为对美汽车出口受到了抑制,就转向欧共体市场。在声明中,理事会再次重申了1980年《对日通商宣言》的精神,对日本敏感产品出口的过度集中表示遗憾,再次提醒日本当局注意欧共体方面的态度。同时要求日本采取积极措施增大欧共体产品的进口;要求日本同美国进行汽车出口问题谈判时,要考虑到欧共体汽车产业的特殊情况;要求日本要一视同仁,不能只注意到某些特定市场,应该面向整个欧共体市场采取有效的主动限制措施。②

欧共体外长理事会通过两次对日声明,对日本采取了更加积极的攻势,提出了具体的要求,并一再要求日本要考虑到欧洲市场的一体性。其目的有着双重性:一是解决贸易摩擦;二是通过同日本的交涉,推进欧洲市场整合的步伐,将同日本的交涉视为欧洲经济一体化的重要环节。同时,进口监察规则的制订和实施,表明欧共体将此作为一把双刃剑。一方面限制日本产品的进口;另一方面也在限制自身的市场,希望将欧共体进口市场统一起来,用"一个声音"对日说话,增大欧共体委员会在日欧交涉中的发言权。

---

① 《日本とECの貿易関係》,《国際問題資料》,1981年3月号,第11—13页。
② 《EC外相理事会対日関係声明》,《国際問題資料》,1981年6月号,第18—20页。

但是，值得注意的是，在外长理事会的声明当中，多次提到了日美贸易摩擦交涉问题，并将日美交涉的结果作为蓝本，向日本提出要求。这表明欧共体在对日贸易摩擦问题的解决策略上，已经不仅仅局限于双边交涉，而是将对日贸易摩擦视为发达国家的共性问题，希望利用多边会谈的场合，对日本施加压力。

三　铃木首相访欧的特殊使命

日本政府尽管不同意欧共体全面出口主动限制的统一通商要求，但是，在与欧共体个别成员国的通商交涉上，却先行一步。1981年，日本政府决定对西德出口小轿车的同比增长率限制在10%以内，得到了西德经济部长的好评。同样，日本又与比利时达成削减出口汽车数量的协议。日本政府抛开欧共体委员会与个别成员国交涉的做法，引起了欧共体委员会及其他成员国的强烈不满。严厉地批评了日本通产相田中六助，认为这是日本政府所采取的"分化战略"。对此，田中六助反驳说："法国、意大利和英国已经与欧共体委员会相区别，事先就设置了限制日本汽车进口的措施，因而，日本不能接受对欧共体全体进行出口主动限制的要求。"①

欧共体方面对日本在开放市场、限制出口上"缺乏力度和诚意"，感到非常不满，对日本的指责也就层出不穷。"黄祸论"一词在欧共体各国兴盛一时。西德经济部长拉姆斯多夫（Ramersdorf）公开警告日本："贸易不是单行道，应当允许我们的产品进入他们的市场，他们应当设法使自己的市场变得温和一些，日本必须当心，不要引起我国政府的反应，否则，我国政府将采取我们不愿采取的行动。"② 英国外交大臣加里顿（Gariton）在谈到日本的出口集中针对欧共体不稳定的产业部门时，曾指出："依靠国民大众支持得以成立的欧洲各国政府，无论怎样都不能漠视事态的发展，假使这种态势持续发展下去的话，那么我们定会陷入贸易保护主义的黑暗时代。"丹麦外长、欧

---

① 细谷千博编：《日米欧の経済摩擦をめぐる政治過程》，綜合研究開発機構丸井工文社，1989年，第71页。
② 《新闻周刊》（Newsweek），1982/03/22。

共体委员会副主席哈费尔坎普以及西蒙尼韦尔（Simon Nivert）都曾在公开的场合呼吁日欧间实现比较均衡的贸易关系。① 日本政府为了缓和同欧共体的矛盾，利用首脑访欧的形式，通过政治对话来减轻贸易摩擦在双边关系中的分量，从而减少欧共体国家对日本的指责。1981年6月9—20日，铃木首相出访西德、意大利、比利时、英国、荷兰、法国六国和欧共体。日本各界对铃木首相的出访寄予厚望，将铃木看成消除矛盾的"消防队员"。在铃木出发前一天，日本各大报纸纷纷发表社论，盛赞铃木此行的重要意义。《日本经济新闻》在社论中说："铃木首相访欧是改善日欧关系的阶梯"；《每日新闻》则认为首相此行"创造了一种互相学习的新关系"②。

铃木为了避免遭到欧共体各国在贸易上的指责，刻意选择了关系相对比较融洽的西德作为首访地。6月10日与西德总理长谈7小时，双方进一步确认了自由贸易原则，并呼吁维护自由贸易。特别是在当天西德总理施密特主持的午餐会上，铃木在谢辞当中强调指出："虽然在今天这个场合没有必要强调日本与贵国的传统友好合作关系，但是，现下日益严峻的国际形势已然赋予了两国关系以新的重要的意义。""贵国首相是掌握航向的舵手，但是，对于舵手来说，最为重要的就是对风向的判断"，"在国际形势风云变幻的今天，要求我们这些掌握政治方向的舵手要极为准确地判别时代风向，并且要正确的应对"③。

日本舆论认为铃木此行开局顺畅，两国首脑会谈已"给欧洲保护主义钉进楔子"，"西德的赞同"将使铃木首相此后同撒切尔、密特朗会谈时"劲头十足"④。铃木将访欧的第二站定在意大利，意大利是欧共体成员国中对日本商品采取保护主义措施最严厉的国家，所以铃木也认为此站是一场攻坚战。在6月12—14日的访问中，铃木与

---

① レズリー・フィールディング：《日本とECの関係——その可能性と問題点》，《外交時報》，1981年8月号，第18—19页。

② 別所浩郎：《日・EC Today & Tomorrow》，《経済と外交》，1982年6月号，第28页。

③ 《西独・シュミット首相主催昼食会における鈴木内閣総理大臣の挨拶》，1981/06/10,《鈴木内閣総理大臣演説集》，東京：日本広報協会，1983年，第203—204页。

④ 新华社东京电讯，1981年6月11日。

佩尔蒂尼（Pertini）总统及福拉尼（Forani）看守政府总理举行了会谈。但是，意大利的态度非常坚决，佩尔蒂尼指责日本的汽车、收音机、电视机及微电子设备泛滥成灾，"在意大利工业界引起很大震动，丧失很多海外市场"。福拉尼也认为日欧贸易失衡令人"感到不安"。铃木则表示愿意派遣经济代表团访意，研讨解决办法，相应减少汽车的出口量。在6月12日佩尔蒂尼主持的午餐会上，铃木呼吁日意两国"在自由、民主主义共同价值观的基础上，能够强化两国的纽带关系"①，但是，铃木的游说未能软化意大利的立场。

6月15—16日，铃木访问了比利时和欧共体委员会布鲁塞尔总部。铃木同比利时首相伊斯更斯（Eyskens）会谈时，强调必须加强日欧关系，同欧共体委员会主席托恩（Thon）会谈时，双方强调了日欧关系是"日美欧三角关系中最薄弱的一环，今后必须注意加强"②。铃木承认了"阻止日本向西欧市场渗透的必要性"，向托恩表示：日本要采取适当的措施，避免对欧共体各国的倾销，日本政府"将向本国的私人企业家指出增大进口西欧产品的重要性"，建议他们不要向欧共体各国大量出口汽车，并降低西欧伙伴特别感兴趣的商品的关税壁垒。希望在航空、宇宙和原子能等尖端科学领域，以技术合作为中心，进行多方面的合作。铃木答应在1981年秋派遣大型政府经济使节团访问西欧，探讨扩大通商和促进广泛的产业合作。在6月15日的演讲当中不断强调两国相互理解的重大意义，指出"相互理解的前提是彼此互相了解，因此，日本政府将积极给予合作，促进相互的了解"③。

6月17—18日，铃木访问英国。英方认为日本若想在世界舞台上发挥更大的作用，就必须修改其贸易政策，进口更多的欧共体商品。撒切尔首相特别强调日本需要消除心理上的障碍，采取鼓励进口的具体行动。铃木表示愿意同欧共体合作，以解决由于日本汽车和电器产

---

① 《イタリア・フォルラーニ首相主催昼食会における鈴木内閣総理大臣の挨拶》，1981/06/12，《鈴木内閣総理大臣演説集》，東京：日本広報協会，1983年，第205—206页。
② 新华社布鲁塞尔电讯，1981年6月17日。
③ 《ベルギー・エイスケンス首相主催昼食会における鈴木内閣総理大臣の挨拶》，1981/06/15，《鈴木内閣総理大臣演説集》，東京：日本広報協会，1983年，第207—208页。

品向欧共体的大量出口所造成的问题。① 铃木于 17 日在英国皇家国际问题研究所做了题为《着眼于新的日欧关系》的演讲。在谈到日欧贸易摩擦问题时，指出："在此次访问过程中，与各国首脑就日欧经济关系诸问题交换了意见。对于眼下欧共体各国所面临的经济困难，进一步加深了了解。并对努力应对这些问题的各国首脑们的辛劳，表示充分的理解。但是，也对一些以保护主义方式摆脱经济困难的做法，表示深深的忧虑"，铃木认为"保护主义行为不外乎是一种招致西方民主经济体制活力低下和停滞的自杀行为"。表示日本将从均衡扩大日欧贸易的立场，对欧共体各国扩大对日出口的努力，尽量给予合作，并将派出进口促进经济使节团。同时希望欧共体方面为了增加对日出口，能够生产出具有竞争力的商品，并在进入日本市场方面付出最大的努力。②

铃木首相在访欧期间，大打政治牌，向欧共体各国领导人一再强调加强日欧政治联系，避免贸易争吵。认为几乎占世界总产量 1/10 的日本应当主动履行与其国力相适应的国际义务。铃木还强调"日美、欧美关系从来都是非常紧密的。因而，三角形的另一边的日欧关系的紧密化才是今天的急务。为此日欧双方必须付出各种各样的努力。尤其是为了相互间的理解，必须尽力而为"。呼吁"日欧为加强日美欧三边关系中最薄弱的日欧一边做出应有的贡献"③。铃木的西欧之行是日本与欧共体从战略到具体的经济问题进行协调的一次重要访问，虽然没有像日本媒体所期望的那样消除日欧间的矛盾，但加强了双方对巩固、深化双方关系的认识，基本完成了铃木所认定的任务，即"在日欧间结成较强的关系纽带，探求开拓新日欧关系的渠道"。铃木在回答记者的提问时，非常自信地说："以此次访欧为契机，为构筑日欧间均衡的、不动摇的信赖关系助一臂之力，对此次访

---

① 新华社伦敦电讯，1981 年 6 月 17 日。
② 《英国王立国際問題研究所における鈴木総理大臣演説——新たな日欧関係を目指して》，《国際問題資料》，1981 年 7 月号，第 70—71 页。
③ 《英国王立国際問題研究所における鈴木総理大臣演説——新たな日欧関係を目指して》，《国際問題資料》，1981 年 7 月号，第 69 页。

问的成果很满意。"① 日本的《读卖新闻》发表社论指出：铃木访欧的成果在于明确双方在政治、经济合作上应该做些什么。但是，日本的报纸也同时做出了这样的预测：铃木首相访欧期间，在推行产业合作和扩大经济援助等方面作了很多承诺，因此在经济上"背上了包袱"，"留下了不少悬案"。日欧之间的经济摩擦前景不容乐观。不但汽车问题未解决，电视机、机床、电子计算机等出口方面可能会出现新的摩擦。②

铃木首相的出访虽然没有达到预期的经济目标，但是，在第二年凸显了极大的政治意义。樱内义雄外相在1982年1月25日的外交演说当中再次指出："在日本即将展开全球外交之际，以欧共体成员国为首的西欧各国同样是我们的重要伙伴。顺畅地解决好同这些国家间的经济问题，原本就很重要。然而，进一步充实日欧政治合作是更大更重要的课题，通过去年6月铃木总理的访欧，已经强化了日欧间的对话与合作，政府今后将一如既往地努力加以推进。"③ 1982年3月11日，意大利总理贝卢斯科尼（Berlusconi）访日，受到日本政府首脑热烈的欢迎，铃木首相在欢迎午宴的致辞中强调指出："阁下作为意大利的国家元首首次访日本身就是两国友好关系史上划时代的大事，同时也必将成为强化符合时代要求的日意合作关系的重要契机。"④ 4月15日，法国总统密特朗（Mitterrand）访日，成为"日法百年传统友好交流史上首次正式友好访日的法国总统"，日本政府首脑认为此次访问"对于增进两国友好关系具有极为深远的意义"，"强化两国关系的气氛日益高涨，是在日法两国交流历程中前所未有的时期"⑤。9月20日，英国首相撒切尔访日，铃木首相以极其华丽

---

① 《铃木総理の内外記者会見》，《国際問題資料》，1981年7月号，第73页。
② 新华社东京电讯，1981年6月23日。
③ 《第96回国会における桜内外務大臣の外交演説》，1981/01/25，外務省編：《わが外交の近況》，1982年，第381页。
④ 《イタリア共和国大統領歓迎午餐会における鈴木内閣総理大臣の挨拶》，1982/03/11，《鈴木内閣総理大臣演説集》，東京：日本広報協会，1983年，第265—266页。
⑤ 《ミッテラン・フランス共和国大統領歓迎午餐会における鈴木内閣総理大臣の挨拶》，1982/04/16，《鈴木内閣総理大臣演説集》，東京：日本広報協会，1983年，第269—271页。

的外交辞藻表达了日本政府的欢迎之情。铃木表扬撒切尔是英国历代首相当中最为关注强化日英关系的人，对于撒切尔对日本的了解深表敬意；认为"日英两国虽然结成了强有力的纽带关系，但是，从二战后两国的关系看，还是偏重于经济领域，两国在国际社会上发挥的作用和承担的责任还很难说是充分的"；认为撒切尔访日成为日英关系新时代的契机，呼吁日英两国必须推进"全球领域的政治合作"①。

四 稻山经济使节团访欧与铃木内阁对策

1981年10月，日本政府派出了以稻山嘉宽为团长的经济使节团访问欧共体及其成员国。一方面向欧共体说明日本的想法，即维护自由贸易，在日欧间构筑一个包括产业合作在内的广泛的经济关系；另一方面协调双方在贸易方面的对立意见。② 欧共体方面基本上赞同日本的想法，但是，几乎所有的成员国都提出了对日贸易赤字问题。强烈要求日本进一步限制出口，扩大进口欧共体商品，从根本上解决贸易摩擦问题。

稻山使节团回国后，马上向铃木内阁做了汇报。恰在此时，美国要求日本开放市场的呼声也日益高涨。在这种双重高压之下，铃木首相指令召开经济对策阁僚会议，探讨如何进一步开放本国市场问题。

12月初，欧共体外长理事会要求日本进一步开放市场，并向日本呈递了对日要求清单：进一步开放日本市场（下调关税、改善进口检查标准和进口手续、扩大进口范围、改善金融、服务、投资部门的准入条件等）；扩大制成品的进口，为确保日本能够早日采取促进进口的措施，决定将于1982年3月向日本提出适用GATT第23条款；③限制敏感商品的出口（小轿车、彩色电视机及显像管、机床）。

---

① 《サッチャー・連合王国首相歓迎晩餐会における鈴木内閣総理大臣の挨拶》，1982/09/20，《鈴木内閣総理大臣演説集》，東京：日本広報協会，1983年，第286—288頁。
② 別所浩郎：《ECとの協調をもとめて》，《経済と外交》，1982年2月号，第21頁。
③ 关贸总协定第23条款规定：缔约国一方如有违反自由贸易规则的行为，关系国可以进行协商。如在协商期间双方无法达成共识，可以委托中立国进行裁定，缔约国以此裁定为基础做出必要的劝告和决定。

1982年3月，欧共体外长理事会正式通过决议，规定四项日欧关系基本原则，即：为确保日本尽快采取促进进口的措施，提议对日协商GATT第23条；创设高端双边工作会议探讨由于贸易政策（包括日本的出口战略）和贸易构造调整所产生的各种问题；进一步探讨日欧科学技术合作的可能性领域；共同探讨与贸易政策相关的日本宏观经济政策。[1] 日本政府做出积极回应，在推进对话的立场上开展与欧共体的沟通与协商。

欧共体外长理事会决定的强硬而又具体的对日要求，迫使日本很快做出了决定。1981年12月16日，经济对策阁僚会议制定了以维持、加强自由贸易秩序、扩大内需、扩大贸易均衡为目的的五项对外经济对策：开放市场对策；推进进口对策；出口对策；产业合作对策；经济合作对策。

1982年1月30日，经济对策阁僚会议决定进一步改善进口检查手续，在6月28日的会议上，决定了开放市场的对策，内容包括：改善进口检查手续；下调进口关税；放宽进口限制；扩大进口；改善流通和商业习惯；服务性贸易的自由化；开展先进技术的合作与交流等。[2] 欧共体方面认为："日本商定采取的这些措施，证明了日本朝正确方向迈出了第一步，但是，从欧共体对日通商要求清单来看，距清单的要求依然甚远。"[3]

日本政府则辩解道：日本方面做出的开放市场的努力，特别是在第一次石油危机以后的困难时期率先下调关税，对发达国家和发展中国家开放市场，与欧美先进国家相比毫不逊色。避免贸易摩擦

---

[1] 通商産業省：《通商白書》，1982年，《第3章世界経済活性化に向けての我が国の役割．第1節貿易摩擦問題の現状と今後の方向．2．対米．対EC通商関係の現状と貿易摩擦をめぐる複雑な背景》，http://warp.da.ndl.go.jp/info: ndljp/pid/1246938/www.meti.go.jp/policy/trade_ policy/whitepaper/html/backnumber.html。

[2] 通商産業省：《通商白書》，1982年，《第3章世界経済活性化に向けての我が国の役割．第1節貿易摩擦問題の現状と今後の方向．3．貿易摩擦問題解決への我が国の対応》，http://warp.da.ndl.go.jp/info: ndljp/pid/1246938/www.meti.go.jp/policy/trade_ policy/whitepaper/html/backnumber.html。

[3] 別所浩郎：《ECとの協調をもとめて》，《経済と外交》，1982年2月号，第22頁。

的激化酿成政治问题化是确保日本经济稳定发展的关键。贸易摩擦一般起因于特定商品的出口激增和贸易收支不均衡的扩大,当对象国经济呈现扩大化的局面时,往往能够基于比较优势的原则顺利地调整贸易和产业结构,不至于酿成较大的政治问题。但是,最近由于世界经济的停滞,担心经济利益的对立会波及他国的保护主义动向,容易促使贸易摩擦发展成大问题。同时,由于贸易保护主义倾向和维持现状的保守做法有损于经济活力的发挥,经济复苏延缓,往往造成恶性循环。

日本政府同时制定出了规避贸易摩擦问题的中长期规划,即:保持世界经济的稳定和发展是日本规避贸易摩擦不可缺少的必要条件。另一方面,从日本经济占世界经济的比重和日本经济与世界经济的相互依存关系来看,必然要求日本对世界经济的稳定与发展做出积极的贡献。因而日本必须积极顺应今后国内外形势的变化,保持经济活力,这对于担负国际责任来说,必不可少,同时也是维持与他国通商关系顺畅的前提。倾注全力保持与发达国家间的相互合作,以种种方法提升世界经济的活力,实现世界范围内的和谐的国际分工,以均衡扩大世界贸易的方式解决贸易摩擦问题。为此,应该从以下方面考虑日本的中长期发展规划:调整产业结构,实现产业结构的高度化和高附加价值化;推进出口市场的多元化。但是,扩大产品进口份额不仅依赖于日本坚持不懈的努力,更需要出口国方面的积极应对,需要欧美各国自主地努力扩大出口。同时,为了确立和谐的国际分工体系,各国还应着眼于构建基于自由贸易原则下的合理的贸易、产业结构,积极地推进产业结构的调整。为此,日本将一如既往地继续调整产业结构,与世界各国开展广泛的产业合作,与欧美发达国家间形成不仅是贸易关系,而且是资本、技术合作等多方面的相互依存关系。①

---

① 通商产业省:《通商白书》,1982年,《第3章世界経済活性化に向けての我が国の役割.3.貿易摩擦問題解決への我が国の対応》,http://warp.da.ndl.go.jp/info:ndljp/pid/1246938/www.meti.go.jp/policy/trade_policy/whitepaper/html/backnumber.html。

第六节　日欧贸易的"严冬时节"

一　欧共体对日动议 GATT 第 23 条及对日新要求的提出

欧共体外长理事会自 1981 年 12 月提出对日要求清单后，对日本的反应非常不满意，认为日本在拖延、应付。1982 年，欧盟第一次采取实质性措施，正视日欧贸易纠纷。1982 年 3 月 22 日，外长理事会决定对日本实施 GATT 第 23 条。欧共体委员会依照 GATT 第 23 条的规定，于 4 月 7 日，以日本对内封闭市场，对外开展出口攻势，违反了关贸总协定规则为由，正式向关贸总协定事务局提出了对日诉讼请求。欧共体指出，由于日本的歧视性作法，使日本在过去与欧盟达成的贸易互惠安排在日方无法生效；关贸总协定所倡导的自由贸易精神遭到违背①。

在关贸组织的沟通监督下，日欧双方进行了三次关于 GATT 第 23 条的协商，但是，依然没有取得进展。11 月 19 日，欧共体外长理事会向日本提出了新的一揽子要求，概括起来共有五点：

第一，对日贸易赤字问题。欧共体方面认为不能以两国间的贸易现状去评论贸易收支问题，1982 年的对日贸易赤字虽说有所下降，但是贸易赤字绝对值依然很大，要求日本缩小赤字幅度。

第二，扩大进口，购买大型产品问题。欧共体希望同发达国家相比，一直维持着相对较低的产品进口率的日本能将进口比率提升到 24.9%，并将此作为政府目标来完成。扩大进口产品比率是欧共体在 GATT 第 23 条协商当中的对日要求，欧共体各国首脑们均对这一点寄予希望。购买飞机、武器等大型产品本来是法国和英国的对日要求，并不是欧共体各成员国的共同对日要求，但得到了欧共体的认可。英法两国认为日本购买他们在世界上拥有充分竞争力的大型产品是缩小贸易差距，缓和日欧紧张的经济关系的纽带。但日本认为购买飞机等大型产品关系到民营企业问题，是最难解决的问题。

---

① 肖文、林娜：《论美欧对日贸易政策的不协调》，《国际贸易问题》1999 年第 2 期。

第三，开放市场问题。在新一揽子要求当中，开列了下调关税、扩大进口数额、简化进口检查认定手续、改善投资、金融流通环境等各项要求。

第四，特定产品的出口自肃问题。欧共体在新清单中开列了最为关心的、也是日本对欧出口最集中的十种特定商品，[①] 并希望能够得到日本政府采取明确、有效的自肃政策的保证，为欧共体内部的产业重组、产业构造的调整争得必要的"喘息时间"。

第五，促进产业合作问题。欧共体认为以往日欧间只是在投资、技术及第三国的市场开发上进行了产业合作，但是这还不够，还应该在欧共体疲软产业的重建上进行合作。[②]

上述五点要求同美国的对日要求有所不同。美国的要求只集中在一点上，即要求日本开放国内市场。因为日美摩擦主要体现在农产品贸易上，尤其是牛肉和柑橘等农产品，日本对此类产品的进口还没有实行自由化，因而美国认为只要日本彻底开放市场，那么这些农产品在日本市场的竞争力也就不成问题。而欧共体除了要求日本开放市场外，又添加了购买飞机等大型产品、扩大进口等具体要求。因而，日本方面的反应自然有所不同。

二 普瓦齐埃事件

进入20世纪80年代后，日本对欧共体贸易黑字大幅增加，平均每年超过了100亿美元，并且贸易黑字一直持续到了1988年，贸易摩擦扩展到了机床、磁带录像机、汽车、半导体等领域。欧共体方面将贸易不均衡的原因归罪于日本市场的封闭性，进而在要求日本抑制特定出口商品种类激增的同时，强烈要求日本开放国内市场和扩大对欧出口。[③]

就在欧共体提出对日新一揽子要求的前半个月，欧共体一些国家

---

① 欧共体在清单中开列的10种商品包括：小轿车、彩色电视机、显像管、机床、录像机、轻型商用车、两轮摩托车、叉式万能装卸车、高保真录像机、石英表。
② 《ECによる新対日要求リストの内容》，《経済と外交》，1983年3月号，第5页。
③ 通商产业省：《通商白书》，大藏省印刷局，1982年，第315页。

开始对日采取非常极端的保护主义措施。尤其以法国的措施最为严厉。1982年初，法国常驻欧共体委员会的代表向欧共体提出：为了阻止欧共体方面对日贸易赤字的扩大，应该对日本采取强硬措施，并表示如果委员会不能采取果断措施，那么，法国为维护自身经济利益，将采取单方面的行动。3月份，欧共体委员会主席托恩向来访的日本自民党代表团转达了法国的想法，并通知日本，由于欧共体经济形势的恶化，今后6个月内，各成员国也许会对日采取保护主义手段。《日本经济新闻》将法国代表和托恩的发言向日本公众披露了出来。① 尽管如此，还是没有引起日本政府的重视。

1982年10月，法国政府因日本产磁带录像机进口的激增，采取了非关税壁垒的方法限制日本产录像机的进口。规定日本产录像机的通关手续只能在靠近法国内陆的一个偏僻的海港小镇——普瓦齐埃②——的一个只有两个职员的海关所办理。与此同时，法国政府还规定合同书、商品目录、商标、使用说明书和质量保证书等所有的通关文件一律使用法语。③ 这事实上等于停止了盒式磁带录像机的进口。在实施该项措施一个月时间里，日产录像机就积压了约6万台。④

法国政府的过激做法立即引起了日本方面的抗议，日本电子工业协会马上向法国产业部提出了抗议书。日本政府提出：法国的做法违反了GATT第11条"不得限制从GATT成员国进口数额"的规定，日本产磁带录像机由于法国的做法，遭受了巨大的损失。但是，法国政府指出：这不过是做了与日本同样的事情而已。日本日立公司在法国最有名的六家报纸上同时刊登了日本产业界的意见，要求法国取消这些措施。日本通商产业省的小松国男审议官甚至提出撤回日本驻法

---

① 細谷千博編：《日米欧の経済摩擦をめぐる政治過程》，綜合研究開発機構，1989年，第74—75页。
② 普瓦齐埃镇是732年查理·马戴尔阻止阿拉伯人入侵的地方，那次战斗被称为"普瓦齐埃之战"。显然，法国政府把日本产磁带录像机的通关检验移入此地是有象征意义的。
③ 《日欧贸易》，《朝日年鑑1984年版》，東京：朝日新聞社，1984年，第143—144页。
④ 木村崇之：《日本とEUの関係》，柏倉康夫ほか：《EU論》，東京：放送大学教育振興会，2006年，第208页。

国的大使。① 欧共体委员会也认为法国所采取的措施当中，将通关手续集中在普瓦齐埃和规定通关文件全部使用法语两项，违背了《罗马条约》。日本政府于 1982 年 12 月向关贸总协定事务局提出控告，并要求对此事展开调查。日本学者石川谦次郎分析认为当时"法国国内根本就不存在能够量化生产录像机的工厂，因而日产录像机给法国工厂以打击的主张纯属无稽之谈"②。

与此同时，与法国的做法互为表里，欧共体国家中历来对日要求最为苛刻的意大利，为了防止日本产品经由欧共体成员国进入本土市场，几次向欧共体委员会请求适用《罗马条约》第 115 条所规定的"自由流通的例外原则"，并将此原则的适用范围具体地限定在日本产摩托车、四轮驱动车、缝纫机等产品上。在"自由贸易"倡导者的英国，议会以及产业界人士当中出现了要求对日采取保护主义的呼声，强烈要求日本开放证券市场，酝酿制约日本在英投资的金融服务法和银行服务法，威胁要对日本的驻英机构采取措施。

1982 年 11 月，欧共体委员会以倾销为由，对日本产玻璃纤维制品展开调查。12 月，以荷兰的菲利普公司为代表的欧洲磁带录像机生产企业，向欧共体委员会提出了对日本产磁带录像机的反倾销诉讼。与此同时，欧共体委员会决定延长对日本商品的进口检查制度的期限，并扩大检查对象。欧共体理事会也决定对日启动 GATT 第 23 条。

欧共体在对日本产品实行监督措施的同时，针对日本进口产品的反倾销调查案也越来越多。据统计，在整个 20 世纪 70 年代期间，欧共体针对日本产品的反倾销调查案共计有 20 起，其中有 3 起因没有发现倾销的证据而免于起诉，其余的 17 起也大多达成了谅解。因而，实际上并没有对任何一种日本产品实行惩罚性措施。80 年代期间，针对日本的反倾销调查案增加到了 47 起。这些调查案中，除 3 起尚

---

① 细谷千博编：《日米欧の経済摩擦をめぐる政治過程》，综合研究开发机构，1989 年，第 25 页。
② 石川谦次郎：《ヨーロッパ連合への道》，東京：日本放送出版協会，1994 年，第 214—217 页。

不知道结果外,其余44起均发现有倾销的证据。这些产品大多是高新科技与重工业产品,包括汽车、相纸、电子打印机、微波炉等。欧共体委员会根据调查的结果,大多要求日本方面做出某种承诺,如将进口产品价格提高到令进口商无法接受的程度,或强行对该产品征收惩罚性关税。据欧共体一些专家的分析,在许多针对日本产品的调查案中,实际上并未发现对欧共体的产品构成"伤害"或造成失业问题,欧共体方面之所以对日本产品进行制裁,主要是由于日本在这些领域取得了竞争优势,因而担心欧共体的一些"朝阳工业"的未来受到日本出口的威胁。[①]

这样,以"普瓦齐埃事件"和"对日新要求"为代表,上至欧共体理事会,下至成员国政府都对日本提出了具体、现实的要求(主要是要求日本减少对欧出口、扩大内需、增大进口、为欧共体的金融机构在日本的活动提供便利)。20世纪70年代初开始激化的日欧贸易摩擦,发展到80年代,"已经同日美贸易摩擦一样,越来越呈现出复杂化的态势"[②]。欧共体指责日本市场的封闭性主要体现在:进口通关手续的复杂性;流通制度的复杂性;日本企业集团和垄断体制下的排他性三个方面。"欧共体方面具体列举出来的作为日本市场封闭性的例证无不涉及日本的社会制度及经济习惯,基于此种原因而发生的贸易摩擦同以前所体现出来的基于个别商品进出口份额的差距而产生的贸易摩擦明显不同,呈现出复杂化的态势。"[③] 日本政府面临来自整个欧共体的巨大压力。因而这一年被日本官方人士称为"日欧贸易的严冬时节"[④]。

---

① 陶大镛:《现代资本主义论》,江苏人民出版社1996年版,第854—855页。
② 通商産業省:《通商白書》,1983年,《第三章第4節複雑化する貿易摩擦と対応の方向.1. わが国をめぐる貿易摩擦の現状》,http://warp.da.ndl.go.jp/info:ndljp/pid/1246938/www.meti.go.jp/policy/trade_policy/whitepaper/html/backnumber.html。
③ 通商産業省:《通商白書》,1983年,《第三章第4節複雑化する貿易摩擦と対応の方向.2. 貿易摩擦の変遷とその要因》,http://warp.da.ndl.go.jp/info:ndljp/pid/1246938/www.meti.go.jp/policy/trade_policy/whitepaper/html/backnumber.html。
④ 渡部和男:《日・EC経済関係と今後の展望——日・EC貿易摩擦冬の陣を終えて》,《経済と外交》,1983年3月号,第2页。

三 日本政府的对策

面对欧共体上下"铺天盖地"的要求,日本政府为了确保日欧经济关系的顺利发展,在不损害自身利益的前提下,积极顺应欧共体的要求,在市场开放、出口自肃、双边合作、GATT 第 23 条协商等几个问题上,做出了很大的让步。1982 年 1 月 25 日,外相樱内义雄在国会发表的外交演说当中指出:当日本开展全球性外交之时,以欧共体各成员国为代表的西欧各国同样是我们的重要伙伴。同这些国家圆满地解决经济问题非常重要。但是,进一步充实日欧间的政治合作也是政府的重大课题。① 这涉及以下六个方面与问题。

(一) 市场开放问题

1982 年 1 月、5 月,日本政府先后两次制定并实施了市场开放政策。1983 年 1 月 13 日,经济对策阁僚会议的决定以及铃木首相和中曾根的谈话,都表现了日本对开放市场的积极态度。铃木首相在讲话中指出:"由于世界经济的极度停滞,造成了保护主义的高涨。战后支撑西方经济发展的自由贸易体制,现在濒临崩溃的边缘。占世界经济总额 10% 的日本为了维护自由贸易制度,要做出符合其地位的国际贡献。日本通过多次实施自由化措施,开放国内市场,同欧美各国相比,毫不逊色。但是,为了维护自由贸易制度,决定采取进一步开放市场的措施。"② 欧共体对日本经济对策阁僚会议的决定"给以好评,认为这是向前迈出了相当大的一步"③。

(二) 出口自肃问题

日本方面虽然一再向欧共体说明"回避特定商品的急风暴雨式出口"是其一贯的出口方针,但是,以往欧共体的对日通商要求比较含

---

① 《第 96 回国会における樱内外务大臣の外交演说》,1982/01/25,外务省编:《わが外交の近况》,1983 年,第 363 页。
② 《市場開放対策に関する鈴木内閣総理大臣談話》,1982/05/28,外务省编:《わが外交の近况》,1983 年,第 392 页。
③ 渡部和男:《日・EC 経済関係と今后の展望——日・EC 貿易摩擦冬の陣を終えて》,《経済と外交》,1983 年 3 月号,第 7 页。

混、笼统，日本有时可以利用这一点，尽量采取拖延战术。但是，此次欧共体方面却提出了要求日本进行出口自肃的十个品种。双方在1983年1月欧共体产业局局长穆勒（Moeller）访日以及随后进行的日欧定期事务协商时，交换了意见，但没有结论，直到2月10—12日举行的日欧通商谈判时，才最后达成妥协。日本明确地表示，对敏感产品采取出口自肃，终究是例外的、临时的、非长期化的做法。欧共体也应该努力主动恢复产业的竞争力，对内部出现的保护主义动向，应该采取节制的行动。

欧共体委员会在出口自肃问题的交涉上，表现出了职权的加强。按照《罗马条约》的规定，通商交涉是欧共体委员会的权限，但是，在此前的交涉过程中，往往出现各成员国政府、委员会分别与日本进行交涉的局面。在此次交涉过程中，欧共体理事会将通商交涉大权一并委任给了委员会，从而将日欧通商交涉统一起来。同时，进一步提高了日本政府对欧共体委员会的重视程度。

欧共体委员会副主席达维尼欧（Da Vinnie O.）从推进欧洲经济一体化、维护欧共体整体利益的角度考虑，认为法国所采取的反倾销措施与《罗马条约》第30条的自由贸易规则相抵触，全力劝说法国政府解除该项措施，并警告法国政府，如不遵从委员会的劝告，委员会将向欧洲法院提起诉讼。法国政府在4月26日宣布：在5月到12月间，将日本产磁带录像机的进口数量控制在40万台，解除关于录像机的普瓦齐埃集中通关规则。

1983年2月22日，欧共体外长理事会发表了认可委员会与日本交涉结果的公告。3月18日，日本宣布对磁带录像机实施主动出口限制。同时，欧共体也向日本转达了法国政府撤销录像机进口限制的决定。成为日欧间贸易关系悬案之一的出口自肃问题最终有了着落。日本政府对此也表示满意，并给予了积极的评价，认为该公告的发表意味着在1983年7月份前，日欧间的贸易战进入了休战期。[①] 日欧经

---

① 渡部和男：《日·EC经济关系と今后の展望——日·EC贸易摩擦冬の阵を终えて》，《经济と外交》，1983年3月号，第2页。

济关系史上的"严冬时节"最终过去了。但是，欧共体并未放弃对日要求，只是在攻势上有所减弱而已。

（三）双边合作问题

以前，在双边合作问题上，日欧双方只是在科学技术合作、产业合作的可能性上积极地交换了意见。但是，1983年1月的双边事务协商以及2月欧共体委员会副主席哈费尔坎普、达维尼欧访日，取得了实质性的进展。有些合作已经进入了操作阶段。尤其是在欧共体委员会两个副主席访日时，双方达成共识，决定设立扩大日欧贸易的小委员会。

（四）GATT第23条协商问题

自欧共体理事会决定对日动用GATT第23条以及向关贸总协定提起诉讼后，日本在关贸组织的协调下，主动与欧共体进行了三次协商，但是，没有任何进展。因为双方的主张大相径庭，毫无妥协的余地。欧共体方面认为日本限制欧洲产品的进口，妨碍了欧共体在关贸总协定规则上应得的利益。日本方面则指出：欧共体所申诉的内容难以适用GATT第23条。尽管双方之间在GATT第23条上没有达成妥协，但是，日欧还是为维持自由贸易制度进行了努力。1983年1月2—8日，日本外相安倍晋太郎访问英国、法国、西德、意大利和比利时。安倍此行的目的非常明确，就是"因为西欧比美国更不了解日本，所以有必要在新内阁成立之际，向欧共体各国说明新内阁的想法"，并"将此作为修复日美关系的一着棋"[1]。而日本的新闻媒体更着眼于安倍此行的经济作用。《东京新闻》早在1982年12月30日就发表社论激励安倍外相。在社论中说："安倍外相的访欧将是一次消解贸易摩擦的重要旅程，他肩负着维护国家利益和协调西方国家共存这样的重大使命，国民期待着'大人物'安倍外相的顽强斗争。"[2]日本政府在安倍出发前，突然向公众发表了内阁的决定，从4月1日

---

[1] 安倍晋太郎：《創造の外交をめざして》，東京：行政問題研究所，1984年版，第118页。

[2] 安倍晋太郎：《創造の外交をめざして》，東京：行政問題研究所，1984年版，第116页。

起开始大幅度下调欧共体最关心的44种农产品及28种工业品的进口关税，表明了日本政府"宥和"的态度。①

（五）改变市场战略，积极挺进欧洲市场

1983年10月17日欧共体外长会议在布鲁塞尔举行，就"对日关系中诸多不满意且不稳定的问题进行了广泛的讨论"。18日，理事会将讨论的结果以新闻公报的形式发表。在公报中，对日欧贸易趋势的持续恶化表示非常担忧。外长会议肯定了日本政府为此做出的努力，但是，认为这些措施并不能使欧共体的出口产业确信能够早日给它们带来重大利益。外长理事会决定：继续要求日本开放市场，并向日本表示：这是"共同体1983年乃至今后的最后一项特殊要求，日本当局要充分考虑到这一点"，要求日本政府"应该制订大幅度增加进口欧共体产品的政策和策略，应该进一步奖励共同体企业在日本的销售和投资活动"②。

日本针对欧共体的保护主义攻势，改变了过去的成品出口方式，采取迂回战术，将在欧洲增设生产厂和增加对欧直接投资作为回避贸易摩擦的方法。日本的这一做法起初得到了欧洲一些国家的欢迎。爱尔兰和英国等国为了创造就业机会、促进开发，在土地、税制等方面提供各项优惠政策，大力吸引日本的直接投资。但是，从20世纪80年代中期开始，日欧围绕着直接投资问题又发生了摩擦。因为日本在欧洲开设的加工企业主要是从日本进口零配件，然后在欧洲进行组装的"螺丝刀工厂"。引起了欧洲各国的强烈不满，纷纷出台强制性措施，尤其是加强了原产地规则。比如，有些国家规定，录像机零配件的当地生产比例必须达到45%以上。但是，由于在产品组装上，关贸组织还没有规定统一的标准，欧共体各成员国间在原产地规则上的意见也不统一，所以日本企业利用这一时机，大力挺进欧洲市场。

---

① 《日本の市場閉鎖性とECの保護主義——日・EC貿易紛争》，《経済と外交》，1983年3月号，第10页。

② 《EC外相理事会の対日問題に関するプレス・リリース》，《国際問題資料》，1983年11月号，第25—26页。

第三章 开放主义?保守主义?

(六) 借助政治对话缓解贸易摩擦——从对立到对话的转变

欧共体确定促进日欧对话的方针是在1973年9月26—27日召开的欧洲政治合作协定（EPC）政务委员会会议上。早在1978年，日本、欧共体就意识到了双边关系的经济中心化，因而为了改变过于偏重经济关系的现状，拓宽日欧关系层面，双方约定召开日本国会议员和欧洲议员组成的日欧议员会议。并在1978年召开了第一次会议，以后每年举行一次。

日欧议员会议的召开标志着日欧政治对话渠道的拓宽，但是，由于贸易战的影响，会议往往为经济问题所左右，未起到调节双方矛盾的作用。1979年伊朗人质事件的发生为日欧发展政治对话提供了契机。11月4日，伊朗霍梅尼政权支持德黑兰的激进学生占领了美国驻伊朗的大使馆，扣押了60多名使馆工作人员，要求引渡流亡在美国的前国王巴列维和收回巴列维家族在美国的财产，从而酿成了"人质危机"。美国对此态度非常强硬，威胁要采取军事手段解决，并要求日本和西欧的合作。日本和欧共体意识到了在此事件上政治对话和合作的重要性，但是，由于其经济利益，又不希望发生战争，以免造成"第三次石油危机"。因而日本和欧共体一方面要求美国克制，一方面设法使伊朗释放人质。12月10日，欧共体在里斯本召开外长会议谋求对策，结论是欧共体九国驻伊朗大使采取联合行动，共同会见伊朗巴尼萨德尔（Bani Sadar）总统，敦促他释放人质。同时通过意大利驻日大使皮·扬·克利（P. Jan Chris）上任的时机，向日本高岛外务次官说明了欧共体外长会议的决定，探询日本是否可以采取联合行动。日本政府马上做出了反应，阁僚座谈会立即讨论了皮·扬·克利大使的建议，决定采取一致步调：向驻伊朗大使和田发出训令，令其与西欧大使们合作。[①] 为了协调制裁伊朗的步调，1980年4月欧共体外长会议在卢森堡召开。邀请日本外相大来佐武郎列席。大来成为第一个欧共体会议的非欧共体成员国领导人。从中可以看出欧共体方面对日本在国际事务上的重视程度。

---

① ［日］大来佐武郎：《日本外交二百五十天》，《世界知识》1987年第2期。

随后在苏联入侵阿富汗问题上，日欧进行了政治对话。1980年5月，大来外相前往西德，与总统兼外长根舍会谈，交换了意见，双方一致主张抵制莫斯科奥运会，要求苏军必须立即撤出阿富汗，日本和欧共体联手反对美国对苏联实行经济制裁的建议。1980年12月，日本外相伊东正义对法国、英国、西德及比利时等欧共体国家进行访问，同各国外长讨论了阿富汗问题、东南亚、中东局势以及波兰等问题。在同西德外长根舍谈及一旦苏联入侵波兰而采取的制裁措施时，表示日本将在"干涉发生后，立即同其他西方国家磋商"。同法国政府首脑谈到因苏联推行扩张政策而共同面临的处境时，强调今后日法两国要"建立真正的政治对话"①。1981年铃木首相访欧之时，恰逢苏共中央致函波共党中央，粗暴干涉波兰内政，加剧了欧洲紧张局势的时候。他在访欧期间，同欧共体各国领导人讨论了苏联入侵波兰的可能性与西方国家的对策。铃木表示日本密切关注波兰的局势，并对苏联在世界各地的扩张行径采取了严正的立场。主张"尽可能地使苏联不干涉波兰，如果苏联进行军事干涉，西方国家应充分协商，采取适当的对策"。铃木的主张得到了普遍的赞同。铃木还主动地向欧共体各国领导人提出了对苏三项原则：西方国家在共同对苏战略中，要根据各自的国力与国情尽到责任；有关对第三世界的援助与合作的方式，日美欧之间要充分进行协调；西方国家之间要加强团结。他还在英国皇家国际问题研究所发表的演说中，表示日本要对"西方国家所重视的中东与非洲等第三世界给予经济援助"，以便做到"用日欧合作来填补美国中东政策之不足"。铃木的主张明显地体现出日本要在"经济方面分担责任"，是对欧洲长期以来抱怨日本"重美轻欧、出多入少"的回击。《日本经济新闻》发表社论指出："首相这样完整地在对苏政策方面提出日本的外交主张，还是第一次。"《读卖新闻》也认为"这是日本在对苏战略中同欧美分担责任"②。

1982年，日欧贸易战的升级，促使日本意识到双边对话、协调、

---

① 吴德烈：《日本加强同西欧的军事联系》，《人民日报》1981年2月26日。
② 新华社东京电讯，1981年6月19日。

合作的必要性。同时，欧共体方面也认识到以往在对日要求上的进攻性做法的不利性，转变了对日态度，开始强调双边政治对话、合作的重要意义。中曾根内阁刚刚成立就派遣安倍外相出访欧洲，这是安倍上任以来第一次出访，并且首访地选择了欧洲，凸显出日本政府对西欧关系的重视程度。以安倍外相访欧为契机，通过日欧首脑间的一系列会谈，就强化日欧政治对话的必要性达成了共识，并创设了日本与欧共体理事会主席国外长政治协商会议，"这种协商的制度化，大大地推进了日欧间的政治对话"①。1984年5月9—20日，欧共体委员会主席托恩偕夫人访日。日本政府以托恩多年来对促进日欧关系的顺利发展以及在日本和卢森堡友好关系及相互理解上的贡献，授予其一等旭日勋章。5月1日，托恩在日本记者俱乐部发表了演讲，指出：日欧间的问题应该依靠合作而不是摩擦来解决。托恩的演讲恰好与日本近年来日益高涨的将日欧关系从对立向对话发展的愿望相同。

在这种背景下，日本和欧共体召开了第一次部长会议。会议主要有3项议题，双方在日欧关系议题上基本达成共识，一致认为日欧关系不能仅仅用贸易关系去理解，还应该加快推进产业合作、科学技术合作、开发援助及文化等广泛领域的合作。在此次双边部长会议上，欧共体的对日态度同以往针锋相对相比，明显发生了变化，从"对立到对话"，或者"从摩擦到合作"的态度比托恩访日时更加鲜明。欧共体对日态度发生变化的原因，主要有三点：欧共体各国经济的复苏，在对日问题的处理上恢复了自信心；以往的双边人员往来以及文化交流，增进了相互间的了解；欧共体在"第三次科技革命"浪潮中，已经被日美落在了后面，为了防备自身的衰落，欲通过同日美的产业、科技合作来扶植欧洲产业的发展。

此外还有一点原因也是非常重要的，即双方对加强日美欧三角关系中日欧一边的重视。日本认为正在一体化进程中的强大、安定的欧洲的存在，对日本是非常必要的，同样欧共体也认为在亚洲政治经济

---

① 外務省編：《わが外交の近況》，1984年，第38页。

中安定的日本的存在，对欧共体也非常重要。①

第一次日欧部长会议是在友好的气氛下进行的。日本政府对此次会议及双边政治对话和合作给予了高度评价，认为"1980年以来日欧政治合作的加强，使此前一直为贸易不平衡困扰的局面，得到了不断的改善和发展，特别是日欧部长会议的召开，使日欧间的关系氛围从'对立、摩擦'向'对话、合作'方向改进"。同时日本政府也认为政治对话的加强不能从根本上解决日欧贸易摩擦问题，"日欧间依然存在着大幅度的贸易差距，再加上欧共体各国依然存在着的大量失业人口。贸易问题仍将是造成日欧关系紧张的诱因，欧洲方面的保护主义动向会时常彰显出来"，表现出了日本政府对日欧关系及欧洲未来走向的担忧。②

日本自1976年日欧贸易战发生以来，一贯以首脑访问、定期双边事务协商的方式，被动地顺应欧共体的要求。在这场贸易战当中，欧共体始终处于主动进攻的态势，而日本则被动应战。日本采取这种做法是因为其在日欧贸易摩擦中的优势地位。长期以来，欧共体不但对日贸易连续入超，而且自身又陷入滞涨的困境，一体化进程在这一阶段较为迟缓。因而在日欧双边贸易关系上，一方面采取保守的保护措施，另一方面采取激进的进攻策略，积极要求日本开放市场。日本则采取尽量拖延的战术。日欧贸易战不断升级，由当初纯粹的经济关系问题，演变为复杂的政治问题。

在贸易战当中，日欧双方将贸易摩擦日趋激化的原因归咎于对方。欧共体认为根源在于日本对欧共体"急风暴雨式"的出口攻势和日本市场的"非开放性"③。日本官方及财界则认为贸易摩擦的原因是双方劳动生产率和商品竞争力之间的差距，"欧洲企业缺乏进入日本市场的热情"，"欧洲遵循传统，在贸易、投资上倾斜于同美国

---

① 森健良、和田浩：《新階段に入った日・EC関係》，《経済と外交》，1984年6月号，第41—42页。
② 外務省編：《わが外交の近況》，1985年，第72页。
③ 《欧州共同体对日通商宣言》，《国際問題資料》，1980年12月，第29—30页。

为代表的中近东、非洲、英联邦各国"①。"欧洲企业界的努力不足造成了贸易不平衡的进一步恶化"②。

日欧贸易摩擦没有得到及时解决反而不断激化并向政治化方向发展的原因，在于日欧双边协调机制的不健全、双方认识上的差距及双边交涉的不对称。采取积极攻势的欧共体一方，在交涉过程中，明显地表现出了委员会的权限过小，各成员国步调不统一的弱点。欧共体委员会的权限来源于理事会的指令，专门负责对外贸易交涉。这种明显的政治、经济职权的不统一造成委员会难以同对象国进行交涉。尽管在这场贸易战当中，欧共体方面由委员会出面，用"一个声音说话"，但是，在具体的运作过程中，各成员国出于自身的对日贸易利益需求，不顾委员会的规定，暗中与日本进行交涉。例如：欧洲汽车制造业代表团访问日本时，西德大众汽车公司的代表托尼·施密特（Tony Schmidt）就被讥讽为"白天反日，晚上亲日"。他利用这个时机，暗中与日本日产汽车公司就建立共同汽车制造厂进行谈判，并签订了合同。③ 日产公司总裁石原坦率地声明："这项协定为两个生产者提供了在西德装配'日产'牌汽车的可能性。"欧共体舆论界把这项合同看作是日本人"深思熟虑的一步棋"。欧共体企业界则把这项协定看作是大众汽车公司领导方面的"阴险行为"，因为它出卖了欧洲大陆其他汽车公司的利益。④

采取防守、拖延战术的日本一方，在与欧共体委员会交涉过程中，一直存在着职权不明的状况，外务省与通商产业省往往围绕着贸易交涉主导权问题展开争斗。此外，日本各省厅在与欧共体委员会接

---

① 《この変形トライアングル——日米欧三極関係現状》，《月刊 EC》，1986 年 9 月号，第 3 页。

② 《日本·EC 経済関係——貿易摩擦は解消できるか?》，《月刊 EC》，1987 年 5 月号，第 3 页。

③ ディック·ウィルソン著、北川晃一訳：《1990 年のニッポンの診断·ヨーロッパの見たその素顔》，東京：ソニー出版会，1985 年，第 189 页。

④ [苏] 尔·阿利耶夫：《日本和西欧·伙伴关系和竞争对手》，《世界经济译丛》1982 年第 1 期。

触时,"仍将委员会视作纸老虎"①。因而在贸易战中,一方面将贸易摩擦视为大事,不断向欧共体派遣外交人员,说明自身的想法,进行自我辩解,另一方面"将摩擦视为小事一桩,一味地被动做出反应,谨小慎微地做出让步,在应急情况下,即兴解决"②。但是,日欧贸易战不会使日欧双方从此衰落下去,针锋相对的斗争并不是解决的良策,只能使事态不断激化。最后日欧双方不管主动还是被动,都会认真考虑对方的要求及自身的利益,采取妥协的合作方式,在向对方做出让步的同时,调整自身的国际贸易模式,以期立于不败之地。

日欧贸易战中,日本对欧贸易动向也严重地受到了美国因素的影响。因为日本主要出口市场是美国和欧共体,如果减少了对欧共体的出口,就必然会加强对美国市场的冲击。反之,美国把日本商品拒之门外,就势必迫使日本把商品转向欧共体市场。这种三角互动的贸易格局严重地制约着日欧贸易问题的解决。20 世纪 70 年代美国限制日本电子器材进口后,大批电子产品就转而涌向欧共体市场,成为日欧贸易摩擦中最敏感的产品。1981 年 1 月,欧共体与日本在东京举行会谈,要求日本限制对欧共体的汽车出口,但是,美国马上向日本发出警告:避免接受限制协议,否则就可能妨碍日本汽车进入美国市场。

---

① ディック・ウィルソン著、北川晃一訳:《1990 年のニッポンの診断・ヨーロッパの見たその素顔》,東京:ソニ-出版会,1985 年,第 190 頁。
② 山本満、香西泰:《国際経済関係と日本外交》,《国際問題》,1984 年 3 月号,第 29 頁。

第四章　欧洲一体化的复兴与日欧关系的成熟

从20世纪80年代中期起，欧洲一体化出现新的高潮，标志是"单一市场"计划与《单一欧洲法案》的诞生。1986年欧共体《单一欧洲法案》的出台，立即引起了日本和美国的恐慌，面对欧共体在一体化目标上提出来的"1992年计划"，日美均在怀疑1992年后的欧洲是否意味着"欧洲要塞"的出现？是否意味着保护主义的泛起？尤其是日本方面，对此更为关注。但是，自1989年起，日本对欧共体的看法发生了变化，不再认为"1992年的欧洲是保护主义的抬头，而是市场机遇的来临"。因而一方面通过首脑外交的方式强化日欧关系，另一方面转变对欧贸易模式，由出口为主转向对欧直接投资，日欧间再次出现了投资摩擦问题，但是，日欧双方均以理智的态度展开协商，并在贸易摩擦问题的处理上，由对话、协调转入了实际操作过程。日欧关系发生了重大变化，双边合作的视角也由过去偏重于双方市场开放等经济问题，逐步转为全球范围内的政治、经济、安全保障等问题的对话与合作。日欧关系日渐成熟。

第一节　《单一欧洲法案》的出台与日本的反应

一　《单一欧洲法案》的出台与日本的认识

欧共体在1985年召开的首脑会议上决定加快推进欧洲一体化的步伐，将建立统一市场的期限定在1992年12月31日。该决定最后以《区域市场一体化白皮书》的形式发表。在白皮书中，阐述了为实现《罗马条约》所规定的12个成员国间劳动力、资金、劳务、资本的完全自由移动而采取的措施，并列出了时间表。1986年12月，欧共体各国签署了《单一欧洲法案》，1987年7月生效。根据该法案的要求，今后欧共体改革的重点主要在以下四个方面。

第一，在欧共体部长理事会的决策上，以多数赞成方式取代过去的一致通过原则。同时规定必须要有三个或三个以上国家才能行使否决权，以此来限制否决权。①

第二，规定了建立统一大市场的最后期限为1992年12月31日，届时在欧共体内消除所有自由贸易障碍，实现财产、劳动力、资本、劳务的自由流动，建立一个拥有3.2亿人口、占世界贸易总额40%、取消一切非关税壁垒的大市场。

第三，在欧洲政治合作领域，欧共体各国普遍将欧共体外长理事会等机构认定为关于外交政策的欧洲合作条约所规定的正式机构，并为此在布鲁塞尔专设了事务局。

第四，将欧共体诸国间的关系升格为欧洲联盟的关系，将欧洲理事会制度化，并且将修改后《罗马条约》与《欧洲政治合作条约》整合为《单一欧洲法案》。②

因此，可以说《单一欧洲法案》是欧共体确定欧洲经济一体化方针的宪法，特别值得重视的是，该法案进一步强化了欧共体各国在政治领域的合作，并将其成文化，推进了欧共体政治一体化的进程。"这一法案使《罗马条约》建立欧共体的设想开始成为现实。"③《单一欧洲法案》的发表向世人表明，欧洲一体化又将迈入一个更高的阶段。"这一法律文件的诞生，标志着20世纪80年代欧洲一体化的复

---

① 《单一欧洲法案》规定部长理事会以后审议市场一体化有关法令时，以加重特定多数票通过方式取代以前的全体一致方式，12个成员国总计投票数为76票，其中法国、西德、意大利和英国四国各10票，其余按照各成员国人口规模分配票数。如能获得54票即视为通过，进而实现一体化操作的迅速化，但是，事关税金关系等问题还需坚持全体一致通过原则。
② 外务省编：《わが外交の近况》，1986年，第170页。
③ 李世安：《世界当代史》，中国人民大学出版社1998年版，第210页。

兴终于进入了收获的季节。"① 欧共体委员会通过法案预测了市场一体化所即将取得的经济效果，分析认为：（1）激发了以投资为核心的企业活动，实现企业活动的再活性化，进而实现 GDP 4.5% 的增长率；（2）由于企业活动的活跃所带来的生产成本的降低，促使各国消费价格指数平均降低了 6.1 个百分点；（3）创造了 180 万人的工作机会和岗位，失业率下降了约 1.5%；（4）由于企业竞争力的提升等原因，各国国家财政收支平均增长了 2.2%，进而欧共体贸易收支势必达到 GDP 约 1% 的黑字效果。②

促使欧共体出台《单一欧洲法案》的原因主要是经济发展、政治整合的需求，但是，还有一个不能忽视的重大原因，即与美日抗衡。20 世纪七八十年代掀起的世界性新技术革命给日美欧经济带来了极大的影响，日美欧为争夺科技优势，展开了激烈的竞争。三方实力对比发生了显著变化。长期以来受到美国军事保护的日本实力大增，以日本为先导的亚太各国在国际事务上，发挥着越来越大的作用。欧共体在竞争中，一时落后于日美，从而产生了巨大的危机感。欧共体将以日本为代表的亚太的崛起视为一种威胁，在同日美的竞争中，产生了追赶、超越意识。因此，在这层意义上讲，《单一欧洲法案》的发表就是欧共体对来自亚太这一竞争者的威胁的一种反应。③ 此外，欧共体认为在日美欧三角关系中，"日本和欧共体本应保持更加友好的关系，但是，因为日本同美国保持密切关系，同欧洲直到现在也未能保持紧密的联系，所以在欧共体看来，日美基轴是威胁到欧共体未来的、潜在的威胁"④。

---

① 郭华榕、徐天新：《欧洲的分与合》，京华出版社 1999 年版，第 451 页。
② 通商产业省：《通商白書》，1989 年，《第 3 章主要国・地域経済の構造変化と今後の課題．第 2 節国際競争力を低下させた EC 経済と市場統合に向けた新たな動き．2. 統合に向けた EC 経済の変化》，http://warp.da.ndl.go.jp/info: ndljp/pid/1246938/www.meti.go.jp/policy/trade_policy/whitepaper/html/backnumber.html。
③ 猪口孝：《現代国際政治と日本・パールハーバー — 50 年の日本外交》，東京：筑摩書房，1992 年，第 259 页。
④ 尤利克・马丁（Iulică Madin）：《日欧はもっと親密になれるはず》，《月刊 EC》，1986 年 12 月号，第 6 页。

早在《单一欧洲法案》制订阶段，日本舆论就普遍认为这是来自欧共体的一次挑战。纷纷质问欧共体各界："是否意味着1992年欧洲保护主义集团的形成"①？是否意味着"欧洲要塞化"的启动？②

日本和其他亚太各国向欧共体发出警告，尤其是日本政府明确表示"日本政府原则上欢迎欧共体通过'1992年计划'，活跃、强化自身经济，进而对世界经济的发展，以至世界的和平和稳定做出巨大的贡献，但是，同时警惕欧共体的'欧洲要塞化'，'经济集团化'，并为此做工作，使其不要成为排他的保护主义集团"③。特别是欧共体提出了"对等主义"的原则，表示要"根据贸易对象国的市场开放程度决定本国市场开放程度"，这就更加重了日本企业的疑虑。④ 欧盟驻日代表处曾经在关于日欧通商贸易关系总结当中分析指出：自从欧洲单一市场初见端倪的20世纪80年代后半期开始，一直到90年代前半期，日本方面出于对出现"欧洲要塞"的恐惧，一直批评欧共体（后来的欧盟）此举是对日本这样的国家封闭，只准许成员国进入的俱乐部而已。⑤

日本对于"1992年欧洲计划"的分析结论来源于对欧共体贸易结构和产业结构的定性认识。日本通商产业省在1986年的《世界经济白皮书》当中，重点分析了欧共体出台的欧洲市场一体化计划，指出：

首先，欧共体各国对地区内部贸易依存度过高，在世界市场的竞争力不强且地位低下。欧共体贸易额占世界贸易份额虽然从1958年的23%扩大到1986年的40%，但是，如果观察欧共体贸易的内容即可发现，其中过半是地区内部贸易，地区内部贸易额占欧共体出口额约55%，进口额占50%。

---

① 《月刊EC》，1987年3月号，第11页。
② 白川一郎编：《米加自由貿易協定・EC統合をみる―自由貿易と保護主義・地域主義―》，東京：東洋経済新報社，1989年，第28—29页。
③ 田中俊郎：《EUの政治》，東京：岩波書店，1998年，第226—227页。
④ 张蕴岭：《世纪的挑战——建设中的欧洲共同体统一大市场》，中国对外经济贸易出版社1990年版，第216页。
⑤ 駐日欧州連合代表部：《EUと日本の経済・通商関係》，http://www.euinjapan.jp/relation/trade/current/。

其次，域外贸易壁垒的存在。尽管欧共体对外共同关税税率不断下调，但其工业品的现行共同关税率依然比美国的5.6%和日本的5.9%高出很多，达到6.8%。另一方面，还残存着相当多的非关税壁垒，同时又出现了对外启动新壁垒的动向。虽然以关税同盟的成立为基础，欧共体将通商政策全部统一到欧共体委员会那里，各成员国不能再采取个别措施，但是，历来存在的两国间通商协定还在发挥着实质性的效力。在欧共体新制订的共同进口规则中，附表中开列的部分成员国个别采取的非关税壁垒，限制数量的商品多达147项，需审查的种类还有很多。虽然在这以后，限制的商品种类不断减少，但是，由于1986年西班牙和葡萄牙的加盟，限制的商品种类一下子变成了262项，其中工业品种类就达到100项。此外，还实施认证制度、通关手续及政府调配等方面的制度性措施，以及零配件现地组装限制和产品检查制度。

第三，产业构造的固化和竞争力的低下。地域内部工业品贸易的固化进一步强化了成员国间制造业产品的出口依存度，进而给制造业的产业结构变化带来直接影响，各成员国在制造业结构上同质化程度过高，生产和雇佣结构趋同，互补性差，产业结构调整成本相应增加，造成在域外产品竞争力的低下。欧共体要想再次恢复经济活力的唯一渠道就是必须改变地域内部过于琐碎、细化的同质分工体系，朝着强化企业竞争力的方向推进。①

时任外相仓成正在国会发表的施政演说当中指出：发展与欧共体各国间的紧密和协调的关系是日本外交的重要支柱之一。欧共体由于一体化和区域内部合作的加强，将在国际政治经济舞台上占据重要地位，加强范围广阔的日欧关系也将更加重要。但是，欧共体方面围绕着贸易不平衡问题而展开的对日攻势也将极为严厉。②

---

① 経済企画庁：《世界経済白書》，1987年，《第3章"変化する国際分業体制"第4節域内相互依存関係の強いECとの比較》．http：//www5.cao.go.jp/keizai3/sekaikeizaiwp/wp-we87/wp-we87-000i1.html。

② 《第108回国会にける倉成正外務大臣外交演説》，1987/01/26，外務省編：《わが外交の近況》，1987年，第331页。

所以，在《单一欧洲法案》出台之际，日本对此抱敌视和疑虑的态度。根据通商产业省的调查，当时日本制造业即对欧共体方面保护主义提升带来的巨大压力感到不安，又对欧共体市场一体化加快后的市场规模的扩大充满期待。已经对欧共体一体化现状采取了对策的企业占12.4%，同时希望将来再商讨对策的企业也超过了半数。①

通商产业省在1989年的《经济白皮书》当中指出：虽然世界各国对欧洲统一大市场寄予很大的关心和期望，但是，另一方面，担心欧洲市场统一会使欧洲向保护主义方向推进的呼声也很高。尽管欧共体首脑宣称统一后的欧洲市场，不是欧洲要塞，也对区外国家开放。但是，欧共体近期对非成员国的出口实施反倾销规则，在内部市场，对现地生产的商品适用反倾销规则并对在第三国生产的进口商品适用原产地规则。这些做法是对乌拉圭回合所达成的加强自由贸易体制协定的背离。今后，有必要关注欧共体在这些问题的处理上，如何与GATT规则保持一致。通商产业省强调：对外封闭的经济不仅会对世界贸易的发展构成威胁，而且也会对区内经济的成长和发展产生恶劣的影响。欧共体要维持其经济的活跃发展，无论在区内贸易还是区外贸易上，必须维持、强化自由贸易体制。

同时，通商产业省还多次引用欧洲最大的会计事务所 KPMG 的调查结果，指出：欧共体内部有28%的企业认为1992年市场整合计划是"新约束的出现"，有72%的企业认为是"机遇的到来"，有过半数的企业将与其他企业合作纳入未来扩大市场规模的对策范畴，合作对象首先为自己国家以外的欧共体区内的企业，然后是自己国家企业和欧共体区外的企业。② 三井银行欧洲本部通过对驻欧日本企业以及

---

① 通商産業省：《通商白書》，1989年，《第3章主要国・地域経済の構造変化と今後の課題．第2節国際競争力を低下させたEC経済と市場統合に向けた新たな動き．2.統合に向けたEC経済の変化》，http://warp.da.ndl.go.jp/info：ndljp/pid/1246938/www.meti.go.jp/policy/trade_policy/whitepaper/html/backnumber.html。

② 通商産業省：《通商白書》，1989年，《第3章主要国・地域経済の構造変化と今後の課題第2節国際競争力を低下させたEC経済と市場統合に向けた新たな動き．2.統合に向けたEC経済の変化》，http://warp.da.ndl.go.jp/info：ndljp/pid/1246938/www.meti.go.jp/policy/trade_policy/whitepaper/html/backnumber.html。

本土涉欧企业的调查了解到,"虽然强烈感受到了日本对欧共体一体化问题的关注程度在不断提升,但是,日本方面对'欧共体一体化'的应对之策,一部分企业开展深入研究,开始凝练充分的战略,而绝大部分企业还是采取极端的抵制做法。其中最有代表性的论调就是'欧洲要塞化,日本企业遭到排斥',乃至于最极端的论调是'历史与传统、人种与语言不同的12国当然不能够形成一个主体'"[1]。

日本银行在外务省《调查月报》上发表的题为《1992年欧共体区域一体化的趋向》一文中,表露出对欧洲统一大市场的忧虑和不安。一方面希望统一大市场能够对外开放,扩大投资规模,促进世界经济的均衡发展,另一方面又担忧统一的大市场对区外国家采取保护主义的措施,导致世界经济的集团化。[2] 三菱综合研究所研究员石川谦次郎在《欧共体的对外贸易:不断强化的歧视、保护主义动向》一文中,愤愤不平地指出:欧洲统一大市场果真是对外开放的市场吗?欧共体真能够全部放弃已经沿用了近30年的对日歧视性保护主义措施吗?像日本这样因贸易政策而遭到批驳的国家,史无前例;像日本这样长期以来遭受第三国歧视性待遇的国家也绝无仅有;在这种恶劣的国际市场环境中,取得如此成就的国家,除日本外,别无它国。[3]

就在《单一欧洲法案》出台后几年的时间里,日本的对欧态度发生了显著的变化。很多日本人都知道欧共体允许任何人进入,欧共体不想变成摘掉了果子的果树园。日本政府的"欧洲要塞论"一下子转变为"市场机遇论"。

据日本通商产业省调查,日本产业界在1989年时还认为欧洲市场统一是保护主义的高涨,大力批评指责。但是,在1990年69.6%的企业认为欧洲市场的统一意味着日本在欧洲市场规模的扩大,从而

---

[1] 三井銀行欧州本部:《EC統合》,東京:講談社,1989年,第7頁。
[2] 武井昭:《21世紀は"統合EC"の時代か》,《経済往来》,1989年第41卷10月号,第93頁。
[3] 石川謙次郎:《ECの対日貿易政策をめぐって——強まる差別、保護主義の動く》,《世界経済評論》,1990年第34卷5月号,第8頁。

积极研究对策。① 认为对于日本而言，1992年欧洲已经成为他们的战略性思考对象。②

促使日本方面对《单一欧洲法案》的认识发生变化的原因主要有三点：

第一，1988年3月出版的著名的《1992年欧洲的挑战：统一市场带来的利益》。③ 该书作者保罗·切克奇尼（Paolo Cecchini）用具体翔实的数据解说了1992年欧洲统一大市场建立后的利益前景。指出：伴随着各种障碍的撤除、成本的降低、统一市场的实现，将提高企业的规模效益和促进企业间的竞争。在市场统一六年后，可能实现GNP增长4.5%，消费物价下降6.1%，增加184万人的就业机会、财政收支改善2.1%，对外收支增长1%。④ 该书的发表引起了日本的轰动，切克奇尼所预言的欧洲1992年的经济状况吸引了日本财界的关注。在日本迅速引发了"1992年欧洲"的热潮，为研究如何同欧共体国家发展关系以及在未来统一大市场的经济活动，日本许多企业进一步加强对欧共体各国市场情况的调查分析，同时有不少大公司成立了专门的研究机构，如日本九大商社之一的丸红公司于1988年成立了欧洲经济共同体综合研究会，认真研究欧共体在筹建大市场过程中将采取的286项议案的具体内容，以准备有效的对策。⑤

第二，欧共体对日通商要求的变化以及自我辩护。1988年4月，欧共体外长理事会发表了《关于欧共体和日本关系的声明》。

---

① 通商産業省：《通商白書》，1990年，《第3章東西新時代の幕開けと通商関係．第3節欧州経済の新たな展開．EC統合とその影響》，http：//warp．da．ndl．go．jp/info：ndljp/pid/1246938/www．meti．go．jp/policy/trade_policy/whitepaper/html/backnumber．html。

② 猪口孝：《現代国際政治と日本·パールハーバー50年の日本外交》，東京：筑摩書房，1992年，第272页。

③ 欧共体委员会驻华代表团团长杜侠都评价该书说："是一部卓越的参考书，它不仅透彻地阐明了欧洲分散的代价，而且也论证了无国界的统一经济市场将给欧洲共同体带来的益处。"（［意］保罗·切克奇尼：《1992年欧洲的挑战：统一市场带来的利益》，中文版前言，张蕴岭译，中国社会科学出版社1989年版。）

④ 《EC統合と日本》，《ヨーロッパ》，1993年1月号，第27页。

⑤ 黄晓勇：《欧洲统一大市场的建立与日欧关系》，《日本问题》1989年第6期。

在声明中，欧共体以往的可谓"敲打日本"的单方面对日批评和一揽子通商要求的内容大大减少了，主要是高度评价了日本进行构造调整的各项举措，表示将促进日欧经济贸易关系向正确的方向发展。① 此外，欧共体当局反复强调：在经济一体化问题上，反对建立排他性的集团，1992年计划是以遵守关贸总协定规则为前提的。欧共体甚至断定：在相互依存关系日益加强的今天，硬要构筑"要塞"是违反欧共体本身利益的，区外国家所谈的"要塞论"不过是空谈而已。1988年12月2日，欧共体罗德斯岛首脑会议宣布："欧洲统一大市场不是封闭的，1992年的欧洲是世界的伙伴，不是欧洲要塞。""欧共体将遵循关税及贸易总协定规则，对国际贸易的进一步自由化做出贡献。"② 1989年欧共体委员会出版《1992欧共体区域市场一体化》的官方声明，预测"欧共体区域市场一体化的经验今后将成为在关税及贸易总协定框架下的、包括服务在内的贸易自由化的典型。"③

第三，日本对区域经济一体化认识角度的转变。日本的多数大企业对欧洲区域经济一体化的看法，从以前徒然着眼于黑暗面（要塞化），转为着眼于光明面（市场的扩大），积极开展与之相适应的向前看的企业战略。据日本通商产业省调查，日本制造企业面对欧共体的统一，既对保护主义压力的高涨感到不安，又对市场规模的扩大抱有希望。同时多数出口企业预想到由于统一大市场的形成，欧共体企业的竞争力将会提高。对此，已经采取对策的企业占12.4%。有将近一半的企业正在探讨对策。在已经采取对策的企业当中，有1/3的企业通过设立独资公司或与当地企业合并的方式，增设在欧洲的生产据点。并且对以前设在欧洲的生产据点，进一步增加设备投资，充实

---

① 田中俊郎：《EUの政治》，東京：岩波書店，1998年，第225页。
② 石川謙次郎：《EC統合と日本——もっと経済摩擦》，大阪：清文社，1991年版，第8页。
③ Colchester, N., "A Survey of Europe's Internal Market," *The Economist*, July 8, 1989, pp. 31–43.

在欧洲的出口商品销售网络。①

日本政府当局的判断也发生了变化,即"不在理念上同欧共体方面对立,而在理解对方的立场、主张的基础上,就今后可能发生的问题和争论点适时妥善地采取对策"②。

日本政府意识到了欧共体对日态度及要求的变化,利用这一有利时机,向欧共体委员会提出:能否完全撤除各成员国对日歧视性进口数额限制。日本政府将此项要求视为试探欧共体的市场统一是否对外开放的试金石。③ 而此时正在着力废除内部过境检查制度的欧共体委员会,也想在1992年前废除贸易国别限制。因而在这一点上,日欧双方不谋而合。经过协商,1994年3月欧共体将彻底地废除残存的对日歧视性进口数额限制。欧共体的让步彻底转变了日本的看法。一时间,如何应对欧共体的挑战成为日本的热门话题。各种说法层出不穷,如"1992年的欧洲是减少日本对美国市场依赖度的契机……希望欧洲在美国经济下降时,或者美国保护主义势力抬头之时,成为日本的又一市场"④。"只要欧洲是世界上最大的区域市场,日本的对欧共体政策就应该依据事实来制定;只要日元持续升值,日本就应该扩大海外出口;只要在欧洲残存着保护主义,日本就应该在要塞建立之前,打入欧洲市场。"⑤ 日本外交人员思考"1992年的欧洲"的眼界更加开阔一点,主张"日本在消除双边经济摩擦的同时,应该以更高的视角看待欧共体";"保护主义要塞论以及被排斥的感觉是片面的,政府、企业、学术界应该认真研究一下1992年的欧洲";"为使欧洲

---

① 通商産業省:《通商白書》,1989年,《第3章主要国・地域経済の構造変化と今後の課題第2節国際競争力を低下させたEC経済と市場統合に向けた新たな動き.2.統合に向けたEC経済の変化》,http://warp.da.ndl.go.jp/info: ndljp/pid/1246938/www.meti.go.jp/policy/trade_policy/whitepaper/html/backnumber.html。

② [日]鸣泽宏英:《世界经济的地区主义和全球主义——欧共体1992年和日本》,《世界经济译丛》1990年第6期。

③ 田中俊郎:《EUの政治》,東京:岩波書店,1998年,第227页。

④ 猪口孝:《現代国際政治と日本・パールハーバー50年の日本外交》,東京:筑摩書房,1992年,第269页。

⑤ 猪口孝:《現代国際政治と日本・パールハーバー50年の日本外交》,東京:筑摩書房,1992年,第284页。

不变成要塞，有必要取得欧洲这方面的保证"；"日本应该在政治上给予援助，使其成为强大的欧洲"①。

日本学者鸣泽宏英的《世界经济的地区主义和全球主义：欧共体1992年和日本》一文可谓代表了日本学术界的观点。鸣泽宏英指出："在发展中的地区化潮流中，唯有日本一个国家被置于局外……这已成为不可逆转的现实潮流。这样一来，只有日本被留在外边，为了避免成为世界孤儿这种最坏的事态，必须探求迅速有效的对策。"鸣泽提出了三点建议：（1）在宏观经济上，要尽最大努力、最大限度地利用关贸总协定的自由、公平原则。（2）在微观经济上，对于将会兴起的歧视乃至保护主义的动向，要积极展开先发制人意义上的企业战略，还要防止这种战略所带来的副作用或反作用。（3）更进一步致力于同亚太地区的经济交流与合作，不失为日本对外经济政策的重要支柱。为了保护日本和亚太地区的整体利益，也不妨祭出亚太这张牌。②

上述议论无不集中在市场准入问题上，表现出日本对1992年欧洲市场的思考是单向的，根本未考虑到自身的市场问题。但是，这些思考显示出一种积极进取的精神，变被动为主动，不再消极防守，而是主动出击。

二 欧共体对日欧关系的总结与分析

20世纪80年代末的日欧关系已经发展到了渐趋成熟的阶段，特别是在经贸关系、人员交流和政治合作方面，日欧双方开展了多元对话与交流。欧共体改变以往较为生硬的对日言论和看法，通过《关于日本·欧共体关系的外长理事会宣言》和《欧共体委员对日关系报告书》等形式认真总结和分析了日欧关系的现状与发展趋势，并提出了一系列建议。

（一）外长理事会关于日欧关系宣言书的发表

1985年6月19日，欧共体外长理事会在布鲁塞尔发表了关于日欧

---

① 《欧州から見た日美欧関係》，《外交フォーラム》，1989年2月号，第47、54页。
② ［日］鸣泽宏英：《世界经济的地区主义和全球主义：欧共体1992年和日本》，《世界经济译丛》1990年第6期。

关系的宣言书。外长理事会在该宣言书中表达了对日本开放市场进展缓慢的不满，指出：虽然欧共体为了要求日本开放市场进行了多年的努力，但是，日本政府和欧共体委员会近期的协商结果非常不理想，进程缓慢且没有带来积极的后果。欧共体方面的担忧没有引起日本方面的重视，因而强烈批评日本，维持和强化多边贸易体制应该是日本和其他西方伙伴共同的责任，尽管日本通过这个多边贸易体制享受到了极大的利益，但是，到目前为止根本没有做出与其经济实力相符的贡献。

由此，理事会不得不想起共同体的决定，即继续与日本政府进行协商，并且在日本推进开放市场政策期间，对日本冻结 GATT 手续。特别是日本的贸易黑字及经常性收支黑字将持续增长，可以想见日后还将持续增长。其结果势必给现行的多边贸易体制造成越来越大的压力，进而引起保护主义的高涨。因此，共同体期待着日本政府最近发表的种种贸易政策能够尽快地起到极好效果，特别是 1985 年 4 月 9 日的对策。现在东京方面已经在制定中的 3 年市场开放进程表，通过欧共体对日产品及加工农产品的出口额的显著、持续增长，已经得到了极好的证明，因而日本方面开始得到了共同体方面的信任。同样的，日本金融市场的自由化及日元的国际化也是极为重要的。

理事会将适当地劝告共同体委员会，尽快地将理事会 1985 年秋所预订的讨论内容及决定透露给日本，作为敦促日本的平台，并尽快开展改进共同体与日本关系的各项准备工作。①

欧共体外长理事会的对日关系宣言书得到了欧洲理事会的高度重视，并以总结报告的形式加以响应。1985 年 6 月 29 日发布了《米兰欧洲理事会总结报告》，其中关于对日关系部分指出：（1）欧洲理事会探讨了关于与日本的通商问题，特别是对 6 月 19 日的外长理事会所表达的重大疑虑进行了重点讨论，并重点指出欧洲理事会也对此抱有同样的疑虑。（2）欧洲理事会特别讨论了日本在保护和强化多边贸易体制上，应该与西方伙伴相一致的责任问题。（3）欧洲理事会

---

① 《日本・EC 関係に関する EC 外相理事会宣言》，1985/06/19，外務省編：《我が外交の近況》，1986 年，第 465 页。

完全支持外长理事会关于日本持续、显著增大进口欧洲产品和农产品数额的要求。同时，欧洲理事会强调日本开放金融市场及日元国际化的重要性。(4) 欧洲理事会要求共同体理事会将欧洲方面的疑虑和担忧全部转达给即将访问欧洲的中曾根首相。①

（二）欧共体委员会对日关系报告书的发布

1986年2月9日，欧共体委员会向欧共体部长理事会提出了《对日关系报告书》。报告书首先用数据揭示了日本持续四年的贸易收支黑字的增加以及欧共体对日贸易赤字增大，借此说明日欧贸易逆差存在的事实及困境。报告书指出：根据OECD的统计数据，日本1984年的经常性贸易收支黑字总额为350亿美元，1985年达到450亿美元，1986达到580亿美元，预计1987年将达到620亿美元。共同体委员会认为，虽然根据发达国家会议（G5）的决定，日元必须升值，但实际上日元对美元升值了25%，而对欧洲货币单位（ECU）②则只升值了7%。欧共体委员会分析认为，日本政府所采取的各项对策的实际效果并不明显，也仅仅限于扩大内需所采取的进口政策有效，历时3年的动作、程序在短时期内还很难看到效果。而共同体的对日赤字却大幅上升，1983年140亿埃居，1984年165亿埃居，1985年189亿埃居。

其次，报告书阐述了对日本当局政治意图的看法，指出共同体已经察觉到日本当局对与主要发达国家间的贸易黑字问题上态度发生着相当大的变化。关于贸易结构改革的必要性已经在日本最高层的中曾

---

① 《ミラノ欧州理事会結論文書（対日関係部分・要旨）》，外務省編：《わが外交の近況》，1986年，第465页。

② 欧洲货币单位（European Currency Unit，ECU），又称埃居。是欧洲共同体国家共同用于内部计价结算的一种货币单位，是欧洲货币体系的关键一环。1979年3月13日开始使用。欧洲货币单位是欧洲货币体系的核心，它由德国马克、法国法郎、英国英镑、意大利里拉等12种货币组成。组成欧洲货币单位的每一种货币在欧洲货币单位中所占的比重一般每5年调整一次。欧洲货币单位的主要用途是：用作确定各成员国货币之间的固定比价和波动幅度的标准；用作共同体各机构经济往来的记账单位；用作成员国货币当局的储备资产。20世纪90年代以后，欧洲货币单位的使用范围逐步扩大，为实现欧洲货币联盟打下了良好的基础。ECU自建立以来，使用范围逐步扩大。除共同体国家外，西欧各商业银行和金融市场也开始办理以ECU计价结算的存款、贷款、发行债券、国际贸易结算、旅行支票、信用卡等业务。其作用已为越来越多的国家所重视。

根首相那里得到了确认,预计3月份由"国际合作经济构造调整"研究小组向日本方面提出关于为调整贸易不均衡而进行必要的构造改革的劝告。

报告书最后提出了三项对日工作重点目标。即加强与日本的对话和合作;以均衡恢复日欧经济关系为目的,促使日本进一步对欧共体开放市场;努力促使日本改善欧共体企业在日本市场的准入条件。① 欧共体外长理事会在以纠正日欧贸易不平衡为目的的《对日战略》当中,提出了四项对日工作课题:明确工业品进口数额;进一步扩大内需;促进金融资本市场的自由化;改善经济结构。②

(三) 欧共体外长理事会对日要求开放市场的结论

1986年3月10日,欧共体外长理事会发表了一项措辞强硬的要求日本开放市场的结论,强烈要求日本市场尽早向外国进口商品开放。结论中对于日本政府1985年秋季以后在市场开放与美元调整中所做的努力给予积极的评价,另外又针对1985年将近500亿美元的日本经常性收支顺差,指责它给多边贸易、结算系统带来紧张。警告说:"可能采取行动,使东京丧失它根据关税及贸易总协定在全世界范围内获得的让步。"强调为了解除日本经常项目总盈余对多边贸易和支付体系日益加剧的压力,必须尽快取得实质性成果。各国部长要求欧共体委员会"继续对日本施加压力,迫使日本市场在严格的限期内更大幅度地、更加有效地放宽限制",建议委员会应"彻底研究"根据GATT第23条第2款对日本的贸易方式提出异议时的可能性,这可能意味着使日本丧失它到目前为止得到的其他贸易伙伴国的一切让步。

外长理事会同时要求日本应该"指出人们可以指望它将在什么时候和用什么方法使进入日本市场的制成品和加工品大大增加,以及增

---

① 《EC委员会对日关系报告书(要旨)》,外務省編:《わが外交の近況》,1986年,第523—524页。

② 通商産業省編:《通商白書》,1986年,《第1章拡大した貿易不均衡と世界経済環.第6節貿易摩擦問題への対応.最近の日・EC間の通商問題》,http://warp.da.ndl.go.jp/info:ndljp/pid/1246938/www.meti.go.jp/policy/trade_policy/whitepaper/html/backnumber.html。

加到什么程度"。声明中列举的其他要求有：及早进一步采取措施有效地刺激国内的需求，加速日本金融市场的自由化，使日本的经济结构与其伙伴国的经济结构一致起来。①

在欧共体外长理事会结论中值得注意的是：将日本市场封闭性问题提交国际关税贸易机构的多国间的协议上继续进行彻底研究，以有力地牵制日本，并表示要在1986年秋开始的多边贸易谈判及其准备会议上把对日贸易的不均衡问题提出来。甚至断言：为促进工业品、加工农产品的进口趋势，只要日本不采取彻底解决办法，便有可能不把新一轮的多边贸易谈判的优惠待遇给予日本。②

日本外务省认为欧共体外长理事会发表的对日关系结论"如果同10月发表的对日关系报告相比，比起强硬提出努力打开日本市场的必要性而言，采取了相对较为平衡的策略，基本上反映了欧共体各成员国强烈的对日强硬姿态与意向，反映了严峻的形势，今后的日欧经济关系走向不容乐观"③。

三 日本政府的化解之术

（一）《前川报告书》

20世纪80年代末的日欧经济关系虽然没有像1985年那样紧张，但是，由于日欧贸易逆差的存在，欧共体方面的对日不满情绪随时有可能爆发出来。

1986年4月，日本政府经济财政咨询会议"构造变化与日本经济"专门调查会讨论审议了前川春雄（国际协调经济结构调整研究会会长、原日本银行总裁）起草的《国际协调经济结构调整研究会报告书》（通称《前川报告书》）。该报告分析认为，"日本的大幅经常性收支不均衡状态的持续扩大，无论是对日本的经济运行，还是对世界经济的协调发展，都将造成危机。当前，日本已经迎来了转换历

---

① 路透社布鲁塞尔英文电，1986/03/10。
② [日] 川田侃：《国际经济摩擦》，方桂芝译，辽宁人民出版社1991年版，第55—57页。
③ 外务省编：《わが外交の近况》，1986年，第180页。

来经济政策以及国民生活方式的重大历史时期,如果不进行这样的转换,就难以实现日本的大发展"。该报告书基于维持、强化自由贸易体制,实现世界经济持续稳定发展的基本原则,向国内外,特别是向欧美各国明确说明,出于将日本经济结构从出口主导型转变为内需主导型的必要,日本将积极调整经常性贸易收支的不均衡,以及提高国民生活水平等。① 报告认为:"唯有实现世界经济的持续与稳定发展,日本经济的发展才能够得以实现,因此有必要自主调整日本的经济结构。同时世界经济的发展离不开各国的努力与合作,因此完全有必要实现经济结构调整等方面的政策协调。"建议采取遵循市场原理的各项措施,即站在"面向国际开放的日本"与"原则自由,例外限制"的立场上,进一步改善市场准入条件与彻底推进限制缓和的各项措施。针对日本经济结构调整与缓解日欧贸易摩擦问题,建议:"为实现国际协调型经济,实现内需主导型经济的发展,根本转换进出口政策和产业结构,同时构建一个稳定运行的汇兑市场,进一步推动金融市场的自由化与国际化。尤为重要的是通过国际合作,积极贡献于世界。"②

《前川报告书》在1986年7月召开的东京发达国家首脑会议上,被作为"一项事实上的国际公约被披露出来"③。

1986年9月,在乌拉圭召开的GATT部长级会议上,欧共体方面展开了关于"利益均衡论"的论争,表现出了想彻底追究日本责任的严厉姿态。日本方面则反驳称:欧共体方面存在着一种与GATT所追求的自由多边贸易体制不相容的管理贸易体制的危险主张。在这样背景下,12月在布鲁塞尔召开了日欧部长级会议,日本的外相、通商产业大臣和科学技术厅长官出席了会议,日方代表就缔结产业合作

---

① 矢口芳生、岩城成幸编:《産業構造調整と地域経済》,東京:農林統計協会,1990年,第8—9頁。
② 《国際協調のための経済構造調整研究会報告書(前川レポート)》,1986/04/07,《日米関係資料集》,第1097—1104页,http://www.mizuho-ri.co.jp/publication/research/pdf/research/r080501keyword.pdf。
③ 《平成版前川レポート》,《みずほりサーチ》,2008年,第13頁。

中心的设立等双方合作问题表达了积极的意向,促成了日欧双方合作氛围进一步融洽,同时也促成了解决诸多个别问题的先兆的出现。但是,由于1986年欧共体对日贸易不均衡的持续增长,以及由于日元兑美元的升值,日本可能将对美出口转向对欧出口,欧共体的对日言论再次犀利起来。

1986年12月6日,在伦敦结束的欧共体首脑会议又发表了联合声明,强烈要求日本采取紧急有效的措施,迅速改善日本同欧共体之间的经济关系。声明特别强调指出,日本能否首先撤除酒类进口的关税壁垒,是日本能否开放市场的试金石。日本舆论界认为,欧共体发表联合声明,向日本提出明确的要求,这是没有先例的。这说明日本同欧共体之间的贸易摩擦急剧激化。进而日本经济专家建议,面对日益严峻的日欧经济关系,日本应当对欧共体提出的扩大内需、开放市场、改善流通机构的要求予以认真地对待,努力进行产业合作,促进直接投资。当前最主要的是要尽快对成为焦点的酒类问题等做出具体的答复。如果听任日欧经济摩擦继续恶化,将不可避免地酿成政治问题。①

1987年3月16日召开的欧共体外长理事会再次严厉表示对贸易不均衡的持续恶化感到遗憾,并将此认识载入对日关系总结报告当中。欧共体委员会主席德洛尔(Delors)警告说,"如果日欧现在的状况继续下去,将使双方的关系不可收拾"。日本政府辩解指出:日本方面为了促使与欧共体间的贸易朝向均衡的方向发展,已经付出了种种努力。同时反驳了欧共体方面的对日误解与曲解,提出对欧共体方面所提出的"利益均衡论"与"进口数量目标"感到遗憾,并提出期待着欧共体方面能够正确对待日本所提出的对日歧视性进口数量限制等重大问题。正如日本外务省所认识到的那样,"只要日本方面对欧大幅出超状况不变,欧洲方面的对日不满情绪也就无法化解"②。

欧共体方面基于上述对日认识,于1987年6月确认了对日进口

---

① 外务省编:《わが外交の近況》,1987年,第131页。
② 外务省编:《わが外交の近況》,1987年,第131页。

零部件采用反倾销规则,再次显示了严厉的对日姿态。此外,欧共体委员会就进口酒问题、半导体问题,向关贸总协定提起针对日本的诉讼请求。另一方面,为了协商汽车、医疗器械、化妆品的基本标准认证问题,欧共体方面派出专家组两次访日,与日本有关省厅官员展开对话。1987年7月东京举行的日欧高级论坛上,欧共体方面再次表达了对日本因为大幅贸易不均衡和将对美出口转向对欧出口的担心,希望日本能够进一步改善市场准入条件,敦促日本政府出台调配措施方案,至少进口10亿美元的外国产品。日本方面则坚持以往的做法,详细说明日本政府所采取的、包括紧急经济措施在内的各项努力工作,并指出日本当前对欧进口已经显示出超过对欧出口的增长率。

尽管1987年春以后,日欧贸易不均衡依然很大,但是,日本的对欧进口率显著提升,并大大超过了对欧出口率,加之此时日欧间直接投资的显著增长,欧共体方面的对日态度开始呈现出若干软化的征兆。① 表4-1展示了1984—1989年上半年日欧间贸易的基本情况。

表4-1　　　　　　　　**日本EC贸易统计**　　　　（单位:10亿日元）②

	出口	进口	收支
1984年	4598（4.5）	2211（14.6）	2387（△3.3）
1985年	4768（3.7）	2127（△3.8）	2641（10.6）
1986年	5174（4.5）	2348（5.6）	2825（3.5）
1987年	5488（6.1）	2565（9.2）	2923（3.5）
1988年	6003（9.4）	3083（20.2）	2920（△0.1）
1989年（1—7月）	3727（6.9）	2096（18.9）	1630（△5.5）

注:1.（ ）内是对前一年（同期）比增减率（%）;2.1986年对前一年同期比包括1985年欧共体十个成员国及西班牙和葡萄牙在内的比率;3.1989年数据是1—7月份的速报统计数据。

---

① 外務省編:《わが外交の近況》,1988年,《第3章各地域情勢及び我が国との関係.第4節西欧.4.我が国との関係—《日欧新時代の開幕》.（2）好転した日欧経済関係》,http://www.mofa.go.jp/mofaj/gaiko/bluebook/1988/s63-3-4.htm。

② 外務省編:《わが外交の近況》,1989年,《第3章各地域情勢及びわが国との関係.第5節西欧.3.わが国との関係.（1）日米欧三極間の協調と日欧関係》,http://www.mofa.go.jp/mofaj/gaiko/bluebook/1989/h01-3-5.htm。

第四章　欧洲一体化的复兴与日欧关系的成熟

从20世纪80年代中期开始到90年代初，日本对欧共体直接投资额激增，因而直接投资逐步成为日欧新经济摩擦的火种。1984年，日本对欧共体直接投资额为15.5亿美元，1986年为33.2亿美元，1988年为83.3亿美元，1989年为140.3亿美元。[①] 但是，由于日本对欧共体投资主要集中在金融、保险领域，导致欧共体方面强烈主张日本增大对雇佣机会较大的制造业部门的投资，同时，强调基于互惠的立场，欧共体银行等金融机构应该具有在日本国内自由活动的权利。[②]

1988年1月26日，西德《法兰克福汇报》刊登了彼得·霍尔特（Peter Forte）题为《微笑攻势——日本欧共体之间的关系》的文章。文章重点分析了日欧间日趋复杂化的经济关系，担忧地指出了日本采取的所谓"微笑攻势"将进一步激化双方的矛盾，丝毫无益于贸易摩擦问题的解决。文章指出：布鲁塞尔欧盟委员会官员感觉到了日本的微笑攻势。日本方面的种种话语和姿态向他们表示，这个日出之国改革思想和重新确定方向的过程开始了。事实上日本政府似乎比以前更加注意欧洲共同体；日本人重视欧洲人对东方出口能力的担心，并答应进一步为欧洲产品开放本国市场。然而关系仍然是紧张的，单是从布鲁塞尔委员会经常采取反倾销的做法就可以看出这一点。如果欧洲共同体和日本这两个贸易巨人带着限制额、惩罚关税和报复性关税的制度一起进入90年代，那么这会使双方主张自由贸易的人都感到压抑。受大批失业困扰的欧洲人倾向于遏制日益增多的日本产品涌入，而日本始终不太乐意开放本国市场，这都是令人遗憾的。[③]

1988年4月，欧共体外长理事会发表了《关于欧日关系的声明》，该项声明的内容与以往历来单方面的对日批判态度明显不同，提出了令日本方面感到欣慰的评价：日本正在进行的经济结构调整以及从欧共体进口的增大等，对于改善日欧经济关系做出了贡献。[④] 同年12月，在罗德岛召开的欧洲理事会上确定了推进自由贸易体制的

---

① 土屋六郎监修：《EC统合と日本》，東京：中央経済社，1993年，第94—95页。
② 衆議院事务局：《第10回日本·EC议员会议报告书》，1988年，第46—47页。
③ Frankfurter Allgemeine Zeitung（FAZ），1988/01/26。
④ 外务省编：《わが外交の近况》，1988年，第245页。

方针,强调欧共体不是"欧洲要塞",将积极致力于推进国际贸易的进一步自由化。①

(二) 竹下内阁的"日美欧正三角形论"

1987年11月竹下登上台组阁,在对外方针上十分重视日欧关系,强调"西欧各国与日本、美国共同拥有自由、民主主义、市场经济的基本价值观和制度。在当今呈现出重大变动态势的国际社会中,日本今后要发挥更大的国际作用,为此,日美欧三极间的协调极为重要。日美间维持着密切的关系,同日美关系、美欧关系相比,日欧关系还很淡薄,因而强化日欧关系对于发展平衡的三极协调体制非常必要","日本政府将同西欧各国的协调作为日本外交的支柱"②。竹下登首相为了加强日欧关系,也为了探询欧共体及其成员国关于统一大市场的真实想法,在1988年4—6月两次访问欧共体。竹下访欧期间,在一些最容易引起经济摩擦的问题上,做出了一定的让步,宣布将对欧共体采取一些开放市场的措施,如下调高级威士忌的进口关税、在开放国内建筑市场方面,给予欧共体以对美国的"同等待遇"等。③

欧共体各国领导人则向竹下保证统一大市场的开放性。竹下在与欧共体各国领导人会谈中,始终强调加强日欧关系以平衡日美欧三角关系,并正式提出了"日美欧正三角形论"。在5月2日意大利总理奇里亚科·德米塔(Ciriaco De Mita)主持的欢迎午宴发表演讲时强调:"我坚信支撑世界和平发展的支柱完全在于日欧美三极的合作与协调。强化与不动摇这个关系的基础主要是基于三极间相互理解的紧密合作关系。我个人认为,构成相互理解的前提就是关系国间及国民间的信赖与友情的构建。"④

5月4日,竹下登在伦敦发表了题为《日欧新时代的开幕》的演

---

① Kenjiro Ishikawa, *Japan and the Challenge of Europe 1992*, London: Printer Publishers Limited, 1990, p. 11
② 外務省編:《わが外交の近況》,1988年,第209页。
③ 新华社东京电讯,1988年5月6日。
④ 《デミータ首相主催午餐会における竹下内閣総理大臣のスピーチ》,1988/05/02,《竹下内閣総理大臣演説集》,東京:日本広報協会,1990年,第168—171页。

说，提出在新世纪即将到来的今天，最为重要的是具有共同价值观的日美欧三极必须承担起各自的责任，同时为了世界的和平与繁荣，要团结合作。但是，由此三极构成的三角形当中，无可否认的是日欧关系一边，与日美和欧美其他两边相比还很难说是密切的。但是，随着近年来国际形势的变化和西欧各国国际影响力的增大，绝对不能允许日欧间这种事态的存续，国际社会相互依存关系已经深化到难以想象的程度，无论在经济上，还是在政治上，必须强化日美欧间强大且平衡的协调关系。明确地提出了"贡献于世界的日本"的口号，并具体阐述了"国际合作构想"，即加强国际文化交流、加强维护国际和平方面的合作、加强政府开发援助。重点强调了扩大文化交流，特别是人员交流、知识交流的重要性。认为唯有广泛的文化交流才能够超越体制与价值观的差异，在民族间相互尊敬和理解的基础上，顺畅地推进政治和经济领域的关系，因此可以说，文化交流是根源。

竹下登将"国际合作构想"落实到日欧关系上，提出了"心心相印日欧文化交流计划"。竹下称："日欧文化交流应开辟欧亚之间'崭新的心灵相通之路'，以有助于创立面向21世纪的新时代文化"。其内容有：创设欧洲科学研究人员到日本进行一年合作研究的制度；提议日欧双方共同探讨科学技术领域的合作方法；设立日英2000年委员会、日法文化会馆等机构。竹下登的"国际合作构想"勾画了20世纪90年代日本对欧共体政策的基本轮廓，竹下登以后的各届内阁的对欧政策基本上因循了这一框架。

"心心相印日欧文化交流计划"标志着日本对欧文化外交政策的制度化与规模化，也标志着日本对欧政策的渐趋完善，对欧外交渠道的拓宽。日本通过竹下登的访欧，与欧共体各国在各个领域都加强了合作，不仅在双边关系中建立了副部长级定期事务会谈制度，经常就双方共同关心的问题交换意见，协调立场，而且分别与被誉为"欧共体三驾马车"的英、法、德建立了"贤人会议"，促进双方之间的官民合作。[1]

---

[1] 《竹下登内閣総理大臣スピーチ〈日欧新時代の開幕〉》，1988/05/04，外務省編：《わが外交の近況》，1988年，第346—352页。

在 5 月 5 日西德副总理根舍（Hans-Dietrich Genscher）主持的欢迎晚宴上，竹下登特别强调了加强日欧关系的重大意义，他指出："当今的国际社会已经发生了前所未有的变动，保障世界和平与繁荣最为必要的就是拥有自由、民主主义以及开放经济等共同价值观的日美欧在承担起各自的责任的同时，保持合力。因此，为了构筑三极间的平衡关系，必须进一步强化和扩充日欧关系。"竹下不断强调出访西欧各国的目的就是"真正提高在当今国际社会不断增大国际作用与责任的西欧各国与日本间的关系，进一步推进发展所谓的'日欧新时代'"[①]。

1988 年 6 月，在西方七国首脑会议上，竹下宣布，日本决定在伦敦设立"生命科学研究基金财团"，计划 20 年内研究费用为一万亿日元（约 76.92 亿美元），其中一半由日本出资。日本在海外设立如此大规模的财团还是第一次，其目的是推动日本与世界各国，尤其是与欧洲科学家之间的合作，以探索人类生命科学，解开 21 世纪科学最大的课题——脑运动与神经信息传递结构的难题。竹下对欧外交还大打情感牌，力图通过强调日本与西欧各国间的友好交流史拉近日欧距离。1989 年 4 月 3 日，竹下在首相官邸接见意大利总理奇里亚科·德米塔（Ciriaco De Mita）时就强调："东方有句名言'有朋自远方来，不亦说乎！'日本与欧洲虽然距离遥远，但是，由于我们心心相通，通过不断加强联结我们心与心的纽带，使我们真切感受到'地球是我们人类共同的家园'。"[②]

竹下所谓的"正三角形论"是指通过强化日欧关系，改变日美欧三角关系的不平衡框架，构筑一个正三角形。竹下登"正三角形论"的提出反映出日本政府对欧共体建立 1992 年的统一大市场的信心，以及急切想通过加强日欧关系减轻对美国的依赖的心理。但是，欧共体各国不太接受竹下登的"正三角形论"，认为在日美欧三角关系现状中，美国处于主轴地位，"像国王一样位于三角形的顶点"，而日

---

① 《ゲンシャー副首相主催晩餐会における竹下内閣総理大臣のスピーチ》，1988/05/05，《竹下内閣総理大臣演説集》，東京：日本広報協会，1990 年，第 172—175 页。
② 《デミータ伊首相歓迎宴における竹下内閣総理大臣の挨拶》，1989/04/03，《竹下内閣総理大臣演説集》，東京：日本広報協会，1990 年，第 237—240 页。

本又一直推行"日美基轴"的外交战略。日本提出这样的论调无非是因为"遭到了美国的冷落，才向欧洲献媚的"①。

第二节　海部内阁对欧政策及其影响

一　海部内阁的"欧洲政策"

1989年初的欧共体各国权威媒体针对日本企业在欧共体市场的直接投资和"螺丝刀"工厂的设置，发起一轮新闻热战，连篇累牍地发表谴责性的文章。1月，法国商业杂志《新经济学家》刊发的文章尤为醒目，标题竟然是《东洋杀手：请看日本人是如何耐心而又无情地组成包围圈来抑制法国及其他国家经济发展的》；西德的《明镜》周刊也分三次连载了一篇题为《长期的战争：日本的成功、战略、目标及失利，出口机器》的长篇报道。② 欧共体新闻媒体的舆论报道无不体现出欧共体上下各界对日欧经济摩擦的高度关注与对日本的警惕心理。

1989年2月3日，日本三塚通产大臣访欧时，对欧共体主席德洛尔提出处理日欧经济关系的三项指导原则：建立多层次的合作关系；通过竞争与合作扩大均衡；个别问题及时处理解决。德洛尔立即表示赞同与欢迎。

1990年1月，海部俊树首相出访英国、法国、比利时、意大利、西德和欧共体。海部此行的目的按照日本外务省的说法有三点：表明日本是国际秩序主要责任的承担者；强化日美欧三极中联系较弱的日欧关系；加强日本在有关亚太地区事务上的政治发言权。

而日本媒体关于首相访欧的目的的评论较为直接、明确、具体，指出海部此行的目的也有三点：跻身于"政治大国"行列，发挥"政治大国"作用，试图"以日美欧三极为主导形成世界新秩序"；加强同西欧的对话与协调，拓展东欧新市场，为日本企业进入这一地区创造条

---

① 《欧州から見た日米欧関系》，《外交フォーラム》，1989年2月号，第50页。
② 胡晓伟：《摩擦不断升级的日欧贸易》，《现代日本经济》1990年第6期。

件；改善自民党形象，将外交战略上的得分用于即将展开的大选。①

海部访欧是在欧洲对日本"既欢迎又警惕，既期待又不安"这样一种错综复杂的气氛中进行的。海部同欧共体各国首脑会谈时，不厌其烦地一再表明日本"独特的外交方针"，强调要在政治、经济、文化等所有方面进一步密切日欧关系。

海部在1月9日德国总理赫尔穆特·科尔（Helmut Kohl）主持的午餐会上发表演讲时一再强调："东欧的变革具有超出欧洲地域的、从根本上改变东西关系框架的世界意义，日本决意在东欧各国寻求改革援助之际，将作为发达民主国家的一员继续做出贡献。"② 在西柏林德日中心发表讲话时，明确提出"日本不仅应在东欧发挥经济作用，而且应在东欧发挥政治作用"。其目的就在于借"援助东欧民主、市场经济改革"之名，行作为西方一员"参与国际社会"、规划世界，尤其是欧洲新格局之实。海部反复强调"日本要支援东欧的改革，积极参与形成新的国际秩序"，宣布给波兰和匈牙利两国以19.5亿美元的官方信用贷款，决定组织由日本著名的企业家和政府官员组成的投资调查代表团访问波匈两国。海部首相提出的欧洲政策的推行对象比以往有很大的变化。以往欧洲政策的推行对象主要是欧共体，但是，在欧洲局势发生变化的条件下，欧洲政策框架也随之扩大，将东欧纳入欧洲政策框架内。

二 欧美媒体对海部欧洲政策的评价

海部的外交新姿态，引起了欧美各大媒体的浓厚兴趣，纷纷发表评论。就在海部首相访问法国前夕的1990年1月10日，法国总理克勒松（Classon）在接受法国《经济报》采访时指出："日本已经非常明确地成为我们的敌人。日本不遵守规则，妄想完全征服世界。"③

---

① 李德安：《海部的欧洲外交》，《世界知识》1990年第4期。
② 《コール首相主催午餐会における海部内閣総理大臣の挨拶》，1990/01/09，《海部内閣総理大臣演説集》，東京：日本広報協会，1992年，第213—215页。
③ 《日本は敵、仏の対日タカ派クレッソン欧州問題相が発言》，《朝日新聞》，1990/01/13；石川謙次郎：《EC統合と日本》，大阪：清文社，1991年，第280页。

第四章　欧洲一体化的复兴与日欧关系的成熟

此言一出，引起轩然大波，日本各媒体纷纷谴责克勒松的言论。①

法国《勒芒报》在1月19日发表了题为《日本外交的再生》的社论，社论指出："非常高兴地看到日本从以往主要是发挥经济的、区域的作用的框架中摆脱出来，开始全球规模的外交"。《费加罗报》也适时地刊发了巴黎市长希拉克（Jacques René Chirac）的题为《与日本结盟》的文章。英国《泰晤士报》在海部访欧出发前就发表社论，认为"海部此行有着史无前例的重大的政治意义，可以说首相选择了绝妙的时机，将日本想发挥更大国际作用的想法阐述出来"。美国《纽约时报》在13日发表社论指出："日本在这次访问中史无前例地、明确地表现出了使用经济实力承担国际责任的政治目的"。日本舆论认为：海部首相之所以能够得到欧美舆论的好评，完全在于这次访问是一次"在国际贡献理念的指导下带着具体的贡献方案（指援助东欧）的访问"，"这种国际贡献理念及其方案缺一不可，无论缺了哪一个，首相访欧都将遭到'只出钱不出力'或者'耍嘴皮子'的批判"②。

海部访欧取得了一定的成果，达到了预期的目的。所访各国首脑一致赞赏海部此行比较适时，而海部也"深切感到访问国对日本都寄予莫大的期望"。海部同各国首脑会谈时，双方几乎都认为"日本不仅要密切同美、苏、中等周围国家的关系，而且加强同欧洲的关系亦是不可缺少的"。从这一意义上说，海部欧共体之行对日本意义重大，日本政府在1990年的《外交蓝皮书》中总结到："构建民主、繁荣的欧洲对国际秩序的形成是非常必要的"，"日本作为国际秩序的主要承担者，对欧洲新秩序的形成，做出了应有的贡献"③。

但是，欧洲在欢迎的同时，也表露出了一些冷淡和警惕。认为日本所以支援东欧是为了让日本企业打入东欧，一些国家的"对日猜疑者"

---

① E・クレッソン：《日本は覇権主義である》，D. ピエール＝アンドワーヌ、山本一郎訳：《欧州を脅かす日本》，東京：サイマル出版会，1992年，第193頁。
② 竹中繁雄：《世界は海部訪欧をどう見たか》，《外交フォーラム》，1990年2月号，第77頁。
③ 外務省編：《わが外交の近況》，1990年，第229頁。

指出:"日本席卷东欧市场的意图是因为看准了1992年欧洲的统一趋势,从而将东欧看作是突破西欧要塞的特洛伊木马","席卷欧美市场的日本企业已抓住时机要到东欧做生意"①。英国的新闻记者直接诘问海部:"难道援助东欧不是为了让日本企业到东欧赚钱吗?"使海部一行深切地体会到"欧洲的认识与日本方面的意图大相径庭",加重了"日本有可能被排除在欧洲新秩序之外的焦虑感"。如何彻底消除欧洲对日本的疑虑和敌意,如何帮助欧共体的1992年统一大市场成为自由、开放的市场,成为日本政府对欧共体工作的重大课题。

三 欧共体对日态度的变化

1991年5月,欧共体委员会主席德洛尔访问日本,同日本首相海部俊树进行了两次会谈,并与日本政财经界的领导人就日欧双边关系交换了意见。德洛尔表示:为了构筑今后的日欧关系,要进一步加强日欧间的政治对话,全面强化、发展此前被忽视的双边关系。对此,日本方面提议推进日欧双方全球规模的合作关系,在环境、开发援助、科学技术等领域,开展对话与合作。德洛尔坦诚地表示:此前,欧洲过于忽视乃至不了解日本,正是因为这样,所以当欧洲面对日本以尖端技术为武器席卷欧洲时,产生一种恐惧感。强调日欧此时正面临千载难逢的全面合作时机。但是,日欧间的个别经济摩擦问题的解决依然没有进展,欧洲坚信日本的市场是封闭的,尤其是日欧贸易不平衡问题已经超过了日美间的不平衡,这种态势持续发展下去,最终难以消除欧共体内部的抱怨、指责情绪。为此,建议日本政府不要只顾金钱利益,应该拿出"经济大国的雅量"。德洛尔在阐述欧共体对外经济政策时,始终强调应以"互助主义、对等性"为原则。"任何第三国对他从大市场得到的新利益都须在对等基础上给予补偿。"

德洛尔的表态,引起了日本舆论的高度关注,普遍认为德洛尔已经觉察到欧共体内部保守势力对欧洲一体化进程的威胁,因而将改善

---

① 竹中繁雄:《世界は海部訪欧をどう見たか》,《外交フォーラム》,1990年2月号,第77页。

第四章 欧洲一体化的复兴与日欧关系的成熟

日欧关系作为筹码，来抑制保守势力的发展，推进一体化进程。尤其是德洛尔承认欧洲对日本的无知的发言，表现出了此前所有欧共体人士对日言论所未有的诚实和认真。①

第三节 日本政府的新欧洲战略

从 20 世纪 80 年代中期起，欧洲一体化出现新的高潮。1986 年欧共体《单一欧洲法案》的出台，立即引起了日本的忧虑，面对欧共体在一体化目标上提出来的"1992 年计划"，日本怀疑 1992 年后的欧洲是否意味着"欧洲要塞"的出现？是否意味着保护主义的泛起？但是，自 1989 年起，日本对欧共体的看法发生了变化，不再认为"1992 年的欧洲是保护主义的抬头，而是市场机遇的来临"。因而一方面通过首脑外交的方式强化日欧关系，另一方面转变对欧贸易模式，由出口为主转向对欧直接投资。日欧间再次出现了投资摩擦问题。但是，日欧双方均以理智的态度展开协商，并在贸易摩擦问题上，由对话、协调转入了实际操作过程。

日本面对欧洲局势的变化，积极构筑、实施新欧洲政策，日欧关系发生了重大变化，双边合作的视角也由过去偏重于双方市场开放等经济问题，逐步转为全球范围内的政治、经济、安全保障等问题的对话与合作。欧盟视日本为其在亚洲最重要的伙伴，而日本也将欧盟视为欧洲地区繁荣与稳定的中心。②

一 1989—1991 年的欧洲与日本形势

20 世纪 80 年代后五年是欧洲一体化进程飞跃发展的时期，主要表现在以下六个方面。

（1）1985 年 3 月，欧共体委员会向欧洲议会提出了《1985 年委

---

① 石原悠也：《剣が峰の日欧関係——ドロール委員長訪日の意味するもの》，《ヨーロッパ》，1991 年 7 月号，第 42—45 页。
② *EU-Japan Relations towards the 21th Century*，http://ec.europa.eu/external_relations/japan/intro/eu_jap_relations.Htm.

员会工作计划》，其中提出了推进区域市场一体化，构建单一市场的建议。同年3月在布鲁塞尔召开的欧洲理事会上，表示支持委员会的基本设想，并指示委员会起草更加具体详细的市场一体化方案。

（2）1985年6月，在米兰召开的欧洲理事会通过了《区域市场白皮书》。其中明确规定：为彻底实现市场一体化目标，必须去除制约和妨碍人员、物品、服务和资本自由流动的障碍。委员会设计了实现单一市场的282项必要的法规和措施。

（3）根据1987年《单一欧洲法案》，1992年实现市场的一体化，同时确定了部长理事会特定多数票决定方式（总数76票中54票赞成即可通过）。

（4）1988年3月发表了《欧洲一体化经济效果报告书》，明确展望了单一市场的前景。

（5）1988年6月设置了旨在推进货币一体化的经济货币同盟研究委员会（通称德洛尔委员会）。1989年6月召开的欧共体首脑会议研究决定商讨货币一体化方案。

（6）1989年4月，德洛尔委员会发表了《经济货币同盟研究报告》，决定以1990年7月1日实施的资本移动自由化为第一阶段，到第三阶段将创设欧洲中央银行制度，通过发行统一货币，彻底实现经济货币的一体化目标。[①]

但是，自1989年始，整个欧洲发生了一系列对一体化进程产生重大影响的事件，日本方面密切关注着欧洲时局的发展与变化。

首先，东欧剧变。1989年苏联的解体和东欧各国社会制度的转型标志着冷战时代的终结，后冷战时代到来，东西方关系进一步得到缓和。

日本舆论界认为苏联领导人戈尔巴乔夫的"新思维"及其内外政策的推行是东欧局势剧变的一大推动力量。没有戈尔巴乔夫的"新思

---

① 《年次世界経済報告》（本編），1989年，《自由な経済・貿易が開く長期拡大の道. 第2章 長期拡大のミクロの要因. 第5節 金融・資本市場の変化. 2. EC資本移動自由化と通貨統合への動き》，http://www5.cao.go.jp/keizai3/sekaikeizaiwp/wp-we89-1/wp-we89-00305.html#sb3.5.2。

维",东欧国家是不可能发生如此急速变化的。① 东欧剧变还与整个欧洲的大变动有关,特别是1985年以后,1992年欧共体统一大市场的计划已取得相当的进展,这对东欧国家产生了巨大的冲击。东欧各国担心与欧共体国家之间的差距将进一步扩大,因此加速民主化改革,希望将来能成为欧共体的正式成员国,实现与西方经济的一体化。日本舆论认为东欧的改革"可以说是一次民主革命","是对1992年欧洲计划的反应"②。"东欧改革是1992年欧共体一体化的共鸣现象。"③

其次,两德统一。相当一部分日本舆论界人士认为德国的统一对于欧共体来说是一个非常不稳定的因素,西德加强同东欧各国的关系,可能使欧共体的市场统一计划遭到挫折,有可能使中欧国家联合起来形成"中欧经济圈",中欧将成为欧洲势力最强大的经济集团。④ 1992年实现统一的欧洲大市场是今后欧洲政治的核心,随着苏联力量的衰退,东欧将成为力量的真空地带,德国重新统一也出人意料地迅速摆在人们面前,如果欧洲不能实现统一,很可能会给欧洲形势带来很大的不安。⑤ 日本欧洲问题评论家加藤雅彦认为,欧共体正在被三个噩梦所困扰:第一是担心东德的自由化运动迅速发展,早晚会实现德国统一;第二是担心目前在欧共体中拥有最强大的经济实力的西德加强同东欧各国的关系,从而可能使欧共体的1992年市场统一计划受挫;第三是担心西德同苏联接近,实现德苏合作,致使今后欧洲形势主导权由德苏两国操纵。⑥ 外务省欧亚局审议官高岛有终认为:"德国的统一问题不仅仅是东西德的统一问题,还是欧洲全体变动中的一个环节,或者是其变化的象征","此次德国的统一,在很大意

---

① 《外交フォーラム》,1989年12月号,第39页。
② 岸上慎太郎:《月刊EC》,1990年1月号,第14页。
③ 《新時代の日欧関係》,《月刊EC》,1990年4月号,第2页。
④ 岸上慎太郎:《90年代日本の針路を左右するヨーロッパの新情勢》,《月刊EC》1990年2月号,第14页。
⑤ 《世界週報》,1990/02/06。
⑥ 《正論》,1990年1月号。

义上，将成为促进欧洲一体化的一个主要原因"①。通商产业省分析认为：1990 年，德国的统一加速了一体化的步伐。德国的统一成为推进欧共体一体化的动力。欧共体在市场统一上，已经撤除了《单一市场议定书》所规定的 300 项非关税壁垒中的约 60%。欧共体将以德国的统一为契机，启动政治一体化的步伐。② 日本外务省分析认为，德国的统一面临两个整合难题，即社会体制差异巨大的两个国家的整合问题和作为第二次世界大战战败国的战后处理整合问题。③

第三，欧共体一体化的深化与扩大。1989 年 8 月 1 日，日本外相三冢博对联邦德国《世界报》表示他担心："欧共体在内部市场一体化过程中，抵挡不住退回到贸易保护主义作法的诱惑，因而不会解除现有的从日本和其他国家进口的限制而建立一个真正的自由市场"；另一方面又希望"大市场是一个向其他国家提供的，并不期望它们付出代价的礼物"，希望"不要采取政治措施来阻止其他国家从欧洲市场一体化中获得好处"④。

日本通商产业省认为 1986 年《单一欧洲法案》出台后的欧洲一体化有两方面的内容，一是一体化在质上的深化，即首先以 1992 年末为期限，撤除区内非关税壁垒等，启动单一货币，实现经济一体化。然后再推进以外交、安全防卫政策的一元化为核心的政治一体化。二是一体化在数量上的扩大，即成员国的增加。⑤

通商产业省分析认为：欧洲一体化的深化，首先表现在市场一体

---

① 《ドイツ統一と欧米日関係》，《外交フォーラム》，1990 年 11 月号，第 84—85 页。
② 経済企画庁编：《世界経済白書》，1990 年，《第 2 章ドイツ統一とヨーロッパ統合の進展，第 2 節 EC 統合プロセスの加速》，http://www5.cao.go.jp/keizai3/sekaikeizaiwp/wp-we90-1/wp-we90-00302.html。
③ 外務省编：《わが外交の近況》，1990 年，《第 3 章各地域情勢及びわが国との関係．第 3 節欧州．第 1 項地域情勢．2. ドイツ統一への動き．（3）統一の対内の側面》，http://www.mofa.go.jp/mofaj/gaiko/bluebook/1990/h02-3-3.htm#c1。
④ 吴天波：《欧共体大市场建设中同日本的经济关系》，《国际问题研究》1992 年第 2 期。
⑤ 経済企画庁编：《世界経済白書・本編》，1991 年，《第 4 章市場経済の拡大と再編．第 4 節 EC 統合と競争政策》，http://www5.cao.go.jp/keizai3/sekaikeizaiwp/wp-we91-1/wp-we91-00504.html。

化上,即撤除区内非关税壁垒等障碍。根据1992年计划,以人口、物品、服务和资本的自由流动为主要内容的完全自由化目标的实现期限为1992年年末。1985年6月出台的《区域市场一体化白皮书》规定撤除282项非关税壁垒措施,到1991年5月末才经欧共体部长理事会审议通过了其中的193项,占2/3,其他89项中多数为事关人口流动和金融方面的非关税壁垒措施,由此可以想见,部长理事会的审议障碍重重。

其次是经济、货币的一体化。其第一阶段是1990年7月启动的欧洲货币联盟(ERM),除葡萄牙和希腊两国外其他成员国均已加入。进入第二阶段后的主要问题表现在两个方面:欧洲中央银行的创设时间和权限;向第三阶段过渡形式(单一货币的发行)。第三阶段的过渡要分先后两个部分进行。1990年7月东西德统一过程中货币整合的难度再次提醒世人关注货币一体化的重要性。1991年9月成员国间政府会议召开,主席国荷兰提出了两点建议:1994年1月设置欧洲货币协议会;1997年以后,从各国的经济状态来看,只要有六个国家满足条件,就可以向第三阶段过渡。但是,荷兰提出的议案招致了一体化步伐最为缓慢的意大利等南欧国家的强烈反对。因此,在此后召开的非正式财长会议上,加上了比利时等提出的三点修正意见:首批向第三阶段过渡的、发行单一货币的国家必须在7—8个及以上;向第三阶段过渡的条件中,保留允许政治考虑的余地;过渡期由欧共体理事会全体一致通过决定。但是,英国以不应该强制参加经济货币一体化为由,否决了该方案。

再次是政治一体化进程。欧共体在一体化之初就提出了政治一体化这个终极目标,并决定在经济一体化取得一定成果后再具体协商,但是,由于两德统一强化了德国的力量,不再是欧洲一体化的消极力量,促进了政治一体化的进程。

1990年4月,法德发表联合宣言,提议在1993年1月后推进市场一体化的同时,推进政治一体化。法德两国首脑一致认为将成员国间关系转换为一个欧洲联盟的时机已经到来,提议尽快着手进行关于政治同盟的政府间会议的准备工作。该项提案在4月召开的临时欧洲理事会上通过，理事会在确认推进政治一体化进程的同时，着手详细探讨关于修改《罗马条约》的必要性，而关于政治一体化的政府间会议暂定由6月成立的欧洲理事会在1990年12月举行。① 但是，各国在政治一体化的形态方面存在争议，欧共体委员会和德国、意大利主张各国遵从外交政策和防卫政策一体化原则，构建所谓的"联邦制"，但是，英国和法国却认为这样的联邦制势必会大大侵害国家主权，因而加以反对，进而加大了政治一体化的难度。特别值得关注的是欧洲议会议员虽然是由各国国民直接选举产生的，但是，由于欧洲议会不具有立法权，所以从推进民主化的角度看，必须将立法权逐渐地从部长理事会转到欧洲议会。

日本通商产业省认为欧洲一体化的扩大主要还是体现在成员国的增加上。分析认为，1957年时欧共体成员国有六个，1973年英国、丹麦和爱尔兰三国加入，1981年希腊加入，1986年西班牙、葡萄牙加入，再次实现了欧共体市场的扩大。1984年提出与欧洲自由贸易联盟（EFTA）构建欧洲经济区（EEA）的构想。同时，澳大利亚和瑞典两国提出单独加入欧共体的申请。尤其是在1989年秋以后，在东欧各国民主化的进程中，纷纷提出以经济贸易协定和联盟协定的形式加入欧共体经济圈。

日本分析认为，在如此快速的一体化进程中，一体化的深化远比一体化的扩大要优先的多，但是，由于东欧国家的申请加入（扩大化的方向性），势必会给一体化的深化造成重大影响。②

1990年，欧共体同欧洲自由贸易联盟开始协商创设"欧洲经济区"问题，同时正在向市场经济迈进的东欧国家也加快了"回归欧洲"的步伐，一些东欧国家与欧共体进行了有关入盟问题的对话和交

---

① 外務省編：《わが外交の近況》，1990年，《第3章各地域情勢及びわが国との関係．第3欧州．第1項地域情勢．4. 欧州の既存の組織の変化．（2）EC政治統合への動き》，http://www.mofa.go.jp/mofaj/gaiko/bluebook/1990/h02 - 3 - 3.htm#c1。

② 経済企画庁編：《世界経済白書・本編》，1991年，《第4章市場経済の拡大と再編，第4節EC統合と競争政策．1 統合の深化と拡大》，http://www5.cao.go.jp/keizai3/sekaikeizaiwp/wp - we91 - 1/wp - we91 - 00504.html。

涉。日本舆论认为，欧共体与欧洲自由贸易联盟的大联合，创设一个"欧洲经济区"带有更大的现实性。正如法国总统密特朗在1989年末的讲话中所说的那样。欧共体、欧洲自由贸易联盟、欧洲经济区将构成一个同心圆，依次生成。因此可以说，那些因中、东欧局势的变化所产生的欧共体一体化受挫及中欧经济圈的看法，不过是像50年前的噩梦一样，只是一种"臆测"①。外相中山太郎在一次讲话当中指出：构筑一个民主、繁荣、安定的欧洲，对于国际新秩序的形成是非常必要的。政府将时刻关注欧共体一体化的动向及欧共体和欧洲自由贸易联盟关系的进展情况，同时也密切留意由于东西德的统一而造成的东西欧关系的变化。在政治、经济、文化等广泛的领域，与欧洲构筑密切的关系，是日本今后的重要课题。②

通商产业省则对欧洲市场统一的前景充满忧虑，指出：欧共体统一市场的目的是通过撤除域内国境以及所附属的种种限制，促进欧共体的整体竞争力，实现经济的规模性和效率性。但是，如果这种目的的实现是以排挤区外企业为代价的话，那么，就将造成经济集团化的弊端，对世界经济的发展不利。③

二 日本新欧洲战略的构筑与实施

在冷战终结和东欧改革及1992年欧洲统一大市场计划的影响下，日本及时调整了以往为经济摩擦所困扰的对欧政策。将对欧政策的范围在地理空间从欧共体扩大到整个欧洲，并将欧洲视为"正在复兴的欧洲半岛"。在政策层次上，从以经济为主、政治为辅的应对型发展为政治、经济、安全保障等战略型政策，充分体现了日本对欧共体政策的成熟、完善以及制度性、战略性的特点。日本的新欧洲战略主要

---

① 岸上慎太郎：《90年代日本の針路を左右するヨーロッパの新情勢》，《月刊EC》，1990年2月号，第14页。
② 《中山太郎外務大臣外交演説》，1990/03/02，日本政治・国際関係データベース：http：//www.ioc.u-tokyo.ac.jp/~worldjpn/documents/texts/fam/19900302.SXJ.html。
③ 経済企画庁編：《世界経済白書》本編，1991版，《第4章市場経済の拡大と再編．第4節EC統合と競争政策》，http：//www5.cao.go.jp/keizai3/sekaikeizaiwp/wp-we91-1/wp-we91-00504.html。

包括两大方面：

(一) 密切日欧关系，建立世界新秩序

密切日欧关系，加强同欧共体的对话与协调，以日美欧三极为主导，积极参与建立世界新秩序。海湾战争后，关于国际新秩序，西方国家开始流行一种看法，认为世界事务应由"一三五"体制协调处理。① 而日本自有打算，争取"三家共同主宰世界"的原则，日本决策者认为建立20世纪90年代国际新秩序的责任必须由日美欧共同承担，外务省事务次官栗山尚一曾公开说："要建立新秩序就离不开这5：5：3的合作"。② 一些日本学者也主张"具有对国际问题进行处理经验和能力的无外乎三极，缺一不可"③，欧共体在世界上的地位和在国际事务调处作用的日益增大，越发引起了日本的高度关注。认为欧洲各国目前为"统一欧洲所做的努力，已收到了很大的实效，欧共体的统一已不可逆转，21世纪可能成为'统一的欧共体时代'"④。日欧关系的薄弱、日美欧三角关系的失衡、东欧国家的变化以及东西欧的接近，使日本深感需要进一步密切日欧关系，加强同欧共体的对话与协调，形成日美欧三极为主导的世界新秩序，使日本成为"国际秩序的缔造者""大国外交的推进者""国际社会的决策者""国际关系的协调者"⑤。同时，日本担心欧共体在1992年统一大市场建成后，可能成为保护主义的"排外集团"。为了避免欧洲对日本外贸造成不利影响，也要求日本必须尽可能地密切日欧关系。1991年《外交蓝皮书》在日欧问题上指出："今后不仅要在经贸方面，而且要在政治、环境、援助、科学、文化等方面构筑合作关系，把日欧关系提

---

① 所谓的"一三五"体制是指一个军事大国：美国；三个经济中心：日美德；五个政治大国：美俄英法中。（张碧清：《国际新秩序·日美欧三极与日美德轴心论》，《日本问题资料》1991年第2期。）

② 栗山尚一：《剧变中的世界形势与日本的外交轨道》，《世界经济评论》，1990年第4期，文中所提的5：5：3是指美、西欧、日本各占世界国民生产总值GNP的比例。

③ 五百旗頭真：《秩序変革期の日本の選択》，PHP研究所，1991年，第172页。

④ 《経済往来》，1989年第41卷10月号，第100页。

⑤ 刘江永：《跨世纪的日本——政治、经济、外交新趋势》，时事出版社1995年版，第348页。

高到全球合作伙伴关系的高度。"① 为此，日本从以下三个方面加强了同欧共体及成员国的对话与协商。

首先，在政治上，通过首脑外交，加强对话与合作，并将日欧首脑会谈制度化。

1988年竹下首相访欧时提出了"日美欧正三角形论"。1990年海部首相出访欧洲时，强调在国际新秩序形成过程中，必须进一步加强日欧合作。海部在与德国总理科尔、法国总统密特朗会谈时指出：现在国际形势发生了急剧的变化，欧洲面临各种难题和转折点。日本与欧共体各国的关系与日美、欧美关系相比，显得淡薄，因此在政治方面加强日欧之间的合作是非常必要的。日本外务省审议官小和田恒从"三极主义"思想出发，极力呼吁强化日欧关系，提出"构筑三极同盟的第三要素……在短期内最为重要的就是通过强化日欧关系，得以构筑真正的三角形"②。小和田恒的"三极主义"思想与池田勇人的"三根支柱论"基本相通。小和田恒极力主张"在日本与欧洲的关系上，还留有相当大的改善余地"，并且"在变动中的国际体系当中，唯有通过主要成员间的强力全球化合作及三位一体的协调关系，才能够构筑起未来国际新秩序的牢固基础"③。小田和恒认为"日欧关系中最为欠缺就是美国与日本间的共同体意识"，如果两者间不能够相互充分的理解，不能够育成"共同体意识"，日欧关系的紧密化也就终将受到制约，存在着局限性。因而日本人应该更加努力去了解欧洲，同时欧洲人也必须去了解日本。

1990年12月21日，日本向欧共体提出了旨在强化日欧关系的"小和田恒提案"，主要内容有三点：强化首脑级的双边协商体制；起草一份囊括日本、欧共体双方共同拥有的基本价值观、共同目标、协商原则、协商的制度框架等的、明文化的联合声明；进一步努力强化日欧间的合作。④

---

① 外務省編：《わが外交の近況》，1991年，第28頁。
② 小和田恒：《参画から創造へ》，東京：都市出版，1994年，第41—42頁。
③ 小和田恒：《参画から創造へ》，東京：都市出版，1994年，第10章。
④ 《ECから見た日・EC関係》，《月刊EC》，1991年7、8月号，第3頁。

"小和田恒提案"马上得到了欧共体委员会的积极响应。1991年5月22—26日,欧共体委员会主席德洛尔接受了海部首相的邀请,对日本进行正式友好访问。德洛尔在访日期间,与海部首相进行了两次会谈。德洛尔强调"欧美日三角关系中,欧共体与日本关系较为淡薄的状况必须改变",他说出了日欧加强双边关系的共同愿望。海部在谈到欧洲1992年统一大市场问题时,指出:"亚洲各国在1992年欧洲市场统一问题上,正在产生一种悬念,即欧洲可能要形成排外的集团"。对此,德洛尔明确地否定了海部间接表示出来的日本的疑虑,指出:"欧共体一体化的本来目的是在欧洲消除战争,构筑和平,这是一体化最基本的出发点。"自民党干事长小渊惠三与德洛尔会谈时,小渊指出:"日美欧的关系到现在还不是等边三角形,令人遗憾。今后日本打算在正三角形中,密切日欧一边,同欧共体成为友好伙伴",这表现了日本在发展日欧关系上的积极态度。对此,德洛尔回答道:"在东西冷战终结的今天,在援助发展中国家问题上,日欧有必要进行合作,承担起应有的责任。"①

1991年7月18日,日本首相海部访问荷兰,与欧共体理事会主席国——荷兰——的外长吕尔贝斯(Lubbers)、委员会主席德洛尔举行了会谈。此次会谈是日本与欧共体建交并开展首脑外交以来,所有的会晤当中级别最高的。会谈结束后,发表了全球伙伴关系联合声明:《关于日本国和欧洲共同体及其成员国关系的共同宣言》,在宣言中,强调了双方具有共同的自由主义、民主主义、法制主义及尊重人权的价值观;共同奉行市场经济、自由贸易及维护繁荣健全的世界经济,对双方在政治、经济、安全关系的合作原则、合作方式及协商结构做出了规定。并决定在原来每年一次的部长级会谈及半年一次的外长会谈的基础上,每年在欧洲或日本召开一次日欧首脑会议,以便加强双边政策协商。②

1991年的《外交蓝皮书》指出:"日本与欧共体的关系历来都集

---

① 《ジャック・ドロールEC委员长が访日——首脑会谈で日欧の协力关系强化を申し合わせ》,《月刊EC》,1991年6月号,第1页。
② 《日欧共同宣言》,外务省编:《わが外交の近况》,1991年,第463—465页。

第四章　欧洲一体化的复兴与日欧关系的成熟

中表现为以贸易摩擦为代表的经济层面的对立。为了打破这个现状，日本与欧共体本着共同的政治、经济观，一致认为双方应该在国际社会、在政治与经济两大方面承担更大的责任。不仅仅在经济贸易方面，更应该在广阔领域构筑多方面的合作关系，强化政策协商机制，提升作为全球伙伴的全面合作关系。"日本外务省认为"日欧联合宣言"的发表"象征着真正的日欧关系新时代的到来"①。

日本外相渡边美智雄在一次讲话当中说："日欧共同宣言的发表具有重要的历史意义，今后将依据该宣言，在进一步加强同欧共体各成员国间的双边关系的基础上，把欧共体视为一个主体，从全球的观点，推进合作关系。"②

日欧首脑会议的召开，是日本与欧共体为适应国际政治经济多极化趋势而在外交上做出的战略调整。对日欧关系发展具有划时代的意义，为日欧关系的全面发展奠定基础，标志着日欧关系进入了从经贸为主向全面发展的新阶段。③

其次，支持欧洲建立统一大市场与两德的统一，积极参与欧洲新格局的构建，并在双边安全合作问题上，展开积极对话，增大日本对欧洲事务的发言权。

1990年海部首相的欧共体之行，为日欧安全合作开拓了新局面。海部在与西德总理科尔会谈以及在西柏林的演说中，始终强调日本认识到两德统一是德国人民的正当愿望，希望能建立一种和平稳定的机制，使这一愿望通过自由行使民族自决权得以实现。海部同欧共体委员会主席德洛尔会谈时指出：强大而繁荣的欧洲有利于世界的繁荣与稳定，日本支持欧共体在政治上和经济上的全面统一。④

在日欧安全合作问题上，1990年4月21日，自民党经济调整特别调查会会长山口敏夫同民主德国总理莫德罗（Hans Modrow）会谈

---

① 《日欧共同宣言》，外务省编：《わが外交の近況》，1991年，第463—465页。
② 《渡辺美智雄外務大臣外交演説》，1992/01/24，日本政治・国際関係データベース：http://www.ioc.u-tokyo.ac.jp/~worldjpn/documents/texts/fam/19920124.SXJ.html.
③ 《日欧共同宣言》，外务省编：《わが外交の近況》，1991年，第463—465页。
④ 《海部访欧演説》，外务省编：《わが外交の近況》，1991年，第280页。

时表示：日本希望以观察员的身份参加由美国、苏联、英国、法国和两德参加的讨论德国统一问题的六国会议，以便参与德国统一这一影响欧洲全局的问题。1990年6月，北约首次开会讨论同日本的安全合作问题。7月，日本中山外相访问布鲁塞尔时，强调"欧亚安全保障不可分"。1990年底，日本以观察员身份参加了欧洲安全会议，并向北约组织派出了常驻代表，开始参加欧洲的各种安全保障会议、论坛及各种座谈会，积极参与欧洲新格局的构建。前首相中曾根在《读卖新闻》上撰文，主张日本应加入欧安会。并且日本的外务省也认为德国的统一会对日本外交产生很大的影响，由于欧洲安全保障格局的变化同美苏两国的政策相关，必定会对亚太地区产生影响。因此，成立了以外务省审议官小和田恒为领导的特别工作小组，研究两德的统一对日本的影响、欧洲安全保障格局的变化与日本的对策等问题。[①]

第三，在经济上，一方面继续要求欧共体遵循关贸总协定规则，撤除一切对日歧视性措施；另一方面扩大对欧直接投资和在地生产规模，争取在1992年欧洲统一大市场建立前，占据有利地位。

担心与希望，孰重孰轻，对待大市场重点应放在防守还是进攻上，日本舆论不一。企业界看法也不同，如三菱电气公司干哉今川肯定"欧洲经济统一绝不会为外人牟利"，而丰田欧洲分公司总经理却说："1992年的欧洲将成为对我们更有吸引力的市场。"据日本经济新闻社的调查（《日本经济新闻》1988年10月9日），日本企业中认为大市场对己"大大有利"的占8%，认为"有好处"的占39%，认为"不利"的23%。调查对象中大多数企业正努力搜集情报，了解情况，制订对策；半数企业已着手应付新局面，10%的企业计划为此建立新机构，60%的企业则扩大原有组织。一般来说，资力较雄厚的，无不准备利用机会，打入欧共体内部开展业务。三菱综合研究所政策研究室的山元顺雄在1989年1月答《人民日报》记者问时说得很清楚："日本企业的政策是在大市场建立前先打入共同体成员国建立据点。尽管欧共体一再表示建立大市场后不排斥外国企业，但是，

---

① 《日本经済新聞》，1990/05/03。

第四章　欧洲一体化的复兴与日欧关系的成熟

日本多数企业还是从可能出现的最坏局面出发，未雨绸缪。"①

《单一欧洲法案》发表后，日本企业马上着手制定并实施了对策。日本财团筹建了由100家大企业组成的"日欧委员会"，日本贸易振兴会也专门设立了"欧洲统一大市场问题小组"，研究对欧贸易与投资战略。1988年，日本政府派遣了一个由政府和民间共同组成的大型投资环境调查团访问欧洲，积极推进对欧共体的投资。对于来自欧洲1992年统一大市场计划的挑战，日本采取的战略对策是在欧共体统一大市场形成前，以直接投资开办工厂、建立合资企业开展在地生产的方式打入欧共体，建立自己稳固的生产据点，以分享统一大市场内部商品、资金自由流通的好处。日本在欧共体的直接投资由1985年的20亿美元，增加到1988年的100亿美元。仅1988年到1990年3年间的投资额就相当于1951年以来30年对欧投资额的2/3。② 另据日本贸易振兴会"在欧日籍企业经营实态调查"统计，日本设在欧共体成员国的日资企业1983年为157家，发展到1985年为214家，1986年以后连续5年增长指数均在两位数以上。

日本企业的对欧直接投资起初集中在英国。1993年对英投资为25.27亿美元，占对欧投资总额的3成。日本企业大规模进入英国的原因主要是英国自撒切尔就任以来，极力吸引日本企业的投资。此外日本方面认为英联邦国家是英语国家，同日本有着极密切的友好交流史，互相比较熟悉。英国传统汽车工业在激烈的国际竞争中，不断衰落。日本汽车企业为了打破欧共体对汽车的进口限制，开始在欧共体国家建立生产和装配企业。丰田汽车公司与英国雷兰德汽车公司签订了联合生产协议。由丰田汽车公司提供发动机和传动装置，英国雷兰德汽车公司提供车身，成品主要在欧共体国家销售。日本的日产汽车公司直接在英国设立了生产厂，年产汽车达20万辆。日本的各大银行、证券公司也都在英国的伦敦商业区（伦敦的国际金融街）开设了分部。日本企业对英国的青睐，在欧共体国家引起了激烈的争论。

---

① 吴天波：《欧共体大市场建设中同日本的经济关系》，《国际问题研究》1992年第2期。
② 外务省编：《わが外交の近况》，1991年，第282页。

许多人（主要是法国人）认为英国人在吸引日本投资方面做了一些狡猾的手脚。法国汽车制造商标致公司的老板卡尔维特（Calvert）曾经指出，英国已变成了日本的一艘海外的航空母舰，日本公司凭借这艘航空母舰向欧洲发动进攻。① 法国的《新经济学家》杂志甚至给它的封面文章起了更令人震惊的标题：《日本人是杀手、是屠夫》。副标题是："日本人是怎样耐心地无情地围困法国和欧洲经济"。作者在文中这样发泄道："盛田昭夫（索尼公司总裁）在树立自立的妙计：利用制造就业机会的胡萝卜引诱当地的政客"，"他们在招聘我们的人民，并发给他们工资，聪明的恶魔"②。《巴黎赛》是法国的一家"虽然内容浅显，但十分流行的报纸"，它在社论当中指出："这是战争，是世界上最强大而且最有纪律性的日本军队，是聚集在一面战旗下，装备精良、威武雄壮的5400万日本军队发动的战争。这场战争，无须说是一场为了经济的战争。日本人在这场战争中，不仅不冒工厂被原子弹炸为废墟的危险，相反还能在全世界的经济珍珠港中自行其是，丝毫不用担心毁灭的危险。因为这是一场经济战争。"③

1993年开始，日本对欧共体的投资战略从英国转向了欧洲大陆。日本日产公司在西班牙的巴塞罗那开设了大型物流中心，并确立了向西班牙、法国年销售10万台尼桑汽车的目标。此前，日产为了推动在南欧的销售，在1991年就收购了法国的汽车销售公司。日本在荷兰的直接投资仅次于英国，1993年度为21.75亿美元。荷兰成为日本在欧洲大陆的投资中心，主要因为荷兰处于欧洲的物流中心地带，拥有世界上最大的鹿特丹港以及阿姆斯特丹国际机场。此外还建有设施完善的包税仓库，给予外资以各种税制上的优惠。这一切都为日本在欧洲设立本部或总部提供了有利条件。日本的三田工业等近20家

---

① 《快报》周刊封面，1991/06/20（转引自［英］比尔·埃莫特：《日本的全球出击》，新华出版社1994年版，第18页）。

② ［英］比尔·埃莫特：《日本的全球出击》，贾宗谊、仲大军译，新华出版社1994年版，第21页。

③ ［美］乔恩·沃洛诺夫：《日本的商业帝国》，徐国军等译，高等教育出版社1992年版，第13页。

企业将欧洲本部或总部设在了荷兰。①

针对两德统一后日本在欧共体的经济前景，大部分日本产业界人士认为，德国经济和产业活动将日益活跃，应不断扩充在德国和欧洲的经济据点。根据日本经济新闻社的调查，52.5%的企业认为有必要加强对欧洲的投资，扩大商务代表处和销售网络，加快培养德语人才，以适应今后德国统一的形势。② 很多人认为对德国的投资，意义重大，不仅使日本的企业能够打入东德市场，而且为打入东欧以及俄罗斯、乌克兰等国家市场，建立了据点。

日本企业打入欧洲市场的方式除了上述的直接投资设厂外，还同欧洲的著名企业合作，合资办厂，或者收购已经在当地取得成绩的企业，进行在地生产。早在1981年，日本的旭硝子公司就收购了比利时的平板玻璃龙头企业格拉巴贝尔公司，该公司随后参与了对捷克斯洛伐克国营玻璃厂的投资。1990年初，日本三菱公司同德国的奔驰汽车公司、大众汽车公司进行全面的合作。同瑞典的沃尔沃汽车公司在荷兰共同研究开发新产品。在家电领域，日本的胜利公司同法国的汤姆森公司（Thomson）在荷兰合资开办了录像机工厂。日本企业在欧洲收购企业开始于1990年11月，富士通公司收购了英国的国际计算机公司（ICL）80%的股份。ICL公司不仅在欧共体市场，而且在波兰以及苏联市场设立了合资工厂。这次收购一下子使富士通成为仅次于IBM公司居世界第二位的电脑公司。

日本企业一方面在欧洲设立生产据点，另一方面还投入大量的资金，设立了研究开发机构。以电力机械、化学、医药、汽车行业为中心，山之内制药、中外制药、日产汽车等大批企业先后在欧共体各国开设了研究开发机构。据日本贸易振兴会1991年1月份调查统计，在欧洲的日籍研究开发机构超过140所。③ 1993年在当地设立设计、研究开发中心的企业总计达到200家左右，不包括设立独立研究机构

---

① 藤井良広：《EUの知識》，東京：日本経済新聞出版社，1996年，第207—210页。
② 《日本経済新聞》，1990/06/03。
③ 藤井良広：《EUの知識》，東京：日本経済新聞出版社，1996年，第212页。

的 65 家商社。这些数字相当于在欧日籍企业总数的 36.2%。① 这些研究开发机构的设立虽然是为了企业自身的商业利益，但是，也在一定程度上弥补了欧共体各国长期以来对日本技术转移不足的不满。

日本企业还不断加强与欧共体的经济合作和协调。1988 年 6 月，竹下首相访欧与德洛尔会谈时，双方一致同意设立一个双边工作委员会，讨论欧洲统一大市场建立后的日欧经济关系问题。7 月日欧在东京举行定期事务协商，对各个领域的双边关系的发展交换了意见。1989 年 2 月，日本通商产业大臣三冢博出访欧共体，向德洛尔提出了处理双边经济关系的三项指导原则：建立多层次的合作关系；货币竞争与合作、扩大均衡；及时处理个别问题。

1990 年 5 月，第二次日欧部长级会议在布鲁塞尔召开。双方在贸易、促进进口、合作等问题上，达成共识，尤其是双方一致认为贸易问题今后仍将是日欧间的悬案，两国间仍然存在着大规模的贸易不平衡。双方决定，为了解决妨碍欧共体产品进入日本市场的各种障碍，创设了部门工作会议制度，对日欧贸易上的个案充分地交换意见。②

综观日本企业在欧洲所采取的策略，可见实现"在地化"生产是日本企业的发展战略，是日本对欧共体经济政策全球化的重要环节。"在地化"包括两个部分的内容：一是关于企业经营管理职能的在地化。即将日本的经营理念移植到当地的生产实践、商业习惯和价值观当中，把企业的经营管理职能委任给当地的人。二是生产、研究开发的在地化，积极适应欧共体方面的原产地规则，努力利用当地生产的零配件和原料，争取在欧洲市场内部的产品销售自由。同时，在当地开设研究开发机构，因为"在当地开设研究开发机构比在日本开设要

---

① 長谷川治清：《ヨーロッパにおける日本の経営——先行行動的グローバリゼーションの意義》，高柳先男編：《ヨーロッパ統合と日欧関係》，東京：中央大学出版部，1998 年，第 397 頁。

② 《日・EC 閣僚会議ブリユッセルに開催される》，《月刊 EC》，1990 年 7 月号，第 9 頁。

更加实际和经济"①。以当地市场需求为导向,积极研究开发适合当地市场需求的新产品和新技术。

(二) 重视东欧,营造日本的大国形象

日本政府把发展同东欧国家的关系视为欧洲新战略的重要组成部分,积极支持东欧改革,以加强日本在欧洲的影响力,避免在西方阵营中,被美欧排挤出国际事务的舞台。同时拓展东欧新市场,为日本企业进入这一地区创造条件,日本政府重视东欧的原因主要有三点:

第一,提高日本在国际事务调处上的作用和地位,为"政治大国"梦想的实现进行"硬环境"的准备工作。日本政府和舆论界认为,美苏两个超级大国通过1989年底的马耳他首脑会谈,已把第二次世界大战以后形成的"全球冷战体制"软化为"全球协调体制",欧共体各国正在加紧推进一体化进程,在东欧发生剧变后,又开始酝酿建立"大欧洲圈"。在这种情况下,日本担心跟不上步伐,在西方阵营中陷入孤立。因为美国把东欧剧变看成是美国实施和平演变战略的重大胜利而大肆宣传。欧共体各国也以支持民主化为由,加强对东欧的支援。欧共体支援东欧的第一个目标就是使其顺利地向自由化过渡,最终目标就是实现东欧各国政治经济的安定与发展,进而构筑一个尽可能地与欧共体各国保持长期友好关系的框架。② 日本在"日本异质论"抬头的情况下,对东欧进行援助是显示其作为"西方一员"的良好时机。③ 日本外务省也认为"对于抛开日本来决定支援东欧这样的重要问题,然后让日本只是从后面跟上的做法,我们绝不同意。日本过去只出钱,而钱的使用方式却完全听任对象国的支配,今后日本既出钱,也出主意"④。

---

① 長谷川治清:《ヨーロッパにおける日本の経営——先行行動のグローバリゼーションの意義》,高柳先男編:《ヨーロッパ統合と日欧関係》,東京:中央大学出版部,1998年,第396页。

② 《1990年代におけるECと日本——新任大使EC新時代の展望を語る》,《月刊EC》,1990年11月号,第2页。

③ 嵯峨例:《東欧さめくろ欧洲の新情勢》,《外交フォーラム》,1989年12月号,第60页。

④ 陈洁华:《日本积极谋求参与欧洲事务》,《国际展望》1990年12月号,第14页。

第二，促进东欧的民主化进程，扩大日本对东欧的政治影响力。日本政府认为如果东欧各国的经济改革取得成功，将有助于整个欧洲的稳定，同时东欧各国随着自主权的加强，将同西欧进行频繁的交流，有助于东西方之间的缓和。如果东欧不稳定，会对整个世界产生不利的影响。另外，对东欧国家提供经济援助，还可以提高其对西方的依赖程度，削弱苏联的影响。① 1990 年 2 月 9 日，海部在西柏林的演说中就提出："不管哪个东欧国家，当他们以民主化和市场经济为目标实行改革时，我们将同其他西方国家一起，随时准备积极提供援助。"② 在日本政府看来，虽然"日本同东欧各国间有着良好的关系，但由于地理和历史的原因，同各国的交流还不活跃"，尤其是由于东欧各国曾是苏联的卫星国，都属于社会主义计划经济圈，日本同东欧的贸易额很少，还不到日本对外贸易额的 1%。但是，现在情况发生了变化，"东欧各国正在推进着日本所信奉的自由、民主主义、市场经济的改革，并且在激荡的欧洲政治舞台上，作为国际政治的自主组织崭露头角"，"对于日本而言，必须顺应这种变化，在新的基础上，将两国间的关系进一步发展下去"③。

第三，加快雅尔塔体制的瓦解，以有利于日本的北方领土要求，同时拓展东欧市场，获取经济利益。日本认为苏联集团的日益削弱、瓦解，给日本带来安全利益。给东欧市场经济改革以战略性的经济援助，可以加快社会主义阵营的解体和苏联的瓦解，"不仅会给战后国际秩序的基本格局带来重大影响，而且对亚太地区的稳定也有重要意义"，尤其有利于日本要求苏联归还南千岛群岛领土。对东欧的经济援助还可以为日本企业打入这一地区创造条件。在东欧站住了脚，就东可向苏联扩展，西能朝欧共体渗透，收一举两得之效。

因而，日本采取了积极介入东欧的态度。制订了在政治上加强接触，支持东欧民主化；在经济上协助美欧援助东欧的带有明显政治倾向的方针。1989 年 10 月 8 日，日本外务省设立了以外务审议官小和

---

① 《日本経済新聞》，1989/10/07。
② 《海部訪欧演說》，外務省編：《わが外交の近況》，1991 年，第 280 页。
③ 外務省編：《わが外交の近況》，1990 年，第 231 页。

田恒为首的局长级班子,研究向波兰、匈牙利等东欧国家改革提供资金的援助措施。10月21日,日本政府决定了紧急、中长期支援东欧计划的方针:早日提供紧急粮食援助;积极参加欧共体提出的总额为6亿欧洲货币的行动计划;全面协助国际货币基金组织同波兰之间制定的重建经济计划。①

1989年底,中山外相在内阁会议上发表了关于东欧问题的基调讲话,特别强调要支援波兰、匈牙利等东欧国家的改革,并提出了具体措施:对波兰稳定货币基金出资1.5亿美元,并给予紧急粮食援助,实行优惠关税措施;与波兰、匈牙利缔结投资保护协定;恢复日本进出口银行的贷款与贸易保险;参加欧洲复兴开发银行,并为该银行出资。②

1990年1月9日,海部首相访欧时,在演说中承诺日本政府将在此后几年里向波兰和匈牙利提供相当于2500万美元的技术援助;向波兰提供1.5亿美元的援助,作为波兰政府稳定货币的基金;在三年内还将向波兰和匈牙利分别提供1.5亿美元左右的贷款。海部还明确表示,日本不仅在东欧发挥经济作用,而且还应发挥政治作用,声称日本准备积极支持东欧的民主化进程,帮助东欧建立一种新秩序。③ 3月,日本外务省在东京举行了由日本驻苏联、东欧各国以及西方国家的大使参加的扩大会议,分析欧洲的形势,讨论日本的对策。会议一致认为,东欧国家的民主化是以确立自由与基本人权、过渡到市场经济为目标的,已经无法后退。因此,日本必须在经济上同美欧发达国家、经济合作与发展组织等国际机构合作,加强对东欧的援助。随后在4月份,日本通商产业省派出了由69人组成的大型投资环境考察团,赴波兰和匈牙利进行改革情况的全面调查。同月,通商产业省、

---

① 朱心坤:《日本的新欧洲政策》,《日本问题》1990年第5期。
② 刘桂玲、孙建蓉:《日本在积极涉足东欧》,《现代国际关系》1992年第4期。
③ 外务省编:《わが外交の近况》,1990年),《第3章各地域情势及びわが国との関係. 第3節欧州. 第1項地域情势. 1. 東欧の変革と東欧諸国への支援. (3) わが国の対応. 海部総理大臣がベルリン演説において表明したわが国の対ポーランド、ハンガリー支援措置》,http://www.mofa.go.jp/mofaj/gaiko/bluebook/1990/h02-3-3.htm#c1。

外务省及能源研究所联合组团访问匈牙利、波兰等国，考察因苏联原油减少供应对东欧经济产生的影响。5月，中山外相出访捷克斯洛伐克、南斯拉夫等国，就定期举行双边外长级会谈与对方达成了协议。同时，日本政府决定与经济合作与发展组织24国财政部长和中央银行达成协议，为欧洲复兴银行出资，以直接的经济合作为中心，提供援助，同时还决定积极参加由欧安会和经济合作与发展组织的成员国举行的东欧经济改革专家会议。5月9日，日本政府又向捷克斯洛伐克、罗马尼亚和南斯拉夫派遣了技术合作调查团，以寻求援助东欧的具体做法。

日本在积极介入东欧事务的过程中，不断地增加贷款，扩大经济援助规模。据不完全统计，1990年，日本向东欧提供的贷款达12.8亿美元，其中向波兰提供用于购买粮食的款额为2500万美元，低息贷款1.5亿美元；向波兰、匈牙利等国提供的开发资金为532万美元；大和证券公司向匈牙利、捷克斯洛伐克、波兰、南斯拉夫提供了1亿美元资金，用于与西方国家办合资企业。日本进出口银行还分别向匈牙利、波兰提供了5亿美元经济援助，用于国内经济建设。1991年，日本提出增加对东欧的援助，援助额由上年度的4.49亿日元增加到5.51亿日元。同时，日本与东欧各国的贸易额也增长很快，1990年为17.1亿美元，比1989年增长7.6%，1991年达17.73亿美元，比1990年增长4%。[①] 日本积极援助东欧，开展频繁的对话与合作，除政治目的外，还有一点非常重要，即谋求经济利益，在1992年欧洲统一大市场形成前，抢先打入东欧市场，建立生产据点，争得欧洲市场一体化的利益。

第四节 欧共体对日通商政策的重大调整

以往，欧共体在对日通商政策上，主要是采取进口数量限制及要求日本主动限制出口的方式。1985年以来，日本对欧共体贸易黑字

---

① 刘桂玲、孙建蓉：《日本在积极涉足东欧》，《现代国际关系》1992年第4期。

大幅度增加，1986 年为 170 亿美元，1987 年为 200 亿美元，1988 年为 230 亿美元。"1987 年日本对全世界的出口减少了，对美国的出口甚至减少了 10.4%，而对欧共体的出口则增加了。尽管逆差略有减少，欧共体对日本的进出口比例仍然是 1∶3。"① 随着贸易不平衡的扩大，欧共体开始采取了反倾销课税、对外共同关税、进口数量限制、原产地规则等多种措施，扶植能够抵御日本企业攻势的自身产业，扭转对日贸易的入超现状。日本新欧洲战略的推行，造成了日欧经济不平衡的继续扩大，再加上日本对欧直接投资、在地生产热潮的兴起，进一步引起了欧共体方面的恐慌，强化了欧共体方面的保护意识及作为"受害者"的反击意识，认为日本对欧洲的直接投资及在地设厂是打入欧共体市场的"特洛伊木马"，将对 1992 年统一大市场计划的推进造成不利影响。

英格兰亨利管理学院的詹姆斯·巴里（James Barrie）提出警告：如欧洲不实施严厉的章法规范，设立在欧洲的日本装配厂可能成为摧毁欧洲制造业的特洛伊木马。英企业界人士提出应向日本在欧公司施加压力，要它们明确表明不与西欧本地企业进行不公平竞争，不违反本地制造业的业务规范。法政府内部在此问题上发生争论，工业部长罗歇·福鲁（Roger Fauroux）主张让日本来法投资办厂，说这总比让工人失业好。欧洲事务部长克拉松（Corazon）却说对日本人不能太天真。法国《世界报》则提出：不应使日本成为统一大市场的"最大获益者"，欧共体应要求日本在商品、投资、金融、服务各方面对西欧作"对等"的开放。②

英国议会上院"欧共体委员会"在《关于 EC 和日本的报告书》中，发出呼吁："欧共体必须团结一致迎接日本的挑战。"③ 菲亚特汽

---

① ［联邦德国］克·符·格雷夫利希：《美日欧三角关系中的矛盾及前景》，《国际经济评论》1989 年第 1 期。
② 吴天波：《欧共体大市场建设中同日本的经济关系》，《国际问题研究》1992 年第 2 期。
③ 武井昭：《21 世纪是"统合 EC"的时代か》，《经济往来》，1989 年 41 卷 10 月号，第 94 页。

车公司经理意大利工业巨头切撒雷·罗米蒂（Cesare Romiti）对欧洲议会说，欧洲处于日本的"进攻之下"，需要一项"共同的贸易防御和反击政策"①。欧共体方面开始强化对日通商政策。

一 强化反倾销政策和原产地规则

欧共体采取的防守型保护措施，使得日本认为"欧洲堡垒"已经把吊桥升上去了。欧共体在贸易摩擦问题上，一贯采取进口限制及要求日本主动限制出口的方法。但是，由于一些受到限制的日本企业采取回避措施，转换为在地生产方式，在欧共体内部建立装配和生产企业。从而使欧共体的进口限制措施收效甚微。欧洲的企业家们指责日本的制造商通过设在欧共体的所谓"螺丝刀工厂"装配他们生产的产品，然后不按合乎成本的价格销售这些产品，以此来逃避对其产品实施的收税处罚。②欧共体自1970年以来，就在对外贸易摩擦问题的处理上，多次动用反倾销规则，向所谓的"加害国"提起反倾销诉讼。从1970年到1982年，欧共体对日反倾销诉讼案件达23起，仅次于美国，且多以缔结自主限制协定和约定销售价格的方式得到解决。③ 1987年7月，欧共体实施了一项对"螺丝刀工厂"的反倾销课税规定。适用对象为电子秤、电子打火机、油压式铁铲、复印机、滚柱轴承、传真机、电视机配件等。该项规定明确地表明了欧共体的态度，即阻止那些将零配件从日本等地运入，在当地进行简单组装的"螺丝刀工厂"的进入，保护内部的同行业制造商。对于欧共体方面所采取的反倾销课税规定，日本企业采取提高产品出口价格或者干脆停止出口的方式来对抗。日本政府以反倾销课税不符合关贸总协定的规定为由，向欧共体委员会提出协商，但是，由于欧共体的要求太

---

① ［美］肯尼斯·皮蒂、维安·李：《1992年欧洲大市场对日本和香港的影响》，《世界经济情况》1991年第11期。

② ［西德］卡尔·鲁道夫·科尔特：《日本与欧洲内部市场》，《世界经济译丛》1990年第3期。

③ 日本EC協会編：《ECの対外関係》（日本EC学会年報第4号），東京：有斐閣，1984年，第106—107页。

多，使得协商无法取得进展。1988年10月，日本政府向关贸总协定纷争处理小组委员会提起诉讼，这是日本自加入关贸总协定以来的第一次诉讼。1990年3月7日，贸易纷争处理委员会接受了日本的诉讼请求及主张，裁定欧共体的反倾销课税规定违反了关贸总协定的自由贸易规则。

可以说强化"原产地规则"是欧共体方面趁势打出的限制日本投资的第二发炮弹。① 原产地规则是确保以欧共体为主要形式存在的欧盟中的经济货币联盟有效运转的前提，其重要性表现在：（1）一项由成员国与非成员国多国生产或加工制成的产品是否能够获得欧共体产地资格，是该产品不需缴纳欧共体关税即可进入欧共体市场内部自由流通的关键。（2）按照欧共体法律的规定，欧共体有关反倾销措施仅针对第三国产品，而不能针对能够取得欧共体原产地资格的产品。（3）统一的欧共体原产地规则是确保欧共体统一实施各种非关税措施（如数量限制措施）的依据。（4）依据相同标准判定自第三国进口货物的原产地，从而据此给予不同的优惠待遇，而且还可以避免第三国利用欧共体各国实施不同的原产地规则，以原产地标准要求较低的成员国作为"跳板"，进入欧共体统一大市场的可能性。②

欧共体鉴于日本"螺丝刀工厂"的增设所造成的"进口限制措施"的空洞化，于1989年出台了一项关于"当地零部件比率"的规定。根据该规定，第三国设在欧洲的公司（或者子公司）所生产的最终成品中，主要进口部件的份额超过总价值的60%，共同体就可以实行反倾销政策。欧共体对已经在欧共体成立了子公司的日本公司，明确规定了其各类产品的加工程序、技术标准，并须注明产品的原产地以备检查，否则将被视为进口倾销产品，要征收10%到100%的反倾销税。另外，欧共体还抑制日本银行和金融机构的扩张，特别针对日本的"市场封闭政策"，提出了"互换条件"，如果日本不接受，则限制或不允许日本银行、金融机构进入欧共体金融市场。1989

---

① 今川健、加文敬子：《EC統合と日本》，東京：中央経済社，1993年，第95页。
② 刘丽娟：《欧共体原产地制度》，《国际贸易问题》1998年第8期。

年，欧共体内部在汽车共同市场问题上，发生了分歧。保护主义倾向最为浓厚的法国和意大利等国虽然同意"共同汽车市场"不能成为"堡垒"，但是，强烈要求在双边贸易上贯彻"互惠主义"原则。法、意为代表的欧共体保守派站在"欧共体不构筑要塞，但是，也不允许域外各国维持要塞"的立场，特别要求日本遵循互惠原则。向日本提出"必须充分注意到日本每进口一台欧共体汽车，欧共体却进口17台日本汽车的现状"，主张应该继续对日本采取强硬措施。①

但是，由于法国和英国在装配日产汽车问题上发生争执，最后欧共体委员会做出决定：（1）根据日本对欧洲汽车企业（菲亚特、雷诺、大众汽车公司）开放市场的程度，来决定放宽日本汽车企业进入欧共体内部市场的程度。（2）日本设在欧共体内部的装配厂不应该再扮演"特洛伊木马"的角色，"欧洲制造"的比重今后甚至应该达到80%。（3）尽管为使内部市场协调一致，而有必要采取投资补贴措施，但这些补贴应该给予欧洲企业。②

日本方面同样以这些强制性限制措施不符合关贸总协定规则为由向欧洲法院和关贸协定提出诉讼。

面对日本企业界的凌厉攻势，欧共体成员国的心情十分复杂。一方面，它们想利用日本投资来解决国内的资金短缺等问题，另一方面又担心日本成为大市场建立之后的最大得益者，纷纷呼吁联合起来对付来自日本的挑战，力促日本在商品、投资、金融方面向西欧开放市场。出于上述考虑，欧共体各国对日本投资采取了既利用又限制的方针。1991年，欧共体执委会对外关系总司的远东司长在一次日欧经济关系研讨会上，提出了日本对欧投资的限制原则：（1）日本的投资必须为所在国创造真正的就业机会。（2）日本投资企业必须全面推进"欧共体化"，即日资企业的产品至少要使用80%以上的当地原料、零部件或中间产品。（3）日本投资企业的产品研究开发必须在

---

① 石川謙次郎：《ヨーロッパ統合への道》，東京：NHKブックス1994年版，第13頁。
② ［西德］卡尔·鲁道夫·科尔特：《日本与欧洲内部市场》，《世界经济译丛》1990年第3期。

欧共体内进行，日本投资企业在研究开发方面应有决策权，而不能成为东京总公司的装配厂。（4）企业管理要欧共体化，确保日资企业不具有国别倾向。①

二 积极反击的"攻克日本市场"战略

（一）欧共体各成员国的战略

面对日本企业进入欧洲市场的攻势，欧洲的企业从以往如何阻止日本产品进入的所谓"受害者"的立场摆脱出来，主动制订并实施促进对日出口的计划。1987年4月9日，英国外交大臣杰弗里·豪（Geoffery Howe）曾经说："日本不开放自己的市场，就不能继续在欧洲享有自由贸易的机会。"他在研究经贸专家考虑的对日报复措施时指出："我们的目标不是要进行一场贸易战，而是要减少市场的关闭，是为了确保这些市场的开放。日本在促进实现这一目标方面同世界其他国家有同样的责任。"英国在对日出口方面一直领先于欧共体其他国家，是日本在欧洲最主要的贸易伙伴之一。英国产业界为了扩大对日出口，促使贸易产业部自1988年起开展了"机遇·日本"的宣传活动。该项宣传活动体现出英国商界将日本市场不再视作"问题"而是"商机"去把握的变化。可以说是对日认识上的"意识革命"②。英国通过该项运动，在三年的时间里，完成了对日出口倍增的目标（约1.8倍）。仅1990年的对日出口就比1989年增长了15%。1991年4月，又开展了旨在促进对日出口、对日投资以及吸收日本技术的"优先·日本"的宣传活动。1994年4月，开展了"行动·日本"的宣传活动。此外，英国贸易部还制定并实施了促进对日销售、支持英国工业联合会举办日本问题研讨会、撰写日本情况调查报告、组织英国代表团访问日本等计划。对此，欧洲保守人士将英国称为日本的"特洛伊木马"。

---

① 樊勇明、谈春兰：《日本的大国梦》，生活·读书·新知三联书店1993年版，第17页。
② 石原悠也：《剣が峰の日欧関係——ドロール委員長訪日の意味するもの》，《ヨーロッパ》，1991年7月号，第42—45页。

长期以来，德国一直是日本最好的欧洲贸易伙伴，经贸联系比较密切。1991年双边贸易总额已达338.75亿美元。1992年以来，德日关系在原有的经济关系基础上，又加强了政治上的接触。1992年2月，德国外长根舍访问日本，与日本商定"今后两国外长每年举行两次定期磋商，协商德日在重大国际问题上的政策"。5月，宫泽首相访问德国时，双方决定成立一个由政治、经济、文化和科技界名人组成的"德日对话论坛"，作为两国合作的新机制。

历来对日批判、指责最为严厉、并被日本视为对欧共体工作"堡垒"的法国，因对日贸易长期处于逆差，多次对日本施加压力，促其进一步对法开放国内市场，并由于对日实施了极端的贸易保护措施（普瓦齐埃事件），造成日法经济关系发展比较迟缓。1991年，法日两国发展双边关系的愿望一度加强。1991年1月，两国达成协议，同意每年轮流举行一次财政部长会议，讨论双方共同关心的问题。但是，在同年5月，法国总理克勒松夫人在美国BBC电台发表讲话时，公开指责日本进行贸易扩张，称日本人是"一群蚂蚁"。克勒松夫人的讲话立即造成了刚刚升温的日法关系再度降温。日本外务省向法国驻日大使馆递交了抗议书。日本的一些极右组织上街游行，反对克勒松夫人，抵制进口法国货。一部分日本公司甚至减少在法国的投资。9月以后，克勒松夫人先后派工业和外贸部长斯特劳斯－卡恩（Strauss-Kahn）及财政部长贝雷戈瓦（Pierre Beregovoy）访问日本，试图修补日法关系。但是，由于日本上下各界的反法心理因素的影响，收效甚微。1992年1月，法国政府开始启动了旨在促进对日出口的"日本·机会"的三年计划，向那些尝试进入日本市场的企业提供有关日本的情报，同时改善法国在日本人心中的形象。选定12种具有竞争力的商品，对日发动出口攻势。1992年4月，贝雷戈瓦接替克勒松夫人出任总理一职，调整了前政府的对日政策，日法关系得到了恢复和发展。4月底，宫泽访问法国时，与总统密特朗（Mitterrand）广泛地讨论了双边关系与共同关心的国际问题。法国《费加罗报》对此发表了评论，认为通过双边首脑会晤，两国加强了政治关系，不但消除了相互间的猜疑，而且推动了日法关系登上了新台阶。

意大利通过日意实业家俱乐部着力促进企业界对日本市场的了解，增加对日出口。荷兰自1983年以来，每年都通过在日本开展"荷兰通商文化交流促进活动"，来吸引日本企业在荷投资和促进对日出口。

（二）欧共体委员会的对日通商要求与日本的反击

欧共体方面除各成员国开展对日出口宣传和出口攻势外，承担对日通商交涉职责的欧共体委员会也在积极行动，一方面通过各项措施鼓励欧洲企业打入日本市场，另一方面不断地向日本提出欧共体的统一通商要求。

欧共体委员会积极开展各项宣传活动及实地考察活动。欧共体委员会从1990年开始，连续三年开展了名为"出口与日本"的宣传活动。同年12月又出版了《欧洲人投资日本入门》一书，向那些初次进入日本市场的欧洲企业介绍日本各都、道、府、县的投资环境，日本人的生活习惯及怎样开展商业运作。1994年1月，开展了"日本入门"宣传活动，向日本派遣经济考察团，进行市场调查。此外，欧共体委员会还实施了将欧洲的企业家派遣到日本，直接体验日本商业风情的"实业家日本研修计划"。

1992年1月5日，第五次日欧部长会议在布鲁塞尔召开。此次会议是在日本对欧贸易赤字达到有史以来最高峰的312亿美元的背景下召开的。欧共体希望日本能够以扩大内需的经济增长政策来纠正日欧贸易收支的不平衡。关于国际经济形势问题，欧共体在指出自身经济恶化的同时，主张日本更应该同美欧一起对世界经济的恢复和发展做出贡献。日本则以"正处于经济萧条的关键时刻"为由予以否决。关于日欧关系问题，欧共体一方面要求日本进一步扩大内需，消除欧共体产品进口上的构造性障碍；另一方面却在指责日本在半导体、汽车及零配件等产品的进口上，往往倾向于同美国进行两国间的交涉来解决问题，警告日本"这种做法，实际上就是在歧视欧共体"，"现在'球'在日本人手里，日本必须撤除妨碍欧洲企业在日本市场享受平等竞争机会的各种措施"。日本则一方面提出全面撤除欧共体成员国的对日进口数量限制，另一方面要求欧共体同日本的主动出口限制交换，全面履行1991年7月双方达成的全面废除日本产汽车的进口数量限制的协议。对此，欧共体方面强调了反对撤除数量进口限制的立场，同时向日本再次允诺将遵守日欧间的协议。在农产品问题上，欧共体要求日本接受关贸总协定的"无例外关税化"规则，对外开放粮食市场。而日本从保障本国粮食能够完全自给的立场，一贯采取禁止进口大米的政策。欧共体方面认为"如果因为日本的大米问题而造成关贸总协定的失败，将是一件耻辱的事"①。欧共体委员会委员弗朗西斯·安德尔森（Francis Anderson）指责日本"只鼓励其公司在欧洲扩张，而严格限制欧洲公司进入日本市场，这种歧视政策保护了日本工业，损害了欧洲国家的民族利益，造成欧日贸易逆差的不断扩大"②。

1992年5月，欧共体委员会向部长理事会提交了一份题为《一贯的全球方法：对日政策公告》。③ 委员会高度评价了日欧双方在政治、环境、科学技术等领域的合作所取得的成绩，同时关于贸易黑字问题，极力回避了以往单方面地将原因归罪于日本市场封闭性的批判做法，但是，同时对贸易黑字的再次扩大倾向表示忧虑。④

委员会认为日本市场形式上的障碍大体上已经消除了，但是，结构上的障碍依然存在。委员会向日本建议，应该依靠实施切实可行的宏观经济及汇兑政策、严格实施禁止垄断法、发展日欧间的产业合作、振兴贸易等方法，解决日欧间的贸易不平衡问题。并且向日本倡导，有必要开展经济、外交、科学技术、社会问题、环境、开发援助等所有领域的合作，构筑一个"比较成熟的日欧关系"。6月15日，欧共体理事会通过了有关对日政策的结论性文件，对欧共体委员会拟订的《对日政策公告》在内容上做了重大调整，同原案不同的是，

---

① 《貿易不均衡改善へ貿易統計分析作業実施で合意 産業環境競争政策協力も強化——第5回EC日本閣僚会議開催》，《ヨーロッパ》，1993年2月号，第6页。
② 申义怀、孟祥军：《发展中的西欧与日本关系》，《现代国际关系》1993年第3期。
③ Commission of the European Communities, *A Consistent and Global Approach: A Review of the Community's Relations with Japan*, COM 219 final, Brussels, 21 May 1992. (http://aei.pitt.edu/4310/)
④ 《貿易不均衡問題》，外務省编：《わが外交の近況》，1993年，第255—256页。

将政治对话一项提到前面,强调了日欧政治对话的重要性。理事会强调"促进日欧间贸易、产业、政治、科学技术、开发援助、社会等问题上的积极合作",对日欧间的"政治对话及政策调整的进展"表示欢迎。① 同时对日欧双边贸易不均衡表示担忧,并提出了市场准入、改革经济结构、扩大内需、日元升值、推进产业合作、减少对欧汽车出口等方面的多项具体要求。

日本政府针对欧共体的一系列对日要求做出了正面回答,于1992年6月公开发表了《日本政府对欧共体政策的基本看法》,指出欧共体方面进一步开拓市场对于一体化的扩大和发展来说是不可或缺的。② 强烈要求欧共体取消对日本汽车的进口限制等对日歧视性数量限制措施,决定根据欧共体的要求在1993年1月以后的7年间,对向欧共体的汽车出口进行监督。

1992年7月,欧共体委员会主席德洛尔在伦敦召开的日欧首脑会议上,再次将对日政策的结论性文件内容转达给日本首相宫泽喜一,并且向宫泽表示,日美协议也应该在日欧间实行。日本方面拒绝了德洛尔的提案。③

通过欧洲理事会《未来欧日关系文件》。1992年7月,欧洲理事会通过了一套关于未来欧日关系的文件,其重点放在了经济问题上。主要提出了七个方面的对日要求:(1) 回到以内需为引导的增长轨道,进一步实施结构改革,减少对外贸易的不平衡。提高日元兑欧洲货币的汇率。(2) 消除贸易壁垒,特别是在食品和服务方面。(3) 消除结构性障碍,加强竞争政策和反垄断立法。消除共同体商品和服务自由流通的障碍。(4) 开展工业合作,便利欧洲零部件供应商、新来的中小企业进入日本市场。(5) 日本投资必须充分有助于整个欧共体的工业发展和更新,日本必须改善外资投资环境。(6) 增加日本国民对欧共体成员国的旅游。(7) 公共信息必须进一步开放,不得歧视,应具有更大的透明度。在信息技术和通讯领域,日本必须确保严格应

---

① 田中俊郎:《EU政治》,東京:岩波書店,1998年,第233页。
② 《貿易不均衡問題》,外務省编:《わが外交の近況》,1993年,第256页。
③ 藤井良広:《EUの知識》,東京:日本経済新聞出版社,1996年,第207页。

用国际标准，以使欧共体供应商可能进入日本市场。①

发表欧洲议会《对日关系报告书》。1993年1月22日，欧洲议会通过了内容多达122项的《关于EC日本经济贸易关系的决议》（即《对日关系报告书》）。这是欧洲议会行使咨询、监督权限向欧共体委员会提出的建议书，全面地反映了欧共体委员会对日政策立案和执行情况。

该报告书分三个部分，第一部分提出对"日本全球范围内未曾有过的贸易黑字表示担忧"，尤其是日本对欧共体的贸易黑字从1990年的235亿欧洲货币单位增长到1991年的297亿欧洲货币单位，今后仍有可能持续增长的势头"令欧洲议会最为担忧"。欧洲议会表示支持委员会及部长理事会关于欧共体日本问题的决议，即"在未解决的问题上，给日本当局施加压力，以有利于构筑比较平衡的关系"。支持部长理事会所决定的"超越被通商问题所限定的双边关系，将其扩大到日欧政治对话的范围"。警告日本政府必须抵抗美国的一切诱惑，不要将欧共体日本的政治关系仅仅视为象征的关系，从而与美国进行排斥或者歧视欧共体的两国间经济贸易协议。同时也向美国倡议"两国在对日贸易上，有着共同的利益要求"，因而应该共同对日施加压力。

第二部分，欧洲议会认为日本全球范围贸易黑字的持续增长是造成国际经济不稳定的主要原因。警告日本政府不能坐视贸易黑字的增长，必须采取"断然行动"，收缩贸易黑字，实现进出口的多样化。欧洲议会在本部分的结论中，再次表示支持委员会在1991年发表的"对日政策公告"的内容，认为这是欧共体委员会在对日经济贸易关系上的"一贯做法"。

第三部分，欧洲议会针对性地介绍了日欧贸易中，汽车、半导体、酒精饮料、建筑产业、化学医药产品、农产品及一般食品的进出口状况，以及欧共体的对策。在对策中明显体现出了对日本市场开放程度不足的不满。同时也体现出了欧共体对日本自1990年以来，由于泡沫经济的崩溃所造成的从内需主导型经济增长向出口主导型增长

---

① 罗建国：《欧洲联盟政治概论》，四川大学出版社2001年版，第440—441页。

战略"逆转"趋向的担忧。①

日欧双方对该报告书的内容抱有不同的看法。1993年5月,在第13次日欧议员会议召开前,欧洲议会对日交流议员团团长伯恩·巴尔特·塞尔茨（Byrne Barthes Seltz）及日本国会议员团团长仓成正接受记者采访时,各自谈了对该报告书的基本看法。塞尔茨指出"《关于EC日本贸易经济关系的决议》"的目的极为明显,首先欧洲方面没有构筑'要塞'的意思,因而对日本开放市场寄予极大的关心;其次,必须找到公正的伙伴关系,这就像圣经中所说的'勿评断人'一样,即多数情况下,发现自身的缺点和不足要比发现兄弟的缺点难得很多。这也是我们的基本政治主张"②。塞尔茨意在表明报告书的出台无非是想帮助日本找出在日欧关系上的缺点和不足,借以督促日本加以改善。仓成正则表示"该报告书体现了欧共体到现在为止的若干对日理解,但是,基本上不能接受",同时进一步指出：尽管世界正在全球化的进程当中,但是,"有着不同文化底蕴的双方,对同一事物的看法基本上是有所差异的"③。仓成正的看法也意在表明欧共体在《对日关系报告书》中的指责,仅仅是欧共体单方面的看法,不符合日本的实际情况。

第五节 欧洲联盟的启动与日本的态度

一 《马斯特里赫特条约》与"共生论"

1991年12月,欧共体成员国在马斯特里赫特召开首脑会议,在推进欧洲一体化问题上,基本达成共识,即在构建统一大市场的基础上,实现政治、安全保障的一体化,建立欧洲联盟。1992年2月,

---

① 《対日関係報告書》,《ヨーロッパ》,1993年3月号,第6页;4月号,第10—11页;5月号,第13—14页。
② 《安全保障分野で共通政策・戦略をEC・日本間の日常な連絡が必要》,《ヨーロッパ》,1993年6月号,第3页。
③ 《日・EC関係強化へ文化協力の推進を》,《ヨーロッパ》,1993年6月号,第3页。

欧共体各成员国在《马斯特里赫特条约》（即《欧洲联盟条约》）上签字，并于1993年1月1日起生效。根据该条约的规定，欧共体在通过市场一体化、经济货币一体化等领域的"深化"一体化的同时，欧洲自由贸易联盟各国启动了创设欧洲经济区的工作、与东欧各国缔结联盟的协商工作，以及通过欧洲自由贸易联盟的相继入盟申请等活动，使得欧共体一体化朝向"扩大化"方向发展，再次向世人证明了欧洲一体化的决心和信心。[①]

欧共体旨在创设欧洲政治、经济、外交、安全保障一体化的欧洲联盟计划的启动，立即引起了国际社会的极大关注。当初欧美各国普遍对欧共体经济集团化的浪潮抱有警惕性，但是，伴随着市场一体化的快速推进和欧共体当局及成员国政府一再否定未来的单一市场不会成为封闭的经济集团，各有关国家的评价也随之发生重大变化，强调了市场的扩大和服务机会的增大等积极方面，各国也随之转向面向市场一体化的积极方面。[②] 同时更加深了为日欧贸易摩擦所困扰的日本经济界对"欧洲要塞化"的疑虑。尤其在《马斯特里赫特条约》签署后，欧共体各成员国在国民投票表决上出现了意想不到的反差。丹麦国民投票否决了这一条约。随后尽管爱尔兰、法国经过国民投票表决，通过了该条约，但是，法国方面投赞成与反对票的差距微乎其微。1993年夏，德国马克升值造成了欧共体内部市场货币的混乱。这一切说明欧洲联盟计划的前景并不会一帆风顺。

日本方面更加担心"构筑欧洲联盟的道路越困难，欧洲内部的内向性态势就会越强化"。"日本作为发达国家中唯一没有参加一体化的国家，面对这种趋向时，很难消除对区域经济一体化将造成经济集团化的危险性的认识。"[③] "欧洲市场作为一个整体从其规模上，

---

① 外务省编：《わが外交の近況》，1992年，《第3章各地域の情勢と日本との関係．第3節欧州．第1項地域全般．1.EC統合．（1）EC統合の現状》，http://www.mofa.go.jp/mofaj/gaiko/bluebook/1992/h04-3-3.htm#h1。

② 通商産業省编：《通商白書》，1990年版，《第3章東西新時代の幕開けと通商関係．第3節"欧州経済の新たな展開．EC統合とその影響"》，http://warp.da.ndl.go.jp/info:ndljp/pid/1246938/www.meti.go.jp/policy/trade_policy/whitepaper/html/backnumber.html。

③ 《EC統合と日本》，《ヨーロッパ》，1993年1月号，第27页。

第四章　欧洲一体化的复兴与日欧关系的成熟

的确非常巨大，但是，却是一个基于语言和国民性差异，在法律体制、税制、通货、工业规格等方面存在差异的由12个成员国组成的集体，这些差异如无法整合，则对于制造业来说，势必造成成本差异，而难以产生一体化的经济效果。"欧共体的一体化只有真正按照1988年《罗德岛经济宣言》所宣称的"欧共体一体化能够补充开放的多边贸易体制"，以及1989年《阿尔西经济宣言》所宣称的"欧共体的一体化能够完善多边自由贸易体制"去做，才能够真正活跃欧共体经济。这对于欧共体作为世界经济三极之一，维持、强化自由贸易体制尤为重要。①

同时，对于以欧共体一体化为代表的区域经济集团化浪潮，通商产业省认为有利也有弊。区域经济一体化能够实现规模经济优势、扩大贸易、活跃竞争，有效地促进区域经济的高速发展。同时，通过增加与区外市场的贸易量和投资交流，使区内各国享受区外经济增长的衍射效果，也能够促进世界自由贸易秩序的形成。但是，在区域经济一体化过程中，区外贸易转换为区内贸易的结果，有可能造成对以GATT为中心的世界自由贸易秩序的冲击。有可能弱化"GATT向心力"、增加保护主义手段的使用机会、滥用谈判实力。②

为了实地考察欧洲一体化现状，更为了促使欧共体放下"要塞化"的吊桥，日本政府组织了以经团联会长平岩外四为团长的经济使节团，先后于1991年11月和1992年3月两次访问欧共体。平岩代表团经过实地接触，初步了解到"欧共体眼下的一体化进程，并不是想封闭欧洲市场，而是依靠关贸总协定乌拉圭回合所规定的多边贸易交涉的方式，求得世界的繁荣与稳定"。日本经团联为了缓解日欧间日益严重的贸易摩擦，向欧共体方面提出了"共生论"，并表示将此

---

① 通商産業省編：《通商白書》，1990年，《第3章東西新時代の幕開けと通商関係．第3節"欧州経済の新たな展開．我が国企業の対応》，http：//warp．da．ndl．go．jp/info：ndljp/pid/1246938/www．meti．go．jp/policy/trade_policy/whitepaper/html/backnumber．html.

② 通商産業省編：《通商白書》，1992年，《第3章自由かつ明確な世界通商システムに向けて．第2節通商秩序における複層化と多元化の動き．2．地域統合—通商秩序の多元化》，http：//warp．da．ndl．go．jp/info：ndljp/pid/1246938/www．meti．go．jp/policy/trade_policy/whitepaper/html/backnumber．html。

作为1992年日本对外经济活动的指导方针。经团联提出的"共生论"是指"在世界新秩序构建过程中，作为动不动就容易引起摩擦的日本企业的生存之道，避免一切场合的孤立，广泛地同世界各国确立共存共荣的关系。努力求得共生是外交上的最重要的课题"①。

在此需要特别注意的是，经团联提出"共生论"的前提是日欧间的密切合作，而不是对立或对抗；是互相妥协基础上的"双赢"，而不是针锋相对的"两败俱伤"。对于欧共体而言，"共生论"的作用，不仅仅在于日本在欧企业的在地合作，还在于日本应该对欧洲企业开放国内市场，让进入日本市场的欧洲企业能够真正享受到平等竞争的机会，而不是对内封闭市场，对外打"开放球"。

日本经济评论家市村真一分析认为："日本人理解欧洲，而欧洲人却不太理解日本。尽管想将上述情况向普通的日本人说明，但是，却不得法，因为欧洲对日本的认识压根就不足。""总之，欧洲方面从不曾将日本看作自己的合作伙伴，也不将日本与其他欧共体成员等同看待。欧洲人所谓的西方同盟是指以防卫为中心的大西洋公约组织的成员国，所谓的西方共同体是指经济、文化交流的国家。在欧洲人的心目中，日本充其量是西方共同体的一员而不是西方同盟的一员。虽然认为是同类人却不承认是伙伴。因而当法国等国出现贸易赤字时，不去攻击作为伙伴的德国、美国，而去攻击日本。"市村真一建议日本政府高度重视国际协调，提出：我们的态度只能是付出切实努力以实现国际协调方面的对策，哪怕是放慢发展速度，也要做他们的伙伴而重视国际协调，为国家政策掌舵②。

二 《真野报告书》的出台

1992年5月，欧洲委员会向欧洲理事会提交了一份名为《一贯的全球措施：对日关系的评论》的备忘录。同年6月，欧共体理事会通过了1988年以来四年左右的《对日政策总结报告》。该总结报告强

---

① 藤井良广：《EUの知識》，東京：日本経済新聞出版社，1996年，第214页。
② ［日］市村真一：《日本的经济发展与对外经济关系》，色文等译，北京大学出版社1995年版，第182—184页。

调了基于《日欧（EC）共同宣言》推进日本与欧共体的政治对话以及强化所有领域的日欧关系的必要性，与以往的总结报告相比，该报告体现出了欧共体一致向前看的乐观态度，但是，依然表达了对于持续扩大的日欧贸易不均衡的疑虑和担忧。可以说该报告是一个评价和分析日欧贸易不均衡原因的日欧联合提案，首次从首脑级别表明了对日欧贸易不均衡扩大事态的担忧，进而要求改善日本市场的准入条件。报告指出：造成日欧间贸易不均衡的原因与其说是日本市场的封闭性，莫如说是欧共体企业对日本市场完全不关心，根本没有付出充分开拓市场的努力。[①] 由此可见，欧共体方面已经开始重视日本市场，并进一步说明了开拓日本市场的努力是扩大发展日欧贸易关系的关键所在。欧共体理事会的《对日政策总结》得到了日本政府的积极呼应，6月发表了《日本政府关于对欧共体政策的基本思考》，表示欧共体方面进一步开拓市场、扩宽对日合作领域等做法将对未来欧共体的发展起到积极的推动作用。呼吁"今后数年间，将是积极构建基于日欧共同宣言的关系框架的重要时期，即使在经济领域，日欧双方比以往更要追求对话与相互理解的深度"[②]。

1992年4月，日本外务省组织成立了"日欧经济关系研究会"，会长是东京银行常务理事真野辉彦。该研究会的任务是以经济为中心，从中长期目标入手探讨改善日欧关系的方法。12月，研究会向外相提交了最终研究报告书——《真野报告书》。在报告中，提出了关于改善日欧经济关系的90条建议。研究会认为欧共体的统一是历史长河中一个面向未来的过程，通过深化和扩大，经过迂回曲折，最终取得了发展，在世纪末，欧洲必将出现一个面向21世纪的新型统一体。以1991年1月《日欧共同宣言》的发表为契机，随着欧共体的对日积极行动及冷战后日本在国际社会作用的增大，日欧间开展了

---

① Commission of the European Communities, *A Consistent and Global Approach: A Review of the Community's Relations with Japan* (EB / OL). http://aei.pitt.edu/4310/, 1993.

② 外務省編：《わが外交の近況》，1992年，《第3章各地域の情勢と日本との関係. 第3節欧州. 第1項地域全般. 1. EC統合. （2）日本との関係》，http://www.mofa.go.jp/mofaj/gaiko/bluebook/1992/h04 - 3 - 3.htm#h1。

广泛的合作。现在日欧关系处于第二次世界大战后最关键的转折时期。

《真野报告书》提出的加强日欧关系的建议，与欧共体委员会1992年5月发表的《对日政策公告》及欧洲议会发表的《对日关系报告书》中提出的日欧贸易改善策明显不同。在后者的文件中，虽然也在强调日欧对话、合作对改善日欧贸易关系的重要性，但是，通篇充斥着指责日本的语气，更多的是要求日本在进出口上应该做些什么，体现出欧共体方面情绪浓厚的"唯我"要求。

在《真野报告书》中，虽然也体现了日本的自我辩解意图，但是，90条建议并不是仅仅要求欧共体怎么做，而是从双方共同行动的立场，找出具体的解决办法。

《真野报告书》不仅仅关注如何改善日欧贸易关系，而且将视线从日欧双边关系转向了全球角度，提出了加强日欧合作的方案。如：在宏观经济上的合作，多边自由贸易体制的加强、政治对话的增进、环境问题的对话与合作、能源、开发援助、对苏联和东欧的支援等。关于双方共同采取的行动方案，除努力改善贸易不平衡外，还有企业间的合作、增进经济对话、举行强化日欧关系的战略会议、增进相互间的了解、扩大文化交流等。

在对内方面，研究会认为日本应该采取的对策主要有：扩大内需和进口、改善日本经济体制、进一步改善日本市场的准入条件、努力改善日本的投资环境、适当地考虑以往过于偏重美国的做法。要求欧共体方面应该采取的行动主要有：提高对日关心程度、加强基于企业家精神的对日战略、改善欧共体市场的准入条件、改善欧共体各国的投资环境等。[1]

《真野报告书》的出台其实是日本政府及经济界对欧洲议会的《对日关系报告书》的反应。表现了双方对构筑、深化有效的伙伴关系的一致性认识。日本方面在《真野报告书》中虽然没有指责欧共

---

[1] 《日・EC経済関係：明日への提言——真のパートナーシップを目指して》，《ヨーロッパ》，1993年3月号，第7—8页。

体,但是,通过90条建议的内容,还是反映出了日本对欧共体市场的不满。

三 班格曼访日与"竞争合作伙伴关系论"

1992年7月,宫泽首相以访问英国为突破口,为进一步化解日欧间的误解,活跃日欧双边关系,出访欧洲各国。期间针对欧共体方面的对日谴责与唯我要求,多次发表演讲,一再强调"理解与合作"对强化日欧关系的重要意义。宫泽表示"欧洲人对日本的看法同以前相比有了巨大的转变,同时这种对日认识的转变也体现在欧共体委员会对日向前看的态度和建设性的姿态方面"。"为将日欧关系推上确切的轨道,确信双方有飞跃提升开展共同作业的能力"①,充分表达了日本政府对构建坚实稳定的日欧伙伴关系的期待。

1993年3月28日,欧共体委员会委员马丁·班格曼(Martin Bangemann)访日,同日本政府官员及财界人士广泛地交换了意见。班格曼在谈到欧共体的现代产业政策时,指出:"所谓的现代产业政策当然首先要考虑到欧洲企业的全球位置。作为全球化的一个主要成员,竞争不仅能够保全欧洲的统一市场,而且即使在伙伴间,也能有效地保持我们的地位,日本同美国等其他国家一样,首先是我们的竞争对手,我们表示欢迎。同时,他们又是我们的伙伴。因为现代竞争并不意味着只与竞争对手作战一条生存之路,而且意味着以向上发展为基础的关系。为了发展也有必要与竞争对手合作。"班格曼的主张表明了欧共体已将日本视为全球范围内的竞争对手和伙伴。

班格曼就媒体报道的"日本一贯专心于对美关系而疏远同欧洲的关系"的说法发表了看法,指出:"日本出于历史、地理的原因,无论过去、现在,还是将来都只关心对美关系。我们欧洲并不羡慕,认为这是理所当然的事",但是,"我们最关心的是,日本与欧洲有着与美国一样的利害关系,并且比与美国关系恐怕还要复杂一些,因为

---

① 《英国"日本協会"等による歓迎レセプションにおける宮澤内閣総理大臣の挨拶》,1992/07/03,《宫沢内閣総理大臣演説集》,東京:日本広報協会,1994年,第113—114頁。

欧洲并不像美国一样是个单一实体。但是，日本为此所做出的努力对日本来说，毫无疑问是有益的"，"假如日本背向欧洲，只对美国寄予关心的话，那么这肯定是错误的做法，也是不可想象的，因为日本的实业家和政治家们已经认识到了同欧洲携手的益处"。

班格曼还向日本发出呼吁，"打败竞争对手也就否定了竞争，埋葬了发展信赖和合作伙伴关系的可能性。因而有活力的关系当中，必然包含着伙伴关系的要素"，日欧之间的关系"不是打败竞争对手，必须是作为伙伴关系共生共存"①。班格曼的"日欧竞争合作伙伴关系论"可以说是对平岩经济使节团所提出的"共生论"的补充与完善。经团联"共生论"的出发点是如何确保日本海外企业，尤其是在欧企业的发展。班格曼的"日欧竞争合作伙伴关系论"强调的是全球化当中日欧的共同发展，告诫日本在日美欧三角关系中，不要过于偏重美国，强调只有强化"三极关系才是扩大日本国际作用之道"。不过，班格曼所说的"强化三极关系"并不是同时强化三边关系，强调的是在三极框架中，加强日欧双边关系，以达至三边关系的平衡。

四 平成天皇访问欧共体

在战后日本外交史上，日本皇室成员的出访活动往往被称之为"皇室外交"。按照《日本国宪法》的规定，天皇仅是日本国家的象征，没有政治方面的实际权限，也就不能进行缔结条约、经济援助等涉及具体内容的外交活动。但是，在日本总务省宫内厅的公文中，明确地将"外交官"称之为"外国交际官"，即与外国交际、接触。因而，日本的一些学者就将日本皇室成员的出访称之为广义上的"外交"，即"加强同日本的亲善关系，加深外国对日本的友好气氛"②。早在1971年，当时的昭和天皇访问欧共体七国，受到了欧共体各国朝野的热烈欢迎。尽管不能解决日欧关系中的具体问题，但仍反映出

---

① 《競争とパートナーシップの両力が肝要》,《ヨーロッパ》,1993年4月号，第1—2页。
② 伊達宗克:《天皇の外交》,東京：明泉堂,1975年，第80页。

了日本对开展对欧共体外交的热情,将对欧外交推向了高潮。

1993年9月3日,平成天皇夫妇访问欧共体创始国的意大利、比利时、德国。同各国的市民直接接触,受到各国的热烈欢迎,给欧共体朝野留下了极好的印象。德国一家报纸评论说:"两陛下的姿态使人强烈地感受到'人性的关怀',完全没有所说的'云上天子'的难以接近的印象。"天皇夫妇访欧最能引起世界关注的是天皇与欧共体委员会主席德洛尔(Delors)的发言。11日,天皇夫妇参加了德洛尔主持的欢迎午宴。德洛尔在欢迎辞中说:"陛下访欧表示了日本政府对发展日欧间经济、通商以及政治、文化合作关系的关心和重视。我们确信贵国和欧洲共同维护世界和平和促进世界繁荣做出巨大贡献的能力和信心。"天皇在谢辞中说:"现在的欧洲共同体在贵主席的指导下,向一体化迈进了一大步。日本期待着同我们有着民主主义和自由主义共同价值观的欧洲共同体,不仅对欧洲,而且对世界发挥极大的作用。"

欧共体方面对天皇夫妇的来访给予了很高的评价。欧共体委员会驻日代表处大使哈维尔·雷格(Harvellregh)认为,天皇与德洛尔的会谈是"超越利害关系和眼前经济利益的最高级别的接触,体现了强化欧洲和日本之间纽带关系的重要性","象征着日本更加重视欧共体委员会在推进欧洲一体化方面的作用","此次访问必将促进欧洲所期望的欧共体和日本间的对话与合作"[①]。

[①] 《欧州市民と心の触れ合い ドロル委員会委員長とも交歓 天皇・皇后両陛下ご訪欧》,《ヨーロッパ》,1993年9、10月号,第1页。

第五章　欧盟的扩大与日欧关系的战略调整

20世纪90年代，伴随着欧洲一体化的"深化"与"扩大"，同时也伴随着日本泡沫经济的崩溃，日欧关系也发生了重大转变。由"摩擦"走向"对话与合作"，70年代末以来持续激化的通商贸易摩擦也一下子沉寂下来。可以想见，日欧通商贸易问题是无法彻底消解的，但是，日欧双方能够通过双边协商或者活用世贸组织规则，在通商贸易问题政治化之前加以解决。充分反映出了日欧关系的"成熟"，但是，与此同时也不断发生"不成问题的问题"。在"贸易摩擦狂澜过去后，终于迎来了扬帆远航的一叶小舟一下子进入无风助力的状态"。由80年代"打击日本"一下子过渡到了90年代的"日本通过"和"日本毫不足惧"的时代。①

1993年11月1日，《马斯特里赫特条约》（简称《马约》）正式生效，标志着欧洲统一大市场的形成，宣告了以欧共体为基础的欧洲联盟的成立。日本政府明确表态：积极欢迎和支持《马约》的生效。日本国内在1993年兴起了"欧盟热"，日欧间发起了"草根运动"。政府间、民间对话与合作广泛开展。尤其在限制缓和改革问题上，双方展开了所有级别的对话与协商。欧元的启动再次对日本产生了巨大的冲击，在欧日籍企业积极顺应欧洲市场一体化的潮流，转变经营战略。日本政府针对欧元对世界经济及自身的重大影响，也在积极推进

---

① 渡辺頼純：《地域統合の現在と未来》，《平成24年度外務省国際問題調査研究・提言事業》，日本国際問題研究所，2013年，第123页。

日元的国际化。世纪之交,日欧双方在总结过去40多年来双边关系的基础上,顺应新时代的发展要求,积极探讨新千年全球合作伙伴关系。

1999年1月7日,日本首相小渊惠三在法国巴黎企业联盟发表演讲时指出:欧元的诞生掀开了世界史上新的一页,这无疑是各成员国坚强政治意志的产物,更是严格地、持续不断地调整的结果。欧盟的经济力量尚未达到堪与美国相比的水平上,因而欧盟当然寄希望于世界经济的稳定与发展,因此,希望欧元成为稳定而又值得信赖的货币,更希望欧元圈进一步开放。只有这样,欧洲才能够不断地与各国合作,向保护主义挑战。建议日本与欧洲的合作不应仅限于政府间,还应该进一步适应欧洲一体化的发展,开展全欧洲范围的商业对话。呼吁欧洲商业界应该在构建日欧对话平台和机制上发挥积极的作用。"日本无论是在经济方面,还是政治外交方面都是可堪欧洲信赖的伙伴。"[①]

世纪之交,日欧双方首脑的频繁互访、日本河野洋平外相"十年合作构想"的提出、欧盟"对日工作文件"的制订以及日欧首脑会议的如期举行、《日欧十年合作计划》及《未来共同行动计划》的签订与实施,极有力地证明了日欧关系的战略调整与战略性发展态势。

第一节 《马斯特里赫特和约》的生效与日本1993年"欧盟热"

一 《马斯特里赫特和约》的生效与日本政府的态度

1993年10月,德国在所有的欧共体成员国当中,最后一个批准了《马约》,11月1日,《马约》正式生效,宣告了以欧共体为基础的欧洲联盟的成立。1993年成为欧洲一体化进程中的值得大书特书的一年。《马约》提出了深化欧洲一体化的三个目标,即经济货币一体化;共同外交、安全保障政策一体化;司法、内务合作。《马约》的生效也标志

---

① 《フランス企業運動(MEDEF)主催昼食会における小渕内閣総理大臣挨拶》,1999/01/07,内閣官房編:《小渕内閣総理大臣演説集》(上),2004年,第150—155页。

着欧洲统一大市场的形成，在欧共体区域经济集团内部真正实现了人员、物品、资金及劳务的自由流动。从此，欧洲一体化的步伐又向前迈进了一步。欧盟的建立自然也就成为1993年的国际热点问题。世界各国政府和研究界纷纷针对欧盟的现状及前景发表看法。

英德两国在《马约》生效一年后的1994年11月进行了民意调查，由英国《泰晤士报》和德国《明镜》周刊共同策划。主要调查了解国民关于欧盟加盟国的得失、发行单一货币的利弊、深化政治一体化的必要性、是否希望欧盟东扩等问题的认识。据调查结果显示，对一体化怀疑最为强烈的英国，多数国民从调查方案策划开始就对所有的调查项目持否定态度。最为引人注目的当属德国的调查结果。回答"欧盟加盟国对自己国家有利"的只占17%，仅仅超过英国（14%）。关于是否推行单一货币问题，德国有65%的国民认为应该公投决定，英国投赞成票的占64%，尤其是在国民实际公投时，德国投赞成票的只占全体的24%，英国也仅占23%。关于推进政治一体化问题，德国给予肯定回答的只占23%，英国占27%。在是否应该东扩问题上，英国的支持率是42%，德国仅有24%。①

日本方面对于欧共体向欧盟的过渡表示欢迎，并提出了对欧盟的殷切希望。在7月召开的东京日欧首脑会议上，日本首相宫泽喜一向欧盟委员会主席布里坦（Leon Brittan）和克里斯托弗·安德森（Andersen Chris）明确表示："日本欢迎《马约》的批准和生效，也欢迎繁荣、自信和开放的欧洲对后冷战时代的世界做出贡献。"②

二 日本1993年"欧盟热"的出现

1993年，在日本国内，在政府当局的推动下，开展了声势浩大的纪念活动，一时兴起了"欧盟热"。日本各地围绕着欧共体的历史及欧盟的现状，开展了各种形式的活动，一方面庆祝欧盟统一大市场的完成，探讨今后的日欧关系；另一方面探讨欧盟与以日本为中心的

---

① 滨矩子：《EU経済入門》，東京：日本評論社，1995年，第145—146页。
② 《ECのAPEC参加へ日本の支持要請 公共調達で公平な機会を求めるEC日本首脳会議》，《ヨーロッパ》，1993年9、10月号，第4页。

东亚在国际社会中的关系。同时，通过文化交流，促进日欧间的相互了解。日本 1993 年兴起的"欧盟热"主要表现在：

第一，座谈会的举行。日本在 1993 年举行了多次纪念欧洲市场统一的座谈会。其中 4 月份兵库县欧共体协会举办的"欧共体市场统一纪念论坛"的规模最大，参加者多达 500 人。日本的大批学者及政府官员、财界首脑参加了论坛。欧洲方面的驻日商务代表及企业家也参加了论坛。双方共同探讨 21 世纪日欧"共生共存"之道。其他各地的欧共体协会也先后举行了关于欧共体的座谈会。12 月，大阪国际交流财团主办了欧共体统一专题讨论会。欧盟驻日大使雷克（Recker）到会做了主题发言。欧盟成员国驻日大使们也都参加了各地举办的座谈会。比利时驻日大使诺顿（Norton）参加了 3 月份日本经济同友会的恳谈会，并发表了题为《国际新秩序与 21 世纪的日本和欧洲》的演说。丹麦驻日大使哈德维克（Hardwicke）出席了 6 月份大分县欧共体协会的总会，发表了关于日欧政治经济关系的演讲。

第二，开展双边贸易活动。10 月，日本宫城县欧共体协会、仙台市商工会议所和欧盟驻日代表处联合举办了"1993·欧共体土特产展"，向日本国民宣传介绍欧共体产品品质的优良。

第三，文化交流事业。为了进一步了解欧洲的社会和文化，加深同欧盟的关系，日本各地按国别先后举办了有关欧洲音乐、电影、饮食方面的宣传活动。①

第四，欧洲一体化运动学术研究的高潮。日本文部科学省与学术振兴会仅在 1993 年就批准了六项有关欧洲一体化方面的研究课题。②学术界高度关注欧洲一体化的态势与发展趋势。尤其是名古屋大学田口富久治教授课题组在《欧共体一体化与欧洲政治》研究报告中，主要针对 1992 年《马斯特里赫特条约》的签订使欧洲一体化迎来了一个新时期的现状，为了全面把握欧共体一体化的现状，从欧共体的"完成"（市场一体化）、"深化"（面向经济、政治一体化的深度推

---

① 《日本各地 EC 関連行事》，《ヨーロッパ》，1993 年 12 月号，第 12—13 页。
② 科学研究費補助金研究成果報告書，科学研究費事业数据库：http://kaken.nii.ac.jp。

进)、"扩大"［例如与欧洲自由贸易联盟（EFTA）构成了欧洲经济区（EEA）；以及与苏联、东欧各国间的合作协定的签署］三个方面以及三者间的逻辑关系进行了深入分析和总结。课题组希望借此形成学术界关于1992年欧洲一体化的共同认识。总结报告指出：欧共体作为一个政治组织，被深深地印刻上了区域性超国家组织的特征，势必动摇以国家主权观念为中心的近代民族国家的地位。欧共体一体化是自下而上的对国家的挑战，但是，同时也认为欧共体一体化过程的展开势必造成民族国家职能的相对化。①

中央大学高柳先男教授在《欧共体一体化与国际变动一体化研究》总结报告中预测："欧盟将于1999年彻底实现货币、经济一体化以及共同安全保障和外交政策方面的政治一体化。这不仅仅将会给欧洲，而且会给整个国际社会带来构造变动。会给21世纪秩序的形成造成巨大的影响。即使对于与欧洲在政治、经济、文化等方面有着深刻关系的日本而言，欧洲的一体化态势也将具有重要的意义。"②

滨矩子在《欧盟经济入门》一书当中分析认为："欧盟东扩当然有谋求新兴市场的经济动机，但是，最大的关心当属安全保障。如果东欧的政治安定无法保障，则欧盟各国难以高枕无忧。""对于竞争力相对低下的欧盟产业而言，劳动成本占压倒性优势的东欧各国已然成为欧盟潜在的强大竞争对手。东欧各国入盟后，支援其经济改革的资金负担构成了欧盟财政的新压力。"③

第二节　日欧关系的全面运行

一　草根运动的兴起

日欧双方自1991年以来，日益意识到加强双边民间对话和合作

---

① 《EC統合とヨーロッパ政治》（EC Integration and European politics），研究課題番号：04301067，科学研究費事業数据库：http://kaken.nii.ac.jp。
② 高柳先男：《EC統合と国際変動の総合的研究》（Integration of EC and Changing Onternational Structure），研究課題番号：05045014，科学研究費事業数据库：http://kaken.nii.ac.jp/d/p/05045014.ja.html。
③ 滨矩子：《EU経済入門》，東京：日本評論社，1995年，第142页。

的必要性。在双方的共同努力下，不仅政治界加强了联系，而且经济界、学术界、新闻媒体等各个领域也都加强了对话与合作，日欧关系全面发展。

（一）欧盟新一轮对日出口促进运动的开展

欧盟委员会自1979年以来就制定、实施了欧洲企业家日本研修计划，取得了不错的成绩。欧盟通过该计划，培养了一大批懂日语、了解日本商业行情的青年企业家。自1990年开展的为期3年的"出口与日本"的宣传活动，也获得了成功。

欧盟抓住日本正在兴起的"欧盟热"，于1993年2月宣布开始新一轮为期三年的"日本入门"出口促进运动。主要目的就是扩大欧洲产品的对日出口，进一步提高已经打下良好基础的欧洲形象。欧盟委员会发动的"日本入门"宣传活动得到了日本通商产业省、贸易振兴会以及在日欧洲企业家协会的大力支持。欧盟委员会向媒体宣称：出口促进活动只是欧盟委员会为改善日欧贸易的失衡而开展的所有活动的一个环节。欧盟委员会还宣布将在5、6月份，为各成员国举办关于此次活动的说明会；赞助欧洲的企业积极参加在日本举办的产品交易会；决定于1994年秋季在日本举办运输机械和工作机床产品交易会，向日本派遣振兴出口使节团。日本舆论认为，欧盟委员会开展的"日本入门"出口促进运动是"欧盟实施的对日出口促进计划的第二发炮弹"，旨在消解对日贸易赤字。[①]

出口促进活动取得了极大的成功。在1994年到1996年三年时间里，约有307家欧洲企业体验了日本的商业模式，或者获得了开展商业活动的机会。该活动所涉及的9个产业领域的欧洲企业家听取了日本方面近2500人次的报告，反响极好。欧盟积极开展的对日出口促进运动在改善日欧贸易不平衡上，发挥了非常大的作用。日本1993年的对欧进口额为30149亿日元，1996年为49371亿日元，大约增长了64%。而出口额在1993年为56412亿日元，1996年为62987亿日元，大约增长了12%。日本对欧贸易黑字从1993年的26263亿日

---

① 《ヨーロッパ》，1994年1、2月号，第1—2页。

元，缩减到 1996 年的 13616 亿日元。（见表 5-1）

表 5-1　　　　日本对欧进出口贸易统计（1990—1999）　　　　单位：亿日元

	1990年	1991年	1992年	1993年	1994年	1995年	1996年	1997年	1998年	1999年
出口额	53518 (11.7)	59158 (10.5)	62474 (5.6)	56412 (-9.7)	57480 (1.9)	70291 (14.8)	62987 (-10.4)	65578 (4.1)	71482 (9.1)	74583 (4.3)
进口额	35028 (24.5)	31792 (-9.2)	31280 (-1.6)	30149 (-3.6)	35479 (17.7)	48812 (25.9)	49371 (1.1)	44918 (-9.0)	39057 (-13.2)	42838 (9.7)
收支额	18490 (-6.4)	27365 (48.0)	31194 (14.0)	26263 (-15.8)	22000 (-16.2)	21479 (-4.3)	13616 (-36.6)	20660 (51.7)	32424 (57.9)	31745 (-2.1)

资料来源：日本外务省网 http://mofa.go.jp，数据来源于日本大藏省贸易统计资料，括弧内数据为同前一年相比的增长率。

1997 年 3 月 14 日，欧盟在日本东京再次举行了开展"1997—2000 年对日出口促进宣传活动"的记者招待会。欧盟委员会驻日大使雷克对欧盟开展宣传活动的背景以及对日欧关系的影响做了详细说明。欧盟委员会总部日本课次长格雷（Grey）和欧盟驻日代表处商务官员菲尔伦（Phillorn）各自介绍了在欧洲和日本两地的行动计划。欧盟宣布这次宣传活动为期四年，按产业类别，从成员国中选定 20—25 家企业，到日本参加两次商品展销会，或者产品销售使节团。这些企业通过参加各种学术座谈会、招待会、商品展示会，访问日本的相关企业和工厂，介绍欧洲产品和技术，直接获得关于日本市场的知识和经验，捕捉进入日本市场的商业机会。欧盟在记者招待会上，还对日本提出了希望，即希望日本各有关部门能够一如既往地支援欧盟在日本开展的各项活动。

（二）日欧产业对话与合作的广泛发展

早在 20 世纪 70 年代，日本的个别企业就已经同欧洲的企业开展了各种形式的合作。特别是在制造业领域，通过日欧企业合并，日本企业单独打入欧洲市场。此外，一部分日本企业通过与拥有先进技术力量的欧洲企业的合作，进行新产品的研制和开发。在能源开发领域，欧洲企业早已在第三世界构筑了生产据点和销售网络，积累了丰富的经验。日本企业以合作的形式，同欧洲企业在第三世界国家合资办厂。进入80年代以后，由于日欧贸易不平衡的进一步扩大，欧共体方面向日本提出了一揽子通商要求，强烈要求日本纠正双边贸易的失衡。同时，日本政府鉴于欧共体对日出口的长期滞涨状况，采取官民合作的形式，联合组织了"促进进口访欧使节团"。欧共体方面也向日本派出了"促进出口经济使节团"。当时，作为消除贸易摩擦的有效方法之一就是进行产业合作。1987年2月，由欧共体委员会和日本通商产业省共同出资设立了日欧产业合作中心。在产业合作中心，召集一大批专家学者专门对来日的欧洲企业的管理层以及技术人员进行培训，或者向他们提供情报，将有关日本产业、生产条件的知识传达给欧洲企业界。此外，产业合作中心还成为日欧产业人士交换意见的场所。进入90年代后，在日本经济同友会的倡导下，又设立了民间交流组织"日欧企业论坛"，大约9个月左右举行一次，及时总结双边经济交流的成果。自1995年起，在欧盟委员会和通商产业省的大力资助下，举行了"日欧产业人士圆桌会议"。主要目的是加强日欧产业间的联系，加强相互间的竞争力，并以此成果为基础，策动政府有关部门及时制订相关的政策。

欧盟委员会曾在1994年出台了《加强欧洲产业竞争力的政策》。该政策把加强欧盟产业界的国际竞争力提到了第一位。其目的之一就是提高欧盟企业在急速发展的亚洲市场的存在价值，通过交流经验和专门技能，增进欧洲企业的竞争力，从而将同日本进行产业合作放在了新亚洲政策的中心位置。这也表明欧盟委员会确立了以亚洲市场为目标，同日本政府进行协调的路线，推进同日本的全面对话与合作。欧盟当初成功地启动产业合作计划的主要目的就是缓解双边经济摩擦。在20世纪末，日欧双方无论是政府还是民间团体都提高了对产业合作重要性的认识，卓有成效的日欧企业论坛和企业圆桌会议就是民间产业对话与合作的最好例证。

1995年6月4—7日，以弗朗索瓦·贝里格（François Bergar）为团长的欧洲产业联盟代表团访问日本。该代表团的成员主要由欧洲企业家代表和欧盟委员会代表组成,这在日欧经济交流史上尚属首次,可见欧盟对发展日欧经济关系的重视程度。代表团与日本首相河野洋平、通产相桥本龙太郎、藏相武村正义等政府首脑及经团联、经济同友会的经济界首脑们举行了会谈。日本舆论认为:欧洲产业联盟代表团访日的主要目的是提高欧洲企业对日本市场的关心程度,最大限度地利用由于日本的进口限制有所缓和所产生的商业机会。参加代表团的欧盟委员会主席布里坦明确地指出了他与代表团结伴访日的目的,即:"向日本直接传达欧盟的新对日政策,所谓的新政策是以合作关系为主题,通过日欧间在日本市场开放问题上的合作,促进日本市场改革的成功。"向日本发出呼吁:"欧盟同日本的交涉不应仅限于政府间交流,更重要的是应该开展产业间的对话。"布里坦还进一步指出:"此次访日的代表团20余名成员全部由在日本市场上有经验的公司代表组成。欧盟希望通过他们向日本产业界和各省厅说明在进入日本市场时所遭遇的具有日本特点的困难。"布里坦对日本提出的限制缓和方案给予了充分的肯定,但是同时提出,日本政府当局只有彻底贯彻执行这一方案,并采取果断的措施,才能进一步开放市场。这样做不仅给海外企业,而且也给广大的日本消费者带来利益。布里坦表示:欧盟希望通过外部的不断施压,促使日本能够早日彻底地开放市场。并指出欧盟的目的并不是通过这种方式向日本提出日欧经济间的悬案,而是想通过这种方式对日本的国内改革施加影响,推进其改革的步伐。①

欧洲产业联盟访日代表团回到欧洲后,将此次访日所取得的成果向欧盟各成员国政府及企业界做了汇报。得出了访日结论,即:欧盟十五国部长及企业界人士,团结一致开展寻求日本理解的外交活动是打入日本市场的最佳手段。该结论意在表明:欧洲越团结,在日本市场开放问题上就越能够取得比较好的成果。布里坦向欧盟委员会总结了此次访日的成果,即向日本表示,欧盟将永远支持其无论是在经济上还是政治上,作为国际社会当中的重要成员所应取

---

① 《日本市場開放に向けて》,《ヨーロッパ》,1995年6、7月号,第8页。

得的符合其实力的国际地位的愿望，欧盟愿意与日本采取协调的且极为现实的战略。①

20世纪90年代以来，日欧产业界的对话与合作趋势，进一步证明了日欧关系的发展已经进入了"对话与合作"的深化时期。

(三) 合作周的开展

随着欧盟一体化进程的不断推进以及欧盟经济的显著发展，日本认为应该进一步加强同欧盟的合作，加深对欧盟的了解。同时，随着以国际互联网为代表的信息技术的发展，日欧在科学技术研究领域的国际合作也越发重要起来。日欧双方迫切希望相互交换经验和技术。此外，日欧共同面临环境、安全保障、老龄化社会等问题，这些问题的存在也要求日欧必须合作。在1995年巴黎首脑会议上，日欧首脑决定举行日欧合作周活动，深化双方在政治、经济、科学技术领域的交流，使日本国民充分、广泛地了解日欧关系的现状。1997年9月29日—10月2日，日欧双方在日本东京举行了规模大、范围广的合作周活动。日本和欧盟的杰出学者、政治家、财界首脑及新闻记者出席了会议或座谈会。双方就科学技术、教育、政治、经济各领域的双边关系交换了意见。在合作周开展之际，欧盟委员会副主席布里坦在东京的记者俱乐部发表了关于合作周的演讲。阐述了日本与欧盟在国际政治经济领域应该进一步紧密合作的重要性，并列举了日欧应该强化双边关系的理由，即双方共同信奉法制和政治、贸易上的国际合作体制的共同价值观，双方利害关系一致等。布里坦还进一步强调，随着欧洲单一货币（欧元）的启用，欧元圈获得了与美国相匹敌的商业经济实力。欧盟现今已发展成为团结的国际主体和伙伴。同时，欧盟外欧洲国家入盟的可能性也在不断增大，因而构筑日欧间良好的经济关系，对日本而言，关系重大。

此次合作周活动是由欧盟各成员国驻日大使馆、欧盟驻日代表处、日本政府和民间部门共同举办的。活动分两个部分，第一部分是9月29、30日两天，由欧盟和日本的文部省、通商产业省、科学技

---

① 《日本市场开放に向けて》，《ヨーロッパ》，1995年6、7月号，第10页。

术厅共同主办的"日欧教育、科学技术合作会议";9月30日,日欧双方对亚欧会议框架内的教育及科学技术合作问题进行了讨论。第二部分是10月1日、2日两天,由欧盟和日本朝日新闻社共同主办的题为"新时代的纽带:欧盟与日本"的政治经济合作论坛。与会的日欧代表们在强化日欧关系上达成共识,纷纷指出,在构建国际新秩序问题上,关键是加强日美欧三极构造中的日欧一边。在目前的日美欧三角关系当中,日欧关系还很不完善,在两者间构筑紧密的关系非常重要。欧盟秘书长约兰·佩尔松(Goran Persson)强调说:"日本与欧盟充分合作行使其国际影响力,促使只看重自身利益、蛮横无理的唯一超级大国——美国——能够倾听世界的声音。"欧盟方面的代表还建议日本在外交方面积极地参与国际社会的行动。

日欧代表还在地域纷争、老龄化、环境、能源等问题上达成共识。双方还专门讨论了日欧安全保障合作问题。芬兰首相索尔萨(Sorsa)指出:此前日本与欧盟在安全保障问题上没有直接的联系。但是,随着日本参加前南斯拉夫地区的维和行动,以及欧盟参加朝鲜半岛能源开发机构,情况发生了变化。因而,日欧双方应该在全球规模(全球问题)上,进一步加强政治合作。欧盟主席托恩指出:"此次论坛的主旨就在于日本人从正在推进一体化进程的欧盟所取得的经验当中学些什么,以及欧盟从日本的经验当中学些什么。通过此次论坛,使那些活跃于政治、经济舞台上的日欧代表们面对面地交流,从而加深对双边关系的认识。"①

(四)新闻界的对话与交流

日欧新闻媒体间的对话与交流最早开始于1987年,由欧共体驻日代表处和日本财团法人经济宣传中心共同主办的新闻记者会议。欧共体委员会委员德克雷·鲁克(Drake Rook)曾高度评价召开新闻记者会议的重要意义,他说:"欧共体期待着通过新闻记者会议加深同国际经济中的重要大国——日本的对话"。日欧新闻记者会议每年举

---

① 《眞のグローバルパートナーを目指して——新時代のきずな日本とEU》,《ヨーロッパ》,1997年11、12月号,第6—7页。

行一次，日欧轮流主办，作为日欧媒体代表自由发言、讨论的场所。早期召开的几次会议，受到当时双边经济摩擦的影响，日欧与会代表之间争论多于共鸣，批评指责多于合作。前几次会议往往成为日欧双方互相攻击指责的场所，弥漫着火药味儿。1991年海牙日欧首脑会议联合宣言中明确宣布"日欧双方通过体系化、制度化的对话，确立比较广泛的关系"。《海牙联合宣言》的发表，成为转变欧共体对日观的一大契机①，为以后日欧关系的发展定下了基调。即从对立到对话，从摩擦到合作。自1991年起，日欧新闻记者会议成为沟通日欧关系的桥梁。尤其是在《马斯特里赫特和约》生效后，日欧新闻记者会议得到了日欧首脑们的高度重视。海部俊树、羽田孜两位首相亲自过问会议事宜。1996年第十次新闻记者会议在布鲁塞尔举行。这是一次在日欧民间交流史上值得注意和纪念的会议。欧盟主席雅克·桑特（Jacques Santer）作为欧盟最高首脑首次出席了会议，并在会上做了题为《欧盟的新课题——欧盟与日本的共同课题》的主题发言。桑特指出："日欧新闻记者会议为确立高质量的日欧关系做出了巨大贡献，企业家和新闻记者等持不同观点的人进行合作，对于构筑实质性的日欧双边关系非常重要。"②

此后的几次会议，日欧双方代表对于世界形势及双边关系畅所欲言。新闻记者会议不仅成为日欧新闻记者和政治界、企业界、学术界直接交流的场所，而且为加深日欧间的相互了解，强化日欧双边关系提供了机会和渠道，得到了日欧双方的高度评价。

二 日欧政治对话与合作的推进

后冷战时代，国际政治形势发生了巨大变化。一直为冷战时代两极格局掩盖的地区性矛盾（领土争端、民族自治、民主进程等问题）一下子彰显出来。对于正处于一体化进程的欧盟和向政治大国

---

① 《日本国と欧州共同体およびその加盟国との関係に関するハーグにおける共同宣言（仮訳）》，驻日欧州委员会代表部：http://www.euinjapan.jp/relation/agreement/hague/。
② 《日本・EUジャーナリスト会議》，驻日欧州委员会代表部：http://www.euinjapan.jp/programme/conference/。

迈进的日本而言，动荡的国际政治局势，自然而然成为他们关注的焦点。日欧政治关系的发展虽然比较迟缓，但是，在世界大国构筑全球伙伴关系的大潮中，日欧双方已经意识到了开展政治对话与合作的必要性。

1991年《海牙联合宣言》明确宣布了日欧在国际政治问题上进行合作的必要性，提出要在所有国际问题上开展所有级别的政治对话。双方提出了政治对话与合作的共同目标，即自由、民主、法制及人权、市场经济。并表示这是日欧维护世界安全与发展的共同愿望。在联合宣言当中，日欧还表示开展双边政治对话与合作的目的就是缓和国际、地区的紧张局势，强化开放的多边贸易体制，支援发展中国家尽快与世界体制接轨。自1991年始，在日欧间逐步形成了政治对话的框架，即：（1）日欧首脑会议——由欧洲理事会主席、欧盟委员会主席和日本首相组成，每年轮流举行一次。（2）日欧外长会议——由欧盟（前任主席国、现任主席国、继任主席国）外长和日本外相组成，每年举行两次。（3）日欧政务局长会谈——由欧盟（欧盟委员会、各成员国）和日本的政务局长组成，每年举行两次。（4）日欧议员会议——在日本国会议员和欧洲议会间举行，每年举行一次的定期会议。日欧议员会议对日欧关系的发展做出了巨大的贡献，不仅在政治家间建立了牢固的政治关系，而且进一步提高了日欧政治家对对方政治存在重要性的认识。

1992年以来，日欧外交事务部门就双方共同关心的国际热点问题交换了意见，主要表现在：（1）政务局长会议的开展，补充了日欧政治关系的内容，双方的政务局长在俄罗斯、前南斯拉夫问题、亚洲安全保障问题上，广泛地交换了意见。（2）在日欧外交工作会议上，就亚洲、大洋洲、中东和平进程、东欧、中亚以及前南斯拉夫和俄罗斯等问题，进行了具体的讨论，并相互交换了情报。（3）以东京为活动舞台，对许多重要的国际政治问题，进行了非正式的政治对话。

进入20世纪90年代中期后，日欧政治对话与合作的焦点逐渐倾向于欧洲和亚洲。日欧在对方所属的区域问题上，进行了广泛的交流

第五章 欧盟的扩大与日欧关系的战略调整

与合作。如：日本表示在前南斯拉夫重建问题上，将向波黑提供8亿美元的援助，向科索沃及周边国家提供2亿美元的支援。而欧盟也加快了重返亚洲的步伐，积极参与朝鲜半岛能源开发，向亚洲金融危机最为严重的国家提供援助。日欧首脑不断强调双方要时刻关注日欧政治关系的发展，进一步改善所有级别的政治对话的质量。日欧政治关系开始以呼应世界新形势、新课题的形式逐步向前发展。双方在1995年6月召开的第四次首脑会议上一致强调"必须采取建设性的方法和以均衡的形式发展包括政治安全保障、经济、文化等领域在内的全面日欧关系"[1]。

日本学术界、国际问题观察家无不建议日本政府推进日欧政治对话进程，强调指出："日欧关系的不足（不健全、不完善）主要在于双方缺乏明确双边关系的理念。且在当今世界政治中，缺乏定位、展望双边关系的能力。"[2]

1995年3月，欧盟委员会制定了"以合作代替对抗"的对日关系新战略。欧盟委员会副主席布里坦指出：欧日关系不应再以"一系列的贸易争端"为特点，而应当发展"包括政治、经济、文化和教育在内的全面关系"[3]。

欧洲理事会在1995年5月29日通过的《欧洲与日本：下一阶段对日关系总结报告》中，充分肯定了自1991年以来日欧关系所取得的进展，并强调加强日欧间政治对话与合作是欧盟在对日关系上的一贯的、长期的政策。欧盟强调支持日本在国际政治舞台上发挥更大的作用，指出政治对话的内容是双方具有共同利害关系的领域，通过日欧间的政治对话，进一步提高日本舆论对欧盟政治地位的认识。日本方面也希望通过与欧盟首脑的政治对话，构筑一个全球性的平等的伙

---

[1]《日・EU定期首脳協議での共同記者会見における村山内閣総理大臣の冒頭発言》，1995/06/19，《村山内閣総理大臣演説集》，東京：日本広報協会，1998年，第154頁。

[2] 田中明彦：《世界の中の日本・西欧関係》，《国際問題》，1994年4月号；添谷芳秀：《ASEMと世界秩序のゆくえ》，《世界》，1996年5月号。

[3] 刘宗和：《日本政治发展与对外政策》，世界知识出版社2010年版，第285页。

伴关系，以求得欧盟对其政治大国战略的支持。①

1996年秋对于日本外交而言，可以称得上是"欧洲的季节"，即强化良好的日欧关系的季节。从9月开始一直到11月，日欧首脑互访极为频繁，日本桥本首相和池田外相通过与到访的欧洲各国政要的一系列的会谈，不断深化对欧洲全球伙伴关系的认识，不仅进一步强化了两国间的关系，而且还抱着解决国际问题的态度，进一步强调了双方应该强化合作关系。特别是在这期间，日本与英国、法国、德国签署了一系列合作协议。如《新日英行动计划》②、《面向21世纪日法合作的20项措施》③、《日德全球合作伙伴关系行动计划》④。

根据这三份文件，日本与英法德三国又建立起了双边首脑会议框架，对于加强日本与欧盟以及欧洲大国关系十分有利。日本希望今后能够将这种框架扩展到日本与其他欧洲国家关系中去，并利用这一框架拓展日本与欧洲国家在政治、经济、文化等领域的友好合作关系。特别值得注意的是，日本政府通过强化与英法德三大国的双边关系，取得了三大国对日本出任联合国安理会常任理事国的支持。德国在日本入常问题上的态度较为含蓄，只是说："两国政府认为应该强化联合国的功能以适应21世纪的课题，两国将继续努力以推进联合国全面均衡的改革。特别是为了早日实现扩大联合国安理会常任理事国与非常任理事国的改革方案，两国在继续保持与世界各国紧密协商关系的同时，继续开展两国政府间的合作。"⑤《新日英行动计划》《面向21世

---

① 驻日欧州连合代表部：《EU理事会结论 欧州と日本——次の段階》，1995/05/29，日本政治・国際関係データベース：http：//www. ioc. u-tokyo. ac. jp/~worldjpn/documents/texts/JPEU/19950529. 01J. html。Europe and Japan: The Next Steps. Commission of the European Communities. http://aei. pitt. edu /4316 /01 /001026_ 1. Pdf.

② 《新日英行動計画（世界に拡がる特別なパートナーシップ）》，1996/09/02，外務省編：《わが外交の近況》，1997年，第302—306页。

③ 《21世紀に向けての日仏協力20の措置》，1996/11/18，外務省編：《わが外交の近況》，1997年，第306—310页。

④ 《日独パートナーシップのための行動計画》，1996/05/20，外務省編：《わが外交の近況》，1997年，第247—252页。

⑤ 《日独パートナーシップのための行動計画（改訂）》，1997/11/24，外務省編：《わが外交の近況》，1998年，第355—361页。

纪日法合作的20项措施》表明英、法两国在日本入常问题上的态度较为明确，"英国政府继续坚决支持日本加入联合国安理会常任理事国"①，"法国再次确认，支持日本成为联合国安理会常任理事国"②。

1996年9月30日，第五次日欧首脑会议在东京举行，会后双方发表了《关于第五次日欧首脑会议联合声明》。与会首脑一致表示在关注促进双方政治对话的同时，特别欢迎双方强化在各种地区性问题上的对话与合作。声明指出：日欧双方意在强化政治联系，日本与欧盟高度关注最近国际社会在安全保障与国际政治关系上的动向，谋求双方在该领域发挥更大的作用。双方一致认为，推进双方在该领域的合作是对实现国际社会安定与酝酿国际互信关系的重要贡献。③ 10月3日，桥本首相在欢迎欧盟委员会主席桑特（Santer）的晚宴上致辞指出，此次日欧首脑会谈"确认了日本与欧盟间基于'对话与合作'的合作伙伴关系，的确是一次有意义的会谈"④。桑特在庆应大学发表演讲指出："完全有必要进一步强化欧盟与日本间的联系"，"日本与欧盟的关系同十年前，乃至于同五年前比相比，已经相当密切了，但是，更应该向前推进"⑤。

1997年6月25日，第六次日欧首脑会议在海牙举行。日本首相桥本龙太郎、欧洲理事会主席布莱尔（Blair）、欧盟委员会主席桑特出席了会议。日欧首脑们特别留意日欧政治对话的促进与发展问题，在会后发表的联合声明中，强调了加强政治联系的重要性，尤其是在地区问题上，指出日欧明显加强了对话与合作。重申了日欧双方在自由、民主、人权及开发援助等问题上，存在着相互补充、相互依存的

---

① 《新日英行動計画（世界に拡がる特別なパートナーシップ）》，1996/09/02，外務省編：《わが外交の近況》，1997年，第302頁。
② 《21世紀に向けての日仏協力20の措置》，1996/11/18，外務省編：《わが外交の近況》，1997年，第306—310頁。
③ 《第5回日・EU首脳協議に関する日・EU共同プレス発表》，1996/09/30，駐日欧州連合代表部：http://www.euinjapan.jp/relation/political/political_05/。
④ 《サンテール欧州委員会委員長歓迎晩餐会における橋本内閣総理大臣の挨拶》，1996/10/03，《橋本内閣総理大臣演説集》（上），東京：日本広報協会，2001年，第463—464頁。
⑤ ジャック・サンテール：《EUと日本—共通の関心事，共通の課題》，《三田評論》，1996年12月号，第52頁。

关系，希望通过关于这些问题的对话与合作，继续深化日欧关系。日欧双方还一致认为探讨各地区的政治安全保障形势，对维持各地区经济的稳定和发展、政治环境的安定非常重要。日欧首脑们提出开展多边政治对话对于缓解紧张局势和减少误解将起到重要的作用，体现出双方要开展切实可行的合作事业的愿望。①

1998年1月12日，第七次日欧首脑会议在东京举行，会议结束时发表了联合公报。双方对亚洲经济发展的长期前景充满信心，但是，也承认了亚洲金融和证券市场的动荡已严重影响到该地区和世界经济。亚洲国家的改革努力，包括金融领域的调整、贸易自由化和贷款必须得到支持，以恢复稳定和信心。双方欢迎欧盟同日本之间的政治对话，强调在发展同俄罗斯更紧密的关系，使中国进入国际社会和成功解决一系列贸易问题等方面，双方负有共同责任。②

1999年6月20日在伦敦举行的第八次首脑会议上，日本首相桥本龙太郎、欧洲理事会主席布莱尔、欧盟委员会主席桑特一致认为日欧间的相互依存关系在世纪之交，明显增强。表示在新千年到来之际，为了亚洲、欧洲乃至世界的和平、稳定与繁荣，进一步扩大、深化日欧间的伙伴关系。③

日欧在安全保障方面也加强双边合作。1990年海部首相的欧洲之行，为日欧安全合作开拓了新局面。1990年6月，北约首次开会讨论同日本的安全合作问题。7月，中山外相访问布鲁塞尔时强调"欧日安全保障不可分"。日本派正式代表参加了1990年的欧安会，并向北约派出了常驻代表。从此，日本和北约双方官员每两年举行一次会谈，讨论全球与地区性问题。日本开始积极参加欧洲各种安全保障会议、论坛及各种研讨会。

---

① 《第6回日・EU定期首脑協議に関する日・EU共同プレス発表（仮訳）》，1997/06/25，外务省编：《わが外交の近况》，1998年，第297—303页。
② 《第7回日・EU定期首脑協議に関する日・EU共同プレス発表》，1998/01/12，外务省编：《わが外交の近况》，1999年，第261—265页。
③ 《第8回日・EU定期首脑協議に関する.日・EU共同プレス発表（仮訳）》，1999/06/20，驻日欧州连合代表部：http://www.euinjapan.jp/relation/political/political_08/。

第五章　欧盟的扩大与日欧关系的战略调整

1993年11月，刚刚诞生的欧盟就制定了共同外交安全保障政策（CFSP），明确表达了欲在世界政治舞台上作为代表欧盟的单一主体用一个声音开展行动的意愿，同年，欧盟设置了CFSP高级代表（相当于欧盟"外交大臣"）。这也"成为作为世界政治行为主体的欧盟着力开展与日本和亚洲政治协调的强大动力"①。随着欧盟共同外交安全保障政策的制定与实施，以及CFSP高级代表的设置，日欧安全对话也随之进入了正式协商轨道，安全对话级别不断提升。1994年10月，日欧双方在解决地区冲突、军备控制、向俄罗斯提供援助等方面加强了政策协商和共同行动。自1996年以来，英、德、法开始每年与日本进行双边安全对话。1997年10月，北约秘书长索拉纳（Solana）访日，会见了日本首相和明仁天皇。

1999年10月，北约秘书长索拉纳正式就任CFSP高级代表，再次体现了欧盟在世界政治舞台上强化日欧政治关系和发挥欧盟在世界秩序构建上的强大影响力的意愿。② 特别是2000年10月，索拉纳作为CFSP高级代表在日本庆应义塾大学演说当中，再次强调了日欧间共同关心安全保障问题的重要性。③

日欧双方通过首脑间的政治对话，进一步推进了双边政治合作，体现出日欧为构筑国际政治新秩序，做出了积极的努力。日欧首脑会议内容的扩展及双方在地区事务上共识的达成，表明了日欧关系的成熟与发展，证明了"对话与合作"才是发展日欧关系的关键。

三　双边限制缓和谈判的进行

（一）日欧双边限制缓和问题的提出与初期接触

在日欧双方的共同努力下，多年来的贸易摩擦问题不断趋向缓

---

① Speech by Christopher Patten, *What Does Europe's Common Foreign and Security Policy Mean for Asia?* Tokyo, 19 July 2000.
② 細谷雄一：《ブレア労働党政権と欧州安全保障の変容——"欧州防衛イニシアティブ"をめぐるイギリスのリーダーシップ》，《欧州安全保障システムの新展開からの米欧同盟の考察》，国際問題研究所，2001/03/31。
③ Speech by Javier Solana, *The European Union and Japan in a Global Environment: Looking to the Future*, Keio University, Tokyo, 24 October 2000.

和，日本对欧贸易黑字规模大幅度缩小。1993年日本对欧贸易黑字由于对欧出口的大幅度收缩，一下子减少了15.6%，1994年上半年达到29.7%。这主要表现在日本对欧出口额的减少（-7.6%）和欧盟对日出口的增加（6.8%）。

日欧贸易形势的转变与多年来欧盟对日政策的调整和日本泡沫经济的崩溃有直接的关系。欧盟自20世纪80年代末尤其是1992年以来，在对日贸易问题上摒弃了过去感情色彩浓厚的批评和指责，转换为冷静、理智的分析，进行战略调整，采取了进口限制、出口主动限制和对外开放市场、利用多边贸易体制向日本施压的策略。贸易摩擦问题从日欧经济关系的中心位置退居限制缓和问题之后。自1994年起，经济限制缓和谈判成为日欧经济关系的核心问题。

1994年7月26—27日，日欧高级事务协商会议在布鲁塞尔召开。会议的中心议题是日欧经济关系尤其是日欧双边限制缓和问题。日欧双方在限制缓和问题上，进行了深入的探讨，并向对方表明了各自政府的态度。日本方面对阁僚会议所决定的限制缓和方案的实施办法做了详细说明，一再强调日本政府将对这个方案给予优先考虑和贯彻实施。欧盟方面向日方代表陈明了欧盟委员会在限制缓和问题上所采取的积极对策。日欧双方经过协商，决定继续开展限制缓和对话，并规定了限制缓和问题的交涉程序，即先进行专家接触，先解决技术问题，然后再举行所有领域的限制缓和的专家会议，最后举行副部长级或者行政级别的会谈，对专家接触的结果做进一步的政府级别的探讨。①

1994年11月，欧盟委员会副主席布里坦（Brittan）在出席日欧部长会议后的记者招待会上，谈到了欧盟对日本进行限制缓和的基本看法，指出："限制缓和完全是为了日本着想，是广大日本消费者和产业界人士的迫切希望。"布里坦向新闻媒体透露，"某日本首相曾向他提出，准备在学习欧洲经验的基础上，向欧洲提出具体的限制缓和方案"。希望日本能够将欧盟方面提出的限制要求纳入其5年限制

---

① 《日・EC高級事務レベル協議》，《ヨーロッパ》，1994年9、10月号，第14页。

第五章　欧盟的扩大与日欧关系的战略调整

缓和计划当中去。①

1995年3月31日，日本政府公布了新一轮限制缓和计划。欧盟部长理事会在5月29日通过的《欧洲与日本：下一阶段对日关系总结报告》当中指出：欧盟认识到日本政府在1995年3月31日公布的限制缓和计划推进上所做出的努力，但是，还不能完全满足欧盟方面的要求。希望日本政府早日制订实施新的措施。并指令欧盟委员会继续同日本政府当局进行对话，促使日本方面进一步修改从年初就已经实施的该项计划。②欧盟方面新对日政策的出台旨在构筑以"政治对话与合作"为基本内容的新型日欧关系。③

此外，欧盟还通过欧洲产业联盟代表团，再次向日本表明欧盟方面在限制缓和问题上的态度。欧盟委员会副主席布里坦指出："最近日本当局提出的限制缓和对策表明日本政府向实质性问题的解决迈进了一大步，希望日本政府今后采取果断措施，彻底贯彻这一路线。这不仅会给海外企业，而且也对日本的广大消费者带来利益"，提出从外部不断地对日本施加压力，促进日本市场的进一步开放。④在同年6月19日发表的《日欧巴黎首脑会议联合宣言》当中，欧盟对日本政府发表的限制缓和计划表示赞同，但是，认为还不能完全满足欧盟的要求，认为日本政府应该在这个问题上做出进一步的努力。日本方面则提出限制缓和计划是在积极响应欧盟方面多次要求的基础上，制订的为期3年的行动计划，已经充分听取了内外的意见。同时日本表示在每年末调整限制缓和计划。欧盟向日本允诺今后进一步推进自身的限制缓和行动。日欧最后表示为了进一步促进双方的限制改革，进行紧密的对话与合作。⑤

---

① 《日·EU閣僚会議》，《ヨーロッパ》，1994年11、12月号，第16頁。
② 駐日欧州連合代表部：《EU理事会結論．欧州と日本——次の段階》，1995/05/29，日本政治·国際関係データベース；http://www.euinjapan.jp/relation/political/general/。
③ 木村崇之：《日本とEUの関係》，柏倉康夫ほか：《EU論》，東京：放送大学教育振興会，2006年，第212頁。
④ 《日本市場開放に向けて》，《ヨーロッパ》，1995年7、8月号，第8頁。
⑤ 《日·EU定期首脳協議での共同記者会見における村山内閣総理大臣の冒頭発言》，1995/06/19，《村山内閣総理大臣演説集》，東京：日本広報協会，1998，第153—157頁。

(二)限制缓和对话的进行

日本与欧盟自 1995 年起,在双边限制缓和问题上开展了对话。在相互交换情报的同时,还召开一系列的高级事务协商会议和专家会议,开展了紧密的双边合作。

1996 年初,欧盟委员会驻日大使在一次讲话当中指出:"最近日欧协议的中心问题就是限制缓和问题。这个问题同那些想打入日本市场的外国企业面临的市场准入上的困难紧密地联系在一起",强调指出,对于欧洲大部分企业来说,市场准入问题就是限制缓和问题。欧盟将向日本提供在限制缓和政策的制订与推行上所取得的经验与教训。并提出建议,"限制缓和对于日本的决策者而言,是最应该优先考虑的政治课题,无论政权如何更迭,其重要性不会改变"[①]。

在 9 月 30 日举行的第五次日欧首脑会议上,日欧双方对各自经济政策的调整和改革做了情况说明。日欧双方再次重申了巴黎首脑会议联合声明所提出的关于限制缓和的基本方针,即开展对话、相互促进。在贸易问题上,日本欢迎欧盟为了进一步扩大欧洲企业参与日本市场所做的努力。欧盟方面感谢日本在促进进口欧洲产品的合作与努力。双方认识到加深对对方市场了解的重要性,意识到在日欧之间,依然存在着问题和不均衡。双方决定继续努力合作,共同找出解决市场准入问题的方法。[②]

1997 年,日本对欧贸易黑字规模再次回升,扩大了 50% 左右,达到了 32 兆日元。引起了欧盟的忧虑,敦促日本尽快实施限制缓和措施。日本方面在 6 月 25 日召开的第六次首脑会议上,向欧盟表示:继续实施限制缓和措施,依然是日本经济机构改革计划的重要组成部分。欧盟驻日大使约伦·凯克(Jörn Keck)指出:如果参与日本市场能够更容易一些,如果日本政府更实在一些地欢迎和促进海外的直接投资,那么,欧盟对日贸易赤字的绝对额和扩大倾向就将有相当大的

---

① 《日本を抜きしたアジア政策は誤り》,《ヨーロッパ》,1996 年 1、2 月号,第 7 页。
② 《第 5 回日·EU 首脳協議に関する日·EU 共同プレス発表》,1996/09/30,駐日欧州連合代表部:http://www.euinjapan.jp/relation/political/political_05/。

变化。正因为如此，欧盟将一如既往地支持限制缓和的发展。依靠限制缓和，使市场准入的条件得到改善。同时，通过限制缓和，进一步促进直接投资。限制缓和作为促进经济成长的要因以及健全竞争的催化剂，将给日本经济的发展带来明显的利益。①

1998年6月末，欧盟委员会接受了日本提出的限制缓和提案。10月21日，日欧部长会议在东京举行。欧盟再次强调了日本加速限制缓和及经济机构改革的重要性，并要求日本政府在1999年3月制订限制缓和新方案，同时递交了内容多达200项的"对日限制缓和要求新提案"。关于此次部长会议的成果，布里坦做了如下总结：促进日本加速限制缓和，使其市场具有更大的开放性、透明性，同时改善所有企业的市场准入条件。这也是到东京参会的欧盟18位企业代表的共同心声。日本政府将我们的提案纳入其限制缓和推进计划当中去，比什么都重要，我们也欢迎日本对欧洲的市场限制改革提出新的议案。② 10月27日，欧盟驻日公使纳伊介尔·埃班斯在日本限制缓和委员会上，对1994年以来日欧双方在限制缓和问题上的对话做了总结。再次强调限制缓和对日欧双方以及世界经济的重要意义。埃班斯指出：限制缓和在快速恢复日本经济上发挥了极为重要的作用。关于这一点，无论怎样强调都不过分。欧盟不仅仅是为了自身的利益，同时也是为了支援处于困境的日本经济，才向日本当局提出限制缓和提案。埃班斯借用小渊首相在日本国会上的发言，"学习欧洲诸国的经济改革经验，推进限制缓和"，提出在恢复经济途径上，限制缓和比什么都重要。③

1999年1月，欧洲理事会通过了1994年日欧首脑会议所达成的进一步加强限制缓和对话的协议。日本政府也于1月召开了经济战略

---

① 《対話と協力は成熟した関係のあかし》，《ヨーロッパ》，1997年11、12月号，第10页。
② 《日・EU 閣僚会合》，1998/10/21，驻日欧州委员会代表部：http://www.euinjapan.jp/media/news/news1998/19981021/110000/
③ 《規制緩和委員会のヒアリングに出席》，1999/02/02，驻日欧州委员会代表部：http://www.euinjapan.jp/media/news/news1999/19990202/110000/

会议，制订了中期经济行动计划，并在公告中宣称：通过限制缓和的推进，构筑一个具有创造性和竞争能力的社会。欧盟表示予以全力支持。3月，欧盟委员会经济总局副局长杰拉德（Gerrard）与日本当局进行了限制缓和高级事务会谈。欧盟驻日大使约尔根森（Jorgensen）在日本记者俱乐部发表的演讲当中，谈到了这次对话的重要意义。他指出："欧盟已在限制缓和方面积累了丰富的经验，这些经验即便在日本也通用"，"欧盟对日本在限制缓和、限制改革方面表现出来的态度非常满意"。"欧盟将全面支持日本政府的努力。"在欧盟看来，市场准入是与限制缓和联系在一起的，对广大的日本消费者有益处，同样对日本的贸易伙伴也有益处。①

1999年10月30日，欧盟部长会议通过了欧盟委员会副主席布里坦提交的《对日限制缓和提案》。布里坦在讲话当中指出："欧盟对以往双方在限制缓和对话的双向性及高质量上表示满意，日本当局应该加大实施限制缓和措施的力度。"

1999年11月4日，日本与欧盟正式举行关于限制缓和问题的高级事务会谈。由欧盟委员会对外经济总局副局长杰拉德和日本外务省经济局长大岛正太郎主持。欧盟在会谈中，强烈要求日本当局进一步推进限制缓和的进度，并正式向日本递交了对日限制缓和要求一览表。将其中最主要的46项做成文件递交日本当局，要求日本优先考虑和实施该文件的内容。杰拉德在会后发表了对此次接触的看法。指出："在世界经济全球化的今天，像日本、欧盟这样成熟的经济，已经不允许以孤立的形式进行限制改革。关于限制改革的好处，从欧盟一体化的经验当中，已经得到了极好的证明。统一大市场的构筑从本质上讲，就是以限制改革为前提的，直到今天，这一本质仍然没有变"，"限制改革对于日本而言，是恢复其经济活力的支柱，对欧盟也具有重大意义。因为这关系到欧洲企业在日本市场所遇到的贸易壁垒的撤除问题"。

---

① 《変革時代の欧州連合 EU と日本》，1998/06/30，駐日欧州委員会代表部：http://www.euinjapan.jp/media/speech/speech1998/19980630/010000/。

第三节 欧元的启动与日元国际化

一 《阿姆斯特丹条约》的签订及欧元的启动

1996年3月29日，在意大利都灵开始的欧盟政府间会议，历经一年多的艰苦谈判，终于落下帷幕。1997年6月，欧洲理事会秘书处公布了欧洲理事会阿姆斯特丹会议的文件。其中倍受瞩目的是由欧盟首脑会议通过的《阿姆斯特丹条约》草案。10月2日，欧盟15国外长及政府代表在阿姆斯特丹举行了欧洲一体化以来又一次具有重大影响的联席会议。与会代表一致通过了新欧洲联盟条约——《阿姆斯特丹条约》。《阿姆斯特丹条约》的通过标志着欧盟一体化步伐又向深化和扩大迈进了一大步。

欧盟一体化的深化主要表现在，根据该项条约的规定，新设了关于"雇佣"的章节内容，以及基于弹性原则（即使少部分加盟国通过也可推进合作的原则）、建设性弃权原则（即使少部分加盟国弃权亦可决定意志的机制）的共同外交和安全保障政策的扩充、入境审查等一系列司法、内务合作事项的规定。同时还规定削减欧盟委员会委员数量和修订特定多数决定制度的办法，标志着旨在简化欧盟决策机构改革举措的确定。目的是为了规避将来因加盟国间利害关系对立而导致无法一致通过的现象的发生。

欧盟一体化的扩大则体现在中、东欧十国以及塞浦路斯及土耳其两国提出了加盟申请。欧盟委员会于1997年7月提出了《2000年议程》，该议程分为三个部分，即共同体政策的前景、欧盟2000—2006年的财政框架以及欧盟东扩问题。欧盟委员会认为，依据哥本哈根标准，欧盟应首先接纳波兰、匈牙利、捷克、斯洛文尼亚、爱沙尼亚和塞浦路斯六国为成员国，提议欧盟开展与中、东欧五国（波兰、匈牙利、捷克、拉脱维亚、斯洛文尼亚）及塞浦路斯的加盟谈判。针对该项报告书的提议，一部分加盟国则主张应该与全部申请国同时进行加盟谈判。12月召开的布鲁塞尔欧洲理事会决定：（1）1998年春以后与欧盟委员会提案的六国开展加盟谈判；（2）关于其他中、东欧五国（罗马尼亚、斯洛文尼亚、拉脱维亚、立陶宛、保加利亚）申请入盟问题，可根据今后每年的实际情况酌情解决；（3）关于土耳其的入盟问题，确定按照与其他入盟申请国同样的标准开展入盟审查，鉴于土耳其现尚未满足入盟基本条件，故不作为入盟谈判的对象。从促进土耳其加快入盟准备的角度看，决定"关于加盟的欧洲战略"；（4）决定设立欧盟所有加盟国及包括土耳其在内的全部加盟申请国参加的"欧洲会议"。但是，土耳其政府强烈反对欧洲理事会将其从加盟谈判对象中剥离出去，明确表示不参加欧洲会议，同时终止与欧盟的政治对话。①

由上可见，《阿姆斯特丹条约》对《罗马条约》《马斯特里赫特条约》做了修改，规定了欧盟今后的发展方向，提出在加强经济货币一体化、共同安全保障政策和司法、内务合作的同时，又明确提出了雇佣劳动政策一体化的新目标。

与此同时，自1992年以来就已经开始酝酿的欧洲单一货币也逐步进入了操作阶段。1995年12月，欧盟马德里政府首脑会议决定将欧洲货币联盟的单一货币命名为"欧元"。1996年12月，都柏林欧盟首脑会议通过了《欧元的法律地位》这一文件。1998年5月1—2日，在欧盟总部布鲁塞尔，经过两天的欧盟十一国财长会议和国家元首会议，欧洲单一货币——欧元正式诞生。5月3日，欧洲理事会首脑会议确定了比利时、德国、西班牙、法国、爱尔兰、意大利、卢森堡、荷兰、奥地利、葡萄牙和芬兰为1999年1月1日首批进入欧元体系的国家。这标志着欧盟向货币联盟的既定目标迈出了决定性的一步，使欧盟的一体化进程取得了历史性的突破。1999年1月1日在欧盟十一国正式启用欧洲单一货币——欧元。欧元的启动从政治经济上将欧盟成员国融为一体，使欧盟更能承受冲击，并使欧洲一体化难走回头之路。欧洲单一货币的启动，不仅意味着在一体化的市场内部使用统一货币，而且意味着"欧元经济区"的诞生。欧盟的经济实力

---

① 外務省編：《わが外交の近況》，1998年，《第3章主要地域情勢.4.欧州.（3）欧州統合の進展—EUの深化と拡大》，http：//www.mofa.go.jp/mofaj/gaiko/bluebook/98/1st/bk98_3.html#3-4。

第五章 欧盟的扩大与日欧关系的战略调整

将进一步壮大。欧元地区的人口约4亿，其GDP占世界GDP总额的19.4%，贸易额占世界贸易总额的18.6%。而美国GDP占世界GDP的19.6%，占世界贸易总额的16.6%。欧元区的经济规模及实力与美国大体上旗鼓相当。长期以来对欧盟最有经济威胁的日本，其GDP占世界GDP的7.7%，贸易额占世界贸易总额的8.2%。欧元的启用将是整个"欧洲大厦"的"基石"，将成为欧洲政治一体化的强大基础，并在经济上为欧盟提供强有力的保障，从而提高欧盟在世界政治舞台上的地位。

欧元的诞生，引起各界的极大关注。因为在世界经济全球化的今天，欧元的诞生已不仅仅是欧盟自身的事情，欧元的崛起必将对世界经济、政治格局产生影响。日本学者长坂寿司认为：由于欧元的启动，全社会进入了一个新时代，表现为货币与国家主义分离的时代。在欧元发行前，一国货币是该国文化的象征，也是国家的象征。但是，随着欧元的发行，货币与国家主义的必然联系在欧洲被分离。由于实现欧洲货币一体化的动机就是推进和平进程和加强欧洲整体竞争力。所以在欧元发行后，货币与国家主义的天然、必然联系就没有了充分的说服力。[1] 欧盟方面对欧元的诞生充满了信心和希望。欧盟委员会在1997年的一份文件中曾明确宣称："欧元将逐渐成为一种国际货币……虽然欧元不会一夜之间给货币市场带来转变，但是，我们确实期待着看到对美元的持续脱离，这是一个已经开始的过程。"[2] 欧盟委员会主席桑特、副主席布里坦和经济及金融主任委员伊夫－蒂博·德·西尔基（Yves-Thibault de Silguy）无不对欧元的诞生大加赞赏。他们预测，欧元将会成为一种稳定和倍受重视的货币。他们相信，欧元将广泛应用于国际贸易，并认为，欧元将同美元一样，被诸多国家的中央银行作为外汇储备。美国国际经济研究所的研究人员认为，这种以巨大区域经济为背景的、新的国际货币的诞生，宣告了"美元和欧元两极货币格局时代的到来"。

---

[1] 長坂寿司：《ユーロ ビッグバン日本とのゆくえ》，東京：集英社新書，2000年，第189页。
[2] 李琮、徐葵：《经济全球化·地区化与中国》，中央党校出版社2000年，第395页。

二 欧元启动对国际政治经济的影响

经济界人士分析认为，欧元启动后，必将引起全球效应，必然对现有的世界政治经济格局产生剧烈的震动。权威人士分析，欧元的启动对国际贸易的影响主要有三个方面：欧元将使欧盟真正成为货币与市场完全统一的体系；作为一个比美国更大、人口更多的世界最大的市场之一，为任何一个投资者提供了一个极具诱惑力的想象空间；欧元的实施必将减少货币兑换的麻烦和成本，从而大大提高欧盟产品在全球市场的竞争力。

对国际金融的影响力主要表现在：欧盟的金融地位将明显提高，进一步动摇美元的霸主地位。美元成为国际货币和金融市场的主导货币的风险开始增大。据专家估计，欧元将成为世界上仅次于美元的重要货币。在未来全球金融货币资产结构中，美元所占的比重将从目前的60%降至40%左右，欧元将占30%—40%。欧元将会成为世界贸易中"最具吸引力的美元替代货币"①。世界各国中央银行为分散风险，将迎合这一趋势，调整其外汇储备结构，全球约有1万亿左右的美元资产或外汇储备可能转换为欧元，其中仅欧盟内部就将有1000亿到3000亿美元转换为欧元。1999年1月4日，美国《基督教科学箴言报》发表题为《欧元是否会给世界带来新秩序》的文章，指出：欧元的启动"对西欧来说，是试图给经济统一赋予一种新含义，并加强欧洲地区在世界事务中的作用。对美国来说，欧元会改变银行和经纪人事务所——最终还有旅游者——同欧洲大陆进行金融交易的方式。更主要的是，欧元将在贸易上成为美国新的竞争对手，可能是强有力的竞争对手并可能对在世界上占统治地位的美元提出挑战"②。

欧元的启动对亚太地区长期以来形成的以日本为轴心的生产贸易格局产生重大影响。当时，东亚地区的贸易结构是：日本对美国和其他东亚国家各有约500亿美元的顺差，其他东亚国家对美国有几百亿

---

① 姚刚：《欧元的影响及其风险》，《中国经济时报》1998年6月5日。
② [美]戴维·弗朗西斯：《欧元是否会给世界带来新秩序》，《基督教科学箴言报》1999年1月4日（转引自《参考消息》1999年1月10日）。

美元的顺差。而这种贸易结构产生的关键是东亚多年来形成的生产结构造成的，即日本对其他东亚国家出口大量设备、关键元器件和大量的直接投资，造成日本对美国的间接出口。并且，日本经过十几年的努力，已基本完成了以上述格局为核心的战略部署和转移。但是，随着欧元的出现，东亚的生产、贸易结构面临瓦解的局面。即由于欧元的出现，大量过剩的美元将会被清算，这将导致美元的大幅度贬值，从而消除美国在东亚的贸易赤字，也会消除日本及其他东亚国家的对美贸易顺差。同时日本多年来处心积虑、苦心经营的战略部署也将被打乱。如何应对欧元对世界政治经济格局的影响，也就成为日本当局迫在眉睫的课题。而欧元对日本影响最大的莫过于对在欧日籍企业战略及日元国际化的影响。

三 欧元启动对日本企业欧洲战略及日元国际化进程的影响

（一）欧元的启动与日本企业战略问题

以往日本企业认为欧洲市场同美国市场一样，是一个成熟的市场，但是由于欧洲各国市场的差异，进入欧洲市场对于日本来说困难重重。但是，由于欧元的启用，欧洲市场一体化的深化，日本企业对欧洲市场的认识发生了重大的变化，认为在欧洲开展企业经营不再那么困难，从而采取向前看的企业战略，积极应对货币一体化后的欧洲市场。相比较而言，日本大企业的应对比较迟缓，且应对的内容较为贫乏。已在欧洲建立生产据点的日本企业同欧洲企业相比，80%以上的欧洲企业正在准备如何导入欧元问题。而70%以上的在欧日籍企业还没有研究导入欧元的对策。并且在欧洲市场的经营对策也比较迟缓。与大企业的反应相反，那些中小企业的反应则较为积极。

在欧日籍企业对欧元的反应较为迟缓的原因主要有三个方面：同欧洲企业相比，在欧日籍企业只是分公司，规模小，受到的冲击比较小；在欧日籍企业的客户受到限定；在欧日籍企业的总部多数设在不参加第一轮欧元区的英国。

这样一来，在欧日籍企业同欧洲本地企业相比，对欧元的反应就比较迟缓。欧洲企业将货币一体化视为发展企业的商业机会，积极准备提高自身的竞争力。而日籍企业往往被动地做出反应。不过，日本一些大型跨国企业在欧洲企业积极应对欧元启动的刺激下，已经产生了危机感，不得不进行大胆的业务革新。据日本经济新闻调查，日产汽车、本田技术研究所、松下电器、索尼公司、东芝公司都决定1999年开始导入欧元。丰田汽车、日立制造厂和三菱电器正在进行准备，但是，还未确定导入欧元的日期。[1]

日本通商产业省认为，日本企业同美国等国的企业相比，在行业种类上存在着一定程度的差别。往往拘泥于多年来形成的交易习惯和已经饱和了的劳动市场，错失提高企业竞争力的机会，造成了日本企业在全球化进程中的弱点。欧洲企业对欧元所做出的早期应对是以提高其全球竞争力为目标的，中途采取应对的日本企业就有可能被从欧洲市场，乃至世界市场中排挤掉。而且随着限制缓和的进行，大量外资涌入日本市场，已经以货币一体化为契机提高了竞争力的欧洲企业将"登陆日本市场"。日本企业将在家门口迎来强有力的竞争者。通商产业省提醒日本企业界，不仅要早日对欧元采取对策，而且所有的企业都要从根本上改善包括欧洲在内的世界市场上的业务，修改企业的发展战略。

同时，由于1997年亚洲金融危机的发生，日本转移海外投资方向，重点倾斜于欧洲市场的投资，对欧投资额度自1998年以后逐年增长。对欧投资额占海外投资总额的比例由1985年以后的20%左右，一下子增长到了1998年的34.4%（超过了对美投资的26.9%），1999年增长到了38.7%（对美投资为37.1%），2000年增长到50.2%（对美投资为25.3%）。[2] 伴随着对欧投资的逐步增加，日欧经济关系日趋密切，特别是欧元的启动势必会给日本对欧投资和日本驻欧企业带来影响，这个问题随之成为日本政府和经济界密切关注和探究的核心问题。

(二) 欧元的启动对日元国际化进程的影响

欧元区十一国统一货币的诞生，改变了战后美元一极主宰国际货

---

[1] 《日本経済新聞》，1998/03/05。
[2] 川辺信雄：《ユーロ時代における日系企業の対欧州戦略―現状と展望―》，《早稲田商学》，2002年9月第394号，第267页。

币的状况。据推算，欧元启动之际美元占据世界外汇储备的61%，欧元区十一国合计占14%，日元仅占5%。① 欧元启动后不仅使在世界金融体系中处于支配地位的美元面临挑战，而且使日元处于孤立地位，夹在美元和欧元中间易于变动，容易成为国际流动资本攻击的目标，更加强了日元的危机感，更将使日元国际化受到深刻的影响。亚洲金融危机过后，从前盯住美元汇率的亚洲各国，开始考虑欧元及其他货币关系的浮动汇价制，这倒为日元国际化提供了客观条件。② 对此，日本政府官员纷纷发表谈话，对欧元的诞生表示欢迎，希望欧元能够成为稳定、方便使用的国际性货币，声称要加速日元的国际化。

小渊惠三内阁决定将日元国际化和改革汇兑制度的长期难题与改革国际金融体系的新课题结合起来，制定了针对欧洲的经济外交战略，其中包括建立汇兑管理新制度控制汇率波动，改革国际货币基金会最高咨询机构临委会等具体内容。③

在1999年1月1日欧元开始正式流通后的第五天，时任日本首相的小渊惠三就在巴黎提议加强日元、欧元、美元三边合作，以期建立一个新的金融秩序。日本一方面担心欧元的壮大会使日元进一步被边缘化，一方面又希望从不断扩大的欧元区中受益。小渊惠三说："日本急需稳定日元，从而使日元能在一个新的全球金融体系中与美元、欧元平起平坐，以三种主要货币交易进一步分散汇率风险。"④ 小渊访问法国时，在巴黎发表的演说中，再次谈到了对欧元的看法。他指出：欧元的诞生是世界史上的一件大事，但是，欧元区的经济实力还没有达到堪与美国相比的程度，所以欧元的发展还必须寄希望于世界经济的稳定和发展。小渊提出了对欧元的希望，即希望欧元能够成为稳定和值得信赖的货币，希望欧元区能够进一步对外开放。确信只有这样的欧洲才能够继续同世界各国合作，与保护主义作战。小渊还表示，日本将继续坚持推进与欧洲紧密合作的方针，并预见到世界

---

① 《日本経済新聞》，1999/01/01。
② 《朝日新聞》，2000/02/09。
③ 《日本経済新聞》，1999/01/01。
④ 法新社东京电讯，1999/01/05。

货币格局的变化，进一步整合国际经济当中日元的运作环境，对稳定国际货币体制做出贡献。①

日本大藏相宫泽喜一发表谈话欢迎欧元的诞生，他说，"使日元国际化是日本的重要课题，日本今后要在更广泛的领域进行努力"②。外相高村正彦在国会发表的外交演说当中，指出："日本时刻关注着欧元的诞生对世界经济的影响，期待着欧元能够成为安定、值得信赖的货币。同时日本也必须为了国际货币体制的进一步稳定，努力提高日元作为国际货币的作用。"③

通商产业省在2000年版《通商白皮书》当中指出：1999年初欧洲单一货币——欧元的启动，既是第二次世界大战结束后欧洲经济一体化的完成，同时也是实现以德法关系稳定化为基轴的欧洲永久和平的政治一体化的最终归结。欧洲新货币的出现，对世界贸易和资本汇兑产生重大影响。欧元有可能成为国际经济领域中的主导货币。欧元一旦确立了同美元相匹敌的地位后，欧元圈的经济将会继续增长，也将减轻日本对美元的依赖。④

《日本工业新闻》1999年10月刊文指出，欧盟实行统一货币，不仅意味着一个"合众国"的诞生。欧元区十一个成员国的市场规模为5.5万亿欧洲货币单位，虽然赶不上美国（拥有6.8万亿欧洲货币单位），但是，却大大超过了日本（拥有3.7万亿欧洲货币单位）（据欧洲统计局1997年的统计）。如果考虑到英国、丹麦和希腊即将加入欧元区，以及欧盟将向中欧和东欧地区扩展的趋势，那么可以说，不久的将来就会诞生一个超过美国的大市场。

日本大藏省发布了日元国际化方案，引起了人们极大的关注。日本一部分学者认为，政府当局公布的推进日元国际化的方案，一方面

---

① 《フランス企業運動（MEDEF）主催昼食会における小渕内閣総理大臣挨拶》，1999/01/07，《小渕内閣総理大臣演説集（上）》，東京：日本広報協会，第150—155页。
② 法新社东京电讯，1999/01/05。
③ 《高村正彦外務大臣外交演説》，1999/01/19，日本政治・国際関係データベース：http://www.ioc.u-tokyo.ac.jp/~worldjpn/documents/texts/fam/19990119.SXJ.html。
④ 通商産業省：《通商白書》，大蔵省印刷局，2000年，第15页。

是对导入欧元的反应，另一方面反映出政府当局尽量回避使日元成为主要以亚洲为核心的货币圈的想法。①

日本政府积极谋求建立一种美元、欧元和日元连动的货币体制，从而使日元成为世界三极货币体系之一极。小渊惠三在出访欧洲时向英、法、德、意等国首脑再三表示了这一想法。尽管这一想法并未得到欧盟的积极响应和支持，但是，日本政府仍在加快日元国际化的步伐，其首要目标是谋求日元成为亚洲通用货币。向亚洲地区提供300亿美元援助的"新宫泽构想"就是通过以日元为主的贷款和担保，来全力支持日元的国际化。为实现日元国际化，日本促进在地区贸易和其他交易中更多地使用日元，并对作为国际通用货币的美元进行限制。日本大藏省和日本银行讨论使日元清算体制与欧元接轨，并建立一种与东京、中国香港、新加坡、悉尼和其他亚洲市场相联系的地区结算体制。已经启动向国际金融机构提供日元融资的过程，而且在亚洲开发银行中设立一笔以日元为主导的特别基金，用来为亚洲国家的债券提供担保。日本政府采取税务鼓励措施帮助那些购买日本政府债券从而实现日元储备的外国实体。此外，接受以日元为主的日本官方贷款的国家仍要以日元偿还，而商业银行也被要求增加以日元为主的贷款。

日本在新千年到来之际加快日元的国际化，提倡把日元作为一种国际货币使用，除了安定金融危机后的亚洲经济形势和自身金融改革的需要外，还有一点不容忽视，即，来自外部的压力——欧元的冲击和挑战。欧元对日元国际化的影响主要表现在两个方面：

首先，欧元启动以后，日元在欧洲的影响和竞争实力受到挑战。

虽然欧盟对日本市场的封闭性和非关税壁垒一再提出抗议，但是，并无有效的对抗手段，而日本却以金融、投资为武器，不断地冲破欧盟的贸易壁垒。对此，欧盟已痛感对日贸易严重失衡引起的恶性影响以及金融的巨大冲击，日本成了欧盟的强大对手。鉴于日本挺进欧洲市场的野心，欧盟开始"针锋相对"，积极推进欧洲统一大市场，积蓄力量，等待时机反攻日本。进入20世纪90年代以后，由于

---

① Delegation of the European Commission in Japan（http：//jpn. cec. eu. int）.

日本"泡沫经济"的破裂，金融政策失误，陷入了战后以来时间最长的严重经济萧条，使其在欧盟市场的信誉大受影响。而欧盟由于统一了大市场，经济实力大增，开始对日元大举反攻。特别是欧元启动以后，整个欧元区的贸易、金融融为一体，汇率风险降低，欧元区国家间的投资、贸易将更为便利，从而使日元在欧元区的地位下降。国家的外汇储备首先是欧元，其次是美元，日元所占的份额将会减少，使日元国际化在欧洲受阻，与此相应的贸易、投资、日元债券也都将受到影响，失去原有的优势地位。

其次，日元国际化在亚洲也将受到来自欧元的威胁。日本从20世纪80代中期起增大了对海外的投资，截止1988年12月，日本对海外的直接投资，累计总额已达1863.6亿美元，其中发展中国家占38.5%，约717.9亿美元，而在发展中国家中，又以亚洲为重点。特别是进入20世纪90年代以来，世界政治、经济格局发生了巨大变化，东亚地区重新成为日本对外经济关系的热点，日本一些学者亦纷纷提出了"脱美返亚"的经济战略。日元国际化首先把亚洲作为重点，实行日元区域国际化，并提出在亚洲建立"日元圈"的构想，把对东亚地区的贸易和直接投资提高到一个新的高度。另外，20世纪80年代末以来，日本对东亚国家（地区）进行巨额贷款，使东亚经济有了飞速发展。日本在东亚的贸易额有了很大的增长。日元的利用率有所提高，使日元国际化的进程在东亚地区加快。进入20世纪90年代以来，日元的国际化开始裹足不前，远远落后于美元和马克的国际化进程。特别是亚洲金融危机以来，日元国际化地位受到影响。由于日本的贸易大多用美元结算，到期还款的大部分也多以美元结算，所以，日元兑美元的汇率变动就直接牵动着整个亚洲经济，各国都盯住美元的汇率，从而导致货币高估，造成经济危机。特别是1995年日元的大幅升值，突破1美元兑80日元大关。与此同时，东亚许多国家要偿还到期的日本贷款，这些贷款需换成美元还给日本，这样就造成东亚国家的巨大损失。以中国为例，20世纪90年代以来，由于汇率的变动造成损失达75亿美元左右。这期间，日本金融机关接连倒闭，失去了作为亚洲"样板"的地位。由于日元汇率极不稳定，使日本金融市场失去吸引力。而欧元启动以后必将在国际金融领域发挥重大作用，从而对国际贸易、外汇市场及债券市场产生重大影响。欧元对亚洲的影响将进一步加大，同时，亚洲区国家亦可利用这一机会把一部分美元或日元储备兑换成欧元，从而降低外汇储备的风险。另外，欧元的推出，有利于欧洲企业到亚洲投资，对亚洲各国来说也将是摆脱危机的一个机遇。亚洲企业会买进欧元债券，将产品打入欧洲市场。这些举措无疑会对日元在亚洲的地位产生冲击。

所以，世界各国对欧元多持观望态度，欧元的前景变得扑朔迷离的时候，日本抓住这一有利时机，加大金融改革力度，稳定日元汇率，利用其经济在世界的影响力，积极提升日元在贸易、投资和国际货币储备中的地位，提高日元的结算率，降低汇率风险，促使各国更多地储备日元、使用日元，推进日元的国际化。

第四节 世纪之交日欧双边关系的战略调整

一 世纪之交日欧双方对双边关系的总结与展望

（一）欧盟委员会《深化扩大日欧合作关系》工作报告的制订

1999年4月21日，欧盟委员会根据各成员国的要求，制定并通过了对日工作报告。该报告回顾了90年代日本与欧盟关系的发展，尤其是1995年以来欧盟给日本带来的影响以及给日欧政治合作所带来的影响。报告指出：自1995年《欧洲与日本的下一步计划》的报告发表以后，日本和欧盟之间的关系变得更加谨慎，但是，确实有所发展。欧盟委员会在文件的结尾部分，提出了强化新千年日欧关系的三点对策，同时建议日本也能够提出自己的观点。欧盟委员会的建议主要由三个部分组成：

第一，日欧政治对话的焦点化与强化。

欧盟委员会在文件中提出，要强化日本与欧盟之间的政治对话，特别是对以下问题要进行全面探讨：朝鲜半岛的政治与安全保障问题；中国在亚洲的作用问题；构筑亚洲安全保障构造问题；亚洲某国政策以及亚洲外各国政策对亚洲的影响问题。

欧盟委员会建议要和日本开展人权和核不扩散领域的政治合作。提议为了抓住主导权，要和日本共同提出实质性的行动计划。欧盟委员会认为至今日欧的政治对话还未达到共同分析、共同行动的程度。日欧双方有必要进一步发展政治对话与合作。

第二，经济以及通商关系的强化。

欧盟委员会指出：在即将召开的西雅图WTO成员国首脑会议上，日欧在多边贸易谈判问题上的合作将变得更加重要。欧盟和日本从1998年末开始进行了关于新多边贸易回合谈判的双边协商。欧盟委员会提议，今后要进一步加强日欧双方在这一问题上的对话。提出欧盟与日本每年都要召开关于WTO新回合的部长会议。并且为了在以后的交涉中求得共识，要加强与WTO其他成员国的对话。为了使发展中国家特别是亚欧会议成员国能够积极参与新回合的谈判，欧盟委员会建议日欧制订出《日欧共同行动计划》。

关于日欧双边贸易投资关系，文件强调在日本市场准入上，倍受欧盟企业瞩目的很多贸易障碍已被解除。从汽车、丝绸、化妆品、通信设备、鱼类和贝类、卫星、音乐、著作权，到酒精饮料都可以找到成功的例子，但是，依然存在着许多市场准入上的障碍。这些障碍主要是由贸易限制壁垒造成的。日本市场准入上的困难，一部分表现在永久性的对外贸易收支黑字上。欧盟委员会统计，日本的贸易黑字在1998年达到GDP的3.3%，1999年预测能达到3.5%，1998年日本对欧盟的贸易黑字比其他贸易伙伴还要激增。

为了解决市场准入问题，为了加强日欧双向性的贸易限制缓和对话，欧盟委员会提出设置一个一年一度的协商贸易限制缓和问题的部长会议。在协商中，评价前一年贸易限制缓和的进展情况，核查各种缓和措施的实施状况，以及提出采取新的限制缓和措施的日程。欧盟委员会指出：日本在1999年3月末发表贸易限制缓和推进修订计划以来所做出的努力，值得肯定。但是，进展非常缓慢，要形成一个有选择的、透明的、有竞争性的市场环境，道路还很漫长。欧盟委员会提议日本在优先考虑实施的限制缓和项目中，制订一个敏感问题的清单。

第五章　欧盟的扩大与日欧关系的战略调整

第三，日欧合作的加强。

近年来，日欧合作的范围变得多样化了。在研究开发、信息技术、电子商务、人道主义援助、打击组织犯罪以及取缔毒品买卖、打击贩卖儿童犯罪等领域，进行了广泛的对话与合作。欧盟委员会提议在一年一度的日欧首脑会议上，制订一份以各个领域里的合作成果为基础，以第二年的具体成果为目标的合作计划。欧盟提出在下一届首脑会议上，双方应该在核能源的和平利用问题上达成共识。

欧盟委员会最后指出：希望上述建议能够在即将召开的日欧首脑会议上通过。欧盟委员会副主席布里坦对这个工作文件做了如下总结："祝贺近年日本与欧盟之间合作关系的加强，我们可以解决很多纷争，还可以构筑广泛的伙伴关系。欧元的启动给日本的经济、政治带来的冲击，为日本和欧盟提供了构筑密切关系的机遇。为此我们要发展政治关系，加强双边贸易关系，为了新多边贸易谈判的开始，有必要在WTO范围内采取共同的行动。"[1]

欧盟委员会对日工作报告的制订，表明欧盟对日政策已由过去的问题解决型向政策导向型的转变。欧盟委员会提出的加强日欧关系的三点建议成为1999年6月20日日欧波恩首脑会议的中心议题。日欧首脑一致表示为了促进亚洲、欧洲及世界的和平与稳定，在新千年到来之际，进一步扩大深化日欧间的伙伴关系。[2]

（二）河野外相对欧政策演说与欧盟的反应

2000年1月，日本外相河野洋平访问德国、意大利、比利时、英国、法国。2000年之初，日本外相就将其出访地选定在欧盟国家，可见日本政府对欧盟的重视程度。1月13日，河野外相在法国国际问题研究所发表了题为《日欧合作的新纪元——新千年伙伴关系》的对欧政策演说。日本政府以河野演说的形式，回应了欧盟委员会的对日工作报告。河野全面地阐述了日本政府对新千年日欧关系的设想，

---

[1] 《欧州委员会より緊密な対日関係を推進》，1999/04/21，駐日欧州連合代表部：http://www.euinjapan.jp/media/news/news1999/19990421/110000/。

[2] 《第8回日·EU定期首脳協議に関する日·EU共同プレス発表（仮訳）》，1999/06/20，駐日欧州委員会代表部：http://www.euinjapan.jp/relation/political/political_08/。

得到了欧盟方面的好评，吹响了新千年日欧合作行动的号角。

河野首先从文明的角度谈到日欧双方有着共同的文明体验。河野以日本的长篇历史小说《源氏物语》为例，指出日本在《源氏物语》发表以前，长期受到中国文化的影响，尤其是在7世纪中叶，移植了中国的律令制度，确立了中央集权的政治体制，在此后数百年的时间里，不仅政府的公文，而且日记文学都只用中国的汉字书写。河野认为《源氏物语》的发表，对日本人而言，是一部里程碑式的文学作品。因为这部作品全部是用日本的表音文字写成的，它标志着受到中国文化影响以及以部分中国制度为样本建立起来的日本终于确立了自己的文化主体地位。河野认为日本这种从先进文明摄取营养确立本土文化的过程，在欧洲也一样存在。日本从中国文明影响当中觉醒的时候，欧洲也在从地中海先进文明的冲击过程中觉醒，确立了罗马文化体系。随后欧洲在各地原有的多元文化要素的基础上，构筑了独自的文化体系。河野提出如果以一千年为单位来观察日本与欧洲，就可以发现二者之间有着许多共同之处。

河野在做了上述的历史回顾之后，强调了日欧进行协调的必要性。河野主要从欧盟的扩大及深化、日美欧三角关系的现状，提出日欧之间的合作不仅仅以经济关系为主流，还应该进一步拓展日欧关系的层面。河野认为在新千年到来之际，日欧之间具备了进行密切合作的必然性：日欧有着尊重自由、民主、人权等共同的价值观，也同样面临老龄化、社会保障、失业等社会问题；日欧在安全保障上，有着密不可分的关系，双方都有应对周边地区安全保障方面的挑战的意愿和能力；由于全球化的不断深化，欧洲和日本的相互依存关系也在日益加深，可以说，二者的合作已成为必然。

河野在指出日欧必须进一步加强合作的同时，也对今后日欧合作的前景及合作方案，提出了建议。河野指出日欧的双边合作应该有三个支柱。即：

第一，在文化多元化的前提下，实现共同的价值观。河野指出，第一根支柱是双方在认识到文化多元化的同时，为实现共同的价值观进行合作。波斯尼亚、科索沃这样的地区纷争就是缘于民族、宗教上的对立。如今,全人类正在共同探讨如何超越民族、宗教、文明的归属意识,推进对话与合作。联合国先后决定1995年为"联合国宽容年";2000年为"国际和平年";2001年为"国际文明对话年"。其目的就是促进成员国间的对话,进而营造和平的文化氛围。河野认为在这样的背景下,日欧双方恰好有着共同的经历和经验,指出已经在这方面进行对话的日欧,今后更应该进一步合作,促进世界各文明间的对话。但是,河野认为,文化、社会背景不同的各国、各文明间的对话,应该本着宽容的精神来进行,而日欧更应该注意到世界文化的多样性,通过不断的对话,努力构筑一个以民主和人权为普遍价值观的21世纪新国际秩序。

第二,加强日欧政治合作。河野指出:为了世界的和平与稳定,日欧应该进一步加强符合双方经济实力的政治合作,并提出了日欧政治合作的领域。包括:

(1) 纷争的预防。河野认为这是日欧政治合作的重点项目之一。指出:日本方面认为,对于地区纷争问题,要重视从防患于未然到纷争结束后的各个阶段,采取包括政治、经济、社会等在内的一揽子措施。并提出日欧应该认真地探讨如何进行这方面的合作。

在纷争结束后的和平建设问题上,日本已经给予波斯尼亚以大量的援助。在科索沃问题上,日本也积极地参与了G8范围内的讨论,并对其周边国家提供了援助。而欧盟方面在东帝汶问题上,也派遣了维和部队。日欧已经在这些地域纷争上进行了合作,提出日欧今后应该进一步加强这方面的合作。

(2) 裁军和核不扩散问题。河野认为裁军和核不扩散问题是国际社会正在面临的一个深刻问题,也应该是日欧合作中不断追求的课题。建议日欧双方应该在核不扩散问题上加强合作。同时,河野也指出,在地域纷争当中,实际使用的常规武器已成为一项日欧关注的紧要课题。日欧应该在这方面取得很好的合作成果。

(3) 联合国改革问题。河野指出,日欧间政治合作的最高层面应该是联合国改革问题。建议在日欧的推动下,以2000年秋召开的联合国新千年首脑会议为契机,对加强联合国职能问题进行讨论。

第三,全球化利益的共同拥有。河野提出日欧合作的第三根支柱应该是如何使全人类都能够受益于全球化。河野认为,在最大限度地利用全球化的利益,维护世界繁荣与稳定以及保护弱者方面,日欧已经具备了发挥其指导作用的条件,并且责任重大。为此,河野建议日欧首先应该在国际贸易新规则的制定上进行必要的合作。

河野指出:1997年发生的亚洲经济危机,表明了发展中国家的经济对全球化的威胁还很弱。因为在这一问题上,以日欧为代表的所有关系国都做出了快速反应。所以主要国家的紧密合作非常必要。建议日欧双方在消除纷争的诱因以及纷争结束后的和平建设上,进行密切合作,向发展中国家提供援助。

河野洋平外相在演说中还特别强调了新千年日欧合作的领域及其可能性,呼吁为了宣告新千年双边合作时代的开幕,日欧应该构筑一个新千年伙伴关系。并且发出倡议:为了使日欧新千年伙伴关系更加具体化、现实化,将2001年到2010年定为"日欧合作十年"[①]。

综观河野外相的对欧政策演说,可以发现,日本将新千年对欧政策的重点放在政治合作问题上,并没有提到欧盟最为关心的双边限制缓和问题。尽管如此,演说仍体现出日本对欧政策的视角已完全转向全球化。

河野外相的演说引起了欧盟方面的高度重视。欧盟领导人纷纷表态,欢迎并支持河野外相提出的日欧合作设想。2000年4月13日,欧盟委员会驻日大使约根森(Jorgenson)在驻日外国特派员协会上发表了题为《日欧关系新纪元》的演讲。他高度评价了河野外相的演说,指出:日欧已经结成了经济上的伙伴关系,这是日欧经济发展的必然趋势。日欧双方在贸易问题上的看法随着经济关系的进一步加强,不断地接近,并达成了一定程度的共识。日欧已经摆脱了贸易纷争的时代,迎来了在世界贸易组织框架内为维护和发展多边自由贸易制度进行紧密合作的时代。欧元的诞生同日元的国际

---

① 仏国際関係研究所における河野外務大臣演説,《日欧協力の新次元—ミレニアム・パートナーシップを求めて—》2000/01/13,外務省编:《わが外交の近況》,2001年,第328—330页。

化进一步加强了这种态势。约根森还全面赞同河野外相对日欧政治合作关系的总结和展望。指出在日欧关系当中,隔阂最大的还是政治领域。在以前的双边关系当中,经济及贸易关系往往占据支配地位。今后应该谋求双边关系的平衡发展。言外之意就是要加强双边政治合作。约根森提出,日欧政治关系必须从"友好对话"阶段向"积极合作"阶段迈进。①

欧盟委员会主席施罗德(Gerhard Schroder)表示:"欧盟委员会欢迎并支持河野外相于1月13日呼吁构筑日欧新千年伙伴关系的演说,期待通过共同行动及具体的计划,进一步加强同欧盟的政治关系的愿望。"施罗德指出在即将召开的日欧首脑会议上,在探讨政治、经济等合作目标的基础上,将双边关系明确地向前推进一步。②

二 日欧新千年合作伙伴关系及新合作框架的确定

日本政府高度关注欧洲一体化的进程,针对欧洲一体化深化和扩大的势态,在充分肯定的前提下,提出了构建日欧新千年合作伙伴关系的构想,并开展全方位的日欧外交活动,积极构建日欧新千年合作框架和机制。日本外务省分析认为,欧洲新千年新秩序的构建已然取得了很大的进展,欧洲新秩序的构建不仅给欧洲自身的安定,而且给亚太地区、国际社会全体都将带来重要的影响。同时鉴于冷战后的新国际社会,日美欧合作在协调和解决环境问题等全球性问题上的必要性,日本应积极主动维持、发展与欧洲的紧密协商和对话关系,相互交流智慧和经验,构建一个响应国际社会所期待的"成熟的全球合作伙伴关系"极为重要。③ 日本学术界则将欧盟视为日本最紧密的伙伴,即认为欧盟是日本政治、外交上的伙伴;协同作战上的伙伴;非

---

① 《日・EU関係の新紀元》,2000/04/03,駐日欧州連合代表部:http://www.euinjapan.jp。
② ロマノ・プローディ:《EUは生き残りをかけて拡大す》,《外交フォーラム》,2000年6月号,第23页。
③ 外務省編:《わが外交の近況》,1998年,《第3章主要地域情勢.4.欧州.(5)日欧関係》,http://www.mofa.go.jp/mofaj/gaiko/bluebook/98/1st/bk98_3.html#3-4。

美系伙伴,是日本外交、安全保障政策上较有价值的伙伴。①

2000年7月19日,日本首相森喜朗、欧洲理事会主席希拉克、秘书长兼共同外交安全保障政策高级代表索拉纳(Solana)及欧盟委员会主席施罗德和日欧双方的有关官员出席了第9次东京首脑会议。日欧双方代表都表示了加强日欧关系的强烈愿望。经过磋商决定将日欧伙伴关系进一步向全球发展。在会后发表的联合声明当中,双方表示:鉴于1991年以来国际形势的重大变化及日欧关系的进展,日欧合作进入了一个新的阶段,自2001年起的十年为"日欧合作的十年"。日欧首脑还表示,将日欧伙伴关系向着政策上的调整和具体的行动方面发展。同时考虑到1991年联合宣言发表以来双边关系的进展,决定起草新的政治文件和日欧行动计划。决定这两个文件在纪念《日欧联合宣言》发表十周年的第十次日欧首脑会议上通过。日欧代表们一致认为这两份文件的起草和通过将是21世纪日欧合作十年的开始。同时,日欧首脑们表示将促令各自的事务部门进行政治文件和行动计划的先期准备工作。

日欧经过磋商,确定了较为坚固的伙伴关系新合作框架,决定未来行动计划将由四个重点目标构成,即:

第一,和平与安全的促进。强调日本与欧盟是世界舞台上的重要成员,是促进国际和平与安全的重要伙伴。尤其是日本与欧盟已在对方所属的地区性政治问题上开展了合作,已经构筑起就对方所属地区的政治问题进行相互支援的合作框架。在这种背景下,日本与欧盟通过尽可能地协调双方的立场,发表联合宣言,推进政治对话与合作。对话范围包括:联合国改革、地区纷争的预防与解决、和平建设、军备管理与裁军、核不扩散、人权、民主、地区对话的加强及区域性、国际性机构作用的加强等。

第二,有效利用全球化的活力,加强经济贸易关系。

(1)在经济贸易关系方面。在联合声明当中,日欧声称为了世界全体的利益,将在以往扩大贸易规模、增加投资数额及为此所取得的

---

① 鶴岡路人:《日欧安全保障協力—NATOとEUをどのように〈使う〉か—》,《防衛研究所紀要》,2010年第13卷第1号,第31页。

经验的基础上，共同摸索有效利用全球化活力的策略。继续努力加强多边贸易。竭尽全力加强贸易和投资等方面的双边经济关系。未来十年双边经济贸易合作的领域包括：WTO、国际货币体系、限制改革、市场准入条件的改善、投资的促进及投资环境的改善、竞争政策、关税合作、电子商务、电信方面的信息技术合作、企业界的对话、消费团体间的对话等等。

（2）通过开发援助向贫困挑战。日欧首脑郑重声明，世界多数地区的贫困和不平等严重地损害了人类的尊严。日欧将通过开发援助，促进世界经济的均衡发展，促进地区开发，消除贫困。合作范围有：开发援助及援助政策的协调，艾滋病、结核病、疟疾等传染病的防治。

第三，向全球性和社会性问题挑战。日欧首脑宣称，现代社会正在面临环境、保健、能源等一系列给人类未来带来极大影响的全球规模的问题。同时，日欧双方还面临同样的老龄化等发达社会才出现的问题。日欧双方将进一步加强科学技术领域的对话与合作，具体包括：环境、保健、食品安全、能源、生命伦理、科学技术、国际犯罪、毒品、老龄化、教育、城市交通及交通环境、海上安全、飞行器噪音、卫星空间等。

第四，人员及文化的交流。日欧表示将奖励、资助国际社会所有的对话与交流。特别是为了确保世界文化的多样性，双方将促进各种文化间的相互尊重与共存。同时，努力促进双方生活与文化的相互了解。合作领域包括：文化交流、文化合作、市民交流等。①

通过上述四个方面的考察，可以发现日欧新千年合作伙伴关系当中，合作范围之广是1991年联合宣言所规定的合作领域无法相比的，表明了日欧双方将新千年的合作关系发展到了全球规模。第九次首脑会议的召开及新政治宣言的发表，标志着日欧关系的发展进入了一个新的阶段。日本学者细谷雄一指出："2001年'日欧合作十年'的开始不是过去'百年'间日欧关系的终结。应该是全新的'百年'日

---

① 《日·EU首脑協議共同結論文書》，外务省编：《わが外交の近況》，2001年，第362—365页。

欧关系的起点。"①

日欧双方经过多年的努力，不断扩展对话渠道，最终形成了议员、政府、民间和市民层面组成的日欧对话机制：

第一，日欧议员会议（每年一次）：1978 年开始，日本国会与欧洲议会间就双方存在的悬而未决的问题进行多方面的磋商机制。

第二，日欧定期首脑会议（每年一次）：1991 年开始，在日本首相与欧盟各主席国首相及欧盟委员会主席间举行的高层首脑会议。

第三，日欧高层论坛（每年两次）：1983 年召开，欧盟方面由现任主席国及继任主席国外长、欧盟委员会对外关系主任委员、同外交安全保障政策高级代表出席。

第四，日欧高峰论坛（每年一次）：1973 年召开，由日本外务省外务审议官和欧盟委员会对外关系总局局长共同担任议长，全面协商经济问题。从事务性协商的角度看，这是最高级别的对话机制。

第五，日欧部长会议（每年一次）：1984 年召开，日本政府大臣与欧盟委员会经济关系主任委员间以经济问题为中心进行交换双方意见的机制。

第六，日欧限制改革对话（每年一次）：1994 年召开，关于限制缓和的局长级别的协商机制。双方提出限制缓和提案，探讨限制改革的措施。

第七，日欧环境高级事务会谈（不定期）：根据 1991 年 7 月的《日欧联合宣言》的规定举行的会谈，就双方关心的环境领域问题交换意见。

第八，日欧商务对话（每年一次）：1999 年 6 月设立的日欧财界会议，由日本与欧盟的企业负责人共同任议长，主要企业的负责人共同探讨贸易、投资等问题，向日欧双方政府提出政策建议。②

---

① 细谷雄一：《日欧政治関係と世界秩序―日欧政治協力の新段階へ向けて―》，第 31 页。外务省：http://www.mofa.go.jp/mofaj/press/event/pdfs/eu_r3.pdf。
② 《対話の枠組み》，外务省：http://www.mofa.go.jp/mofaj/area/eu/taiwa.html〉；European Commission, *The Institutional Mechanisms of the EU-Japan Relationship*. http://ec.europa.eu/external_relations/japan/intro/index.htm.

日欧行动计划的出台"不但是为日欧双方追求共同利益提供了一个相当完备的框架,也反映出日欧伙伴关系在内容上的变化,体现了双方在风云变幻的国际政治中对伙伴关系的新定位"①。

三 新世纪日欧全球合作伙伴关系的开展

日本政府高度关注新世纪到来后的日本外交问题,特别提出在全球化潮流中,欧洲一体化取得了更大的进展,欧元以全新的姿态出现在世界面前。在这样的形势面前,日本应该做出怎样的应对呢?日本外务省组织官员与专家针对新千年到来的新形势,商讨并提出了建议:《挑战2001:面向21世纪日本外交的课题》,提出了实现日本外交目标的三项课题,即:强化外交"综合力";强化支撑外交的"综合国力";强化开展外交的"舞台"。特别提出为了世界安全和世界繁荣,必须进一步拓展日本外交平台。该建议得到了外相高村正彦的高度认可,认为建议对于日本外交具有非常的启发和指导意义,今后在考虑面向新世纪的日本外交方针的时候,必须充分重视,深化讨论所涉内容。②

(一) 开局年的动作

2001年是日欧十年合作计划的第一年,也是日欧全球伙伴关系宣言——《海牙宣言》发表的十周年。日欧双方十分重视千禧年的合作,在这一年里,日欧双方通过召开第十次首脑会议,正式公布了《日欧联合行动计划》,将河野外相提出的日欧十年合作构想具体化、现实化。同时,日欧双方正式启动了新千年伙伴关系,先后发表了关于新千年首脑会议的联合声明和关于恐怖问题的联合声明;签署了日欧相互承认协定。

第一,新千年日欧首脑会议的召开并发表《日欧联合行动计划》。2001年12月8日,第十次日欧首脑会议在布鲁塞尔举行,取

---

① 董礼胜、董彦:《战后日本与欧盟关系发展演变的概述及分析》,《欧洲研究》2007年第4期。
② 外交政策への提言,《チャレンジ2001—21世纪に向けた日本外交の课题—》,http://www.mofa.go.jp/mofaj/gaiko/teigen/index.html。

得了丰硕的成果。双方首脑在日欧关系问题上，一致表示以 2001 年为契机，进一步加强日欧关系；通过了《日欧联合行动计划》。该计划将上次首脑会议所决定的日欧合作新框架（四个支柱）进一步具体化了，并约定日欧双方将在四个重点目标上（促进世界和平与安全；强化经济贸易伙伴关系；挑战全球规模的问题及社会问题；促进人员和文化的交流），着手实施《联合行动计划》。[①] 日本方面认为，该计划的通过表明日欧合作关系从问题解决型向行动导向型的重大转变。在会谈中，欧盟认为推进日本的经济改革对于恢复日本经济及世界经济是非常必要的，表示大力支持日本现在进行的经济改革。日欧双方约定在一年一度的日欧首脑会议上就《行动计划》的实施状况进行检查与评估，并对其进行必要的修订。[②] 可以说日欧双方关于《行动计划》的动态跟踪评价规定成为推进日欧合作关系的一大推动力。[③]

第二，《日欧相互认证协定》的签订。日欧双方经过长期的磋商与交涉，于 2001 年 4 月 4 日，在布鲁塞尔签订了《日欧相互认证协定》（MRA）。该协定规定了进口国在进口电气通信设备、电器产品、化学品、医药品四个领域的产品时，同出口国一样，应该采取的必要手续的可能范围。目的就是通过该协定的实施，减轻日欧进出口企业的负担，促进双边贸易的发展。[④] 据推算，相互认证协定所涉及的贸易总额为 213.58 亿欧元，它的生效将为从事电信设备、电器产品、化学品 GLP（优良试验标准）及医药品 GMP（优秀生产商标准）四大领域产品的贸易公司每年节省大约 4 亿欧元的贸易成本。2001 年

---

① 《日・EU 定期首脳協議関連—第10回日・EU 定期首脳協議共同プレス・ステートメント》，2001/12/08，《わが外交の近況》，2002 年，第 303 页。
② 《日・EU 定期首脳協議における共同記者会見（小泉内閣総理大臣発言部分）》，2001/12/08，外務省：http：//www.mofa.go.jp/mofaj/area/eu/kodo_k.html。
③ 木村崇之：《日本とEUの関係》，柏倉康夫ほか：《EU 論》，東京：放送大学教育振興会，2006 年，第 214 页。
④ 《相互承認に関する日本国と欧州共同体（European Community：EC）との間の協定）》，Mutual Recognition Agreement（MRA），http：//www.mofa.go.jp/mofaj/area/eu/s_kyotei/pdfs/sousoku.pdf。

夏,该协定在欧洲理事会和日本国会通过,秋天生效。在该项协定签订当日,欧盟委员会通商主任委员帕斯卡尔·拉米(Pascal Lamy)评价"非常高兴能够看到极有利于日欧贸易顺畅发展的认证协定的缔结"①。《日欧相互认证协定》是日本所签订的第一个双边相互认证协定,也是日欧间的第一个真正的协定。象征着2001年"日欧合作十年计划"的开始。② 日欧双方均认为《日欧相互认证协定》对增加双方企业的经费和减少生产时间、改善市场准入条件以及促进贸易大有益处。该协定还考虑到了确保公众健康及安全、提升环保产品品质等因素。协定还规定了符合日欧双方标准的认定框架。③

日本为使该协定能够在2002年顺利实施,也为了加深有关各方对欧盟方面相关制度的了解,外务省于2001年12月19—21日,举办了"日欧相互认定协定座谈"。在三天的时间里,日本各地七十多家咨询机构和企业代表参加了座谈。外务省宣布今后还将召开同样性质的座谈,并将在外务省网页上,向有关各方提供信息。④

(二)不断拓展与深化的全球合作伙伴关系(2001年以来)

迈入新千年后,日欧不断拓展合作的领域,全面伙伴关系得到深化。2001年第十次日欧首脑会议通过的《日欧合作行动计划》,不但为日欧双方追求共同利益提供了一个相当完备的框架,也反映出了日欧伙伴关系在内容上的变化,体现了双方在风云变幻的国际政治中对伙伴关系的新定位。小泉时代之后的安倍政权打破日本首相上任后先访问美国、随后访问欧洲的传统,在上任三个月后的2007年伊始,首相和外相几乎同时分别出访欧洲八国,这也体现出了日欧关系发展的新动向。进入新世纪后的日欧全球合作伙伴关系重点体现在以下四个领域:

---

① 《EUと日本、貿易円滑化協定に署名》,2001/04/04,EU News 07/01。
② 《相互承認に関する日本国と欧州共同体(European Community:EC)との間の協定)》,Mutual Recognition Agreement(MRA),http://www.mofa.go.jp/mofaj/area/eu/s_kyotei/pdfs/sousoku.pdf。
③ 《日·EU相互承認協定発効》,《ヨーロッパ》,通卷第228号/2002年冬号,第23页。
④ 《日·EC相互承認協定セミナー》,外務省:http://www.mofa.go.jp/mofaj/area/eu/s_kyotei/pdfs/medi_gmp.pdf。

第一，加强政治对话与合作。

新世纪伊始，日欧双方都积极表现出了强化双边政治关系的愿望。2000年1月，日本外相河野洋平在巴黎发表的《日欧合作的新纪元——新千年伙伴关系》的对欧政策演说。阐述对新千年日欧关系发展的构想，强调提升双方的政治关系是演讲的主题之一。欧洲普遍认为这传达了日本希望进一步密切同欧盟及其成员国关系的强烈愿望，并给予了积极的回应。2000年的东京首脑峰会把加强政治关系列为重要议题。在2001年12月举行的日欧首脑峰会采纳通过"行动计划"后仅过了7个月，双方就举行了第11届首脑峰会，宣布成立督导小组以保证行动计划的顺利实施。

2002年2月4日，日本外相川口顺子在国会发表的施政演讲当中提出：与正处在欧盟扩大与深化进程中欧洲的关系越来越重要，今后应该在进一步落实《日欧合作行动计划》，构筑日欧间更加紧密的具体的合作关系的同时，还要通过亚欧会议促进与欧盟的对话。①

4月26日，欧盟委员会主席施罗德访问日本，并在日本国会发表了题为《日本与欧盟——在变化中的世界的国际责任》的演说。施罗德成为第一位在日本国会发表演说的欧盟委员会主席，施罗德本人认为意义重大，提出欧盟想与日本构筑紧密的政治伙伴关系。虽然在以往的双边关系中，经济问题占主体，但是因为这意味着占世界生产总量近一半的日欧双方的对话范围涉及全球规模。日本与欧盟认识到，国际问题的解决，不能搞一国主义，必须采取多边协调的原则。日本与欧盟深知合作与竞争在全球化的今天同等重要。所以，日欧应该在国际行动上，抓住主导权，在国际机构中，进行紧密合作。施罗德在总结了近年来日欧政治关系的发展后，指出日欧关系正在前所未有地向前发展着，日本是欧盟的最大贸易伙伴之一。日本又是欧盟的重要投资国，为欧盟提供了更多的就业机会。同时，欧洲企业在日本的投资活动也在不断发展着。日本与欧盟之间，潜藏着扩大双向贸易、投资的可能性。

---

① 《第154回国会川口外務大臣外交演説》，2002/02/04，日本政治・国際関係データベース：http://www.ioc.u-tokyo.ac.jp/~worldjpn/documents/texts/fam/20020204.SXJ.html。

第五章 欧盟的扩大与日欧关系的战略调整

施罗德高度评价了第十次日欧首脑会议，认为此次会议是庆祝日欧联合宣言十周年的盛会，《日欧合作行动计划》是日欧关系从对话协商向合作实施过渡的标志。施罗德最后呼吁：为了巩固欧盟与日本间的友情和合作关系，欧盟期待着日本方面的积极支持。指出：无论是一个多么有野心的政治宣言，如果没有坚固的基础，那么也就没有任何价值。①

4月29日，日本外相川口顺子在布鲁塞尔与欧盟委员会对外关系主任委员帕廷（Partin）和欧洲理事会秘书长兼共同外交安全保障政策高级代表索拉纳举行政治会谈。双方再次确认了落实《日欧合作行动计划》，构筑以行动为导向的日欧关系的重要性，并以地区形势为中心，交换了意见。②

5月22—23日，第23届日欧议员会议在布鲁塞尔举行。日欧代表团就国际政治及安全保障、经济贸易关系、日欧合作三个问题充分地交换了意见，一致表示在多边协调框架内，努力加强双方卓有成效的伙伴关系。代表团成员提出日欧为了实现WTO框架内的经济及贸易的自由化，与保护主义斗争。日欧双方应该在全球规模问题的解决上，发挥指导作用。两代表团表示欢迎《日欧合作行动计划》的制订与实施，并约定在下一次日欧首脑会议上，对双方履行该计划的情况做出评价。

2002年7月，日欧第11次首脑会议同意尽快召开国际会议帮助巴勒斯坦建国；支持目前的阿富汗政权，继续向其提供援助；加强同朝鲜的对话。③ 2003年公布的欧洲安全战略将日本列入欧盟战略伙伴之一，认为日本是"东亚地区少数几个具有共同价值观和利益的民主国家"。

2003年5月1—2日，第12次日欧首脑会议在欧盟理事会主席国

---

① ロマーノ・プロディ欧州委员会委员长国会演说，《日本と欧州——変化する世界での国際的責任》，2002/04/26，驻日欧州委员会代表部：http://www.euinjapan.jp/media/speech/speech2002/20020426/010000/。

② 《川口外务大臣のEU要人との会談（パッテン欧州委员会対外関係担当委员、ソラナEU理事会事务总长兼共通外交安全保障政策（CFSP）上级代表との会談）概要》，2002/04/30，http://www.mofa.go.jp/mofaj/kaidan/g_kawaguchi/gw02/eu_yojin.html。

③ 《第11回日・EU定期首脑协议共同プレス・ステートメント》，日本政治・国际关系データベース：http://www.ioc.u-tokyo.ac.jp/~worldjpn/documents/texts/JPEU/20020708.D1J.html。

希腊首都雅典举行。此次首脑会议就双方共同关心的国际局势、日欧关系、全球普遍问题的应对等问题,进行了广泛的磋商。特别是在进一步推进日欧合作方面,双方一致认为"继续顺畅地推进已经取得的良好关系",并确认"为了维护世界和平与安定,决议强化日欧政治对话,构建比较坚固的政治的、战略的合作伙伴关系"①。

2003年的《外交蓝皮书》总结认为:欧盟对于国际规则的制定以及全球化课题的解决具有相当大的影响力。预测今后伴随着欧盟一体化的深化与扩大,欧盟在国际政治与经济两方面将不断增强其重要性。推进与欧盟间广泛领域的合作,构建战略伙伴关系对于强化日本在国际社会的立场,扩展日本的外交舞台极为重要。不仅加强日欧关系,同时还将进一步加强与欧洲主要国家间的关系。特别是将进一步加强与英国和法国、G8成员国的德国与意大利间的关系。

日本外务省分析认为,强化与不断深化和扩大一体化的欧盟间的关系,以及扩充与欧洲各国间的双边关系是推进日欧关系的两个车轮。为了真正巩固与强化日欧关系,不仅要在政治与经济两方面,还要不断加强广泛的人员与文化交流。②

2004年5月,日本通过欧盟顺利地与新入盟的马耳他、塞浦路斯、拉脱维亚三国建交并建立了伙伴关系,提升了日本的政治影响力。日本自从2005年9月以来,与欧盟举行了有关东亚安全保障的战略对话。值得注意的是,日本与欧洲的政治对话并不仅仅局限于外交人员参加,从2006年12月起,扩展到了防卫厅人员。2006年4月24日,小泉纯一郎接见欧洲轮值主席国奥地利总理舒塞尔(Schusser)和欧盟委员会主席巴罗佐(Barroso),强调了日本与欧盟关系中三点主要事项:一是加强看得见的合作,特别是在原子能领域和关税方面的合作;二是加强战略对话;三是扩大人员交流。"但是,总体上看,2001—2006年小泉纯一郎任首相期间采取了对美一边倒的外

---

① 《第12回日・EU首脑协议の开催》,《ヨーロッパ》,2003年夏号/通卷第234号,第8—9页。
② 外务省编:《わが外交の近况》,2003年,《第2章地域别外交. 第4节欧州. [总论]》,http://www.mofa.go.jp/mofaj/gaiko/bluebook/2003/gaikou/html/honpen/index.html。

交政策，与亚洲重要邻国交恶，也在一定程度上引起了欧盟的反感，影响了日欧关系的进一步发展。"①

2006年9月上台的安倍政权修正了小泉路线，打破惯例越过美国先访问欧洲，在2007年初便对欧洲展开了一系列罕见的外交攻势。安倍晋三首相于1月9—13日访问了英、法、德、比四国，宣称"希望通过对欧洲的访问，寻求有主见的外交"。访问期间，安倍一再强调反对对华武器解禁并积极地为日本"入常"寻求支持。在与欧盟委员会主席巴罗佐等欧盟高官会晤时讨论了包括伊拉克问题、巴以冲突、中亚局势、朝鲜核问题和全球气候变暖诸多议题。麻生太郎外相于1月9—15日出访了罗马尼亚、保加利亚、匈牙利和斯洛伐克，在努力深化日本与东欧关系的同时，积极落实"自由与繁荣之弧"外交构想。② 对于这次日本首相、外相的出访，美联社认为以往日本和欧盟领导人会谈重点主要是经济和贸易问题，而此次的议题却延伸到了政治、外交和军事领域，引人关注。但是，不可忽视的是，双方关系在推进过程中也存在不少分歧。小泉纯一郎在任期内不顾国内外的反对屡次参拜靖国神社，伤害中国的感情并造成关系紧张，日本日渐将自己孤立起来。欧盟委员会对外关系总司司长兰达布鲁（Eneko Landaburu）在2006年日欧首脑会议筹备会议中，对日本外务省官员明确表示："东亚地区的安全与稳定涉及欧盟的切身利益"，欧盟敦促日本改善同中国和韩国的关系。针对小泉"只要处理好同美国的关系，其他问题都好解决"的言论，一些欧洲学者开始怀疑日本能在多大程度上成为世界多极化中的一极，填补世界政治格局变动时产生的权力空隙。③ 同时，由于欧盟制定宪法的进

---

① 孙绍红：《21世纪初日本与欧盟的关系》，刘江永：《当代日本对外关系》，世界知识出版社2009年版。

② 2006年11月，麻生太郎在日本国际问题研究所发表题为《创建自由与繁荣之弧——拓展日本外交地平线》的演讲。文中提到所谓的"自由与繁荣之弧"是指从乌克兰开始，经过中亚、阿富汗，再延伸到越南、老挝、缅甸的一个弧形地带。见麻生太郎外务大臣讲演，《自由と繁栄の弧——をつくる—拡がる日本外交の地平》，2006/11/30，《日本国际フォーラム会报》，日本国际问题研究所，2007年春季号（第14卷第2号通卷第54号）

③ Maull, H., "Europe and the New Balance of Global Order," *International Affairs*, Vol. 81, No. 4, 2005, pp. 789–799.

程受阻，日本对欧洲一体化能否持续深化开始持怀疑态度。因此日本转而更注重发展与主要欧盟成员国的双边关系。①

日欧对双边政治关系发展中出现的问题显然十分清楚。双方在2005年日欧首脑峰会中坦言目前关系"欠融洽"并表示愿意积极合作加以改善。2005年和2006年的首脑会议联合宣言都强调了要加强双方对东亚形势的沟通。同时政治对话的机制和交流措施也在完善之中，如已在日本设立了欧盟学院，负责在日本大学中传播欧盟的相关知识等事务，使日本更好地了解欧盟。

现在日欧之间建立了多渠道、多层次的政治、战略对话，日欧每年举行一次首脑会议、两次日欧外长会议、两次日欧政务局长会议，每年还就东亚安全保障环境和中亚问题各举行一次"日欧战略对话"。日欧就双方所关心的主要国际政治问题（如亚洲、俄罗斯、独联体、中东、非洲、西巴尔干、人权、联合国等）进行了紧密的交流与合作。此外还有多边的G8、亚欧会议等，这些交流为日欧政治关系发展打下了坚实的基础。此外，日欧间也建立了完善的交流机制，使双方议员建立了广泛的联系，增强了日本对欧洲决策者的政治影响。这些政治对话与交流不但包括政策层面还包括具体事务层面，双方政治关系在克服分歧中不断发展。日本发展对欧政治关系的方针是从政治对话转向加强行动上的合作，如在提高中亚国家管理边境能力、建设非洲和平方面加强合作；制定2011年以后日欧关系新方针，进一步加强与欧盟的关系。② 总的看来，进入新世纪后，日欧在政治领域内的合作增多，双方的政治关系在不断克服分歧中逐渐发展。

---

① *Diplomatic Blue Book*, Ministry of Foreign Affairs, Japan, 2005, pp. 76.
② 《EU事情と日．EU関系》，2008/11，外務省：http：//www.mofa.go.jp/mofaj/area/eu/pdfa/jijyou - kankei.pdf。此外尚可参阅下列成果：鹤冈路人：《日欧関系への新しい視角—戦略的日欧協力に向けて》，《海外事情》，第50卷，第7—8号；同《歴史の中の日欧政治関系—日米欧三極主義の概念と日欧関系》，《外交フォーラム》，2006年5月；同《EUと日本——バートナーシップの構図》，田中俊郎、庄司克宏：《EU統合の軌迹とベクトル—トランスナショナルな政治社会秩序形成の摸索》，東京：慶応義塾大学出版会，2006年；同《EUの変容とEU研究の新しい課題日本から視角》，田中俊郎、小九保康之、何鹤冈路人编：《EUの国際政治—域内政治秩序と対外関系の動態》，東京：慶応義塾大学出版会，2007年。

第五章 欧盟的扩大与日欧关系的战略调整

第二，深化发展经贸关系。

在经贸方面，日欧依然保持着20世纪90年代积极合作的势头，双方经贸领域合作的成绩斐然。日本对欧盟的出口在1993—2004年11年间增长超过40%，从501亿欧元增长到735亿欧元；而欧盟这一时期对日出口也从288亿欧元增长到431亿欧元，增长超过49%。[①] 在直接投资方面，自1999年后双方的相互依赖度明显加深。2004年欧盟对日直接投资额为6014亿日元，而日本对欧投资额为7926亿日元。[②] 欧盟远远超过美国成为日本最重要的资金来源，反之亦然。

2000年2月22日，日欧新一轮限制缓和改革协商会议在东京举行。欧盟委员会对外经济总局副局长杰拉德（Gerard）和外务省经济局局长田中均主持会议。欧盟方面对日本没有明确表示是否在2001年3月以后继续实施限制缓和计划，表示深深的忧虑。杰拉德认为，日本在1999年实施的限制缓和措施和限制缓和改革步伐过于缓慢且不全面，大胆的限制改革项目至今还未真正实施，尤其是在电信和农业领域，甚至呈现出同改革相对抗的端倪，希望日本能够加快限制改革的步伐。[③]

2000年10月26日，当年第二轮日欧关于限制改革高级事务协商会议举行。欧盟委员会对外关系总局副总局长费尔南多·瓦伦苏埃拉（Fernando Valenzuela）和外务省经济局局长田中均主持了会议。日欧双方一致强调继续开展限制改革对话的重要性。瓦伦苏埃拉讲话指出："在日欧经济关系中，这种对话是核心要素。我们普遍希望依赖比较开放的市场获得公平竞争机会。这不仅对于欧盟，即使对于日本而言也相当有必要。"欧盟方面在此次对话中提出了以下要求：（1）为改善对日投资环境，需要双方高度合作，共同行动。同

[①] *Abstract: EU-Japan Relationship*, http://ec.europa.eu/external_relations/japan/intro/index.htm.

[②] *Diplomatic Blue Book*, Ministry of Foreign Affairs, Japan, 2006, p. 89.

[③] 《規制改革対話は日・EU関係における重要手段》，EU News 06/00, 2000/02/22, 驻日欧州委员会代表部：http://www.euinjapan.jp/media/news/news2000/20000222/110000/。

时对于外国投资家而言，日本市场是世界发达国家中最难以渗透且缺少魅力的市场。（2）电气通信领域开展新的竞争。欧盟委员会高度关注日本方面在限制改革上的消极姿态，但是，强烈主张有必要设置确保全体参与者独立、竞争的限制机构。（3）严格实施竞争政策。欧盟表示希望日本的公平交易委员会能够升格为省厅级机构，并发挥较强作用。①

11月7日，欧盟委员会驻日大使约根森在日本限制缓和委员会的工作会议上，代表欧盟阐述了对限制缓和委员会的意见，并向日本方面提出了关于限制改革的新提案。约根森代表欧盟委员会欢迎日本首相8月4日发表的《限制缓和声明》，即从2001年3月末，实施为期三年的新限制改革计划。约根森指出：日本首相的声明看似简单，只是例行公事而已，但是，令人回想起6月份日本众议院选举前，欧盟对日本所做的事情。当时，日本当局还未做出这样的决定，因而确认日本最高政治当局对限制缓和的承诺意义重大。约根森进一步指出，2001年1月以后，由于日本建立了新一届政府，推行限制改革的许多省厅必将受到影响。所以在此时，同日本当局确认推行限制缓和进程的承诺就愈发重要。

约根森还谈到欧盟希望更多的提案能够反映到限制缓和委员会的论点当中，还对日本2000年的限制计划的实施情况做了总结，指出值得欧盟特别肯定的有两个方面：一是限制改革得到了政府首脑的重视和援助，并决定了优先考虑和实施的对象。二是尽管有些省厅认为有困难，但是，限制缓和委员会认为可行的课题达36项。

约根森最后提出：欧盟希望日欧限制改革对话能够在2001年召开的首脑会议通过的《日欧十年合作计划》当中，继续成为日欧经济关系的中心。②

---

① 《EU·日本の投資環境の改善を求める》，2000/10/26，EU News 23/00，驻日欧州委员会代表部：http：//www.euinjapan.jp/media/news/news2000/20001026/110000/。

② オブ·ユールヨーゲンセン大使：《規制改革委員会における意見陳述》，2000/11/07，Speech 23/00，驻日欧州委员会代表部：http：//www.euinjapan.jp/media/speech/speech2000/20001107/010000/。

第五章 欧盟的扩大与日欧关系的战略调整

日本针对欧盟方面提出的对日限制缓和及改革要求,马上向欧盟提出了对欧限制缓和及改革要求提案和声明,日本在声明当中提出:经过双方的不懈努力,日欧限制改革对话着实取得了实效。日欧通过对话加强双边经济贸易关系,是在协调发展世界经济上所采取的象征性、实效性的共同行动。日本向欧盟发出呼吁:希望日欧限制改革对话能够成为欧洲全体和日本间的真正建设性对话的场所。日欧限制改革对话的目的不是相互批判,而是通过双方在限制方面互相学习,交流经验,构筑良好的关系框架。欧盟的深化和扩大在对外方面,必须以公开的形式进行。日本方面提出要使日欧限制改革对话取得实效,就不能仅仅由欧盟委员会参加,还需要欧盟各成员国的大力协助和合作,呼吁欧盟委员会积极动员各成员国参加日欧双边对话。①

2001年10月23日,关于限制改革的日欧高级事务协商会议如期举行。欧盟委员会对外关系总局副局长巴伦苏埃拉和日本外务省经济局局长北岛信一主持此次会议。此次会议的目的旨在探讨通过消除欧盟与日本各自存在的限制障碍和不当限制措施来进一步改善两者间的贸易和投资流通量。巴伦苏埃拉指出:"欧盟向日本提出的要求与日本经济再生的必要性间存在着极大的关系。欧盟方面对日本提出的限制改革提案是以国内及国外企业的双方利益为对象的。日欧关系越成熟,就越应该在日本商务环境问题的解决上,抱着有益于双方利益的态度积极向前看地加以解决。"巴伦苏埃拉表示:欧盟方面极力支持小泉首相提出的通过经济构造改革来进一步整治稳定环境的设想,并提议日本唯有制定并实行新的财政与金融政策,才能够实现经济复兴,其中限制改革至关重要。欧盟代表强调:给日本经济发展带来利益的彻底改革涉及三个基本支柱,即:改善投资条件;实施严格的竞争政策;设置独立的限制机构。②

2002年11月25日,日欧双方举行了关于限制改革的高级事务会

---

① 《EUの規制改革に関する日本側(優先)提案及びコメント》,外務省:http://www.mofa.go.jp/mofaj/area/eu/kisei.pdf。

② 《日本とEU、規制改革と経済再生に向けた策を探る》,EU News 21/01,2001/10/23,http://www.euinjapan.jp/media/news/news2001/20011023/110000/。

议，日本外务省经济局局长佐佐江贤一郎、欧盟委员会对外关系总局副局长巴伦苏埃拉主持了会议。日欧双方再次认定此次对话的目的就是为了消除日欧间由于限制所造成的障碍与误解，进而改善日欧双方贸易和投资态势。① 欧盟方面率先向日方提出了10月份制定的欧盟限制改革方案。欧盟认为2002年日本方面的限制改革取得了很大的成效，但仍残存着为数众多的各种限制措施（意味着欧盟方面对日本限制改革不彻底的不满）。双方一致认为日本经济的再度振兴不仅对亚洲，而且对世界其他各国也至关重要，因而欧盟和其他日本的贸易对象国无不高度关注着日本为经济构造改革所做的努力。此次高级事务会议协商的焦点话题就是即将进行的大胆限制改革所涉及的日欧双方企业的利益。②

2003年3月5日，日欧关于限制改革的高级事务协商会议在布鲁塞尔举行，此次会议的目的确定为进一步促进日欧双方的限制改革，同时强化日本在欧洲企业的影响力和扩大欧洲在日本企业的活动范围。日本外务省经济局局长佐佐江贤一郎和欧盟委员会对外关系总局副局长巴伦苏埃拉主持了会议。此次会议是以欧盟方面回应日本方面要求的形式举行的。欧盟委员会及其成员国根据欧盟指令向大会提供了极为详细的资料，涉及商法以及贸易和关税的限制问题，以及电池、废旧电器、电子设备和化学物品等产品领域。

欧盟借此机会乘势向日本提出：在日本国内，日本律师可以和外国律师自由地建立事务所，并且推进双方在通过"股票交换"的企业合并、并购方面关于税金的各项具体措施，借以消除残存的、限制外国投资的各项构造性障碍。

日欧双方关于限制改革的高级事务协商取得了实质性的成果，特别是在金融服务和电器通信等多个领域取得了极大的进展。日本方面通过大规模修订商法而使企业合并手续合理化。欧盟方面高度评价了

---

① 《日·EU规制改革对話》，《ヨーロッパ》，2003年冬号/通卷第232号，第25页。
② 《"大胆な規制改革により日本企業は便益を受ける"—EU高官が日本政府に指摘》，2002/11/25，EU News 24/02，http://www.euinjapan.jp/media/news/news2002/20021125/110000/。

日本政府在强化竞争政策方面所作出的努力，对新设置的公平交易委员会工作效率的提升以及独立性的强化表示欢迎。①

11月6日，欧盟委员会驻日代表处大使伯纳赫德·泽佩特（Bernhard Zepter）在综合限制改革会议上代表欧盟方面，对日欧双方十余年限制改革对话协商所取得的成果表示祝贺，指出："善于倾听他人的意见，学习和借鉴他人的成果和失败，以及向其他地域成功的事例学习的思想准备，是所有改革成功的、不可缺少的要素。关于这一点，通过日欧间的对话构筑了一个坚固的基石。日欧双方直面的各种问题大体类同，因此有许多值得相互学习的地方。我确信在限制习惯和经验上，定期的交换意见是极为有益的！"②

在这种大背景下，日欧之间的经济对话发生了质的变化，由过去喋喋不休的贸易逆差争论转变为协商合作，共同扫除双方之间的贸易障碍。日欧的互认谈判进展迅速，在2001年签署《相互承认协定》的基础上，双方于2003年签署了《合作与反竞争行为协定》，大大方便了日欧在大型并购活动中的协调。日欧双方还利用2003年6月22日第13次日欧首脑会议在东京举行的有利时机，签署了《促进日欧双向投资合作框架协议》。重点对官方对话与合作、双方投资环境建设、为促进投资而开展的交流事业等内容进行了详细的规划与规定，并将此视为进一步落实《日欧合作行动计划》的优先课题。③

日欧高层高度重视双方开展政策对话的重要性，在2006年4月召开的第15次日欧会议上，双方一致认为应该进一步强化日欧限制改革对话，妥善解决双方关心的事项以及悬而未决的问题。并强调：通过进一步强化对话与合作，探索双边贸易和投资潜在的可能性。

---

① 《日·EU 規制改革に関するハイレベル協議》，EU News 09/03，2003/03/05，http://www.euinjapan.jp/media/news/news2003/20030306/110000/。

② 《総合規制改革会議における駐日欧州委員会代表部代表ベルンハルド·ツェプター大使の意見陳述》，Speech 23/03，2003/11/06，http://www.euinjapan.jp/media/speech/speech2003/20031106/010000/。

③ 《日·EU 双方向投資促進のための協力の枠組み（第13回日·EU 定期首脳協議）》，2004/06/22，日本政治·国際関係データベース：http://www.ioc.u-tokyo.ac.jp/~world-jpn/documents/texts/JPEU/20040622.O1J.html。

日欧首脑表示，欢迎双方开展经济论坛的重大意义，并关注通过日欧双边协商，实施定期政策对话的重要性。① 双方希望"今后能够积极利用政策对话，协商促进双边贸易与投资等诸问题，进而通过旨在建设性解决诸问题的前提下，进一步强化日欧间的贸易和投资关系"②。12月7日，日方正式向欧盟提出了《日欧限制改革对话日方对欧提案》。

2007年5月，日本经济产业省透露，日本与欧盟就签订经济合作协定（EPA）已进入商讨阶段，这标志着双方已迈出创建自由经济区的重要一步。③ 2007年12月，日本经济产业省通商政策局欧洲中东非洲课课长增山寿一在《日本贸易会（月报）》上撰文呼吁日欧双方顺应世界自由贸易协定谈判的浪潮，认真探究日本与美国和欧盟这样的大市场的经济合作态势与可能性，扩大与欧洲经济圈的交流，强化日欧间的经济合作。④

此外，日欧不仅重视双边贸易框架的建设，也加强了在WTO多边框架下的合作。在2001年卡塔尔会议上，日欧积极协调，在世贸组织新一轮谈判中争取主动。

在经济领域中，日欧还相当重视非官方的交流合作。如"日欧商业对话圆桌会议"（BDRT）就得到了欧盟委员会的大力支持。该圆桌会议鼓励双方加强民间经济合作。欧盟委员会推测在未来的几年里，将有近千家欧洲中小企业进入日本市场，主要涉及建筑材料、信息通信技术、环保技术等领域。在金融领域，随着欧元成为世界第二大流通和官方储备货币，日本对欧元区的发展十分关切。⑤ 2007年6

---

① 《第15回日・EU定期首脑協議における共同プレス・ステートメント》，日本政治・国際関係データベース：http://www.ioc.u-tokyo.ac.jp/~worldjpn/documents/texts/JPEU/20060424.D2J.html。
② 《平成18年度日・EU規制改革対話—我が方の対EU提案書—》，2006/12/01，第7页。http://www.mofa.go.jp/mofaj/area/eu/brussels_kaigo19g.html。
③ 《日透露已与美欧就签订经济合作协定展开商讨》，http://realtime.zaobao.com/2007/05/070523_05.html。
④ 增山壽一：《日・EU間の経済連携強化について》，《日本貿易会月報》，2007年12月号，第36—37页。
⑤ *Diplomatic Blue book*, Ministry of Foreign Affairs, Japan, 2005, pp.78-80.

月，在柏林召开的日欧经济界"商业对话圆桌会议"上，向日欧政府建议设置一个面向日欧"经济一体化协定"的任务机制，该项提案在会后马上提交给了日本首相安倍晋三、欧盟主席巴罗佐和欧盟议长德国总理安格拉·默克尔（Angela Merkel），此后发表的日欧首脑会谈联合声明当中再次重申了对该项提案的高度重视，表明日欧间围绕着制度协调而开展的经济合作不断得到强化。①

总之，跨入21世纪的日欧经贸关系的发展势头迅猛，双方的对话合作已从协调贸易争端逐渐转变为积极协作共同扫除贸易障碍。根据欧盟委员会贸易总局委托哥本哈根经济研究所调查统计，欧盟与日本已经发展成为重要的贸易伙伴，但是，日本市场对进口商品的开放度没有欧盟市场高，欧盟进口商品占域内需求的比例为17%，而日本仅占6%。欧盟与日本间的贸易关系对二者来说极为重要。日本是欧盟的第四位进口国（占欧盟进口额的6%），第五位商品出口国（占欧盟出口额的4%）。同时，欧盟是日本的第三位进口国（占日本进口额的10%），第三位出口国（占日本出口额的15%）。但是，从双方的贸易额来看，还很难说达到了本来可能的水准，欧盟的对日出口额占日本GDP不到2%，明显比对美国、中国、韩国、印度等国主要市场的出口额低。尤其是到了2009年以后，两国间贸易的重要性持续走低，其中主要是受到了宏观经济形势的重大影响，即一些日本和欧洲的新兴国家自2000年以后十年间以超过欧盟和日本的发展速度实现了经济的持续发展。同时，欧盟内部贸易的急剧整合也给日欧经贸关系带来一定的影响。即在欧洲，俄罗斯和土耳其已经发展成为欧盟主要的贸易伙伴，而在亚洲，中国和韩国已经发展成为日本最为重要的贸易伙伴。进而世界新兴国家占世界经贸总额的比重也越来越高。

欧盟委员会贸易总局《日欧贸易投资壁垒的评价报告》分析认为：上述日欧间贸易关系重要性的持续走低，并不意味着两国间经济

---

① 增山壽一：《日·EU間の経済連携強化について》，《日本貿易会月報》，2007年12月号，第36页。

贸易关系潜力的低下。主要原因在于日欧间非关税壁垒的大量存在，制约着日欧贸易的发展。该项调查报告深入调查了123家欧盟对日进出口企业，详细调查了这些企业的对日认识，分析结果表明，日本国内市场存在着约231项对欧非关税壁垒，有近3/4的企业认为日本市场的准入条件远比其他市场的准入条件苛刻。①

第三，加强能源与安全保障合作。

在以往日本政界和学术界探讨日本外交和安全保障问题的时候，很少能够从正面审视、探讨与欧洲的安全保障合作问题。鉴于日美安全保障体制的中心地位以及日本所处的亚洲地缘政治的影响，在检视日本外交和安全保障政策的时候，完全没有必要对此大惊小怪。直到1983年5月G7会议上，宣称G7成员国的安全保障密不可分，由此可以视为日欧启动双方进行安全保障联系和合作的象征。②

但是，长期以来日欧政治安全保障对话与合作一直处于暗行状态，尚未成为双边或多边对话的核心问题。直到2004—2005年欧盟内部探讨关于解除禁止对华军售措施问题时，日本与美国共同加以反对，进而反映出了日欧双方在安全保障问题上的严重分歧。同时依然表明日本在军事安全保障问题上对欧盟的高度关注。因此，该事项也就发展成为日欧关于东亚安全保障问题进行战略性对话的契机。③但是，除去双方对此项特殊问题共同关注外，日欧间的安全保障对话和合作还尚未发展成为日本外交、安全保障政策的主流。从日欧关系的总体形势观察，较之于政治安全保障方面的对话与合作，双方依然将经济和贸易方面的对话与合作视为中心。因此，可以说，一部战后日

---

① 《"EU·日本間の貿易·投資障壁の評価"報告書》，欧州委員会貿易総局：《ASSESSMENT OF BARRIERS TO TRADE AND INVESTMENT BETWEEN THE EU AND JAPAN》<ジェトロ仮訳>，ユーロトレンド，2010年2月，第2—3页。

② 友田錫：《入門·現代日本外交—日中国交正常化以後》，東京：中央公論社（中公新書），1988年；五百旗頭真、伊藤元重、薬師寺克行編：《岡本行夫—現場主義を貫いた外交官》，東京：朝日新聞社，2008年。

③ 日本学界讨论日欧安全保障问题的论著可参阅：池村俊郎：《日欧外交に未来はあるか》，《環》第21号，2005年4月；脇坂紀行：《EUの対中武器輸出解除—"米欧中"の混乱をどう回避するか》，《朝日総研リポートAIR21》，第180号，2005年5月。

欧关系史就是一部"贸易摩擦的历史"①。

尽管如此，日欧在能源、资源日益枯竭的当今，都高度重视自身的能源安全。一位欧盟资深官员曾说："在能源问题上，欧盟和日本都是弱者。我们必须设法保证能源通道的安全。"② 近十年来，日欧的首脑会议联合声明多次表达了对伊朗核问题的关切，在涉及能源生产国事务上双方积极开展合作。中亚和高加索地区既拥有仅次于波斯湾沿岸的石油和天然气资源，又是连接欧亚两大陆的咽喉要冲，战略地位十分突出。美日欧在培植当地亲西方政权的问题上密切合作，力图通过加强政治影响和经济渗透来获得该地区能源开发的主导权，开辟新的能源供应地以降低对中东地区的依赖，保证自身的能源供应安全。

在安全方面，20世纪90年代以前，日欧间没有直接的安全合作。1996年日欧第五次首脑会议提出，欧盟欢迎日本参与维护波斯尼亚、科索沃等地区的稳定；日本则欢迎欧盟参与朝鲜半岛事务，双方彼此在安全领域开始接触并逐渐开展合作。反恐和消除大规模杀伤性武器日渐成为当今世界的重要课题，这为日本与欧盟深化合作提供了良机。2000年10月，访日的北约高级代表索拉纳在庆应义塾大学发表演讲当时"强调了在日欧间共同拥有安全保障问题的重要性"③。

2003年12月12日，索拉纳正式提出关于欧洲安全保障的提案，建议"欧洲应该秉持自信，向欧洲以外的地域（俄罗斯、中东、非洲、亚洲）扩大影响，即使在新安全保障领域，也应该实现全球化的主张"，"构筑更加安全的世界性的欧洲"。索拉纳提出的欧洲21世纪战略目标是"即使在现今全球化的时代，来自远方的威胁与来自身边的威胁同样重要，而防卫的最前线主要还是外国，只能是尽早预防

---

① 田中俊郎：《日・EU—新しいパートナーシップの誕生》，中西輝政、田中俊郎、中井康朗、金子讓：《なぜヨーロッパと手を結ぶのか—日欧新時代の選択》，大阪：三田出版会，1996年，第29页。
② Kyodo News Service, *EU Urges Japan to Mend Soured Ties with China, S. Korea*, 24 January 2006.
③ Speech by Javier Solana, *The European Union and Japan in a Global Environment: Looking to the Future*, Keio University, Tokyo, 24 October 2000.

纷争与威胁，此外别无他途"。索拉纳呼吁欧盟"积极构筑与所有国家，特别是日本、中国、加拿大、印度等国的战略合作伙伴关系"①。索拉纳提案进而成为欧盟21世纪的安全保障战略的基础，标志着欧盟全球化安全保障战略的初步形成。

2003年日本被欧盟确认为"欧洲安全战略"的战略伙伴，双方开始加强在安全方面的合作，并于2001年和2005年两次发表了反恐声明，宣称将在根除恐怖主义土壤方面积极开展合作。在地区性事务中，北约希望日本扩大对灾害和冲突地区的重建援助活动，期望将来自卫队能和北约军队共同训练并向阿富汗派遣部队；在科索沃地区，日本也与欧盟建立了紧密合作关系。

在2004年的日欧首脑峰会上，双方签署了《关于裁军和核不扩散的日欧联合宣言》。双方明确表示"为了构建真正和平与安全的世界，应该进一步推进包括核裁军在内的裁军步伐，并有必要通过不断的努力促进保障措施的实施"。"我们必须站在裁军和核不扩散主要伙伴的立场上，在充分利用现有机制和渠道深化合作的同时，利用重要国际会议等一切机会，推进双方紧密的政治对话。"② 日欧双方通过该项宣言表明了双方在裁军和核问题上合作意愿。可以说，该项宣言的发表标志着日欧政治合作的新纪元。

日欧为了加强双方在原子能领域的合作，自1998年日欧首脑会议开始，就进行了不断的协商与交流。最终于2006年2月27日，双方签署了《关于国际热核融合实验炉的国际合作协定》与《关于和平利用原子能的合作协定》。③

可以说，从拓宽日本外交领域的角度看，日本积极强化与欧盟的政治关系具有极其重要的战略意义，其标志就是时任首相麻生太郎于

---

① 索拉纳提案引自羽場久浘子《拡大ヨーロッパの挑戦——アメリカに並ぶ多元的パワーとなるか》，東京：中公新書，2004年，第201—206页。
② 《軍縮・不拡散に関する日・EU共同宣言（第13回日・EU定期首脳協議）》，2004/06/22，外務省：http://www.ioc.u-tokyo.ac.jp/~worldjpn/documents/texts/JPEU/20040622.D1J.html。
③ 《原子力の平和利用に関する協力協定》，《ヨーロッパ》，2006年春号/通卷第245号。

2006年11月30日提出的"自由与繁荣之弧"的构想。麻生在该构想当中将欧盟作为日本扩展自由与繁荣的强有力的伙伴,呼吁进一步加强双方在北约与欧盟各国间的关系。① 麻生提出的"自由与繁荣之弧"外交主张被日本国际问题研究专家誉为"外交革命",国际问题专家六鹿茂夫指出:"以往日本对欧亚的外交是以经济外交为中心展开的,在政治领域,也仅限于重视与俄罗斯的关系,且限定在情报收集水平上。麻生的演说标志着日本将欧亚大陆纳入了'自由与繁荣之弧'中来思考。这也充分说明了日本将重点关注的地区从亚太地区一下子扩展到了广阔的欧亚大陆整体,明确表示日本将承担起全球化的国际政治及安全保障的新责任。"这也预示着日本"将转换为划时代的外交路线","标志着日本外交全球化的第一步;日本与欧洲合作所带来的在亚洲地区威信与影响力的提升;日本外交时间与空间的确切性;有利于俄罗斯的民主化;发挥'自由与繁荣之弧'外交宣言理论基础的效用。"②

2007年初,安倍晋三首相选择在防卫厅升格为防卫省的当天动身出访欧洲,并在与北约秘书长夏侯雅伯(Jaap de Hoop Scheffer)的会晤中提出要加强双方在海外行动中更广泛的合作。《日本时报》指出,这标志着日本寻求在国际社会发挥更大作用的同时已着手国防策略的转型。③

在2007年6月举行的第16次日欧首脑会议上,日欧在强调双方共同利益的同时,还一再强调双方在欧盟新能源战略与日本新国家能源战略上的共识,并表示双方将在以下主要领域强化能源安全保障方面的合作:提高世界市场的透明度、可预见性及安定性;改善能源部门的投资环境;提高能源效率及节能;混合能源的多样化;确保重要

---

① 麻生太郎外務大臣日本国際問題研究所セミナー講演,《"自由と繁栄の弧"をつくる—拡がる日本外交の地平》,2006/11/31,外務省:http://www.mofa.go.jp/mofaj/press/enzetsu/18/easo_1130.html。

② 六鹿茂夫:《政策提言:黒海協力 日本の対黒海政策—"自由と繁栄の弧"外交を求めて》,平成18年度外務省委託研究報告書,(財)日本国際問題研究所,第1—2页。

③ 《安倍欧洲之行拉开外交转型序幕》,http://www.gmw.cn/content/2007-01/21/con-tent_539119.htm。

能源基础设施的安全；消减能源贫困；气候变化及可持续开发方面的组织与协调；非矿物燃料、清洁能源、可再生能源（例如太阳能、风能、生物燃料）的使用；核能利用。关于能源效率的新国际战略必须在与国际能源机构（IEA）的密切合作下开展。①

2008年4月，日欧领导人在日欧第17次首脑会谈当中，强调要加强战略伙伴关系，继续在阿富汗、朝鲜半岛、非洲等重大问题上进行合作，双方一致同意继续推进建设东亚地区安全保障环境的对话。②日欧双方高度重视能源效率的改善问题，认为改善能源效率是目前保障能源安全和缓和气候变化的、短期内最为经济、效益最高的方法，因此必须进一步强化国际社会在这个领域的协调与合作。③

在2009年5月4日举行的第18次首脑会议上，日欧首脑深入探讨了双方共同关心的能源领域的问题，强调双方在能源安全保障、可持续能源政策及能源技术方面持续合作的重要性。双方首脑一再强调：促进早日形成开放的、透明度高的、有效率的且良性竞争的市场；通过加强生产国与消费国间的对话与合作等渠道强化能源安全保障；完全有必要拓宽可持续能源的选择领域。日欧首脑表示祝贺"最近关于能源研究及技术开发的日欧战略研究会的成功举办"，日欧首脑强调了国际社会以包括G8、国际能源机构、国际能源论坛及能源宪章条约为平台的多国间密切合作的重要性。日欧双方共同回顾了世界节能的潜在可能性，及在节能和能源安全保障、缓和气候变动方面所起到的作用。日欧首脑强调了提高乃至进一步强化日欧间及全球性合作的必要性。同时，日欧就尽快构建国际节能合作伙伴关系的可能性及运作的必要性达成了共识。④

---

① 《第16回日·EU定期首脑协议共同プレス声明》，日本政治·国际关系データベース：http://www.ioc.u-tokyo.ac.jp/~worldjpn/documents/texts/JPEU/20070605.D1J.html。

② 《EU事情と日.EU关系》，2008年11月，外务省：http://www.mofa.go.jp/mofaj/area/eu/pdfa/jijyou-kankei.pdf。

③ 《第17回日·EU定期首脑协议共同プレス声明》，日本政治·国际关系データベース：http://www.ioc.u-tokyo.ac.jp/~worldjpn/documents/texts/JPEU/20080423.D1J.html。

④ 《第18回日·EU定期首脑协议 共同プレス声明》，日本政治·国际关系データベース：http://www.ioc.u-tokyo.ac.jp/~worldjpn/documents/texts/JPEU/20090504.D1J.html。

第五章　欧盟的扩大与日欧关系的战略调整

第四，扩大人员交流，增进友好关系。

以2001年的"合作计划"为基础，日欧积极开展了人员、文化方面的交流活动。双方组织由专家学者、政治家和记者参与的研讨会，共同促进民间交流、教育交流和文化交流。2002年7月日欧第11次首脑会议决定把2005年定为"日欧市民交流年"，以进一步促进人员和文化交流，双方开展了1900多种交流活动。日欧人员交流主要涉及青年交流、经济领域交流、专家学者交流与旅游交流等几大领域。"日欧市民交流年"的顺利举行进一步加强了日本与欧盟的双边关系。在其他层面，日欧的合作交流活动呈多样化发展态势。双方在工业政策、社会事务、环境保护、金融问题、和平利用核能、传染病防治、打击非法移民等领域开展了不同程度的合作。

2006年4月6日，题为《日欧关系新理想》的日欧共同论坛在布鲁塞尔举行。欧盟委员会对外关系委员、欧洲近邻政策主任委员贝妮塔·费雷罗 - 瓦尔德纳（Benita Ferrero - Waldner）和日本驻欧盟代表处大使河村武和分别做了演讲。贝妮塔在演讲当中强调强化日欧关系的必要性时指出："日本对于欧盟而言，必然是合作伙伴。日本与欧盟同样是重要的经济引领者，同时不断推进在国际舞台上的作用。二者间已经确立了经济、能源、援助等领域的合作关系。日本与欧盟拥有共同的民主、法制、人权保护等基本的价值观。因而必须进一步强化两者间的伙伴关系，追求全球规模的共同利益。"此次共同论坛的目的是商讨进一步强化日欧关系的对策，是基于2005年5月卢森堡召开的日欧首脑会谈上双方首脑所达成的共识而召开的，旨在通过与会者的探讨，就亚洲与欧洲的地域问题、多国间问题以及全球化课题的合作；日欧经济关系的强化；人员交流等方面促进日欧关系的发展。参加者由日本和欧盟政府人员、学术界和智囊团、实业界和文化团体组成。①

日本外务省2007年2—3月间以英国、德国、法国和意大利四个欧盟主要国家的有识之士为对象进行了对日舆论调查。根据此次调查

---

① 《日·EU関係の新しいビジョン》，2006/04/06，http://www.euinjapan.jp/media/news/news2006/20060406/110000/。

结果，欧盟四国民众对日欧关系的评价总体越来越好。为未来日欧关系的发展形成了良好的舆论环境。①

第五节 欧盟东扩与日本企业欧洲战略的调整

一 欧盟东扩与社会舆论

（一）欧盟第五次扩大化

1998年3月开始的中、东欧各国的申请加入欧盟的交涉一度停滞不前，当初设想的加盟构想也完全被打破。打破加盟交涉僵局的契机是1998年12月以后波黑形势的恶化，欧盟明确感受到了巴尔干半岛形势的紧迫，进而加速推进东扩战略，②他们认为唯有从欧洲消除掉"火药桶"，才能够真正实现欧盟的安全与繁荣，认为唯有实现东南欧的安定，才是对欧洲整体的安定最为重要的。③

1999年10月13日，时任欧盟委员会主席罗马诺·普罗迪（Romano Prodi）在欧洲议会发表演说时指出：为了欧洲地区的和平与安定、繁荣，有必要构筑积极的东扩战略。④尽管当时在欧洲议会中也有反对东扩的声音，但是，为了平息巴尔干半岛的纷争，需就东扩事宜达成共识，认为有必要进一步扩大欧盟，包括巴尔干半岛各国在内。⑤

---

① 孙绍红：《21世纪初日本与欧盟的关系》，刘江永：《当代日本对外关系》，世界知识出版社2009年版，第285页。
② Emilian Kavalski, *The Western Balkans and the EU*, South-East Europe Review, No. 1 – 2, 2003, pp. 200 – 201.
③ Milada Anna Vachudova, *Europe Undivided: Democracy, Leverage & Integration after Communism*, New York: Oxford University Press, 2005, p. 247；長部重康、田中友義編：《ヨーロッパ対外政策の焦点》，ジェトロ，2000年，第99頁；《EUの"危険な賭け"バルカン二国加盟》，《選択》，2007年第33巻1号，第15頁。
④ Speech by Romano Prodi President of the European Commission on Enlargement European Parliament, Brussels, 13 October 1999, Speech/99/130. < http: //europa. eu/enlargement/speeches/arch_ 1999. htm >.
⑤ Laks S. Skålnes, *Geopolitics and the Eastern Enlargement of the European Union*. Frank Schimmelfennig and Ulrich Sedelmeier, *The Politics of European Union Enlargement*, London: Routledge, 2005, pp. 224 – 225；東野篤子：《EUの東方拡大政策》，羽場久美子ほか編：《ヨーロッパの東方拡大》，東京：岩波書店，2006年，第121頁。

第五章 欧盟的扩大与日欧关系的战略调整

同以往的第三次扩大（南扩）、第四次扩大（北扩）相比，第五次扩大则为东扩。欧盟东扩的战略思考是在欧盟委员会1997年发表的《2000年议程》中提出的。1999年10月13日，时任欧盟委员会主席施罗德在欧洲议会发表演说时，极力倡导"为了欧洲的和平、安全与繁荣，必须构筑一个积极的东方扩大战略"①。欧盟东扩与其说按照欧盟东扩战略来推行的一体化步伐，还莫如说是欧盟缓慢地应对失去苏联这一后盾的中、东欧诸国的入盟要求而开展的行动。此次扩大达到了史无前例的规模，且已经凸显出历史、文化的多样性，地域面积增加了34%、人口达到4.5亿人。欧盟扩大的意义"也不仅仅限于此次扩大，迄今为止，欧盟通过扩大不断地强化其在世界上的影响力和约束力，不断推进全球化。通过接纳认可欧盟理念和价值的新成员，超越了欧洲的纷争，向着实现和平、安定和繁荣这一欧洲一体化的根本目标挺进。同时，更不能忽视欧盟扩大的经济效果，随着东欧十国的加盟，即将构建一个世界最大的经济圈"②。

第五次扩大与以前四次相比，如果仅从"经济规模的扩大"（经济合理性）分析是无法说明问题的，因为此次扩大包括了"欧洲统一"这一政治的、理念的动机与期许。当然前四次扩大也未必全部吸收接纳了同质国家，期间克服了政治制度等多重障碍，实现了多样性的一体化。因此，如果仅仅关注第五次扩大与以往的不同点，就会造成对欧盟扩大实质的误解与偏见的产生。③

（二）欧盟各界舆论

被誉为"地缘政治学地震"④ 的1989年柏林墙的倒塌以及随后发

---

① Speech by Romano Prodi President of the European Commission on Enlargement European Parliament, Brussels, 13 October 1999, Speech/99/130. < http: //europa. eu/enlargement/speeches/arch_ 1999. htm >.

② 《EU拡大に向けて》，《ヨーロッパ》，2003年冬号通卷/第232号，第3页。

③ Frank Schimmelfennig and Ulrich Sedelmeier, op. cit. p. 35；東野篤子：《統合と拡大》，田中俊郎、庄司克宏編：《EU統合の軌跡とベクトル》，東京：慶応義塾大学出版会，2006年，第59页。

④ John O'Brennan, Re-Conceptualising Europe: Social Constructivism and EU Enlargement, http: //www. sam. sdu. dk/mwi/B6_ O'Brennan. pdf.

生的中、东欧社会主义体制的瓦解促成了欧盟对中、东欧政策的极大变化。同时，中、东欧国家主动接近欧盟，也进一步加速了欧盟东扩的进程。在1992年6月召开的里斯本欧洲理事会（首脑会议）上，欧盟委员会提出了题为《欧洲与扩大化的挑战》的报告，在报告中正式提出东扩的方针。① 但是，当时不少国家对欧盟扩大持慎重态度，认为欧盟东扩绝对不是一件顺风顺水的事情。时任欧盟委员会主席雅克·桑特（Jacques Santer）早在1995年就反复强调"欧盟在东扩前务必好好地处理好自家的事情"②。由此可见欧盟当局对扩大的慎重态度。

事实上，欧洲社会对于此次扩大也出现了几种质疑的声音，关注"欧盟今后的'扩大'（enlargement/widening）和'深化'（deepening）到底达到何种程度"？因而既有认为"'扩大'和'深化'表里如一，扩大的趋势不会改变"，也有意见认为"既然欧盟'扩大'对欧洲的安定与民主起到了很大的作用，那么扩大的态势不久就会停止"③。同时也有人更加担忧欧盟扩大的停滞势必造成欧盟外交影响力的低下。④

2002年，丹麦首相安诺斯·福格·拉斯穆森（Anders Fogh Rasmussen）曾经指出过"扩大欧盟宣告了欧洲'新时代的开端'"⑤。时任欧盟委员会委员普罗德也曾经大力赞赏欧盟的扩大，指出"自罗马帝国崩溃以来，我们获得了开始整合欧洲的机会"，并且不须使用武力，仅仅基于理想和共同的规则便可以实现。⑥ 确实如此，欧盟的第

---

① European Commission, *Europe and the Challenge of Enlargement*, 24 June 1992. < http：//aei. pitt. edu/15731/01/challenge_ of_ enlargement_ june_ 92. pdf >.
② European Commission, *25 – 28 September European Commission*, 28 September 1995. < http：//www. europeanvoice. com/archive/articleasp？id = 82&print = 1 >.
③ Olli Rehn, *Debate on Enlargement in the EP*, 13 December, 2006, p. 2. < http：//europa. eu/rapid/pressRelease/ >.
④ 《EU拡大一段落》，《読売新聞》，2006/12/28。
⑤ Anders Rasmussen, *From Copenhagen to Copenhagen*, Project Syndicate, 2002, 12, < http：//www. project = syndicate. org/print_ commentary/sasmussen1/Ehlish >.
⑥ *Signor Romano Prodi*, Oxford University Gazette, 2 May, 2002. pp. 2. http：//www. ox. ac. uk/gazette/2001 – 2/weekly/020502/notc. htm >；*Romano Prodi*, 2010：The Challenges to Global Security. < http：//www. janes. com/defence/news/2010/991222_ f_ prodi. shtml >.

五次扩大具有历史意义,但同时也蕴含着极大的域内经济发展水平差异和"异质"因素的存在。

欧盟扩大的成果即使对于中、东欧各国来说,也未必以国民能够直接感受的形式展现出来。因此,国民当中被进一步强化了的利益受损意识(贫富分化的扩大、失业的增加、社会保障的削弱以及养老金改革等)相当强大。当初人们对欧盟的憧憬和向往现在演变成了焦躁与愤怒。甚至在市民中引发了对欧盟的不满情绪,质问"布鲁塞尔的官僚组织与莫斯科到底哪里不同"①? 即便在政府层面上,也对入盟前所期待的各项政策不满,认为这些政策未必真正反映了所有入盟国的意愿。在欧盟15国的市民当中甚至产生了"一体化怀疑论"(Euroskepticism)。

2004年的欧盟扩大使世人切身感受到了强烈的政治意图及面向实现目标所体现出来的改革意愿。同时,欧盟的扩大不仅仅象征着为冷战所分隔的欧洲历史打上了终止符,而且"给欧盟吹来了清新的空气"②。"欧盟扩大更是一次新的经济发展的契机。"③ 尤其是伴随着2007年《里斯本条约》(Traité de Lisbonne)的生效,标志着欧洲一体化方式的多样性、多层性。造成一体化方式多样性、多层性的最大的原因即源于欧盟的东扩,不仅仅是加盟国数量的扩大,而且是经济、社会和文化层面的多样性。虽然较之于亚洲地区多样性相差甚远,但已经远远超出了当初由西德、法国、意大利和荷比卢三国组建的地理和政治完全同质化的国家群的范畴,特别是冷战后欧盟扩大化步伐的加快,凸显出来了"欧盟亚洲化"的倾向。④

---

① 《拡大欧州の進路(上)変化追えず、ゆがむ理念》,《日本経済新聞》,2006/12/27。

② 《ズリンダ首相(スロヴァキア)の発言(2005年5月の日本経団連における会談)》,(社)日本経済団体連合会:《欧州統合と日欧経済関係についての基本的考え方》,2006/04/18, http://www.keidanren.or.jp/japanese/policy/2006/017.html。

③ 《ジュルチャーニ首相(ハンガリー)の発言(2004年10月の日本経団連における会談)》,(社)日本経済団体連合会:《欧州統合と日欧経済関係についての基本的考え方》,2006/04/18日,http://www.keidanren.or.jp/japanese/policy/2006/017.html。

④ 小城和朗、土居守、中田光雄、飯森明子、渡部茂己:《欧州統合とアジア》,《常磐国際紀要》,2009年3月第13号,第21页。

根据2005年《欧元晴雨表》(Eurobarometer)杂志调查结果,德国59%的人反对欧盟的进一步扩大。德国国民对入盟候补国的态度也趋向两极,对于瑞士、挪威和冰岛的加盟,有71%—84%的人赞成,反对的比例很低(13%—23%)。相反,有74%的人反对土耳其的加盟,有71%的人反对阿尔巴尼亚加盟,赞成两国加盟的人数很少,仅占21%。[1] 根据欧盟2006年社会舆论调查显示,赞成欧盟进一步扩大的比率是新加盟国平均72%,欧盟15国平均率为41%。支持率较高的是波兰(76%)、斯洛文尼亚(74%)、希腊(71%)、斯洛伐克(69%)等。支持率较低的国家是德国(30%)、奥地利(31%)、卢森堡(32%)、法国(34%)等。[2]

即使在政府层面上,也对欧盟吸收盟国的能力持怀疑的态度,特别是当奥地利提出设置吸收盟国的标准时,立即得到了一定的支持。[3] 德国总理安格拉·默克尔则对扩大持慎重的态度,认为欧盟在接受新盟国时"不应该强迫"[4]。特别是在土耳其入盟的问题上,甚至提出了不应该将入盟视为唯一的选择,可以适当考虑不以入盟为前提的强化关系的"特权伙伴关系"(Privilegierte Partnerschaft)。[5]

欧盟的第五次扩大从被分解的欧洲再次统一的角度看,可以说与以往的扩大存在着差异,意味着"建设自由欧洲"的欧洲一体化梦

---

[1] *Nationaler Bericht Deutschland*, Eurobarometer 64: Die öffentliche Meinung in der Europäischen Union, (Autumn 2005), S. 23, 25.

[2] *Support for Enlargement*, Eurobarometer 66, (Autumn 2006), pp. 28 – 29. http://ec.europa.eu/public_opinion/archives/eb/eb66/eb66_en.htm >; *Attitudes towards European Union Enlargement*, Special Eurobarometer, No. 255, (July 2006), p. 3. http://ec.europa.eu/public_opinion/archives/ebs/ebs_255_en.pdf >.

[3] *EU cements' Absorption Capacity' as the New Stumling Block to Enlargement*, EurActiv.com16 (June 2006), < http://euractiv.com/en/agenda2004/ >.

[4] ジェトロ・ブリュッセル・センター独首相:《トルコの正式加盟に難色》,《EU扩大関連情報》,2006/09/15, http://www.jetro.be/jp/business/even/en184 – 8. pdf.

[5] Matthias Wissmann, *Das Modell der Gestuften Mitgliedschaft*, Internationale Politik, 61Jahr, Nr. 5 (May 2006), S. 66;所谓的"特权合作伙伴关系"是指双方在自由贸易区等区域在经济、贸易、中小企业对策、安全保障、防卫、环境对策、恐怖对策等方面保持着更进一步的紧密关系。但是,在农业政策、地域政策和人口自由移动等领域没有一体化的形式。虽然不是欧盟成员国,但被视为与欧盟保持着特殊关系的"准成员国"。

想向现实迈进了一大步。① 但是，伴随着以"多样性中的统一"为旗帜的第五次扩大的进行，势必在欧盟内部造成国民收入差距和地区收入差距的扩大。也将在各盟国间出现旨在解决区域收入差距造成的财政负担的争议。同时，围绕着诸如伊拉克危机这样的外交问题所展开的讨论也将进一步扩大域内不和谐的声音。

在市民层次上，不仅是原入盟国，即便是刚入盟的中、东欧国家的市民，也将对欧盟的扩大产生不安和不满的情绪和看法。另一方面，可以想见法国和荷兰由于国民投票而否决宪法的后果，特别是欧盟方面对土耳其的入盟存在着根深蒂固的反对意见等，因此可以说欧盟当前的一体化进程再次被推到了风口浪尖上。②

二 日本对欧盟东扩的观察与评断

（一）日本各界对欧盟东扩的观察

2002年12月12—13日，欧洲理事会会议在哥本哈根举行，此次会议旨在"克服以往分裂的欧洲的负面遗产，将1993年确定的一体化进程再推进一步，彻底结束中、东欧十个国家入盟的谈判。进而哥本哈根理事会成为决定欧盟在2004年向25国体制转变的历史场所"③。欧洲一体化的第五次扩大引起了日本的高度关注。

静冈县立大学小久保康之在《关于欧盟扩大与新欧洲秩序形成的政治力学研究》总结报告中，对欧洲一体化的南扩态势进行了观察，指出："欧盟的上一次扩大（指南扩）与此前的扩大相比，无论是在进程、规模、程度各方面都明显不同。欧盟在没有确定明确的扩大方针的前提下，还依然推进扩大化的进程，从波斯尼亚危机和科索沃危

---

① Wim Kok, *Enlarging the European Union: Achievements and Challenges*, 26 March, 2003, European University Institute Robert Schuman Center for Advanced Studies, p. 2. < http://ec.europa.eu/enlargement/archives/pdf/enlargement_process/past_enlargements/communication_strategy/kok_pr_en.pdf >.

② Ulrich Sedelmeier Alasdair R. Young, *Crisis, What Crisis? Continuity and Normality in the European Union in 2005*. JCMS Annual Review of the European Union, Vol. 44 (2006), p. 1.

③ 《コペンハーゲン欧州理事会》，《ヨーロッパ》，2003年冬号/通卷第232号，第12页。

机这些外部因素来看,强烈地反映出欧盟在安全保障方面的担心。同时也反映出了欧盟加强内部改革的必要性。"该报告同时指出:"一般而言,欧盟下一阶段扩大的焦点当是中、东欧诸国,但是,由于马耳他、塞浦路斯、土耳其等地中海诸国同时也提出了入盟的申请,因此,欧盟重新认识到了南扩的重要性。尤其体现出欧盟东扩和南扩的均衡视角。"①

法政大学教授羽场久浘子认为:2004年的欧盟与北约组织的扩大与以往的扩大相比明显不同,具有历史意义,势必缔造一个可与罗马帝国相匹敌的欧洲历史上最大的疆域,并使其远离战争,在和平和自由意愿下,在同一个框架下推进一体化进程。羽场久浘子高度评价欧盟的第五次扩大,将其意义归纳为四个方面,即:(1)在国际政治上意味着冷战的终结,欧盟的扩大以往的重要课题是经济问题,而今21世纪的扩大已经不仅仅局限于经济领域,已经扩展到政治和世界战略的高度上。(2)在国际经济上意味着一个与美国抗衡的经济力量的产生。在欧洲意识的角度意味着"什么是欧洲"的摸索。(3)在安全保障上意味着"民主主义"理念的扩大。(4)在中、东欧角度意味着"大欧洲"的构筑,意味着欧洲一体化在深度和广度上的扩大化目标的实现。②

羽场久美子分析认为,"后冷战存在着三种类型的和解,即'异体制间和解''阶层间和解'和'异民族和解'"③,欧盟东扩意味着欧洲一体化的深化与扩大进入了一个关键阶段,意味着要完成上述三种类型的和解,困难重重,因为一体化的本质就是要实现能源和资源的共享;作为不战共同体的安全保障体系的构建,以及历史和解,而此三点恰是欧盟成立、存续和扩大的根源所在。日本国际经济学会会

---

① 小久保康之:《EU(欧州連合)拡大と新欧州秩序形成をめぐる政治力学に関する研究》,研究課題番号:10620074,科学研究費事業数据库:http://kaken.nii.ac.jp/d/p/10620074.ja.html。
② 羽場久浘子:《拡大ヨーロッパの挑戦——アメリカに並ぶ多元的パワーとなるか》,東京:中公新書,2004年,第12—28页。
③ 羽場久美子:《拡大EU、東アジア共同体への示唆—対立から繁栄へ:地域統合の比較研究》,《学術の動向》,2009年5月号,第17页。

长、被誉为日本学术界欧盟研究第一人的田中素香撰文指出："进入21世纪，由于东欧各国的加盟，使得欧盟一体化由过去的水平一体化时代进入了西欧、东欧间垂直一体化时代。这种事态势必引起欧盟的急变。"① 田中素香呼吁日本经济界和学术界要高度关注欧盟一体化的态势与趋势。

日本外务省欧洲局中、东欧课课长仓井高志从经济学的角度分析了中、东欧诸国市场对于日本的吸引力，指出：中、东欧市场对日本最大吸引力就是工资低廉和优质的劳动力的存在；第二是临近巨大的欧盟市场。在日本企业挺进欧盟市场方面，不可或缺的就是确保运输手段等基础设施的完备，同时更能够获得将来与俄罗斯市场连接的好处。仓井指出：从长远的眼光看，几乎所有的中、东欧国家都会加入欧盟，因此，不仅要发展与中、东欧诸国的关系，而且着力发展整体的日欧合作关系。这对于进一步强化日欧（指欧盟）关系也至关重要。

仓井认为中、东欧国家加入欧盟的背景可以从中、东欧诸国和欧盟两个方面来理解。

第一，中、东欧诸国自身情况。其一是确保彼此间的认同。在冷战时期，中、东欧各国处于苏联的政治、经济影响，普遍经历了困难时期。冷战结束后，非常强烈地感受到自身民族和国家的本质还是欧洲。因而，在欧洲一体化的浪潮当中，将加入欧盟定位为国家目标也就顺理成章了。其二是为了中、东欧国家的经济发展。1989年东欧剧变以后，中、东欧诸国普遍希望从社会主义体制转变为资本主义体制。这些国家向资本主义转换就是为了达到加入欧盟的基本标准。也就是说具体的经济改革成为加入欧盟的基本标准。因此对于这些加盟国家而言，加入欧盟也就成为推动经济发展不可缺少的政策目标之一。

第二，欧盟自身的情况。首先最为重要的应该是政治动机。将

---

① 田中素香：《ユーロ経済圏の拡大とEU経済の展望》，《日本貿易会月報》，2007年12月号，第31页。

中、东欧诸国纳入欧盟的框架内，对于解决纷争（20世纪90年代的前南斯拉夫问题）和民族问题、构筑稳定的政治环境，乃至于欧洲整体的安全与稳定至关重要。在战后不久设立的欧洲煤钢联营共同体（ECSC）主要是对立的德法两国为了共同管理煤炭和钢铁而成立的。由此可见，当初启动欧洲一体化的出发点就是将实现经济安定视为实现政治安定的前提条件。这也是现在欧盟向中、东欧诸国扩大的基本出发点。其次是冷战期西方价值观向中、东欧的渗透。从大历史观来看，中、东欧诸国通过冷战时期西方价值观的渗透，在冷战结束后，除了被欧洲同化，被纳入欧洲一体化进程中外，别无选择。因此，虽说欧盟东扩的道路很艰难，但是，对于欧盟和中、东欧诸国来说都是有益的事。①

日本经济界人士在深入探讨欧洲一体化给世界经济带来的影响的同时，更注重探究强化日欧经济关系的方法与途径。呼吁日本经济界在欧盟迎来扩大和深化的转换期，"务必理清对欧洲一体化的经济影响的认识，同时更为重要的是深入探讨强化日欧经济关系的途径、方法"②。日本政府为进一步了解欧盟扩大化的实态，于2005年12月组成了参议院国际问题调查会海外调查团，赴欧盟委员会本部布鲁塞尔及新加盟国捷克进行了实地考察，考察的课题即为《欧盟一体化·扩大·深化》。③ 日本国会图书馆调查及立法考查局综合调查室起草了2005—2006年度综合调查报告，意在从政治、经济、社会各个方面深入了解扩大化的欧盟现状、今后的发展趋势，以及当前欧盟所存在的问题。④ 报告认为：欧盟是日本在投资、贸易等领域的主要伙伴，

---

① 倉井高志：《中·東欧諸国の向かう先は？——日本の対中·東欧政策を考える—》，http://www.mofa.go.jp/mofaj/annai/listen/interview/intv_20.html。
② （社）日本経済団体連合会：《欧州統合と日欧経済関係についての基本的考え方》，2006/04/18，http://www.keidanren.or.jp/japanese/policy/2006/017.html。
③ 三田廣行：《EUの統合·拡大·深化一考》，《立法と調査》，2006/04/07，http://dl.ndl.go.jp/info:ndljp/pid/1004054。
④ 岩城成幸：《拡大EU論—なぜ東方拡大を推進したのか—》，国立国会図書館調査及び立法考査局：《拡大EU：機構·政策·課題：総合調査報告書》，総合調査室，2007/03。

欧盟的东扩将进一步促进日本企业在中、东欧的投资。①

经团联组织多次赴欧考察团,实地考察、深入总结面临新局面的日欧经济关系,并为此形成了《关于欧洲一体化与日欧经济关系的基本思考》这一总结报告。② 该报告反映了日本经济界对欧洲一体化的基本认识,报告指出:"欧盟扩大本身并不是历史上的第一次,但是,此次扩大的规模确是欧盟历史上史无前例的,这是一件具有战略性的事件。"③

欧盟今后将持续怎样的"扩大"(enlargement/widening)和"深化"(deepening)呢?考察团分析认为:"扩大"与"深化"已经不是二者择其一的问题了,是一个表里如一的一体化过程,因此扩大的主流趋势不会改变。另一方面,对于此次扩大也存在着质疑和反对的声音,认为对于欧洲的安定与民主化起到极大作用的欧盟扩大完全可以暂缓进行。④ 同时也存在着担心扩大化进程一旦停滞下来势必会削弱欧盟外交影响力的忧虑。⑤

(二) 欧盟东扩缘由分析

欧盟既然面临财政负担的增加,为什么还要进行东扩?除了上述为了欧洲的和平与安定原因外,尚有以下诸原因使然。

首先,从中长期的角度来观察,东扩不仅对欧盟自身而言,即便对于新入盟的中、东欧各国来说,也具有极大的经济和地缘政治的益处。即从所谓的"追求国家利益"的观点来进行东扩的决断也应该

---

① 安藤研一:《EU拡大と多国籍企業:日系企業の対中東欧投資の分析》,《日本EU学会年報》,No. 26,2006年,第210页。

② (社)日本経済団体連合会:《欧州統合と日欧経済関係についての基本的考え方》,2006/04/18,http://www.keidanren.or.jp/japanese/policy/2006/017.html#ref3。

③ 《フェアホイゲン欧州委員の発言(2002年9月の日本経団連訪中東欧ミッションでの会談)》,(社)日本経済団体連合会:《欧州統合と日欧経済関係についての基本的考え方》,2006/04/18,http://www.keidanren.or.jp/japanese/policy/2006/017.html。

④ Olli Rehn, *Debate on Enlargement in the EP*, 13 December 2006, p. 2. <http://europa.eu/rapid/pressRelease/>.

⑤ 《EU拡大一段落》,《読売新聞》,2006/12/28。

是其一大原因。①

其次,欧盟方面基于第二次世界大战后,必须将分隔的东西欧再次整合的某种"血缘义务感"乃至于传统的价值观,② 西欧各国认为随着冷战的终结,终于完成了"战后处理"。

第三,基于当初经济的、地缘政治的合理性而做出的东扩判断,即转换为"规范化决定"的判断(民主主义和法律支配等)。对于扩大赞成派所提出的实现中、东欧各国的民主主义和法律支配的理念,扩大慎重派和反对派也难以公然的反对。即陷入了扩大赞成派所设下的诡计当中。③

第四,如果从欧盟东扩的结果来看,欧洲理事会主席国间激烈的"竞争意识"也理所当然成为东扩的原因之一。欧盟内部在东扩问题的认识上也存在着分歧,比利时等国对待东扩问题就极为消极,认为每次担任欧洲理事会主席国时,只要延用2000年6月尼斯理事会采纳的惯例程序按部就班地执行即可完成主席国的任务了。因其恰似选美大赛僵化的程序一样,而被讥称为"主席国选美竞赛"(Presidential Beauty Contest)。④

(三)欧盟东扩的效益预期

日本学术界对于欧盟扩大的效益进行了预测与分析,渡边博史发表了《中东欧各国加入欧盟与对日本企业欧洲战略的冲击》一文。渡边博史分析认为,欧盟扩大的经济效益,首先应该关注的是由于共同市场的扩大而产生的规模经济效益,以及由于制度的整合而产生的

---

① Andrew Moravcsik, Milada Anna Vachudova, "National Interests, State Power and EU Enlargement", *East European Politics and Socities*, Vol. 17, No. 1 (2003), p. 43.

② Helene Sjursen, "Why Expand? The Question of Legitimacy and Justification in the EU's Enlargement Policy", *Journal of Common Market Studies*, Vol. 40, No. 3 (September 2002), p. 508.

③ Frank Schimmelfennig, "The Community Trap: Liberal Norms, Rhetorical Action and the Eastern Enlargement of the European Union", *International Organization*, Vol. 55, No. 1 (2001), pp. 72 – 73.

④ Peter Ludlow, *The Making of the New Europe: The European Councils in Brussels and Copenhagen* 2002, Brussels: Euro Comment, 2004, pp. 55 – 60; Elena Gadjanova, "Book Review," *Journal of Common Market Studies*, Vol. 44, No. 1 (March 2006), p. 224.

欧洲市场整体透明度的提升。当然，日本企业也能够享受到这个效益，特别是由于上述规模经济以及透明度提升而产生的效益，也许不少日本企业能够最大限度地因此受惠。中、东欧入盟后将会在欧洲出现一个拥有4.5亿人的单一市场。扩大后欧盟的GDP占世界的25%，贸易规模占世界的20%，将带来市场扩大的量化效益。并且，在制度层面上也相应扩大了适用相同市场规则的范围。适用统一的经济关联法律、通商手续、关税和贸易规则，简化了开展相关事业所需的手续和环节。① 虽然人们高度关注欧盟扩大所带来的量化效益，但不应忽视欧盟扩大给欧洲经济所造成的质性变化。在理想主义指导下的欧洲一体化将会给国际标准的形成造成重大影响，如环境与卫生等问题。今后欧盟将在这些领域从理想导向型向强化限制标准型方面转换，进而极有可能将这一强制标准发展成为国际标准。②

从市场经济的观点来看东西欧整合，欧盟东扩（第五次扩大）具有无可否认的历史意义。但是，在经济效益上，欧盟十五国与新入盟国间就存在着极大的差距，对于中、东欧各国而言，可以很快就收到欧盟的财政支援和欧盟企业增加投资等诸多效益。但对于欧盟十五国而言，扩大的效益未必马上就能够体现出来。③ 即使在欧盟十五国内部也存在差异，与中、东欧各国接壤的奥地利应该是最能够感受到东扩效益的国家之一。根据奥地利经济研究所（WIFO）的调查结果，由于欧盟的扩大，奥地利的GDP增长率在今后将保持在0.2%左右的水平，其主要原因就是出口的增加和奥地利企业的国外发展。④ 因而，可以说在欧元升值的过程当中，欧盟企业保持了活力，维持了经济活

---

① 90%以上的在欧日系企业认为商品货物通关手续已经简化，近60%的日系企业认为经济法规的调整有利于欧盟的扩大。（据《在欧州·トルコ日系製造业の経営実態—2003年度調查》，2004/11）http://www.jetro.go.jp/biz/world/europe/reports/05000699。

② 渡辺博史：《中欧諸国のEU加盟と日本企業の対欧州戦略へのインパクト》，《経済科学研究所紀要》，2005年第35号。

③ *The Economic Impact of Enlargement*, Enlargement Papers, No. 4, June 2001, p. 5.

④ *Zwei Jahre nach der EU-Erweiterung*：Österreicheiner der Hauptgewinner, WIFO-Presseinformationen,（18 Mai 2006）;; ジェトロ・ブリュッセル・センター：《オーストリア、欧州統合で経済効果》，《EU拡大関連情報》，No. 168，2006年，http://www.jetro.be/jp/business/even/en184 – 2.pdf。

力的态势本身就是欧盟"器型"的扩大（欧盟二十七国形成了一个约4.9亿人的市场），这是欧盟扩大的最大效益了。① 中、东欧各国在加盟前就热切期待着能够获得直接投资和各种援助资金、技术转让等②，但是，结果却未能如愿，中、东欧各国已显露了不满之情。③

三　日本企业构筑新欧洲战略

欧盟的扩大，特别是东扩势态给已经进驻欧洲和准备进驻欧洲市场的日本企业带来冲击和挑战，欧盟东扩后的欧洲市场到底将呈现一种怎样的态势？日本企业如何应对欧盟的东扩？特别是制定怎样的新欧洲战略？这些问题均成为日本企业界和经济界亟须深入思考和解决的重大问题。

2005年，日本社团俄国东欧贸易研究会东欧部长渡边博史经过深入调查后，在《经济科学研究所纪要》上发表了题为《中欧各国加入欧盟与对日本企业欧洲战略的冲击》的调研报告。该报告反映了当时日本企业界和经济界对欧盟扩大后的欧洲市场的观察与分析，特别是提出了日本企业进驻欧洲市场的新战略。

该报告总结分析认为：虽说欧盟的扩大是历史的丰碑，但是，与中欧各国入盟的狂热情绪相比，西欧市民依然根深蒂固地存在着对欧盟扩大的怀疑论。主要出于对原社会主义国家参加而导致的异质因素的担忧，以及对给予新入盟国家补助金而造成的负担加重的担忧，此外还有对在经济发展差距较大的各国间利害关系调整的担忧，担心降低各国政治机能，致使难以形成政治认同，进而成为欧洲一体化的负面因素。可以想见，扩大后的欧盟将面临各种各样的政治与社会混乱，"尽管无法回避过渡期的混乱，但是，如果从中长期发展的观点

---

① 《EU 経済強さの秘密は"ドイツ化"》，《選択》，2006年10月第32卷10号，第13页。
② 久保広正：《欧州統合論》，東京：勁草書房，2003年，第220—221页。
③ Jonas Eriksson et al., *From Policy Takers to Policy Makers: Adapting EU Cohesion Policy to the Needs of the New Member States*, Stockholm: Sieps, 2005, p. 18.

看，2004年5月仍然是欧洲历史的转折点"①。欧盟的扩大确实将引起欧洲经济的巨大变化，并且欧盟扩大的影响将渐渐波及日本的产业。

(一) 日本企业在西欧市场的初步发展与瓶颈

日本企业对于欧洲市场的评价经历了一个由漠不关心到担忧，再到积极研究制定策略的过程。在20世纪80年代，欧洲各国因日欧贸易摩擦频繁，对日产品提起反倾销诉讼，并对进口日本商品课以高额的倾销税。日本企业则以开设组装为主要业务的在地工厂的方式来应对。欧洲方面针对日本企业"螺丝刀工厂"的攻势，则进一步以明确规定使用一定比例的欧洲产原料和零部件的原产地规则应对。

日本企业虽然切身体会到了欧洲市场的魅力，但是，鉴于日欧间的经济贸易竞争态势，特别是欧洲方面的防守做法，认为欧洲市场是被各国政府"恣意"左右的"不和谐"市场，或者说是由多数国家和个性突出的地区所组成的需要"花费气力"的市场，进而采取较为消极的欧洲战略，将在欧洲设置组装厂作为进军欧洲市场的理由。

日本中央大学高柳先男教授在《欧共体一体化与国际变动一体化研究》中以"日系企业的在地化与异文化摩擦"为题，通过英法两国日系企业的实态考察，专门探究了欧洲一体化与日欧关系。指出"英法两国的日系企业在地化经营的过程不存在显著的差异，可以说是成功的，并且实际上也未曾发生深刻的异文化摩擦"。但是，"日系企业的在地化经营的成功并不意味着所谓的'日本化'，即日本式经营作为一种文化现象得到了欧洲方面的认可，并不是渗透的结果，莫如说是日系企业在生产技术上的国际优势的必然结果。同时，日系企业的经营解决了生产过程中人的异化的问题。但是，能否将此认定为真正意义上的'后福特制（Post-Fordism）'还尚存疑问"②。

一桥大学平田光弘教授在《新阶段的欧洲一体化与日本驻欧企业

---

① 渡辺博史：《中欧諸国のEU加盟と日本企業の対欧州戦略へのインパクト》，《経済科学研究所紀要》，2005年第35号，第3页。
② 高柳先男：《EC統合と国際変動の総合的研究》，研究課題番号：05045014，科学研究費助成事業データベース：http://kaken.nii.ac.jp/d/p/05045014.ja.html。

的应对》中明确指出:"多数欧洲企业忙于自身事业的重构,根本没有时间考虑如何应对新阶段欧洲一体化的问题。同时,美系欧洲企业也被置于与欧洲企业同样的境地。日本企业也以欧共体市场一体化为背景,思考如何挺进欧洲市场的问题。其挺进欧洲的动机与挺进美国市场一样,主要是为了规避贸易摩擦。因此,多数企业赤字经营,收益率在目前欧洲经济不景气的状况下持续走低。因而,日美欧企业都在静静观望新阶段欧洲一体化的态势。普遍认为考虑对策为时过早,时机尚未到来。"①

到 2002 年末,进入欧洲市场的日本企业占所有进入海外市场企业的 17%,有 3335 家,其中制造业企业 976 家,从国别来看,英国 880 家,德国 615 家,荷兰 391 家,法国 378 家。② 如果从当初作为应对反倾销的一种策略,进驻欧洲的企业达到如此规模则是一种滞后现象,以当时反倾销的眼光来看,无异于是一种较为被动的应对之策。

随着欧盟第五次扩大化的进行,特别是由于制度整合而进一步增大了欧盟市场的透明度,对于日本企业而言应该是减弱了"不和谐"的因素、延缓了消费市场的形成,进而增大了有利于形成日本企业发展欧洲市场的"储备"生产体制的可能性。

恰在此时,国际经济形势发生了有利于日本对欧投资的巨大变化。其一是 1997 年亚洲金融危机的发生,以及日本企业担心美国经济的衰退会造成对美投资的弱化。因而对 1999 年导入欧元以后的欧洲市场充满期待。其二是日本企业逐步缩小了在北美和亚洲市场的规模,将投资重点转向了欧洲市场。尤其是在 1997 年亚洲金融危机发生后,日本企业 1998 年对欧直接投资占对外投资总额的 34.4%,超过了对美国的直接投资(对美直接投资额占 26.9%)。1999 年对美直接投资额占 37%,而对欧直接投资额占 38.7%。2000 年对美直接投

---

① 平田光弘:《新段階の欧州統合と日本欧企業の対応》,研究課題番号:05630069. 科学研究費事業数据库,http://kaken.nii.ac.jp/d/p/05630069.ja.html。
② 渡辺博史:《中欧諸国のEU加盟と日本企業の対欧州戦略へのインパクト》,《経済科学研究所紀要》,2005 年第 35 号,第 6 页。

资额占 23.5，而对欧直接投资额占 50.2%。仅 2001 年上半年，对美直接投资额仅占到 23.5%，但是，对欧直接投资额则占到了 36.3%。①

特别是伴随着世界汽车制造业的重组，日系汽车制造业也将面临考验。因而日本汽车制造业和零部件企业相继制定、实施新的欧洲市场开发战略，提早进入欧洲。2001 年成为了日本汽车企业活跃欧洲市场的开端，如丰田汽车开始在法国开设在欧洲的第二家制造工厂，并与法国的雪铁龙集团成立合股公司，对外宣布将于 2005 年生产两款新型小汽车投放市场。丰田与其他日系企业一样，着力拓展欧洲市场，预期在 2005 年前在欧洲市场年均销售小汽车 80 万台，获得欧洲市场 10% 的份额。本田汽车则在英国增设生产工厂，三菱汽车则与沃尔沃合作，将沃尔沃在荷兰开设的子公司内德汽车转化为合资子公司。富士重工也在荷兰设立物流中心。②

由此可见日本汽车行业正在积极推进基于欧盟市场的长期战略。可以想见，汽车生产和家电产品生产的增加，势必带动相关零部件加工企业和装备制造企业的发展。③

(二) 日本企业向中欧转移生产设厂的实效

从日系企业进驻中、东欧各国总体情况来看，日本企业对中、东欧各国的直接投资在 1994 年前累计 3.7 亿美元，尚处于极低的水平。但是，进入 20 世纪 90 年代后半期，年均增幅达 1 亿美元以上。主要原因如下：(1) 中、东欧市场经济改革与经济发展，欧盟单一货币一体化进程的推进，以及由于英镑升值所造成的在英日系企业生产成本的增大。(2) 已经进驻西欧市场的日系汽车和电器企业带动了零部件供应商的活跃。如丰田汽车在波兰和捷克投资设立零部件加工

---

① 根据川边信雄：《ユーロ时代における日系企业の对欧州战略—现状と展望—》，《早稻田商学》，2002 年 9 月第 394 号，第 268 页表一。
② 川边信雄：《ユーロ时代における日系企业の对欧州战略—现状と展望—》，《早稻田商学》，2002 年 9 月第 394 号，第 274 页。
③ 日本贸易振兴会海外调查部欧州课：《大幅に拡大した欧州地域への直接投资》，第 25 页。

厂。(3) 最重要的原因是中、东欧各国加入欧盟。对于汽车和家电等制造企业来说，中、东欧各国不仅仅是能够提供廉价劳动力的地区，更是日系企业进驻欧盟圈和独联体巨大市场的跳板。①

进驻中欧的日系制造企业在不断地增加，从1995年的21家发展到1998年44家，2002年111家，2003年137家。137家商社当中，经营运输设备和零部件的66家，电工电子31家。这些企业主要分布在捷克、匈牙利和波兰。② 多半进驻中欧的日系制造企业在西欧设立了生产厂。2001年23家中有18家，2002年19家有12家，2003年18家有13家商社在西欧设有生产厂。可以说，这些企业在欧盟扩大后，看到了重组欧洲生产体制的可能性才采取的企业策略。与此同时，最初进驻欧洲的企业半数以上已经在美国、中国和东南亚设立了生产厂，作为新的在中欧设厂的企业全部以特殊生产技术为基础，生产具有高市场份额的产品，这些企业已经超出了日本国内企业生产体制的束缚，志在开拓欧洲新的市场，预感到了艰苦磨炼而发明的生产技术能够满足扩大后的欧洲市场的新需求。③

加入欧盟的中欧各国成为日本企业进驻目标的最大原因是劳动成本的低廉。中欧各国早在计划经济时代，将资金和人才优先投入重化工业和机械工业。在社会主义时代，振兴产业是其基本国策，吞噬了庞大投资的产业即使在社会主义时代末期，也受困于日益衰退和低效率的生产体制。特别是在体制转换后，政府订单也随之削减。即使现在，对"物质生产"的评价依然很高，支撑"物质生产"的教育体制也依然健康运行。即使在世界范围内，较容易适应"物质生产"，容易接受日本工厂生产技术体系的地区也就受到了限制。进而，中欧各国也成了屈指可数的对象了。中欧对于日本的制造业来说，也就成

---

① 苑志佳编:《中東欧の日系ハィブリット工場—拡大向かう移行経済における日系企業》,東京:東洋経済新報社,2006年,第11页。
② 渡辺博史:《中欧諸国のEU加盟と日本企業の対欧州戦略へのインパクト》,《経済科学研究所紀要》2005年,第35号,第6页。
③ 田中素香:《ユーロ経済圏の拡大とEU経済の展望》,《日本貿易会月報》,2007年12月号,第32页。

为其进驻欧盟市场的关键了。① 日本企业通过欧盟的扩大,获取了新的进驻欧洲的机会。通过市场的扩大,日本企业不仅获得了发掘欧洲方面新的需要的可能性,而且也得到了适时接近欧洲的绝好时机。因此,对于日本企业而言,欧盟的扩大意味着重新配置欧洲生产厂的绝好时机的到来。

(三)欧盟扩大对日本企业的意义

日本政府和企业以欧盟扩大为契机,再次深入思考了扩大后的欧盟市场对日本企业所具有的意义。

第一,欧洲市场的特性适合日本企业。消费习惯与生产者的技术偏好根植于地域风土民情、文化与历史,当然,消费者与生产者间的相互需求关系所决定的市场特征由于国情的不同存在着差异。如果说美国已经形成了合理的、健全的市场的话,那么,欧洲也就只能说是追求极致型市场。如果说前者重视的是价格和性能参数的话,后者则偏重于难以数量化的感觉。

那么,日本市场到底属于美国或者欧洲哪一市场类型呢?虽说日本企业在出口和在地生产方面已经能够很好地应对美国的效率型市场,但是,日本的消费者和生产者的习惯绝对不是追求合理性效率型,日本市场应该更接近于追求极致型的欧洲市场。因此日本成为欧洲高级品牌在全球的最大市场。即使在生产上,在日本的技术人员和生产者当中也广泛存在着追求极致型的理念。特别是在20世纪80年代,由于切身感受到了日本同类产品技术的威胁,才引起了欧洲方面的过激反应。

日欧产业虽说是属于同系统,不存在互补性,依然存在着不协调性,也存在着不少相互冲突的地方,在发掘消费者消费欲望和构建品牌能力方面,日本应该向欧洲企业学习的地方还很多。

第二,日本善于灵活利用欧洲经济的多样性。伴随着欧盟的扩大,欧洲经济的地域构成进一步呈现出多样化的态势。德国、英国、

---

① 渡辺博史:《中欧諸国のEU加盟と日本企業の対欧州戦略へのインパクト》,《経済科学研究所紀要》,第35号,2005年,第6页。

荷兰和比利时这些核心国家集中了欧盟的经济机能，西班牙和意大利这些周边国家则开展了较为顺畅的经济建设。进而构建了一个"集聚效果"的中心，并可享受降低成本的益处，因此已经实行市场经济的中欧各国随之加盟进来。

为了应对欧洲经济的多样化，重新思考欧洲市场战略的日本企业也随之不断增加，例如在核心国家出现了探求生产销售事业战略、情报和金融的热潮，而在周边国家则出现了探求设计、研究与开发（R&D）[①]活动，以及谋求将生产厂设于境外的热潮。

欧盟的扩大实际上是欧盟支援中、东欧原社会主义国家制度改革与经济建设的一个结点。在扩大的准备过程当中，进一步提升了欧盟市场的透明度，尤其是对于日本企业而言，准备好了适应欧洲市场的各项条件。进而，日本政府建议已经进驻欧洲的企业，要灵活利用中欧各国市场，重新整备日系企业的生产体制。

如果说20世纪是批量生产的规模经济时代，那么，21世纪则是积聚效果成为优势的时代。在此潮流中，不断增大多样性的欧盟市场理所应当发挥作用。对于日本企业而言，也在不断刺激着世界最大市场——欧盟市场的多样性的增加。重新认识欧洲市场的价值，重新挑战欧洲市场的日本企业，参照行业种类、机能和活动标准，重新估量在欧洲各地的设厂条件，不断向特定地域进军。

---

① R&D（research and development），指在科学技术领域，为增加知识总量（包括人类文化和社会知识的总量），以及运用这些知识去创造新的应用所进行的系统性、创造性的活动，包括基础研究、应用研究、试验发展三类活动。可译为"研究与开发""研究与发展"或"研究与试验性发展"。

第六章　欧盟重返亚洲与日欧亚洲战略的调适

欧盟与亚洲的接触始于20世纪70年代前半期欧共体与东盟（ASEAN）的接触。但是，真正官方化、制度化接触是在1978年以后。1978年11月，在布鲁塞尔召开了第一次欧共体东盟部长会议（隔年召开），并就缔结合作协定达成了共识。其后，在1980年3月吉隆坡召开的第二次欧共体东盟部长会议上正式签署了合作协议。该项协定的主要内容为强化欧共体东盟双方在通商、经济、开发等领域的合作关系，但是，一般被理解为欧共体单方面对东盟各国的开发援助。[1] 欧共体与日本、美国、加拿大、澳大利亚和新西兰等国一起被东盟邀请正式参加1979年12月召开的第12次东盟部长会议。但是，"欧盟在亚洲的存在远比日美落后得多，直到1990年以后亚洲地区经济高速增长的现实，对于欧盟来说已是不得不重视的问题，进而挺进亚洲，增大欧盟在亚洲的存在力量"[2]。

进入20世纪90年代，在1991年5月召开的欧共体东盟部长会议上，双方就缔结新的合作协定达成了共识。但是，由于1992年以来发生的印尼、东帝汶人权压迫问题，致使缔结交涉在1993年以后触礁。1994年7月东盟区域论坛发起后，欧盟与日本、美国、加拿大、新西兰和韩国一起参加，就共同关注的政治与安全保障问题进行

---

[1] 原島正衛：《EU通商政策の再編とアジア—アセアンを中心に—》，《日本EU学会年報》，1997年第17号，第35页。
[2] 前田和実：《EUにおける対アジア戦略と直接投資》，《専修大学社会科学研究所月報》，2006年4月号，第2页。

了磋商。以往欧盟单方面对东盟开发援助的关系态势随之发生巨大变化，明显表现为构筑平等关系、互利互惠关系的倾向。欧盟委员会于1994年7月制订了《新亚洲战略》，1996年7月发表了《打造欧盟东盟关系新动态》。可以说欧盟《新亚洲战略》的制订与实施是欧盟政治经济外交政策一体化的表现，是全面实现欧洲一体化的重要环节。90年代后半期的欧盟东盟间部长级对话发展为包括日本、中国和韩国在内的亚欧定期论坛，"亚欧论坛的诞生标志着强化亚洲和欧洲间广泛关系的新时代的到来"①。

欧盟重返亚洲，给日本的"回归亚洲"产生了重大的影响。同时给战后以来所形成的日欧关系格局增添了新的内容，即日本与欧盟在亚洲的竞争与合作问题。日本在欧盟《新亚洲战略》的冲击下，进一步修改其亚洲战略，并将亚洲战略与对欧政策联系起来，视为对欧政策的一部分。在大力推进日元国际化的同时，充分利用亚欧会议、日欧首脑会议等一切渠道，积极开展对欧工作。日本与欧盟在亚洲问题上的竞争与合作，充分说明了日欧关系的全球化发展趋势。

第一节 欧盟吹响进军亚洲的号角

一 欧盟的早期行动

西欧各国自第二次世界大战结束后，尤其是殖民体系瓦解后，把发展的立足点放在西欧一体化的内部事务上，从亚洲市场逐步淡出。"欧洲变得眼光更加内向，到了20世纪70年代中期，可以说东亚已经实际上从欧洲共同体的记忆中被抹除了。除了美国，那些作为帝国主义势力曾殖民于东亚的欧洲国家都远去了。在经济领域里，欧洲的利益受到了限制，而到了70年代后期，东亚是日本经济利益范围的固有观念已经根深蒂固了。"② 自80年代末以来，西欧各国忙于构筑

---

① 田中友義：《ASEM（アジア欧州会合）の10年の展开—対等な対話と関係強化のフォーラムの形成—》，《季刊国際貿易と投資》，2005年第62卷，第54页。

② ［瑞典］J. P. 拉芒：《冷战后的欧洲与东亚》，张蕴岭：《世界新格局中的东亚与欧洲》，社会科学文献出版社1996年版，第250页。

第六章　欧盟重返亚洲与日欧亚洲战略的调适

欧洲统一大市场，在对外关系上，把主要精力放在援助东欧国家和俄罗斯建立市场经济和西方式民主制度上。欧盟各国此种内向式的发展趋势，长期忽视亚洲的存在。但是，随着亚洲经济，特别是东亚经济的崛起，以及欧盟一体化的深化与发展，欧盟开始将目光逐步转移到被其长期忽视的亚洲地区，进而吹响了进军亚洲的号角。

在开发援助上，欧盟对亚洲各国的农林水产业进行技术指导，同时帮助亚洲各国进行环境保护和提高工人生活水平。从1976年到1995年，欧盟通过开发援助计划，向亚洲提供了大约29亿欧洲货币的资金。尤其是，欧盟委员会在1992年决定推进同亚洲各国、地区的经济合作，将援助政策的目标定为改善亚洲各国状况，促进均衡发展。将援助的对象锁定为最贫困国家的最底层。此外，在环境保护、热带雨林保护、艾滋病防治、毒品稽查及残疾人康复等具体领域，展开援助。欧盟自1992年开始实施的亚洲开发援助的目标，不仅致力于促进亚洲经济的进一步发展，还在于通过深化与亚洲各国在政治、经济、文化、环境等领域的对话，维护亚洲的和平与稳定。[①] 欧盟对亚洲实施的开发援助是与成员国的援助分开进行的，意在表明促进亚洲和平和民主的发展。

1993年7月6日，欧盟在日欧首脑会议上首次表明了乐于参加亚太经合组织部长会议（APEC）的意向，向日本表示：将向APEC事务局和现任主席国——美国正式提出加入APEC事务局，并希望能够得到日本的支持。[②] 11月14日，欧盟委员会主席布里坦在日欧新闻记者会议上作了题为《欧洲·日本及亚洲间的协调和相互依存》的演讲，全面阐述了欧盟要重返亚洲的愿望。布里坦在演说中强调："欧共体已经通过实施符合亚洲各国的政策，同亚洲各国取得了对话的机会。但是，欧共体必须将亚洲视为一个整体进行对话"，"欧共体作为亚太地区的主要贸易、投资国和主要开发援助国，密切关注着

---

① 《アジアとともに歩むEU》，《ヨーロッパ》，1996年4、5月号，第21页。
② 《ECのAPEC参加へ日本の支援要請・公正調達で"公平な機会"を求める》，《ヨーロッパ》，1993年9、10月号，第4页。

以提高贸易、投资为目的的所有协议及协议的制度化动向"[①]。

二 欧盟各国的先行之举

"冷战后一时忘却了亚洲的欧洲自进入1993年后，再次开始关注全球经济增长最快的亚洲。英国首相梅杰、法国总统密特朗和德国总理科尔先后出访亚洲。梅杰出访之际多次谈到与印度间的'历史纽带'，密特朗谈到了与越南间的'文化上的共有财产'，而科尔则向日本提及了援助俄罗斯的重要性。"[②]

自1993年起，欧盟各主要成员国在对外政策上，进行了重大调整，纷纷制定、推行了一系列的亚洲政策，积极开展"亚太攻势"，亚太地区在其全球战略中的比重明显增加。欧盟迈向亚洲的步伐也由谨慎地蹚水过河式改为勇敢地大步流星式。

欧盟成员国当中，德国率先展开"亚洲攻势"。1993年11月，德国总理科尔访问亚洲国家后，深感亚洲经济发展之快、变化之大。回国后，立即要求研究德国与亚洲的关系问题。随后于1994年10月制订了具有重大指导意义的纲领性文件——《亚洲政策纲要》。该文件完全以强化德国与亚洲各国的政治与经济关系为目的，特别强调强化德国驻外工商机构的互联网活动和驻外使馆的商务作用。不久，德国在新加坡、韩国和中国先后建立了"德国之家"，协助其中等规模企业"走向亚洲"。

法国不甘落后，于1993年发表了旨在促进对亚洲出口和直接投资的《对亚洲政策》，提出自1993年后，充分利用外交关系正常化的有利时机，组建派驻越南和中国等国的产业研究中心，深入探究法国企业进入亚洲市场的可能性与可行性。1994年提出了包括十项措施在内的"法国在亚洲的主动行动"，目标是在五年之内，将法国对亚洲的出口比重由出口总额7%提高到10%。

英国的一份对100家公司的1993—1994年度利润额的调查表明，

---

① 《第7回日本・ECジャーナリスト会議基調講演（下）》，《ヨーロッパ》，1994年1、2月号，第6页。
② 船桥洋一：《日本の対外構想》，東京：岩波新書，1993年，第47页。

— 318 —

第六章 欧盟重返亚洲与日欧亚洲战略的调适

利润最大的地区是亚太地区。《独立报》称："我们为什么不摆脱日益老化的市场的拖累，全力以赴地进入新兴市场呢？"英国为了促进对华贸易和投资，建立了半官方性质的团体，为有关公司提供信息咨询服务。

在英国贸易产业部发表的出口振兴计划中，将亚洲划分为日本、中国、东亚（中国除外）以及东南亚、印度、南亚（印度除外）5个区，并分别派驻出口振兴机构，选择对象国的重点出口领域，召开论坛或者派遣考察团。特别对中国和印度这样的欣欣向荣的国家充满了期待。[①]

意大利、西班牙、葡萄牙、比利时、芬兰、瑞典等国也纷纷出台了亚洲政策或召开亚洲问题研讨会，设立"东亚中心"，以扩大与亚洲的贸易。

1994年以后，英国、法国与德国以新加坡为中心相继设置了由民间主导的欧洲商务中心。该中心以欧洲中小企业为援助对象，提供情报和咨询。

欧洲在进入20世纪90年代后才开始真正对亚洲直接投资，到1994年末，从直接投资额来看，日本为762亿美元，美国为478亿美元，而此时的欧洲则为459亿美元，欧洲在投资额上丝毫不逊色于日美两国。欧洲对亚洲的直接投资涉及各个产业，如发电、通信等社会间接资本关联产业；金融等服务性产业；高科技产业等。其投资战略与其说是利用亚洲低廉的劳动成本，还莫如说是看重亚洲区域市场的可持续发展潜力。[②]

亚洲自1990年开始，已经发展成为欧洲各国直接投资的重要区域。与日本和美国相比，欧洲在出口上，介入、开拓亚洲市场的倾向日益增强。1990年欧盟各国对亚洲的出口额是对亚洲直接投资额的5.4倍，同日本的1.9倍和美国的2.5倍相比，出口规模相对较大。

---

① 真崎修、川手潔：《アジアにおける欧州企業の動向》，さくら総合研究所：《RIM環太平洋ビジネス情報》，1998年10月，http：//www.jri.co.jp/page.jsp？id=15907。
② 真崎修、川手潔：《アジアにおける欧州企業の動向》，さくら総合研究所：《RIM環太平洋ビジネス情報》，1998年10月，http：//www.jri.co.jp/page.jsp？id=15907。

其后对亚洲的直接投资额逐渐增加，1994年对亚洲出口是直接投资额的3.7倍（日本和美国分别为2.1倍和1.9倍）。但是，出口依然占据较大的比例。欧盟各国对亚洲的出口额占全部出口额的比例为：1980年仅为3%；进入90年代后，份额急增，1993年超过了6%，1996年达到了7%。① 严峻的全球竞争战略的实施逼迫欧盟不得不转换对亚战略思路，希求构筑与亚洲间的战略合作关系，强化与亚洲地区间的经济和贸易关系。

第二节 欧盟"新亚洲政策"的形成

一 欧盟新亚洲政策出台的背景

欧盟此次亚洲战略的重大调整，完全出于国际格局变化和欧洲发展的战略需要。主要表现在五个方面：

第一，亚洲经济的迅速崛起及亚洲市场的巨大潜力，促使欧盟重视亚洲问题。

亚洲经济的迅速崛起，举世瞩目。根据世界银行的统计，东亚11个国家和地区的GDP由1980年的33000亿美元，增至1993年的58600亿美元，预计到2004年将增至94100亿美元，占全球GDP比重由1980年的19.6%增至1993年的24.2%，2004年将增至27.4%。而欧盟GDP由1980年的46800亿美元增至1993年的61900亿美元，2004年将增至84000亿美元，其占全球GDP的比重由1980年的27.7%降至1993年的25.5%，2004年将降至24.5%。亚洲在世界经济舞台上发挥着越来越重要的作用。2000年，亚洲有4亿人的纯收入达到与欧美持平的2000美元。② 亚太的崛起最引人注目的是其经济增长活力，进入20世纪80年代以来，整个世界经济陷入低增

---

① 真崎修、川手潔：《アジアにおける欧州企業の動向》，さくら総合研究所：《RIM環太平洋ビジネス情報》，1998年10月号，No.39. http://www.jri.co.jp/page.jsp?id=15907。

② 尤安山、戴月明：《论欧盟的新亚洲政策与欧亚经贸关系》，《世界经济研究》1997年第5期。

长,而东亚地区的经济一直保持高速增长。1981—1990年间,世界平均经济增长率为3.3%,而东亚地区的增长率为7.9%。特别是90年代,世界经济增长速度只有1.1%,而东亚经济的增长速度却高达8.3%,东亚地区的经济高速增长被誉为"东亚经济奇迹"[①]。

与东亚的经济奇迹相比,欧盟自1993年开始,失业人口达到1800万,失业率达到发达国家的最高水平12%。由于内部市场趋于饱和,统一大市场的建立、欧盟的形成也未给成员国带来预期的巨大利益。虽然曾一度倾力于东欧市场的开发,但由于东欧国家的政局不稳,一时也未获得较大利益。迫使欧盟国家不得不积极寻求扩大海外商品、资本和服务市场。亚太地区经济的崛起自然强烈地吸引着欧盟国家。因此,欧盟开始将其对外经济发展的重心倾向于市场潜力大、经济蓬勃发展的东亚地区。欧盟欲通过加强与东亚的经贸合作,摆脱困境,维持经济的长期发展。

此外,东亚各国或地区趁着欧洲市场一体化的有利时机进军欧盟市场,不断加大对欧洲市场的投资。当然除日本以外的亚洲国家或地区对欧洲的投资仅占全部投资的极少部分,且绝大多数集中于英国。在3—4年的时间里,仅韩国就有10家大型企业进入英国市场,台湾地区有9家。根据国际决算银行(BIS)调查,亚洲发展中国家向世界各地的直接投资额在1993年就达到了190亿美元。而十年前仅有11亿美元,十年间增长了近20倍。[②] 东亚经济的强劲发展势头以及部分国家和地区挺进欧洲的做法,引起了欧洲各国的恐惧与抵抗心理,促使其不得不重视亚洲,并加强其内部联合。

第二,美日在亚洲的扩展引起欧盟的危机感。

对于其他地区来说,亚太的崛起既是机会也是挑战。在发达国家中,美国捷足先登,其对外贸易越来越向亚太地区转移。20世纪80年代末以来,美国对亚洲的直接投资增长速度两倍于其整个对外直接投资的增长速度。美国还参加了亚太经合组织,力争起领导作用。美

[①] 张蕴岭:《世界新格局中的东亚与欧洲》,社会科学文献出版社1996年版,第1页。
[②] 藤原豊司、田中俊郎:《欧州連合——5億人の巨大市場》,東京:東洋経済新報社,1995年,第202页。

国从东亚经济发展中捞取了大量的机会和实利,试图垄断亚洲市场。而日本面对欧洲经济圈和北美自由贸易区的运作,也在加大力推行亚洲经济的一体化趋势,将亚洲视为日本发展的禁脔。同美日相比,欧盟在亚洲市场所占的份额却呈下降趋势。对亚洲的出口总值从1970年的25%下降到1995年的15%。欧盟成员国对亚洲的直接投资只占亚洲外资的10%。欧盟意识到在亚洲市场份额的不足,有被美国排斥在亚洲之外的危险,急于扭转这种局面,因而开展了"亚洲攻势",同美日展开争夺亚洲市场的竞争,改变与美日在亚洲角逐的不利地位。

第三,欧盟首脑们亚洲观念的转变。

长期以来,西欧各国将主要精力用在内部一体化的建设上,这种内向化的发展倾向,使其对东亚的看法陈旧,合作滞后,低估了亚洲的发展潜力。西方国家有人在观察发展中国家时,除了关心他们自己的战略利益和保证原材料供给需求外,其实并不真正重视和相信发展中国家的发展潜力。乃至亚洲经济崛起、腾飞之时,马上产生一种"威胁感"。英国一家民意研究所对欧洲企业领导人作了一项调查,提的问题是:"您认为对西欧工业最大的竞争威胁来自哪些国家?"3/4的人回答:东南亚新兴工业国家和地区特别"危险",其次是中国和日本,然后是美国和西欧。[①]

欧盟方面自20世纪90年代初,才开始真正考虑亚洲政策。越来越多的欧洲国家领导人——如德国总理科尔、英国首相撒切尔、外交大臣里夫金德(Malcolm Rifkind)、挪威首相布伦特兰(Brundtland)——都曾公开宣称,由于亚洲的经济腾飞,"21世纪将是亚洲世纪"。德国等国领导人还告诫西方不要把亚洲的崛起视为对西方的"经济威胁",而应看作对"革新欧洲经济政策"的鞭策与动力。各国领导人普遍认为亚洲经济持续高速发展缓解了90年代初的经济危机所造成的经济衰退,并成为推动世界经济发展的动力,给欧洲提供

---

① 裘元伦:《欧洲与亚洲的经济关系》,张蕴岭:《世界新格局中的东亚与欧洲》,社会科学文献出版社1996年版,第186页。

了巨大的机遇。特别是欧洲大国着眼于全球战略和长远目标，把加强欧亚合作及开拓亚洲市场视为避免相对衰落的战略选择。欧盟为此强调，欧洲要维持其经济的长期繁荣和稳定，关键在于同美日竞争中，能否增加其在亚洲这个最大的新兴市场的份额。欧盟已把自己的未来命运与积极参与亚洲大市场联系起来。欧洲政界和学术界领导人开始以新的态度看待"东亚模式"及其价值观，认为东亚经济高速发展得益于亚洲国家所奉行的儒家思想以及以此为基础的东亚社会和经济模式、价值观，即强调国家、集体高于个人利益和自由主义以及突出国家的宏观调控作用。德国总理科尔和外长金克尔（Kinkel）主张东西方"相互学习"，强调欧洲人应放弃"欧洲中心主义"，"现在西方应向东方文明学习很多东西"。欧盟委员会副主席布里坦在一次演讲当中，就强调"不能忽视在亚洲的发展"，"毫无疑问，世界经济的相互依存时代已经到来，欧洲不能忽略同亚洲的伙伴关系。否则，一味地关注与周边地区的关系，就将意味着欧洲繁荣和世界地位前所未有的衰退"①。欧盟领导人清醒地认识到了当今世界经济已经出现多极化和国际化的态势，区域经济一体化并不意味着对外排斥，欧盟不应成为"欧洲堡垒"，因而，有必要协调欧盟及其成员国的亚洲政策，以在竞争与合作共存的国际经济关系中占据最佳的位置。

第四，欧盟推进自身一体化进程及全球战略的需要。

欧盟成立以来，其一体化建设遇到了重重困难，在深化和扩大的策略选择以及解决南欧地区危机等问题上，成员国意见分歧较大，使欧盟的整体国际形象受到影响。欧盟此刻推行新亚洲政策，是想在世界上展示其共同对外政策，树立欧盟整体形象，并希望在外部树立整体形象的努力能起到凝聚成员国的向心作用，从而有助于推动欧盟内部的一体化进程。与此同时，从全球战略出发，想介入亚洲的和平与安全事务，同亚洲建立政治对话制度，在防止核扩散、军售、贩毒、移民等问题上，谋求与亚洲建立合作关系，在政治上发挥更大的作用。同时通过加强日欧关系，使亚欧、亚美、欧美大三边关系形成相

---

① 《欧州とアジア》，《ヨーロッパ》，1996年4、5月号，第21页。

互制衡、相互依存、竞争中发展的格局。

第五，东盟各国对欧盟各国挺进亚洲举措的欢迎。

东盟国家面对欧盟主要国家重返亚洲政策的制定与实施的现实，表现出来谨慎、质疑的态度，不断指责欧盟各国在亚洲的作用仅限于历史，认为欧洲各国对亚洲存在"傲慢与偏见"。1994年10月在新加坡举行的亚洲和欧洲政府及企业家组成的"世界经济论坛"上，亚洲方面强调指出："欧洲与东亚的贸易近年来虽然有大幅度的增加，但是，在投资方面没有增长，日本与美国在东亚的支配地位越来越得到强化。"根据欧盟委员会资料显示，欧盟对亚洲的出口额从1980年的150亿欧元增长到1993年的930亿欧元，增长了6倍多。但是，另一方面，来自亚洲的投资额所占欧盟投资总额的比率在这期间却急剧下降。究其原因主要在于随着欧洲市场一体化进程的加快，欧盟企业优先向内部市场投资，余力全部倾向于正在迈向市场经济的中、东欧市场。因此，马来西亚总理马哈蒂尔在世界经济论坛上强烈指责欧洲的傲慢，认为东亚难以信任欧洲。新加坡政治家们也一再呼吁构建比较稳健的"三角关系"（指以美国、欧盟和日本为中心的新世界经济秩序）的形成，敦促欧洲积极进入亚洲市场，认为"比起只有美国和日本操控的事态来，如果欧洲能够参与进来，那么对于东亚而言，还是从三个源泉吸纳资金、技术、专业知识和市场要比较容易得多"①。

二 欧盟新亚洲政策的出台

可以说，20世纪90年代中期以前的欧盟亚洲政策基本上就是对日政策，但是，1994年7月欧盟委员会发表的政策文件《新亚洲战略》则明确宣示了亚洲政策的转变。②

在德、法、英三大国的大力推动下，欧盟委员会于1994年7月拟订了优先强化同亚洲关系的《新亚洲战略》报告书，并提交欧洲

---

① 藤原豊司、田中俊郎：《欧州連合——5億人の巨大市場》，東京：東洋経済新報社，1995年，第199—200页。
② 田中友義：《30年を迎えたEUと中国外交関係——成熟したパートナーシップを目指して新たな展開—》，《国際貿易と投資》，2005年秋号第61巻，第70页。

第六章　欧盟重返亚洲与日欧亚洲战略的调适

理事会讨论。在报告书当中，欧盟委员会指出：即使在确保欧洲利益上，提高欧洲在 21 世纪亚洲的影响力，也是紧要的课题。欧盟委员会力陈欧盟采取积极的战略，推进同亚洲的经济合作，促进欧洲在亚洲的贸易和投资的必要性。同时指出：欧盟的作用就是促进亚洲市场的开放和进口限制的缓和，借以改善欧洲在亚洲的贸易、投资环境。强调欧洲在亚洲能否成功关系到欧洲的企业如何抓住商业机会，同时积极加入亚洲市场，也能够促进欧洲劳资关系的好转。欧盟委员会强调《新亚洲战略》的目的是全方位发展同亚洲的关系，认为亚洲随着经济的巨大发展，必将在国际舞台上发挥符合其实力的作用。因此，加强同亚洲的政治对话，致力于同亚洲建立起一种新型的长期稳定的全球平等伙伴关系。①

1994 年 12 月举行的欧盟埃森首脑会议通过了《新亚洲战略》。在总结报告中，阐述了欧洲理事会在亚洲问题上的基本看法，表示欧盟和各成员国将同以东盟为首的亚太各国、地区开展所有领域的对话与合作。欧盟首脑表示欢迎理事会关于亚洲政策的报告，同时要求理事会及委员会早日提出具体的亚洲政策。②《新亚洲战略》的通过，表明发展同亚洲的关系已成为欧盟 15 国的共同愿望。《新亚洲战略》确立了欧盟对亚洲关系的大政方针，其后出台的一系列政策无不体现了这一点。欧盟委员会为了落实新亚洲战略，又相继制定出对亚洲主要国家的国别政策。1995 年 3 月，出台了对日关系新战略，强调欧日应成为"全球合作新伙伴"，通过强化欧日经济合作关系，改善贸易不平衡现状。③ 对日关系新战略的出台，表现出了欧盟对日本在东亚的地位及作用的重视。7 月 5 日，欧盟委员会又公布了《中欧关系长期政策》，强调"欧中关系必然会成为欧洲对外关系，包括亚洲和全球关系的一块基石"，主张促进欧中在全球性、地区性安全问题上的对话；在经贸关系上，支持中国尽早加入世界贸易组织，通过在人力资源开发、环

---

① 《アジアとともに歩むEU》，《ヨーロッパ》，1996 年 4、5 月号，第 20 页。
② 《議長総結報告》，《ヨーロッパ》，1995 年 3、4 月号，第 5 页。
③ CEC. Communication from the Commission to the Council, *Europa and Japan : next step*, Com (95) 73, final 8 March 1995.

境保护、科技和文化交流等方面的合作,"改善欧盟在中国的形象"①。此外,欧盟还制订出对韩国的长期政策。这些国别政策具有战略性、务实性、主动性及灵活性的特点,受到了东亚国家的关注和肯定。

三　新亚洲政策的内容和特征

欧盟通过《新亚洲战略》及国别长期政策文件,基本上形成了新亚洲政策的轮廓,中心是发展欧亚间的经济关系。大体上由三方面的内容构成:发展与亚太地区特别是东亚地区的经贸合作,加强欧洲在该地区的经济存在;强调开展政治对话,扩大欧盟在亚洲的影响;重视亚洲国家在解决全球问题方面所发挥的作用,扩大在国际事务中的合作,建立欧亚新型伙伴关系。

欧盟的新亚洲政策体现出了战略性和一致性的特征。战略性是指发展与亚洲合作关系不是欧盟国家的权宜之计,而是着眼于21世纪的长远战略。欧盟新亚洲政策"是欧洲国际全球战略的一个重要组成部分,不仅有同美日争夺亚太市场这样一种近期经济目标,而且有联亚制美,在多极化的世界上,加强欧洲在亚太地区的政治作用和影响的长远战略考虑"②。一致性是指该政策反映了欧盟的整体利益,把目前各成员国的亚洲政策调整、协调为一种合力:用"一个声音说话",得到了所有成员国的支持。同时,新亚洲政策的形成也是欧盟推进对外政策一体化的体现。

四　欧盟"新亚洲战略"中的日本

欧盟若想加强在亚洲的经济存在和政治影响力,就必须重视日本在亚洲所起的作用。因为日本已成为亚洲经济的带头者,是亚洲许多国家最重要的贸易伙伴、最大的投资者、最大的援助国。欧盟可以通过强化同日本的贸易和投资关系,为欧洲企业进入亚洲市场提供有效途径。尤其随着日欧间的对话与协调发展,日本的市场开放程度虽未完全达到欧

---

① CEC. Communication from the Commission to the Council, *A long term policy for China-EU relation*, Com. (95) 279. final 5 July 1995.
② 《"亚欧合作与发展问题"研讨会纪要》,《现代国际关系》1996年第7期。

盟所要求的标准，但已比过去大大进步了。且关税低于欧美国家，非关税壁垒也已大大减少。因此，欧盟非常重视日本在其新亚洲战略中的地位和作用。欧盟将新亚洲战略落实到具体行动上就是出台了对日关系新战略等几个文件，从而突出了日本在其新亚洲战略中的地位。

（一）欧盟领导人言论中的日本

1994年10月，欧盟委员会副主席布里坦在第七次日欧新闻记者会议的演讲中，多次表示："希望日本能在欧盟的亚洲政策上给予支援。"并指出："考虑到目前亚洲的实际情况，已经向世界提供了最大市场的欧洲的责任也就不言自明。"布里坦所提的欧盟的责任就是使用实力，维护世界安全，推进世界经济的成长。当然，布里坦在演说中也坦诚地表示，欧盟这样做也是为了欧盟自身的利益，他指出："欧盟要在亚洲安全保障问题上开展同亚洲各国、各地区的政治对话，因为今日亚洲面临的课题很多与欧盟所经历的课题相似，欧洲的经验对亚洲伙伴极为有益。"布里坦认为日欧双方在这些问题上相互合作是日欧伙伴关系的主要责任之一。欧盟委员会欢迎日本对欧盟的投资，并希望日本也参加对东欧的经济开发援助，呼吁日本能够在欧盟构筑同亚洲全体的真正伙伴关系时，给予支持，强调日本是欧盟在亚洲的最亲密的伙伴之一，要求日本支援欧盟同亚洲地区组织的对话，希望日本能够在加强亚洲的民主主义和尊重人权问题上同欧盟保持一致。布里坦还在具体的亚洲问题上，如东帝汶问题，缅甸、泰国的人权问题，要求日本同欧盟保持一致。为此，布里坦倡导在日欧间建立真正的伙伴关系，即要求日欧双方在所有的世界性合作问题上相互支持。[1] 法国驻日大使在1995年《欧洲》月刊杂志上撰文指出："欧洲和亚洲已经认识到构筑紧密的双边关系的必要性，借用现在最流行的说法，就是有必要强化日美欧'世界三角形'中最弱的一边"，"在这种背景下，对于欧盟来说，应该最优先考虑的是同亚洲最重要的大国——日本间的关系"[2]。欧盟驻日大使约伦·凯克主张"抛开日本

---

[1] 《第7回日本・ECジャーナリスト会議基調講演（下）》，《ヨーロッパ》，1994年1、2月号，第6页。
[2] 《ヨーロッパ・フランス・日本》，《ヨーロッパ》，1995年4、5月号，第5页。

的亚洲政策是错误的",指出:"无论参照哪个标准,日本都是世界舞台上的重要成员,在主要的地区问题上,特别在亚洲,如果日本不以某种形式参与的话,问题就难以解决。在经济上,日本的 GDP 依然相当于其他亚洲国家总和的两倍。在技术上,日本一直处于领先位置。毫无疑问,日本将在政治、经济上继续发挥亚洲领导者的作用。因而,'越过日本'的言论是无的放矢的评论,无论是日本政府,还是日本企业,都将是欧盟最优先考虑的对象。"①

(二) 欧盟《对日关系新战略》与《对日关系总结报告》的出台

1995 年 3 月 8 日,欧盟委员会起草了名为《对日关系新战略》的文件,并提交欧洲理事会讨论。欧盟委员会在新战略中,再次强调以合作代替对抗,并表示支持日本成为联合国安理会常任理事国,提出欧盟同日本的关系不再仅仅是一系列的贸易争端,而要加强同日本在各方面的联系,内容包括加强政治对话,确定具体的合作领域,就日本与欧盟的政治关系进行讨论,交流信息,定期进行工作接触等。②欧盟委员会提出的该项提案使日本方面感到非常高兴,认为表现出了欧盟的合作态度,是对日本国际地位的肯定。

5 月 29 日,欧洲理事会审议了《对日关系新战略》报告书,并通过了强化日欧关系的决议——《对日关系总结报告》。主要内容有:

第一,理事会继续坚持 1991 年 7 月《日欧联合宣言》和 1992 年 6 月《对日关系总结报告》中所规定的强化日欧政治对话与合作的精神。强调这是欧盟在对日关系上的一贯、长期的政策。

第二,理事会十分留意委员会对日欧政治关系的分析,表示欢迎日本欲在世界上发挥符合其经济实力的更大的政治作用的意向,强调进一步强化日欧间的政治对话。

第三,在经济上,提出进一步健全 1992 年以来通过日欧间的对话与合作所结成的建设性的伙伴关系。在日美汽车摩擦问题上,欧洲理事会强调多边协调的重要性。一方面反对日美双方违反世界贸易组

---

① 《日本を拔きにした政策は誤り》,《ヨーロッパ》,1996 年 1、2 月号,第 8 页。
② 徐之先:《新时期日本外交战略的调整》,《现代国际关系》1995 年第 12 期。

织的协定精神所达成的双边出口数量目标协议。另一方面又对美国所提出的关于日本市场准入所存在的构造性障碍和技术性障碍等国内限制的疑问,表示赞同。①

由于法国和意大利的反对,欧洲理事会提出的支持日本成为安理会常任理事国的建议,未能通过。在决议当中,删除了该项内容。②

该项决议表现出欧盟对日美双边汽车贸易协议破坏世贸组织精神的担忧,同时更想借助美国对日本施加压力,迫使日本进一步改善市场准入条件的矛盾想法。决议也体现出欧盟想重新构筑日欧关系的意图,即通过积极支持日本同欧盟协调、合作的想法,维护世界的和平与稳定,创建多边且开放的世界贸易环境。

理事会在决议当中,还提出了两项强化对日战略的措施,一是以更加积极的方法促进市场准入环境的改善,发展特定贸易问题的双边及多边交涉。强调遵守 WTO 规则的重要性。二是强调在对日战略的推行上,促使日本发挥符合其经济实力的国际政治作用。同时强调了欧盟委员会、各成员国及驻日机构协调行动的重要性。《对日关系总结报告》成为 20 世纪 90 年代末欧盟对日政策的指导方针。但是,此后随着亚欧会议创设,"欧盟尚未将与日本的关系视为排他性的优先关系,反倒越来越体现出在与亚洲诸国关系的前提下定位日欧关系的倾向"③。

第三节 欧盟亚太攻势下的日本亚洲战略

一 日本亚洲战略的形成

20 世纪 80 年代以前,日本亚洲政策的着眼点是巩固、拓展亚洲市场,注重经济合作。进入 80 年代,日本的亚洲政策发生了鲜明的变化,明确提出了要成为代表"亚洲"的"西方一员"的战略。在日本看来,

---

① 《欧州と日本——次の段階 欧州連合理事会結論》,1995/05/29,驻日欧洲连合代表部:http://www.ioc.u-tokyo.ac.jp/~worldjpn/documents/texts/JPEU/19950529.O1J.html。
② 《欧州理事会で日・EC 関係強化を決議》,《ヨーロッパ》,1995 年 7、8 月号,第 24 页。
③ 細谷雄一:《日欧政治関係と世界秩序—日欧政治協力の新段階へ向けて—》,第 29 页,外務省:http://www.mofa.go.jp/mofaj/press/event/pdfs/eu_r3.pdf。

随着自身经济的飞速发展,已经成为世界第二经济强国,再加上东南亚国家的迅速发展,"太平洋时代"马上就要到来,而即将到来的"太平洋时代"是"日本时代",因为日本是亚洲的优等生。因此,日本时刻以"亚洲代表"的身份频频出现在国际舞台上。对亚太的"热点问题"显示出前所未有的"关心",借以显示日本的作用以及日本要为亚洲做贡献的姿态。竹下登上台组阁后,更加明确地提出了"亚洲故乡论",强调亚洲是日本的故乡,日本是亚洲各国的同胞,表现出了日本既是"西方一员",又是"亚洲一员"的想法。但是,日本把"西方一员"界定为日美欧三极合作,把"亚洲一员"概念扩大为"亚太一员"。日本学者神谷不二则予以学术注解,提出"要确立日本在世界上的地位,应该首先明确日本的原籍是亚洲"。随着亚洲经济的蓬勃发展及日美欧经济摩擦的不断加剧,日本开始彻底检讨其亚洲政策。特别是80年代末90年代初,日本的亚洲观发生了根本性的转变。"新亚洲论"开始抬头,"亚洲重新评价论""亚洲故乡论""亚洲回归论""亚洲共同体论"等相继出现。日本政府则在政策细节和未来对外战略展望上,发生了分歧,存在着三种政策倾向:以"脱亚入美"为集中表现的亲英美派政策倾向,这一派在任何外交问题上都以搞好对美关系为前提;以"脱美入亚"为集中表现的亚洲派政策倾向,这一派认为日本必须逐渐脱离美国,成为亚洲的真正的一员,最终恢复完全的独立自主外交;以"入美入亚"为集中表现的平衡派政策倾向,"入美入亚""既不入美也不入亚""亲美入亚"等主张均属这个范畴。

学术界对日本此时的舆论动向及日本政府当局对外战略的走势高度关注,也在进行着一场论争,形成两派观点,一派认为日本正在"脱美返亚(脱美入亚)"[①];一派认为日本并未"脱美入亚",并指

---

① 赵阶琦:《日本亚洲外交的新趋向》,《亚太研究》1993年第2期;郭宪纲:《日本"脱欧返亚"——意在主导亚太经济》,《世界知识》1994年第1期;张大林:《浅析日本的回归亚洲战略》,《国际问题研究》1994年第1期;夏桂年:《从脱亚到返亚——明治维新以来日本对外关系的三次战略调整与影响》,《亚太研究》1994年第5期;赵光锐:《日本正在"回归亚洲"》,《日本学刊》1996年第1期。

第六章 欧盟重返亚洲与日欧亚洲战略的调适

出今后一段时期内也不可能"脱美入亚"①。前一派观点在肯定日本正在"脱美入亚"的同时,也强调日本并不是一味地重视亚洲而忽视美欧,只不过是改变了过去"一边倒"的策略,把亚洲关系重新置于新的重要地位。日美基轴的外交原则依然不会改变。② 日本的对外政策"可能是采取一种既维持日美联盟,又逐渐与亚洲接近的外交战略"③。后一派观点认为日本的最佳外交选择是既重视亚洲也重视美国,即"美亚并重",这是一种最现实的选择。④ 日本学者船桥洋一针对日本实业界人士提出的"新大东亚共荣圈"(石原慎太郎)、"大东亚共荣圈修正论"(小堀桂一郎)、"日中韩提携论"(伊藤淳二)等各种"新亚洲主义"主张,则主张"入亚入欧"⑤。这种"美亚并重"的主张,只要是在坚持"日美基轴"的前提下,就无法真正实现,依然存在着先后顺序,即优先"入美",然后才"入亚"。"脱美入亚"不过是日本为了与美欧抗衡和做政治大国的战略需要而提出的。⑥

纵观日本亚洲战略的变化,可以说其成因与世界政治经济形势和日本国内的舆论导向有着极密切的关系。概括起来主要有四点,其中有三点与欧盟的亚太攻势有关:

第一,世界经济一体化、区域经济集团化的发展趋势,迫使日本产生一种孤立感和恐惧感,认为只有"脱美返亚"才能与欧美区域经济集团抗衡。同时也刺激了日本"主导"亚洲事务的欲望。1993年起欧洲统一大市场的正式启动,以及北欧、东欧国家也在力争成为

---

① 方柏华:《日本"脱美入亚论"辨析》,《亚太论坛》1995 年第 4 期。
② 赵光锐:《日本正在"回归亚洲"》,《日本学刊》1996 年第 1 期。
③ 曹云华:《日本的大战略:地区主义还是双边主义?》,《日本学刊》1996 年第 1 期。
④ 方柏华:《日本"脱美入亚论"辨析》,《亚太论坛》1995 年 4 月;寺岛实郎:《"親米入亜"の総合戦略を求めて——成熟太平洋国家日本の構想》,《中央公論》,1996 年 3 月号,第 20 页、34 页;《朝日新聞》,1996/06/25,载松永信雄的文章;张蕴岭:《转变中的中美日关系》,中国社会科学出版社 1997 年版,第 456—457 页;[日]渡边泰造:《'脱欧入亚论'已过时》,《外交论坛》1996 年 12 月。
⑤ 船橋洋一:《日本の対外構想》,東京:岩波新書,1993 年,第 94—112 页。
⑥ 李阁楠:《日本的世界战略》,东北师范大学出版社 1994 年版,第 1 页。

欧盟成员国。1994年，以美国为中心的美加墨自由贸易区建成，美国甚至声称要将北美自由贸易区向拉丁美洲扩展。尽管欧盟和北美自由贸易区协议多次公开宣称遵循GATT的自由贸易原则，对外部开放市场。但是，实际上都表现出明显的封闭性和排他性。面对来自欧美地区的一体化潮流的挑战，在地区主义和保护主义的刺激下，日本认识到只有返回亚洲，作为亚洲一员，成立以自己为中心的区域经济集团，才能与欧美区域经济集团抗衡。

第二，欧美的"亚太攻势"，也迫使日本必须重新估价亚洲对于日本的重要性。欧盟和美国等发达国家将目光转向亚洲，积极参与亚太地区的经济竞争、合作的目的是要充分享受欣欣向荣的亚太市场带来的利益，借助亚太国家、地区经济高速发展的势头，促进自身的经济增长。日本当然不能坐视欧美等西方发达国家威胁它在亚洲的经济利益。尤其是欧盟重返亚洲，导致"长期以来日本大举进入西欧单方向运动开始转变为西欧也重返亚洲的双向运动"，"意味着世界三大经济区域中的最强对手进入亚洲这个日本的'后院'，给日本平添几分忧虑"[①]。

欧盟重返亚洲、亚欧合作的加强，迫使日本不得不重新认识自己在亚洲的地位与作用。日本非常担心没有日本参加的亚欧合作会使亚洲的经济发展甩下自己，担心会遭到亚洲的冷落。因为以前的日本往往被亚洲视为"西方的一员"，而今亚欧合作的过程中，就不得不面对自己只是亚洲一员的事实。形势迫使日本强调"亚洲故乡论"。此外，面对欧盟重返亚洲的亚太攻势，日本方面也认为这既是挑战，也是机遇。（1）欧洲企业进入亚洲市场，对日本来说，既是来自竞争对手的挑战，也是发挥新的作用、获得新的商业机会的大好时机。（2）增加日本经济外交的回旋余地，日本一方面可以借助欧美力量压制亚洲国家进一步开放市场，另一方面又可以借亚洲力量平衡欧美的贸易保护主义，从而改变它在与欧美贸易摩擦中孤军作战的状况。（3）有利于进一步发挥日本在亚欧、亚美间的桥梁作用。

---

① 金熙德：《90年代日本与西欧关系的基本特点》，《日本学刊》1996年第2期。

因此，亚洲对于日本来说，无论从政治利益还是经济利益上衡量，都是非常重要的。也就是说，如果失去亚洲，日本也就会失去与欧美抗衡的根基。为此，日本有些人士一再呼吁，政府要认识到亚洲对日本的重要性。日本经济研究中心主任金森九雄认为日本的未来不在美国，而在亚洲。时任驻泰国大使冈崎久彦说："日本的前途只能在亚洲，目前除亚洲以外，再没有能使日本外交具有发展前途的地方了"，"今后世界是亚洲时代，日本应以亚太地区为中心发展国力，应综合地调整亚洲政策和战略，以争取融入亚洲超级圈"①。

第三，日本与欧盟、美国经济贸易摩擦的不断激化，迫使日本"回归亚洲"。日欧经济摩擦自1976年政治化以来，在日欧双方的共同努力下，历经攻与守的相互转换，通过对话与协调，不断缓和。但是，欧盟对日贸易赤字规模依然持续增长。日本市场开放、出口主动限制依然是欧盟方面的对日通商要求。欧盟依然对日实施对内防守型的贸易保护主义措施。日欧贸易摩擦问题难以从根本上解决。日美间的经济摩擦自20世纪80年代初开始，日益突出。1982—1989年美国贸易赤字累计达到9500亿美元，其中1/3是对日贸易赤字。1993年美国对外贸易赤字为1957亿美元，其中对日贸易逆差占51%。尽管日本一再被动地采取一系列缓解性措施，但是，美国仍对此强烈不满。美国在对日贸易摩擦问题上，与欧盟不同，一味地采取进攻型的贸易保护主义措施，即出口膨胀政策，要求日本为其开放市场制订具体的数额指标，如不能达到指标，就对日本动用超级301条款，对日实施经济制裁，"敲打日本"。造成日本国内厌美、反美情绪不断高涨。一部分日本政客的"对美国说不！"的言论就有了市场。

日本与欧美贸易摩擦的不断激化与长期化，欧美内部市场的趋于饱和，迫使日本不得不进行对外经济发展战略的重大调整。一方面扩大对北美和西欧各国的投资和贸易，建立在地生产厂，另一方面将亚洲视为实现政治大国战略的立足点，同欧美抗衡的"后院"，大力巩

---

① 冈崎久彦:《新しいアジアへの大戦略——日本発展のビジョン》，東京：読売新聞社，1993年。

固在亚洲的政治、经济地位，日本希望通过与欧盟的合作巩固自己在亚洲的特殊的"西方一员"的身份。此外，日本通过拉拢欧盟积极介入欧洲地区的事务之中，这样既可以提升自身在国际事务中的发言权，又可以加强日欧关系以进一步牵制美国，增加与美讨价还价的资本。[①]

第四，日本国内"亚洲热"的兴起，对日本"回归亚洲"战略的推行起到了舆论导向的作用。20世纪80年代末期，日本出现了"回归亚洲"的主张。进入90年代，"归亚"已形成一种思想潮流，日本人的亚洲意识进一步增强。东京大学出版会出版了六卷本的《亚洲当中的日本》，研究视角是把日本当作亚洲成员，提出了亚洲各国民族、社会与日本的共性与不同。1991年日本《呼声》月刊发表了著名评论家伊藤昌哉的文章，提出要由"重视美国的日本"转变为"重视亚洲的日本"。日本财界最有影响的人物之一的小林阳太郎撰写《日本重新亚洲化》，认为亚洲是日本的天然的"家"。1993年7月，外务省经济局局长小仓和夫在《中央公论》上发表了题为《争取在亚洲恢复地位》的文章，建议日本应重新重视亚洲，并积极成为亚洲的主导和中心。倡导日本"脱美入亚"的最有影响的人物是具有浓厚民族主义色彩的反美斗士——石原慎太郎。他先后写过三部《可以说"不"的日本》系列丛书，公开提倡"日本应返回亚洲，以亚洲为后盾与欧美周旋，与欧美分庭抗议"，在日本引起很大反响。石原慎太郎与马来西亚总理马哈蒂尔还合写了《可以说"不"的亚洲》一书。公开对美国所支配的国际秩序提出异议，认为"时代大潮又回到了亚洲，亚洲有可能创造新的历史"。石原多次严厉批评"日本追随美国的外交政策"，指出"亚洲文化比历史短暂的美国更为久远。就文明而言，结成反美的亚洲统一战线，可能是必要的"。"亚洲有共同价值观，应以日本为表率，继续实行优异的经济制度，并在日本的领导下，形成一个独特的亚洲经济共同体。"[②]

[①] 董礼胜、董彦：《战后日本与欧盟关系发展演变的概述及分析》，《欧洲研究》2007年第4期。

[②] 《朝日新聞》，1994/11/29。

石原、小仓等人所倡导的"脱美入亚论"虽然在日本呼声很高，但是，因为过于偏激，引起很多人特别是"亲美派"的反对。相反，在日本影响最大也最受欢迎的是以小泽一郎、寺岛实郎等人倡导的"亲美入亚论"。寺岛实郎在《寻求"亲美入亚"的综合战略》一文中指出："选择亚洲还是选择美国的议论是可笑的，这体现了日本与亚洲的距离感，以及日本在亚洲地区自主性的混乱与迷茫"，"日本今后必须重视'亚太'，特别是'太平洋'的概念，因为：（1）只有太平洋，才能将美国与亚洲的活力结合起来，排除美国的亚洲联盟将阻碍这一地区的发展；（2）要将中国变成建设性国家，纳入国际社会，也必须有美国的合作才有可能；（3）中南美洲和太平洋在能源和粮食、地区安全保障等方面，都是不可缺少的成员之一①。

1991年，日本前首相中曾根在《读卖新闻》国际经济恳谈会上说：日本应致力于建立一座"亚太大厦"，"亚太大厦"的一层是各国聚会的大厅，二层是亚洲各国进行协商和谈判的地方，三层接纳加拿大、美国和墨西哥，四层接纳大西洋和欧共体。各国可以在这座大厦里共存，在大厅里聚会协商问题，在各层开展各项活动。②

小泽一郎是"亲美入亚论"的代表人物。他的《日本改造计划》一书在日本引起轰动，被誉为"平成维新宣言书"。小泽一郎对21世纪日本的发展提出了自己的主张，内容广泛，主张从经济、政治、安全等方面与美国一同"入亚"。并提出在经济方面，以原有的"雁行模式"发展亚洲经济，日本跑在前面起牵引作用，同美国一起提供资金和技术。在外交上，强调"日本外交的基轴，今后仍是日美关系"，"最大的伙伴是美国，这一点在对亚太外交方面也无二致"；"只有以日美安全保障条约为基轴开展国际活动，才是日本应取的途径"。在安全保障上，主张日本填补由于苏联解体、美国相对衰弱所造成的"实力真空"。

---

① 寺島実郎：《"親米入亜"の総合戦略を求めて——成熟太平洋国家日本の構想》，《中央公論》，1996年3月号，第20—38页。
② 李阁楠：《日本的"新亚洲观"与"亚太大厦"》，《外国问题研究》1992年第4期。

综观上述的"脱美入亚论"和"亲美入亚论",尽管二者在对美关系上有分歧,前者的前提是浓厚的"大和民族优越论"和反美情绪,后者是从日本实际情况出发的现实选择,但是,二者在"归亚"上达成共识。由于小泽等人的"亲美入亚论"中和了"脱美入亚论"和"脱亚入美论"的观点,比较切合日本的实际,也代表了日本政界、财界和舆论界的主流意识,因而成为日本政府的亚洲战略方针。当然,日本"新亚洲战略"的提出是为了与欧美抗衡和成为政治大国的战略需要提出的,并且"新亚洲战略"并不意味着"排外","归亚论"者强调的是应该从"世界战略角度出发","根据平等的原则",同亚洲各国建立成熟的伙伴关系,形成以日本为主导的"亚洲共同体",以便与不断敲打日本的欧美相抗衡。所以日本的"新亚洲战略"并不是日本要退而经营亚洲,而是把亚洲作为同欧美抗争并向世界扩展的根据地,是日本实现全球主义,迈向国际政治大国的重要一步。

二 日本"新亚洲战略"的推行

日本在新亚洲战略的推行上,主要有三方面的内容:

(一)经济上加强与亚洲国家的合作

日本在经济上努力加强与亚洲国家的经济合作,以东南亚为立脚点,带动"四小龙"和东盟,试图组织以日本为核心的东亚经济圈和"日元经济圈",与欧美平分天下,抑制美国。日本自20世纪90年代以来,将对外投资重点转向亚洲,对亚洲的直接投资呈上升势头。同时,日本加大对亚洲各国的政府开发援助的力度。1992年6月30日,日本内阁通过的《政府开发援助大纲》中明确规定:"亚洲地区在历史、地理、政治及经济方面同日本有密切关系,应继续将亚洲地区作为援助的重点。"90年代以来,日本对亚洲地区提供的政府开发援助总额一直占日本整个政府开发援助总额的60%。

日本自20世纪80年代中期以来,就对经济结构进行了重大调整,即从出口主导型经济结构向内需主导型经济结构转变。90年代以来,日本在经济结构转换过程中,不断扩大对亚洲各国商品的进口，努力成为亚洲各国商品的吸收地。仅1992年从亚洲地区的进口就比1991年增长6%，从美国进口减少了3%。日本在加快经济结构转换的同时，加快了金融体制改革的步伐，放宽了对金融生产和货币流通的控制，不断对亚洲各国进行金融渗透，以便尽早建成"日元经济圈"，进一步推动日元的国际化。

（二）政治上谋求在亚洲的主导权

日本在政治上积极推行"亚洲外交"，谋求在亚洲政治的主导权。进入20世纪90年代，日本为了在政治上掌握亚洲主导权，把推行"亚洲外交"作为日本外交的重点之一。1991年日本外务省在《外交蓝皮书》中提出为维护世界和平与安全，日本应解决亚太地区的对立与纠纷，"日本必须对作为国际秩序重要一环的亚太地区的安全与发展，发挥真正的中心作用"[①]。日本首相海部俊树曾说："日本作为一个亚洲国家，打算尽一切努力加强这一地区的政治稳定和经济活力。"日本政府从新亚洲战略思路出发，在发展与亚洲国家关系上表现出前所未有的积极姿态。

在与东盟关系上，日本将政治关系摆在首位。1991年5月，海部在出访东盟国家发表的演说当中，特别强调日本对东盟国家关系的政治作用，而把经济作用放在了次要地位，强调指出："在国际秩序发生变革的今天，日本在亚太地区发挥作用已经不仅仅限于经济领域，即使在政治领域也应如此，因而日本今后将发挥积极的政治作用。"[②]日本舆论界认为海部首相的演说昭示着日本在亚太地区"政治与经济地位"的逆转。1993年1月，宫泽首相访问了东盟四国，在泰国曼谷发表了题为《亚洲太平洋新时代及日本与东盟的合作》的演说，明确表示日本要积极参与亚太各国间的政治、安全保障对话。倡议日本与东盟各国将在地区和平与稳定、开放经济与活力发展、人类面临共同的课题三个方面进行合作，对亚太地区的和平与繁荣，以及世界

---

① 外务省编：《わが外交の近况》，1991年，第33页。
② ASEA諸国訪問における海部俊樹内閣総理大臣政策演説，《日本とASEAN—新時代の成熟したパートナーシップを求めて》，1991/05/03，外務省編：《わが外交の近况》，1991年，第401—410页。

的和平与繁荣做出更大的贡献。①

宫泽的演说实际上表现了日本想在该地区通过建立"安全对话机制"发挥政治主导作用，更加密切经济关系，发挥领头雁作用。1994年6月，村山富士出任首相后，继续推行亚洲新战略，对菲律宾、马来西亚、新加坡、越南进行了访问。并于1995年访问了中国。时任副首相兼外相的河野洋平在1995年1月的《外交论坛》上发表了《日本外交的前进方向》一文。认为今后日本外交的坐标系里要画三个同心圆。第一是以日美关系及中国、韩国等近临国家的双边合作为中心；第二是以亚太地区为中心；第三是以西方七国和联合国为中心。河野洋平特别强调日本的当务之急是增强亚太地区这个中心。②

（三）建立亚洲文化认同

文化上，日本为了有效地配合新亚洲战略的实施，大搞文化外交，采取输出日本文化和宣传泛亚主义的做法，对亚洲各国进行文化渗透。文化输出主要通过对亚洲国家特别是东亚国家的赠书、加强文化交流基金、在各国设立扩充日本文化研究机构等形式进行。日本政府认为，各国制定外交政策时，受舆论的影响很大，亚洲各国的对日外交政策往往受到亚洲各国国民对日舆论与形象的影响。因而，日本可通过输出日本文化，使亚洲各国了解日本，解除对日本的误解。1989年6月日本内阁设立了"国际文化交流促进会"，并于9月发表了《国际文化交流行动计划》。该计划揭示了文化外交的理念及目的，表明日本文化外交理念从问题解决型向政策导向型的转变，主要表现在：通过巩固加深相互间了解和信赖关系，构建一个和平稳定的国际环境；通过促进多样性文化的相互理解和相互激励，创造丰富的文化和推进世界文化的发展；积极地应对世界各国对日本的关注；增加同异质文化的接触机会，推进日本的国际化，使日本发展成为国际

---

① ASEAN訪問における宮澤喜一内閣総理大臣政策演説，《インドシナ総合開発計画の提唱》，1993/01/16，外務省編：《わが外交の近況》，1993年，第168—173页。
② 河野洋平：《日本外交の進め》，《外交フォーラム》，1995年1月号。

上比较开放、具有丰富文化的国家。①

日本政府不断扩大对外文化交流的事业规模，承担此项任务的文化交流部和国际交流基金的职能不断扩大，活动基金不断增加，由设立之初的约50亿日元，发展到2000年3月的约1062亿日元。1996年日本政府首脑表示："日本一方面要继承旧有的传统文化，另一方面要致力于创造和发展优秀的现代文化，进而谋求走向世界，以此作为新的文化立国的目标。"② 1999年1月，桥本龙太郎首相在新加坡访问时，为纪念国际交流基金设立25周年发表演讲，指出："日本与东南亚联盟的关系框架中，固有传统文化的继承和面向共存共生的多层面的文化合作是主要支柱。"2000年的外交蓝皮书中提出了面向21世纪的外交课题，提出"加深民族文化多样性的认识，了解、尊重异质文化对于建立国家间的信赖关系，构筑真正的友好关系是重要的"，强调了"文化输出"的重要性和制定一种基于该理念的战略性政策的必要性。③

与文化输出相配合，日本国内文化界掀起了宣扬泛亚主义的高潮。日本各大主要报刊中时常出现"日本应该尽早脱美入亚""亚洲才是日本的立足点"、日本应赶上"亚洲共同体的火车，掌握主导权"等观点。石原等人的言论更具有鼓动性。显而易见，日本的文化输出和泛亚主义的宣传并不是一种偶然现象。这是日本推行新亚洲战略的重要组成部分，是为了配合政治、经济上的"归亚"而采取的一种手段。日本的一系列"归亚"做法，引起了美国的不满，美国报纸认为"日本在政治、经济和文化上正转向亚洲以对抗美国"。

第四节 亚欧会议与日欧关系

1994年7月，欧盟制定了《走向亚洲新战略》，主张与亚洲进行

---

① 加藤乾雄：《日本の知的交流——その拡大と深化の課題》，《国際問題》，1995年4月号，第3页。
② 外務省編：《わが外交の近況》第1分冊，1996年，第170页。
③ 《2000年わが外交の近況・外交建議》，外務省：http://www.mofa.go.jp。

更广泛的对话,建立一种建设性、稳定和平等的伙伴关系。1994年10月,新加坡总理吴作栋在第三次东亚欧洲经济论坛上提出:为了强化亚欧关系,召开首脑直接对话的亚欧会议的倡议,得到各方广泛积极响应。1996年3月1日至2日,首届亚欧首脑会议在泰国曼谷举行,"亚洲和欧洲各国首脑济济一堂,通过平等对话,就政治问题、经济问题、亚欧区域间合作等问题坦率地交换了意见。该会议的召开将具有深远的历史意义,该会议从提高一贯轻视亚洲存在的欧洲各国首脑对亚洲重要性的认识角度而言,也是一次成功的盛会"[①]。

亚欧会议的目标是在亚欧两大洲之间建立旨在促进增长的新型、全面的伙伴关系,加强相互间的对话、了解与合作,为经济和社会发展创造有利的条件,维护世界和平与稳定。

亚欧会议进程遵循以下原则:各成员国之间对话的基础应是相互尊重、平等、促进基本权利、遵守国际法规定的义务、不干涉他国的内部事务;进程应是开放和循序渐进的,后续行动应在协商一致的基础上进行;扩大新成员应由国家元首和政府首脑协商一致决定;通过对话增进相互了解和理解以确定优先领域并共同合作。

首届亚欧会议确定的合作领域十分广泛,可分为三类:(1)政治对话,内容包括亚欧双方共同感兴趣的问题。(2)经济合作,主要内容包括加强亚欧在科技、农业、能源、交通、人力资源开发、消除贫困和保护环境等方面的合作;促进亚欧两大洲相互间的贸易与投资,并就加强全球贸易体系问题进行磋商与合作。(3)学术、文化、人员交流与合作。[②]

首届亚欧会议决定:首脑级会议以后每两年举行一次。2000年第三次首脑会议决定,外长会议、经济部长会议和财长会议原则上每年召开一次。2004年4月第六次外长会议协商决定,自2005年以后,外长会议每两年召开一次,并在不召开首脑会议那年举行。此后,相

---

① 田中俊郎:《ASEM(アジア欧州会合)—新しい対話の誕生—》,日本EU学会编:《EUとアジア》,1997年日本EU学会年报第17号,第15—16页。
② 《アジア欧州会合(ASEM)とは》,2002/12/01,外務省:http://www.mofa.go.jp/mofaj/area/asem/1.html。

继召开了环境部长会议、文化部长会议、教育部长会议、劳工部长会议、移民管理部长会议、科技部长会议、情报通信技术部长会议、能源安全保障部长会议、交通部长会议。

2004年10月8—9日召开的第五次亚欧会议通过了《关于构建更加紧密的亚欧经济合作伙伴关系河内宣言》,参加国一致呼吁要充分发挥亚洲和欧洲两地域合作的可能性和整合效果,加速推进区域间的合作和一体化进程,强化合作伙伴关系的持续性与有效性,全面提升经济全球化进程中的亚欧会议的作用。①

亚欧会议的召开、亚欧联系机制的制度化及亚欧经济合作伙伴关系战略的提出,既拓宽了日欧对话的渠道,又给日本的对欧工作增加了新的内容,使1991年以来的日欧关系更加趋向成熟——从双边化向地区化、全球化方向的进一步发展。

一 欧盟参加亚欧首脑会议的战略意图

举行亚欧高层对话,促进两大洲在经贸等各个领域的合作,实现共同繁荣是亚欧各国和人民的共同愿望,亚欧对话与合作已然成为亚欧双边关系的主流。在这样一种趋势当中,促使亚欧走到一起开展真正的对话与合作的推动力量是东盟和欧盟。1994年10月12—14日,欧盟与东亚经济首脑会议通过了《新加坡行动纲领》,强调欧洲与东亚现有的所有合作机制,需要放在欧洲与东亚政府首脑会议这个更广泛的背景下,来讨论影响这两个地区关系的各种问题。10月,东盟主席国新加坡总理吴作栋在与法国总理巴拉迪尔(Édouard Balladur)会谈时,提出了召开亚欧首脑会议的设想。由于这一设想符合双方的战略利益,很快得到了欧盟及其成员国首脑的赞同,并公开表示支持。欧盟方面马上进行了一系列的准备活动。

1995年3月,欧盟部长理事会通过决议,支持召开亚欧首脑会议。6月的戛纳首脑会议通过决议,再度重申了欧盟对亚欧首脑会议

---

① 《より緊密なASEM経済パートナーシップに関する.ハノイ宣言(仮訳)》,2004/10/09,外務省:http://www.mofa.go.jp/mofaj/area/asem/asem_5_sk_economy.html。

寄予的期望。在12月15—16日的马德里首脑会议上，再次确认了召开亚欧首脑会议的意义和欧盟在亚欧首脑会议的地位，宣称：亚欧首脑会议是在欧盟及其15个成员国与在亚洲最有活力的十国间召开的意义深远的会议。此次历史性的盛会的目的就是推进政治对话，深化经济交流以及加强所有领域的合作，促进亚洲和欧盟的全面发展，确立两地区间的新型伙伴关系。欧盟方面宣传说，马德里首脑会议的决议表明，欧盟希望亚欧首脑会议是没有私弊、光明正大的会议。主张亚欧首脑会议虽然是非正式的首脑会议，但是，应该是一次取得显著成效的会议。同时不应该对各参加国与世界其他地区间原有的种种联系产生影响。①

1996年1月16日，欧盟委员会再次向欧洲理事会和欧洲议会提交了《亚欧首脑会议报告书》。在报告书中，分三部分提出了欧盟在亚欧首脑会议上的战略要求，成为欧洲理事会参加亚欧首脑会议的指导方针：（1）推进亚欧政治对话，设立正式的协商机构，进一步开展关于价值观和道德标准的对话，积极参与东盟论坛。（2）强化亚欧经济合作。与亚洲共同加强多边贸易体制，推进贸易投资的顺利发展，促进企业间的对话。（3）促进环境、人力资源、科学、尖端技术、产业合作、文化、毒品对策及援助开发等所有领域的合作。②

欧盟极力促成和积极参加亚欧会议是欧盟落实其新亚洲战略的重大战略行动，有其经济、政治和文化上的战略意图。

第一，增加欧盟在亚洲的经济存在。由于欧盟与美日在亚洲的竞争一直处于不利的地位，美日利用有利的地缘及历史优势捷足先登，及时建立了由美主导的亚太经合组织，在亚洲市场的份额和影响远远大于欧盟，占据明显优势。20世纪90年代以来，欧盟虽然加快了进军亚洲的步伐，加强了与亚洲国家和地区的对话与合作，但是，同美国、日本相比，一直缺乏制度化、系统化的联系机制。欧盟推动并参

---

① 《アジア欧州首脳会議 欧州とアジアの新世紀をひらく》，《ヨーロッパ》，1996年3、4月号，第2—3页。
② 《アジア欧州首脳会議 欧州とアジアの新世紀をひらく》，《ヨーロッパ》，1996年3、4月号，第5页。

加亚欧会议则是为了弥补这一缺陷,试图通过此次会议确立欧亚联系机制,以牵制亚太经合组织,进而深化欧亚经济关系,进一步跻身亚洲,捞取经济利益。"欧盟将亚欧会议视为通过欧亚间对等关系的对话,提高欧盟在亚洲的经济、政治存在的绝好时机,另一方面,亚洲国家也将欧洲重返亚洲视为平衡在政治和经济方面具有极大影响力的美国、日本和中国的砝码。因而表现出欢迎的姿态。"①

第二,借助亚欧政治对话与合作,构筑新型全球平等伙伴关系,提高欧盟在全球的政治地位,为其"三极主宰世界"的国际新秩序构想创造更有利的条件。随着欧盟一体化进程的加快,欧盟积极参与国际事务,提高其国际政治影响力。但是,多年来存在着的日美欧三角关系框架一直是美国处于主轴地位,欧盟与日本处于两翼。欧盟依靠自身实力还难以改变美国独霸世界的现状。而亚洲的崛起,为欧盟提供了可借重的重要力量。欧盟领导人一再强调,同亚洲进行政治对话,改善欧洲在亚洲的形象,同亚洲建立一种在世界上起到建设性和稳定性作用的平等伙伴关系的重要性。所以,欧盟力图通过促成亚欧会议,使亚欧政治经济联系制度化。同亚洲发展政治性战略关系,借助亚洲扩大其在世界舞台上的政治影响力,减少对美国的依赖,为早日成为独立一"极"创造更有利的国际环境。

第三,扩大西方社会模式和价值观对亚洲的影响。欧盟一再强调通过亚欧会议,加强两大洲价值观和道德标准的对话,增加文化交流,促进亚洲对民主、人权、法治的尊重。表明欧盟在加强其在亚洲的经济和政治存在的同时,还力图恢复和扩大西方文明对亚洲地区的影响。欧盟领导人声称,欧洲在亚洲的影响要通过经济合作和文化交流来实现,要引导中国等亚洲国家进入国际社会的"主流"当中,因而欧盟把亚欧会议视为"亚洲新时代的重要起点"。

二 日本对亚欧首脑会议的基本看法及处境

日本从一开始就以复杂的心情看待亚欧会议。日本政府担心参加

---

① 田中友义:《ASEM(アジア欧州会合)の10年の展開—対等な対話と関係強化のフォーラムの形成—》,《季刊国際貿易と投資》,2005年,No.6.2,第54页。

此次会议会招致美国的不悦，但又担心如果不参加，将失去在亚欧双边合作中的各种机会。因而，在亚欧会议筹备阶段，日本出于这种矛盾的心态，采取观望的态度，只是支援、赞助泰国筹备会议，未能起主导作用，招致了亚欧各参加国的不满。但是，日本最终还是做出了参加会议的选择。日本做出此种选择，主要是因为日本认为此次会议蕴藏着巨大的机遇和利益。日本通产省官员表示："日本希望通过此次会议，促使欧盟能够放弃地区保护主义，真正对亚洲开放市场。"日本经济界十分关注亚欧首脑会议在经济合作方面能达成多少共识。日本经济界要人表示："我们将在亚欧首脑会议后制定新的海外开发战略，鼓励企业积极进军亚洲市场。"日本首相桥本龙太郎则明确指出："亚欧会议的目的有二，一是增进亚欧间的相互了解和相互利益。二是通过对话与合作，构筑后冷战时代的国际新秩序。因此从这一观点而言，亚欧首脑会议将在政治、安保、经济、全球化、文化等所有领域进行对话与协调。"[1]

日本参加亚欧会议的决定，也就意味着日本在亚欧会议上的身份的双重性，即从地理上看是亚洲的一员，并且20世纪80年代以来日本政府也在目的鲜明地实施着"回归亚洲"的战略。但是，在市场开放、知识产权保护、民主主义、人权保护等问题上，又多与发达国家的立场相近，并且日本的"回归亚洲"战略，不是完全脱离开美国，仍在坚持"西方一员"的立场。因而决定了日本在亚欧会议上，既要站在欧洲的角度考虑亚洲，又要站在亚洲的角度去考虑欧洲。换句话说，亚欧会议对于日本而言，既是对欧外交，也是对亚外交。同时，日本变被动为主动，积极参与筹划亚欧会议的意图还表现在：

第一，补充完善其他的各级各类合作关系。亚欧会议对于亚洲和欧洲来说，是作为共同应对全球化课题的伙伴能够进一步推进双边或多边对话和具体的合作关系。因此，"即使作为日本来说，也能补充完善现存的合作框架"。具体而言，比如能够就地域形势与恐怖等

---

[1] 田中俊郎：《EUの政治》，東京：岩波書店，1998年，第238页。

安全保障威胁问题，进一步商讨一致合作的方针与意见。经济领域中的世界经济金融危机应对问题、环境保护与能源安全保障等可持续开发方面的合作问题。同时，能够在以多样化文化与历史背景的参加国间进一步开展文化与文明间的对话与合作。

第二，有利于开放的地域主义的实现。日本作为参加国，必然能够对亚欧关系的调整起到积极的作用。亚欧会议作为深化、推进亚洲和欧洲间相互关心与理解的平台的同时，更能够进一步强化亚洲各参加国间的合作关系，也必将贡献于亚洲地区开放的地域主义的实现。[①]

第三，抢占亚欧对话与合作的领导权。亚欧各国通过亚欧会议的平台开展政治、经济、社会和文化等广泛领域的交流与合作，因此"对于既是发达国家，又是亚洲国家的日本来说，必须站在发挥沟通亚欧桥梁作用的立场上，与欧盟通力合作，借助亚欧会议，掌握深化亚欧对话与合作的领导权"[②]。

三 亚欧首脑会议中的日欧关系

日本与欧盟在既定亚洲战略的指导下，高度重视各自在亚欧会议上发言权的掌控、形象的塑造与地域问题解决方面作用的充分发挥。日欧双方几乎在历次亚欧首脑会议以及财长会议上均联手表态和发布文告，充分体现出日欧在亚洲问题，乃至欧洲问题上的协调与合作。

第一次亚欧首脑会议于1996年3月1日在泰国的曼谷召开。亚欧各国一致认为亚欧会议的召开是亚欧关系的新纪元。日本新闻媒体认为亚欧首脑会议的召开宣告了欧美与亚洲新三极时代的开始，今后必将对欧盟和亚洲的关系产生重大影响。欧盟在积极促成会议的同时，也不断地向日本表示，希望日本在亚欧会议上起到沟通亚欧关系桥梁的作用。但是，由于日本没有抓住亚欧会议主导权的先机，所以在第一次会议上难有作为。日本担心在亚欧会议上遭到亚欧各国的排

---

① 《アジア欧州会合（ASEM）とは》，2013/12/01，http：//www.mofa.go.jp/mofaj/area/asem/1.html。
② 柏倉康夫、植田隆子、小川英志：《EU論》，東京：日本放送大学出版協会，2006年，第216頁。

斥，不利于"回归亚洲"战略，所以尽量在曼谷会议上开展多边对话、进行沟通，尤其是在对欧关系上。桥本龙太郎首相在曼谷会议上，倡导亚欧间开展政治对话、加强经济交流，以及在环境、毒品和文化交流等问题上进行广泛的合作，并提出了具体的提案，如召开实业会议、经济部长会议；建立智囊团间信息交流网；进行青少年交流等。欧盟虽然对日本在亚欧会议筹备期间的态度和行动不满，但是，对桥本首相的建议表示支持，并对日本在将来的亚欧会议上的作用寄予厚望。欧盟驻日大使约伦·凯克在接见记者采访时，曾明确地提出了欧盟对日本的期望，指出：首先对日本自曼谷会议以来，在推动亚欧会议发展上所发挥的领导作用表示非常的感谢，希望日本在亚欧会议的协调权过渡到韩国以后，继续以不变的精神和努力推动亚欧关系的发展。其次，也是最重要的就是确信日本能够承担起模范作用。约伦·凯克进一步指出，在亚欧会议上，日本与欧盟作为最先发展的关系伙伴，应该通过深化经济、政治等所有领域的合作关系，给其他参加国建立起有效的合作模式。①

2001年1月13—14日，亚欧财长会议在日本神户召开。欧盟方面对亚欧会议以及此次亚欧财长会议的招待会给予了高度评价，认为："亚欧会议自1996年启动以来，在促进亚欧间政治理解以及经济合作方面发挥了重要的作用，此次神户财长会议的目的就是要借鉴地域合作的经验，进一步促进亚欧对话。"② 2005年5月6—7日，第七次亚欧外长会议在京都举行。日本外相町村信孝担任议长主持会议。与会各国外长欢迎构建"解决全球化课题的亚欧伙伴关系"，共同探讨了地域以及国际政治问题，提出了完善亚欧会议框架的建议案。可以说此次外长会议是既定的2006年9月举行的亚欧首脑会议的预备会，确定首脑会议的主要议题为：强化包括联合国改革在内的多边主义合作、大规模杀伤性武器等威胁安全的对策、恐怖活动的对策、国

---

① 《"対話と協力"は成熟した関係のあかし》，《ヨーロッパ》，1997年11、12月号，第10页。
② 《ASEM（アジア欧州会議）蔵相会議におけるEU記者会見》，2001/01/10，驻日欧州委員会代表部：http://www.euinjapan.jp/media/news/news2001/20010110/120000/。

际组织犯罪、朝鲜半岛核问题和中东和平进程等国际热点问题的解决等。与会各国外长一致强调:"亚欧会议是亚洲与欧洲间最为重要的对话平台,政治、经济和文化(市民交流)三根支柱构成了亚欧会议的轴心。亚欧会议发挥了联结各国元首、首脑、官僚以及关于亚欧关系的商务界和市民社会代表的作用。考虑到亚欧在国际形势上的影响力,亚欧会议对于世界性问题的解决做出了极大的贡献。同时,该会议作为交换意见和经验的平台,将会给亚欧两个地域间所有共同关心的问题的解决提供了无限的可能性。"①

欧盟委员会主席巴罗佐在2006年9月10日举行的第六次亚欧首脑会议开幕式上的讲话中郑重指出:"亚欧会议从设立之初开始,就发挥了作为媒介的职能,在促进亚洲和欧洲的财界、工会、议会、市民社会等各个部门双向交流的同时,还提供了讨论人权、健康威胁、环境、能源、商业和异文化间对话等多种论题的平台及契机。亚欧会议经过十年的发展,已经发展成为多元化的沟通平台,已经被亚欧双方所有领域的代表积极灵活地运用了。"② 日欧首脑在2008年举行的第18次首脑会议上,一再强调亚欧会议作为日欧间对话、合作和政策形成的平台,起到了重要的作用。③

2011年6月7日举行的第十次亚欧外长会议发布了题为《共同应对非传统安全保障课题框架》的议长声明。该项声明最令人关注的是高度评价了亚欧会议15年来所取得的成效。并重点归纳了亚欧双方在政治、经济与文化交流方面将进行的合作与交流,总计99项。声明指出:"亚欧会议作为具有广泛基础和效果巨大的论坛,在区域合作问题的解决上发挥了作用,对此非常满足。亚欧会议现在已经发展到由占世界贸易额60%以上、占世界GDP一半以上的伙伴组成,

---

① 《アジア欧州会合(ASEM)第7回外相会合議長声明》,2005/05/07,驻日欧委员会代表部: http://www.euinjapan.jp/media/news/news2005/20050507/110000/。
② 《第6回ASEMサミット開会式におけるバローゾ欧州委員会委員長のスピーチ》,2006/09/10, http://www.euinjapan.jp/media/speech/speech2006/20060910/010000/。
③ 《第17回日・EU定期首脳協議共同プレス声明》,日本政治・国際関係データベース: http://www.ioc.u-tokyo.ac.jp/~worldjpn/documents/texts/JPEU/20080423.D1J.html。

亚欧会议的历程再次表明,在以平等、互利为基础的区域合作问题解决上提供了重要的机会。在亚欧间以及更为广泛的全球性合作和合作伙伴关系的构建上,发挥了主要的、渐进的作用。""区域间的相互依存关系对于两个区域的发展越来越重要,而亚洲和欧洲在全球化问题的解决上,发挥了更加重要和先决的作用。亚洲和欧洲间比较深厚、比较广泛的区域关系,特别是作为亚欧伙伴关系框架,为合作提供了更多的机会。"①

---

① 《第10回 ASEM 外相会合議長声明—非伝統的安全保障の課題への共同の取組み》,2011/06/07,日本政治・国際関係データベース:http://www.ioc.u-tokyo.ac.jp/~world-jpn/index.html。

余论　日欧关系的全球视角及困境

通观欧洲一体化启动以来的日欧关系史,"完全偏重于经济的乃至于技术层面的导引而发展起来。与其说是围绕着政治理念和世界秩序的构建而发展的主流关系史,莫如说是一部紧紧围绕着通商条约交涉,或者破解经贸摩擦、缓和进口限制措施等内容为主的实务关系史"①。借用日本学者田中俊郎的观点,日欧关系"简直就是'围绕屏障的政治'与'贸易摩擦的历史'"②。鹤岗路人认为:"日欧关系比起政治安全保障方面,更加倾向于经济与贸易方面。可以说,战后日欧关系,特别是日本与欧盟关系是一部'贸易摩擦的历史'。"③细谷千博则将战后日欧关系概括为"冷淡的协调"④。细谷雄一更是站在战后日欧关系发展的高度,认为:日欧关系发展所欠缺的就是着眼于大局观念的展望和世界秩序构建中的准确定位。"经由质变(指战前日本的脱亚入欧和挑战欧洲的日欧关系演变)后的战后日欧关系开始了持续的演变。原本二战后的日欧关系在日本外交上就被日美同盟这一重要的两国间关系所掩盖。同时,在欧共体/欧盟广泛的对外关

---

① 细谷雄一:《日欧政治関係と世界秩序―日欧政治協力の新段階へ向けて―》,第24页,外務省:http://www.mofa.go.jp/mofaj/press/event/pdfs/eu_r3.pdf。
② 田中俊郎:《EC統合と日・EC関係》,田中俊郎編:《EC統合と日本》,ジェトロ,1991年;《日・EU―新しいパートナーシップの誕生》,《EUの政治》,東京:岩波書店,1998年;中西輝政、田中俊郎、中井康朗、金子譲:《なぜヨーロッパと手を結ぶのか》,大阪:三田出版会,1996年。
③ 鶴岡路人:《日欧安全保障協力―NATOとEUをどのように"使う"か―》,《防衛研究所紀要》,第13巻第1号(2010年10月),第32页。
④ 細谷千博:《日本外交の軌跡》,東京:NHKブックス,1993年,第195页。

系中，对日关系不过占了一角而已。"①

综合本书的线性梳理，可以做出如下判断：20 世纪 60 年代的日欧关系是以经济关系为中心逐步发展起来并日渐密切的。在 60 年代前半期，除了签订《日英通商航海条约》《日法通商协定》外，还先后与英、法、西德、意等主要西欧国家签署了定期外长协商协议。1964 年，日本加入经合组织，并成为世界银行第八大国，日本政府认为："这些是日本加入发达国家阵营的划时代大事。"从 60 年代到 70 年代，日欧关系一直是以经济问题为中心发展起来的，但是，1971 年 9 月天皇夫妇访欧成为战后日本重构日欧关系的一大象征。进入 70 年代，随着日本经济实力的壮大，日欧间的经济摩擦开始趋于表面化，同时 1972 年英国首相希斯、1973 年意大利总理马里亚诺·鲁莫尔（Mariano Rumor）等西欧主要国家首脑陆续访日。同年，田中首相和大平外相访欧，日欧首脑外交取得了显著的进展。日本从 1975 年开始正式参加了西方国家首脑会议。日本政府认为"具有巩固日本作为西方一员地位的意义，值得大书而特书"②。

日本与西欧各国的关系一直到 20 世纪 70 年代末，始终是友好的，几乎没有应对国际政治问题上的合作关系。但是，伴随着日本国力的增长，日欧双方围绕着 1979 年的阿富汗问题、80 年代以后的伊朗问题，逐步提升了对双方合作必要性的认识，日欧开展政治对话的氛围不断得到强化。20 世纪 70 年代中期到 90 年代前半期，可以是一段以贸易摩擦为代表的"摩擦史"③。冷战结束后，随着日本经济结构的大幅调整和日本企业对欧投资的增加，特别是通过欧盟扩大对日

---

① 細谷雄一：《日欧政治関係と世界秩序—日欧政治協力の新段階へ向けて—》，第 24 页，外務省：http://www.mofa.go.jp/mofaj/press/event/pdfs/eu_r3.pdf。
② 外務省编：《わが外交の近況》，1985 年，《第 1 部 総説. 第 3 章 戦後の日本外交と 1984 年の我が国の主要な外交活動. 第 3 節 《各国との関係の増進. 5. 西欧地域》，http://www.mofa.go.jp/mofaj/gaiko/bluebook/1985/s60-1030305.htm。
③ 石川謙次郎：《ヨーロッパ連合への道》，東京：日本放送出版協会，1994 年，第 214、217 页。

出口的各种努力，日欧关系随之转变为"对话与协调"①；进入 21 世纪后，日欧双方充分认识到"战略伙伴"的重要性，积极协调构建面向未来的合作关系框架。② 可以说，当下的日欧关系处于"没有问题的"良好态势，不存在必须尽快解决的贸易摩擦等紧要课题，但仍然存在着问题。因而，在不存在紧要课题的情况下，只要稍稍放松一下，就会容易松懈彼此的关注度。③

一 日欧关系的全球视角

（一）日欧关系的全球化转换

在从 20 世纪 60 年代到 80 年代末近 30 年的时间里，日欧关系一直处于以经济为中心的"对外全球主义"和"对内封闭的国家主义"的二元对立当中。所谓对外全球主义是指日本自战败之后确立"贸易立国"的出口主导型的经济发展战略以来，由于对海外市场的依赖，其对外经济战略具有全球性和开放性，要求经贸关系对象国或地区完全按照关税及贸易总协定的自由贸易原则来处理双边贸易问题。"对内封闭的国家主义"是指对外封闭国内市场，限制进口，在进口上设

---

① 大平和之：《日本—EU 通商・経済関係》，植田隆子編：《21 世纪の欧州とアジア》，東京：勁草書房，2002 年，第 105 頁。
② 根据苏浩的研究，"合作伙伴关系"具有如下五个方面的特征，即：（1）不具有军事同盟性质的新型国家间关系；（2）通过合作与对话，和平解决国家间既存的不和及纷争；（3）不具有对抗第三国而联手的性质；（4）为树立与第三国的正常关系而开展的互助合作；（5）双方着眼于未来的志愿与希望而开展的面向新世纪的合作。同时，根据合作伙伴关系的深度与实效，大致有四个级别，即第一级别为"友好合作关系"；第二级别为"友好邻邦合作伙伴关系"；第三级别为"全面合作伙伴关系"；第四级别为"战略合作伙伴关系"。上述"友好合作关系"是构建正常关系的出发点，而"友好邻邦合作伙伴关系"凸显出地缘政治的特点，强调了为促进相互的发展而与邻邦的友好合作。"全面合作伙伴关系"是基于与世界各地区占有重要地位的国家间的友好合作，重视两国间在政治、经济、贸易、安全保障、文化等领域的全面性合作。"战略合作伙伴关系"应该是世界各国最为关注并着力构建的水平最高的合作伙伴关系模式，在国际秩序构建过程中将发挥着至关重要的作用，因此，备受世界大国关注和青睐。（苏浩：《調和のとれた社会—中国外交の枠組みに見る国際秩序》，飯田将史編：《転換する中国—台頭する大国の国際戦略》，国際共同研究シリーズ 3，防衛省防衛研究所，2009 年 7 月号，第 36—37 頁。）
③ 岩城成幸：《日本・EU 関係の進展と課題——経済・通商分野を中心に》，国立国会図書館調査及び立法考査局，レファレンス，2007 年 11 月号，第 10 頁。

置了一系列的制度性贸易障碍。再加上一些具有日本特色的非关税壁垒（日本商人的商业习惯、日本人独特的消费结构、语言、文化背景等），使得欧盟商品难以打入日本市场。在世界经济全球化和区域经济集团化的冲击下，日本不断调整自身的经济发展模式，由出口主导型向内需主导型转变。在国内市场改革上，已开始逐步对外开放市场，步伐虽然没有像欧盟所期望的那样快和全面、彻底，但是，足以表明日本已经放弃了"对外全球主义"和"对内封闭的国家主义"的二元对立思维方式，尤其是自1993年以来，日本对欧共体政策更多地表现为"全球主义"与"开放的国家主义"的二元协调。

同样，欧盟也在检视自身多年来的对日政策。自1993年以来，其对日政策也已经有了根本性的变化。不再仅仅关注进口限制、出口主动限制的市场开放问题，将对日政策的视角更多地转向政治、经济、安全保障和文化层面上。

就欧盟方面来看，在政治上，扩大后拥有二十七个成员国的欧盟更加雄心勃勃。基于"在全球化时代，地区的稳定有全球性的意义"这种认识，[①] 欧盟日益急切地希望参与到地区性事务中来。面对复杂的东亚局势，一方面欧盟囿于距离遥远和影响力相对不足，没有被纳入六方会谈这样的机制之中，只能在朝鲜半岛能源开发组织（KEDO）等有限的框架下释放"热情"，所以寄希望同日本加强涉及对方未能参与的会议信息的情报交流，借重日本对该地区事务发挥影响。另一方面，欧盟希望通过美日欧三边对话机制，积极地定位自己为东亚地区的政治战略利益伙伴，索拉纳称："要避免在该地区产生美日—中国两极体系。"[②] 在经济上，由于日本经济逐渐走出低谷，其对欧盟的吸引力进一步增强。有欧洲学者认为：日本看起来是欧盟第五大贸易伙伴，但是，如果将日本企业在中国生产并由中国出口到欧

---

① Michael Reiterer, "Japan-EU relations after EU enlargement," *Asia Europe Journal*, Vol. 2, No. 1 (January 2004), p. 40.

② Michael Reiterer, "Japan and the European Union: shared foreign policy interests," *Asia Europe Journal*, Vol. 4, No. 3 (September 2006), p. 342.

盟的产品计算在内，日本仍是仅次于美国之后的欧盟第二大贸易伙伴。① 因此应该积极发展对日关系。通过日欧之间制度化的对话与磋商，为欧洲企业在日本乃至亚洲谋取利益。此外，在多哈回合谈判受挫之后，欧盟一方面希望与日本积极合作推动重开谈判，另一方面又急切地希望尽早与亚洲诸国签署自由贸易协定，而这两点都需要与日本积极对话以获得支持。

就日本方面来看，一方面，日本认识到美国出于自身利益的考量，虽欢迎自己走向"正常国家"，但只希望日本的军事实力是地区性的、而非全球性的，所以满怀大国梦的日本自然期望与其他的力量进行合作。安倍政权上台以来宣称的"有主见的全方位外交"政策，主要就是为了寻求欧盟等其他重要力量对日本的关注和支持。另一方面，小泉时代遗留下来的外交困境给安倍政权恢复日本对外关系带来了加分的空间，促使安倍积极、谨慎地改善对外关系。打破惯例，先于美国出访欧洲可以被认为是一个兼具象征性和实质性的举动。同时，欧盟的扩大对日本也具有巨大的吸引力。2003 年加入欧盟的国家中就有 3 个（马耳他、塞浦路斯、拉脱维亚）尚未与日本建交。日本通过与欧盟建立的各种合作机制方便地与以前没有太多交往的国家建立了与其他欧盟成员国同等的关系，既带来了经济利益，又提升了日本的政治影响力。因此不管是出于政治、还是经济的考虑，日本都有积极发展与欧盟关系的愿望。

在上述背景下，日本对欧盟政策渐趋成熟、完善，由经济中心型向复合型转变。在 1995 年的日欧首脑会议上，双方共同强调："采取建设性的手段、方法，进一步促进政治、安全保障、经济、文化等领域的双边对话与合作。使日欧关系以均衡的方式发展。"② 标志着日欧双向政策由"问题解决型"向"政策导向型"的转变。

当前日欧关系的"全球主义"与"国家主义"的二元协调集中

---

① Jörn Keck, "Renewed strength of the Japanese economy and Japan-EU relations," *Asia Europe Journal*, Vol. 4, No. 3 (September 2006), p. 330.
② 《第 4 回日・EU 首脑協議に関する日・EU 共同プレス発表》，1995/06/19，http://www.euinjapan.jp/wp-content/uploads/summit1995.pdf。

表现在经济、政治和文化三个方面：

第一，经济方面。"日本工业对欧盟主要经济领域的不对称入侵"，表现出了日本对欧盟经济政策的国家主义倾向。欧盟尽管一再声称欧洲统一大市场将是对外开放的市场，但是，面对日本强大的经济攻势，不得不采取防卫性措施，如征收反倾销税，加强原产地规则、扩大出口等。在日欧双边经济对话与合作的过程中，认识到在经济全球化的背景下，仅靠双边交涉无法消除贸易摩擦，必须依靠多边协调才能解决。欧盟在日美汽车摩擦问题上，明确表示：强烈支持日本的建议，"贸易摩擦应该通过世界贸易组织，依靠多边协调谋求解决"。日欧双方在贸易摩擦解决方式上达成共识。在1995年巴黎首脑会议的联合声明中，日欧表示："对于世界贸易组织的活动，所有的成员国毫无例外，必须完全尊重WTO协定所规定的义务。通过双边协商交涉无法解决的成员国间的纷争问题，应该委托全体成员国一致通过的新的纷争解决方式"；"两国间的交涉及协定，能够在多边贸易体制内，促进世界贸易的发展，其交涉成果必须以最惠国待遇条款所规定的无差别待遇的义务和精神为前提，必须给所有的贸易对象国以真正的市场参与机会"[①]。

2001年第十次日欧首脑会议联合声明专门附了一份关于WTO的声明。在声明当中，日欧强调"顺应全球化的经济形势，通过确保符合所有成员国利益的公平、平衡的经济发展，应对21世纪的课题，进一步强化WTO规则所规定的多边贸易体制"。可见日欧双方已将双边经济问题的解决纳入全球贸易协调体制的轨道。

自1991年以来，日欧双边经济贸易关系发展比较顺畅。2000年日本与欧盟间的直接投资及服务贸易总额达到1600亿欧元。对于欧盟而言，日本是欧盟的第三大出口市场、居第二位的进口对象国。对于欧盟企业而言，日本是一个具有巨大商业机会的国家。1991年以来，电器通信、汽车制造、零售业、保险等领域的欧盟企业开始大规

---

① 《第4回日·EU首脑協議に関する日·EU共同プレス発表》，1995/06/19，http://www.euinjapan.jp/wp-content/uploads/summit1995.pdf。

模地向日本市场投资,在世界各国对日投资规模中名列前茅。欧盟同样是日本的重要海外市场,欧盟对日进口额占欧盟对外贸易总额的8.3%,仅次于美国,占第二位。欧盟已经成为吸引日本投资的重要区域。近年来日本与欧盟的贸易关系取得了较为均衡的发展。

在2001年12月8日布鲁塞尔首脑会议上,通过了《日欧合作行动计划》,以加强伙伴关系,将双边关系由协商向行动过渡。该计划的目的就是加强世界经济舞台上的"经济贸易伙伴关系"。在世界经济一体化趋势日益强化的今天,无论哪个国家都不能漠视合作伙伴,独自追求自身利益的最大化。2001年日欧首脑会议的召开及《联合宣言》的发表,新千年日欧全球合作关系的构筑和实施成为当今国际政治经济局势当中最为活跃、也最令人反思的现象。日欧通过新千年联合宣言及日欧合作十年计划的制定与实施,进一步密切了双边关系,进一步加强和充实了协商体制。同时也形成了上自首脑会谈,下至"日欧工作小组"的协商制度。日欧签订的《相互承认协定》是日欧关系协调发展的极好例证。

第二,政治方面。可以说日本对欧政策是在经济政策的全球化过程中表现出来的。在冷战结束前,日欧间的政治对话从实质上讲就是经济对话。日本方面更多地将政治对话视为解决双边经济问题的一种手段。日欧双方的政治家和官僚们的会谈,也多以解决经济悬案为目的,并且关注的焦点是贸易和日本市场的开放性问题。

冷战的终结,世界经济政治局势的动荡,给日欧造就了发展政治关系的平台。1991年海牙宣言明确地表现出了日欧双方加强政治联系的强烈愿望。在宣言中,日欧双方决定:"为了应对将来的课题,进一步活跃双边对话,强化合作及伙伴关系。"[①] 从1991—1995年,日欧政治关系一直处于低迷状态,但是,在1995年的首脑会议联合宣言中,日欧双方表示,相互支持对方发挥全球性的政治作用以及地区作用。并在一系列的国际性、地区性政治问题上,开展对话与合作。尽管日欧间政治协调的具体领域受到了限制,但是,日欧政治协

---

① 《日欧共同宣言》,外务省编:《わが外交の近况》,1991年,第463—465页。

调还是取得了长足的发展。

可以说当前日欧之间的政治协商,无论是在层次上,还是在频率和热度上,都基本达到了与日美和欧美相当水平。2002年4月12日,欧盟委员会主席施罗德在日本国会发表的题为《日本与欧洲——变动世界中的国际责任》的演讲中指出:欧盟欲与日本构筑密切的政治伙伴关系。日本与欧盟间的关系曾经为经济问题所遮盖,这也许是理所当然的事情,因为这意味着日本与欧盟经济实力的强大。但是,无论是日本,还是欧盟在努力解决自身所面临的问题同时,还应该承担更大的国际责任。①

第三,文化方面。以往日本对欧政策仅仅限定在政治、经济方面,但是,自1990年以来,通过国际交流基金,制定并实施了对欧文化政策。尤其是从1993年起,日本对欧开展了"加强日欧文化交流"的活动,以促进日欧间的对话与交流,构筑比较紧密的双边关系,支援独联体、东欧国家的民主化和市场化改革。这是一项以欧洲为对象开展的特别文化事业。日本政府在推广日语和日本文化研究上,给予大力支持。日欧间的学术交流、合作也开始发展起来。日本已将推动对欧文化交流事业、推动欧洲对日语和日本文化的理解,视为对欧盟政策的战略环节。② 日本对欧文化政策的实施得到了欧盟方面的好评,欧盟也将推广日语和理解日本文化作为打入日本市场的先决条件。1995年初,欧盟委员会就提出"向欧盟高等教育机构和院校提供关于研究近代日本教育的资助"③。

二 当前日欧关系走势

可以说1991年的《关于日本国与欧共体及其成员国关系的联合

---

① ロマーノ・プロディ欧州委员会委员长国会演说,《日本と欧州 — 変化する世界での国際の責任》,2002/04/26, http://www.euinjapan.jp/media/speech/speech2002/20020426/010000/。
② 《日欧事业》,国际交流基金:http://www.jpf.go.jp。
③ 高柳先男编:《ヨーロッパ統合と日欧関係》,東京:中央大学出版部,1998年,第350页。

宣言》与 2001 年的《日欧合作行动计划》构建了日欧关系框架。自 1991 年日欧首脑会议召开以来，日欧关系经过 20 余年的发展，已经进入全球化、战略化的发展阶段。期间，在 2003 年的欧洲安全保障战略当中，日本被纳入欧盟特定的战略伙伴当中，意味着日欧政治关系的进一步发展。"如果按照 2001 年《日欧合作行动计划》中凸显出来的政治合作的目标要求，日欧双方十年的努力依然没有达到当初预期的目标。"① 这已经成为日欧双方的共识，究其原因，根源在于《日欧合作行动计划》只不过是一个缺乏约束力的政治宣言而已。因而，缔结并实践一个新的较有约束力的政治协定势在必行。

2013 年日欧双方开展的《战略合作伙伴关系协定》与《自由贸易协定》②谈判，标志着日欧新型战略互惠关系踏出了坚实的第一步。因此，可以说近十年日欧关系的核心问题就是顺应世界经济发展趋势，进一步强化双边经济关系，发挥新时期政治对话的世界作用。

（一）日欧双方的期许与要求

在 2009 年召开的布拉格日欧首脑会议上，双方首脑一致认为原有的《日欧合作行动计划》经过十年的践行已经结束了，应该开展新的合作框架协议的协商工作。双方约定于 2010 年召开的东京首脑会议上就探讨新时期日欧关系框架问题正式开展对话。③ 2010 年 4 月 28 日，欧盟外交与安全政策高级代表兼欧盟委员会副主席阿什顿（Ashton）与日本著名外交评论家冈本行夫、防卫问题专家吉崎知典就欧盟在《里斯本条约》签订后的外交政策进行了对话。阿什顿介绍了里斯本条约签订后的欧洲的变化及发展趋势，提出"欧盟存在着

---

① 鹤冈路人：《EUの"協定外交"を考える——日・EU 間 EPA への視点》，2012/02/28，http：//www.tkfd.or.jp/eurasia/europe/report.php? id =335。

② 学术界和经济界关于"经济伙伴关系协定"的称谓所使用的省略语有"经济合作协定（EPA）"或者"自由贸易协定（FTA）"，以及"经济一体化协定（EIA）"等，尚未统一。欧盟方面通常以"与日本间的 FTA"形式使用"FTA"一词，因此，近年来，日本媒体或者经济界在表述日欧"经济伙伴关系协定"时也时常使用"EPA/FTA"的组合方式。

③ 《日・EU 関係について河野洋平氏講演会》，2010/01/12，早稻田大学：http：//www.euij-waseda.jp/common/pdf/EU-Japan_background_J060110.pdf。

如何与战略伙伴构筑和谐关系的课题",呼吁欧盟"与美国、日本、中国、俄罗斯、印度、南非和巴西等国发展战略关系"。吉崎知典在表示赞同阿什顿主张的同时,强调指出"欧盟与日本本质上是非常自然的战略伙伴","但是,此前彼此间的合作完全出于偶然",呼吁日欧双方"应该将'偶然性的伙伴关系'转换为'计划性的伙伴关系'"①。

第一,欧盟委员会新对日通商战略的制定。欧盟委员会于2010年11月发表了题为《贸易·成长·世界问题:EU2020战略之核心要素——通商政策》的新型通商战略。该文件是3月份欧盟理事会上通过的欧盟新中期发展战略《欧洲2020》的一部分细化内容,是对2006年通商战略《全球化·欧洲》的进一步修订。该新通商战略当中,关于包括日本在内的战略伙伴间关系上,呼吁强化自由贸易协定的关系。

在欧盟2006年发表的通商战略中,重点呼吁通过自由贸易协定,强化与以亚洲为中心的各国间或地区间经济关系。当时,欧盟不仅尚未将日本视为自由贸易谈判的优先对象,而且在《全球化·欧洲》通商战略报告当中,没有特别提及日本。

但是,欧盟委员会认为,"在过去的十年里,很难说双方的关系取得了很大的进步。欧盟企业如果想实现对日本的自由投资,日本就必须撤除本国市场投资的结构性障碍"。在限制改革对话问题上,欧盟委员会认为"为了扩大双边贸易,希望日本能够拿出更加迅速且有诚意的一揽子计划与措施"②。欧盟委员会认为唯有如此,才能够改善欧盟市场的准入条件,而且对日本企业探索海外市场上的合作与并购等经济活动,极为有利。

第二,欧盟新通商战略中的日本。根据《欧洲2020》战略的要求,为了采取一种更为"坚定"(assertive)的贸易政策,欧盟自

---

① 《リスボン条約後のEUの外交政策:課題とチャンス》. "EU Foreign Policy after the Lisbon Treaty: Challenges and Opportunities", 2014/04/28. http://www2.jiia.or.jp/pdf/research/h22_ashton/100428ashton.pdf.

② http://ec.europa.eu/trade/creating-opportunities/bilateral-relations/countries/japan.

2011年开始每年发布《贸易和投资壁垒报告》(TIBR)，日本在历次报告中均作为"战略伙伴"之一予以单列评估。在2011年的报告中，敦促日本政府在采购、医疗器械和金融服务三大领域改善市场准入条件。①

欧盟委员会在新通商战略中提出了三项目标，即"依据知识和创新求得经济发展"；"可持续经济发展"；"推进社会整体和劳动集约型经济的发展"，并将这些目标定位为经济发展战略中对外层面不可缺少的因素。明确推进经济恢复和发展，构建适应于欧盟经济的外部环境。因此，作为强化与战略伙伴关系的一环，将日本与美国、中国和俄罗斯等同看待。可见欧盟新经济战略对日本的高度重视。战略指出："日本迫切希望开展与包括欧盟在内的主要贸易对象国间的经济合作。尽管日本的关税整体上看处于低水平上，但是，对于产品和服务贸易、投资、公共服务等领域的限制性障碍依然很难克服。日本明确表现出能够彻底撤除这些障碍的能力是欧盟与日本开展紧密的经济合作的重要条件。"②

第三，日本政府和经济界的调查研究与紧急提案。2010年6月18日民主党政府制定的《新增长战略》提出，应在2011年之前开始与欧盟的EPA谈判。③ 2010年11月9日菅直人内阁通过的《关于全面经济伙伴关系的基本方针》在继续强调亚太地区的同时，明确提出欧盟是日本在亚太地区之外最大的贸易伙伴，应着力推进共同磋商以期早日开始谈判，为此应加速应对日本国内的非关税壁垒措施。④

2011年3月，日本国际经济交流财团起草了《关于日本与欧盟经济一体化的调查研究报告》。该报告充分反映了日本经济界对日欧

---

① European Commission, *Trade and Investment Barriers Report 2011*, *Report from the Commission to the European Council*, Brussels, 2011.
② 《ブリュッセル・センター EU新通商戦略における日本の位置付け. ユーロトレンド》, 2010/12, 第1—12页, http://www.jetro.go.jp/world/europe/reports/07000433。
③ 《新成長戦略—"元気々日本"復活のシナリォ—》, 2010/06/18, http://www.kantei.go.jp/jp/sinseichousenryaku/sinseichou01.pdf。
④ 《包括的経済連携に関すゐ基本方針》, 2010/11/09, http://www.kantei.go.jp/jp/kakugikettei/2010/1109kihonhousin.html。

经济合作协定谈判的高度重视与肯定,提出:"日本与欧盟的 GDP 总量占世界 GDP 的 37%,贸易额占世界全体份额的 41%。日本与欧盟经济规模很大,日本与欧盟贸易额占总贸易额的 10% 左右,而从欧盟方面来看,与日本贸易额在欧洲对外总贸易额中不满 5%。从这一点看,日本与欧盟间促进双边贸易的余地也非常大。日本对欧出口产品中份额较高的是运输机械、电气设备、一般机械等,而进口的主要商品是化学品。从经济规模来看,可以说日欧在世界经济中的地位很重要,但是,关于贸易和直接投资的对外关系尚不充分,如果在日欧间能够缔结经济合作协定,那么将在日欧间产生比较多的发展空间。"

该调查报告还就自由贸易协定的经济效果进行了深入分析,指出:所谓的经济效果是指贸易转换效果和贸易创造效果等"静态效果",以及通过缔结自由贸易协定得以促进服务、技术和投资等广泛领域的贸易和交流效果(动态效果)。所谓的"静态效果"是指通过撤除关税而产生的贸易增长。如果撤除了关税,则意味着进口需求的增加,贸易则将进一步活跃。而所谓的"动态效果"是指提升生产效率和促进资本储蓄两类。[1] 在 2011 年 5 月召开的日欧首脑会议上,双方一致认为应该开始商讨洽谈缔结战略合作伙伴关系协定和自由贸易协定的框架协议。

针对欧盟方面关于要求日本在自由贸易谈判前拿出较有诚意的、撤除非关税壁垒的具体形式的主张,日本经济界于 7 月 3—9 日组成了经团联赴欧考察团,访问了法国、德国、英国、布鲁塞尔,与各国政府首脑以及主要经济团体就赈灾和经济复兴问题进行磋商与交流,希望通过与欧盟产业界的对话,拿出有效解决问题的提案。

考察团最终形成了一份《关于日欧经济一体化协定的紧急提案》,建议政府在谈判过程中应该解决十项课题:(1) 提高贸易相关环节的透明度,包括:关税分类和关税免除措施、开展贸易救济措施调查通报和协商等。(2) 确保经济方案的整体性,包括:限制措施的实

---

[1] 国际经济交流财团:《日本とEUの経済統合に関する調査研究》,第 70 页,2011/03,http://www.jef.or.jp/PDF/j22-1-11.pdf。

施和改变的通报、协商、先期意见照会；（3）贸易双方对贸易的主要事项有事先通报义务，包括：关于规格及适合性评价手续的调整、相互承认的推进、规格的新设及变更；（4）确立新技术开发的合作框架及推进国际标准化；（5）特许政府间的合作及全球化特许的推进；（6）关于仿制品和盗版商品的应对；（7）企业内部的人事自由；（8）改善准入政府调配市场的条件；（9）确保双方对稀土等战略原材料的公平买卖；（10）推进双方在第三国市场的合作。①

同时，考察团实地调查了解到，欧盟方面对日本的非关税壁垒一直耿耿于怀，欧盟担心如果日本在撤除非关税壁垒上不够彻底，势必影响日欧交涉的成效。尤其是考察团"亲身感受到了欧盟领导人对日本方面非关税壁垒问题上的成见，切身感觉到，日欧自由贸易谈判与其说是纯粹的交易问题，莫如说是政治倾向较强的问题"②。

2012年7月，欧盟贸易委员会主任委员卡洛·德·古赫特（Karel De Gucht）提出：随着日欧自由贸易协定框架协商的进行，务必要求成员国加紧同日本开始自由贸易谈判，同时向欧盟理事会提交谈判指导性方案，同时要求将谈判权限交给欧盟委员会。③

一年多的日欧自由贸易协定框架协议谈判于2012年5月结束，7月18日，欧盟委员会发布了指导性纲领，要求各成员国和欧盟理事会开始自由贸易谈判。同年11月，欧盟理事会正式认可欧盟委员会与日本开始自由贸易协定谈判，同时认定欧盟委员会开展包括与日本的政治、国际关系及各领域相关课题在内的战略合作伙伴关系协定谈判工作，进而构建一个对日关系框架。欧盟委员会公开发表了《关于强化日欧通商关系的影响评价报告书》。

该报告书首先总结了决定与日本开展自由贸易谈判方针的背景，

---

① （社）日本経済団体連合会：《日・EU経済統合協定に関する緊急提言》，2011/10/31，http://www.keidanren.or.jp/japanese/policy/2011/102.html。

② 平成24年度経済産業省委託調査，《平成24年度内外一体の経済成長戦略にかかる国際経済調査事業（欧州連合との経済連携促進のための制度分析調査）報告書》，株式会社東レ経営研究所，2013年3月，第60页。

③ European Union, 2013。

并指出：对于欧盟而言，日本是欧盟在亚洲的第二大通商贸易伙伴，是与欧盟具有共同的民主、法制价值观念的重要伙伴。欧盟今后20年的发展，如果忽视了日本，将是欧盟通商战略的一大失误。

其次，报告书开列了欧盟方面在自由贸易协定方面的优先事项与谈判条件。欧盟方面在谈判上优先考虑的事项是以汽车为代表的日本非关税壁垒的撤除以及扩大欧洲企业进入日本公共服务市场的条件。经过了一年多的协商，欧盟委员会最终与日本达成一致，即在2012年5月将欧盟方面优先考虑的课题全部列为谈判的对象，并约定了关于撤除非关税壁垒和开放铁路、城市交通市场的具体进程表。但是，在谈判方针当中，特别强调了两个条件：为了促使日本方面尽快撤除包括汽车领域在内的各种非关税壁垒，同时欧盟方面下调关税，在日本方面做出具体成效之前，欧盟方面不准备下调关税；在谈判开始一年后，如果与日本同意的进程表所约定的非关税壁垒的撤除与铁路、城市交通市场的开放进展不充分的话，即中止谈判。

第三，报告书详细分析了自由贸易协定对欧日通商关系的影响。欧盟委员会为了深入探讨关于欧日通商关系的影响评价问题，早在2010年6月就设置了专门的影响评价运营机构（IASG），欧盟委员会通商总局在该机构充分论证的基础上，形成了关于欧日通商关系的影响评价报告书。主要内容如下：

（1）关于欧日通商的问题关键。在欧盟与日本的通商中，欧盟全部出口额年均增加3.8%，对日出口年均减少0.6%，即使与日本年均总出口额增加3.8%相比，对欧出口额年均减少了3.2%。以此为背景，在急速扩大新兴市场的同时，应扩大域内及周边地区的通商关系。虽然日本在对外通商方面，向中国和韩国等国转移了部分贸易，但是，根据调查结果显示，"欧盟和日本间的通商和投资关系尚未发挥出潜力"。其主要原因就是存在着关税和非关税壁垒，特别是非关税壁垒已经成为欧盟对日出口企业和对日投资企业的一大隐忧。报告书认为日欧间通商关系的关键是关税壁垒和非关税壁垒两大障碍。

就关税问题而言，尽管整体上看，欧日双方的关税都较低，但是，日本在农产品和加工食品、饮料等来自欧盟的商品上，关税依然很高。欧盟在关税问题上主要关注日本大宗出口产品，包括汽车、电子产品和机械设备等。日本最为关心的是欧盟撤除关税。

日本方面的非关税壁垒对于欧盟出口企业而言是最大的障碍。在农产品和一部分运输设备及航空设备上，日本市场几乎是封闭的。

（2）欧盟的通商政策目标。基于欧盟整体通商政策目标，在对日经济、通商关系方面，有四点目标：减轻非关税壁垒，提高两国间的贸易量；提高两国间的服务交易量；增加欧日间的投资规模；双方政府均衡调配市场准入方面的限制。

（3）日本的通商政策目标。报告书重点分析了日本方面最为关心的问题，即撤除汽车及零部件、电子产品等领域的关税。报告指出：撤除这些项目的关税对于日本而言，是通过自由贸易协定而得到了最大的利益。其他目标如下：超出GATS承诺范围的服务贸易自由化；采用适应现在企业状况的原产地规则；设置有日本参加的、欧盟标准的专门委员会；确立汽车领域通用标准；简化欧盟的关税手续；调整欧盟内部关于医药销售的限制和制度体系的同时，给予日本当局协商的机会；统一欧盟内部医疗器械的登记制度，同时，给予日本当局协商的机会；给欧盟内部雇佣的日籍人员以欧洲自由贸易联盟国籍者同样的地位和待遇。就会计师、理税师、特许出口代理师等专门职业资格统一标准。放宽关于化学物质的限制规则，同时保证增加透明性、公平性和国际协调。确立欧盟特许制、设置欧盟特许法院、促进日欧特许合作。促进欧日在竞争领域的调查合作；深化双方在环境和能源领域的相互合作，特别是在电力汽车和锂电池规格方面的合作；统一工业产品的认证制度。[①]

欧盟方面对此次日欧构建新型战略合作伙伴关系谈判充满信心，认为："谈判进程肯定会很艰难，但是，取得的结果将会很理想，坚信肯定会构建一个更加强大的互惠关系的平台。"[②] 而据欧盟委员会

---

① ブリュッセル事務所・欧州ロシアCIS課：《日EUのFTA交渉開始の提案と影響評価》，《ジェトロ通商弘報》，2012年11月号，http://www.jetro.go.jp/jfile/report/07001115/eu_FTA.pdf.

② http://eumag.jp/message/a0313/.

测算,通过与日本缔结自由贸易协定,欧盟的 GDP 将会增长 0.6%—0.8%,欧盟对日出口将扩大 32.7%,仅在欧盟就能够增加 40 万以上的新工作岗位。日本对欧出口额则将扩大 23.5%。

(二)日欧自由贸易谈判与《经济伙伴关系协定》的签订

日欧"经济伙伴关系协定/自由协定"(EPA/FTA)谈判是新型跨区域主义的重要一环。日本和欧盟的主要利益诉求分别针对关税和非关税壁垒,但是,限制改革和限制融合是双方的共同目标和利益汇合点。日欧 EPA/FTA 的谈判进程与"跨太平洋战略经济伙伴关系协定"(TPP)谈判、"跨大西洋贸易与投资伙伴关系协定"(TTIP)谈判之间存在着重要的战略互动,表现出明显的"多米诺骨牌效应"和"更深一体化"的新型跨区域主义特征。①

第一,自由贸易谈判的启动。

2013 年 3 月 25 日,欧洲理事会主席赫尔曼·范龙佩(Herman Van Rompuy)、欧盟委员会主席巴罗佐和日本首相安倍晋三进行了电话会谈。欧盟方面提出,鉴于日欧关系的战略重要性,争取早日召开被迫延期的日欧首脑会议,双方面对面交换关于日欧关系和国际社会面临的种种问题。双方一致认为:日欧开展自由贸易谈判和政治协定谈判,可以进一步强化良好的日欧关系。日本首相安倍晋三高度评价了在战略环境发生变化的情况下,进一步强化日欧合作伙伴关系的必要性。安倍指出:日欧经济伙伴关系协定对于日欧双方的经济发展,乃至世界经济的整体发展都极为有利。同时,日欧间政治协定也符合拥有共同价值观的全球合作伙伴关系。② 基于上述考虑,日欧双方决定尽快开展自由贸易协定谈判和政治协定谈判。原计划双方利用当天举行的第 21 次日欧首脑会谈的机会正式开始谈判,但是,为了应对塞浦路斯发生的经济危机,赫尔曼·范龙佩与巴罗佐无法来日,故约定进行电话会谈。双方决定开始《战略合作伙伴关系协定》与自由贸易谈判。"日欧之间最大的障碍是欧盟对日本进口汽车征收 10% 以

---

① 贺平:《新型跨区域主义的重要一环:日本—欧盟 EPA/FTA 初探》,《日本学刊》2014 年第 2 期。

② 《EPA、日·EUが4月交涉开始两首脑合意》,《日本经济新闻》,2013/03/26。

上的关税，而日本则利用关税和非贸易壁垒限制欧洲食品及药品的销售。据欧盟方面估算，欧日如签署经济合作协定，将推动欧洲经济增长 0.6%—0.8%。"①

2013 年 4 月 15 日，欧盟代表团首席谈判代表欧盟委员会通商总局亚洲拉丁美洲局局长毛罗·佩特修尼（Mauro Petriccione）与日本政府日欧自由贸易谈判代表横田淳就日欧经济伙伴关系协定谈判问题在布鲁塞尔举行洽谈。② 这一洽谈标志着长期以来一直困扰日欧关系的自由贸易问题正式纳入双方议事日程，并正式启动谈判程序。

4 月 19 日，欧盟与日本第一轮自由贸易协定谈判正式开始。佩特修尼与横田淳进行了深入交流。佩特修尼会后对此次谈判表示满意，认为日欧自由贸易谈判"是一个良好的开端，虽然是一次包含着诸多难题的谈判，但是，我确信通过这几个月的努力，一定能够取得良好的进展"。

此次交涉的目标就是缔结一个撤除包括产品、服务及投资的关税非关税壁垒、公共服务、限制问题、竞争及可持续开发在内的各种类通商自由贸易协定。据有关方面预测：日欧间自由贸易协定的签订，将提升欧洲经济 GDP 的 0.6%—0.8%，新增加 40 万个工作岗位。欧盟对日出口增长 32.7%，日本对欧盟出口也将增长 23.5%。同时约定于 6 月 24—28 日在东京举行下一轮谈判，并争取年内再举行一轮谈判。③

第二，日欧自由贸易协定框架协议。

2013 年 4 月 22 日，日欧首席谈判代表在东京就日欧自由贸易协定问题进行了首轮协商。日欧双方首席谈判代表经过两次会谈，最终约定尽快在布鲁塞尔召开第二轮自由贸易协定谈判。

日欧框架协议谈判是遵照 3 月 25 日欧洲理事会主席赫尔曼·范龙佩、欧盟委员会主席巴罗佐和日本首相安倍晋三所达成的共识而召

---

① 《日欧启动经济合作协定谈判》，《经济日报》，2013/03/29。
② 《EUと日本のFTAの締結に向けた交渉がスタート》，EU News 186/2013，2013/04/15，ブリュッセル，http://www.euinjapan.jp/media/news/news2013/20130417/175330/。
③ 《日・EU、早期妥結めざすEPA初交渉終了》，《日本经济新闻》，2013/04/20。

开的,即开展以政治、全球化、多领域合作为对象的协定(政治协定)以及全面经济伙伴关系协定谈判。①

会谈后发表了联合声明:我们议论了欧盟与日本的关系问题,特别关注2013年3月25日开展的战略合作伙伴关系协定与自由贸易协定谈判。我们一致认为:该两项协定的签订,必将促进日欧双方的成长和工作机会、岗位的增加,终将给日欧整体关系造成有利影响。声明再次确认欧盟与日本的合作伙伴关系是支撑世界经济成长与稳定的重要支柱。②

第三,日欧第二轮自由贸易协定谈判。

2013年6月24日—7月3日,欧盟与日本在东京举行了第二轮自由贸易协定谈判,双方围绕减免关税以及放宽投资限制等问题在各个领域展开了正式讨论。欧方代表团团长是首席谈判代表、欧盟委员会贸易总局局长毛罗·佩特修尼,日方代表是外务省横田淳大使。第二轮谈判的焦点是构成自由贸易协定各个领域的文字表述问题。日方要求欧盟取消对汽车及液晶电视等工业品的关税。欧盟则认为日本在国内汽车安全标准及食品标注等方面要求较为严格,已成为非贸易关税壁垒,希望日本有所改善。双方经过激烈的争论,最终确定了构成自由贸易协定框架的14个领域。③ 在此次谈判中,双方围绕减免关税及放宽投资限制等问题在各个领域展开了正式讨论。关于日欧自由贸易协定问题,若欧盟认定日本在废除非贸易关税壁垒措施方面仍不完善,双方谈判将在一年内终止,因此双方谈判的进展情况十分令人瞩目。9月24日,经济产业大臣茂木敏充与欧盟委员会贸易委员彼得·曼德尔森举行会谈,深入探讨了双方正在交涉的经济合作协定问题。双方一致认为:应该指示具体负责谈判事宜的人员加快谈判进

---

① 《日·EU 枠組み協定に向けた第1回会合開催》,《EU MAG》,EU News 195/2013,2013/04/22。

② 《ヴァンロンプイ議長とバローゾ委員長、日本の安倍首相と会談.》,EU News 293/2013,2013/06/17,http://www.consilium.europa.eu/uedocs/cms_data/docs/pressdata/en/ec/137503.pdf。

③ 《日·EUの第2回FTA交渉、順調に前進》,EU News 320/2013,2013/07/03,http://www.euinjapan.jp/media/news/news2013/20130417/175330/。

程，提请11月下旬预定召开的日欧首脑会议尽快确定"早日缔结协定"的方针。曼德尔森代表欧盟方面对日欧自由贸易协定明确表现出了积极谈判的姿态。

第四，日欧第三轮自由贸易协定谈判。

2013年10月21—25日，日欧自由贸易协定第三轮谈判在布鲁塞尔举行。日本代表团团长为首席谈判代表横田淳，欧盟代表团团长为首席谈判代表、欧盟委员会贸易总局局长毛罗·佩特修尼。此轮谈判就食品贸易、服务贸易、投资、知识产权、非关税措施、政府服务等各个领域进行了有益的探讨。① 日欧自由贸易协定谈判得到的欧盟首脑的高度重视，欧盟委员会主席巴罗佐就日本会场开放的信用问题明确指出：在自由贸易协定谈判过程中"必须给双方此前各自保护的领域以难以影响的决定"，"日本应该讲信誉地推进撤除贸易壁垒的力度"②。

（三）《战略合作伙伴关系协定》与《经济伙伴关系协定》

《战略合作伙伴关系协定》本身是一个包括安全保障、科学技术等经济以外诸多领域在内的日欧合作关系方针，是具有法律约束力的政治协定。③《经济伙伴关系协定》则是为了推进贸易和投资的自由化，创造双方的工作岗位和推进经济成长。日本政府高度评价了旨在推进日欧关系的两个协定——日欧《战略合作伙伴关系》与《经济伙伴关系协定》的重大意义。认为该两项协定的签订，不仅对于日欧经济的发展，而且对于全球规模课题的解决也将做出很大的贡献。④

虽然既定的日欧首脑会谈延期举行，但是，如期访日的欧盟贸易委员会主任委员卡洛·德·古赫特（Karel De Gucht）在日本经团联和欧洲商务协会（EBC）共同主办的午餐会上，就自由贸易协定问题

---

① 《日·EU経済連携協定（EPA）交渉第3回会合（概要）》，外務省：http://www.mofa.go.jp/mofaj/press/release/press4_000200.html。
② バローゾ欧州委員長：《市場開放"日本を信用"EPA巡り》，《日本経済新聞》，2013/11/15。
③ 该协定的正式名称双方尚在进一步协商当中，《战略合作伙伴关系协定》则是欧盟方面的单方面提案。
④ 《戦略的パートナーシップ協定と自由貿易協定》，《EUMAG》，2013/04/12，http://eumag.jp/feature/b0413/。

强调指出：欧盟与日本应该通过谈判，"最大限度地活用双方市场能够提供的所有机会"。"欧盟与日本的经济关系的重要性已经凸显。双方市场价值相当于世界经济活动的1/3以上，并且将来还会产生更大的经济效果。仅从欧盟方面来看，根据与日本缔结的'野心的'自由贸易协定，GDP 就能够增长 0.8%。因此无论我想如何强调'野心'这个词，如果不能在撤除已经成为障碍的限制问题上达成合意，是断难取得效果的。"同时欧盟委员会也指示古赫特"争取在一年时间内取得与日本间在各个主要领域的大体共识"。

《战略合作伙伴关系协定》可界定为：日欧基于民主主义和法制等共同价值观的重要伙伴关系，以具有法律约束力的框架协议为准绳，在安全保障和气候变动对策等地区性问题，以及全球性问题上开展合作。如在索马里海盗问题的对策上，欧盟派遣了海上部队进行保卫，而日本的海上自卫队也派遣了护卫舰参加。

欧盟和日本在紧急人道援助、开发援助、维和行动等"紧急应对"上取得了一些实效，因此可将合作伙伴关系协定视为促进日欧顺利合作、分担责任和作用的制度性约束。同时日欧双方认为应将加强防灾和减灾方面的合作列入危机处理范畴，并开展协商。

双方一致认为如果在缓和气候变动及其应对方案、可持续发展、清洁安全能源、粮食保障、网络安全等领域开展知识、技术、资金方面的合作，势必极大地推进世界问题的解决。

日欧双方自由贸易协定谈判的核心问题就是关税下调及非关税壁垒的撤除，主要体现在：欧盟方面认为日本大量存在着在汽车技术规格和安全标准、铁路等公共服务方面的市场准入壁垒。日本媒体则争相报道日本最为关心的欧盟方面撤除进口小轿车 10% 的关税。同时汽车技术规格和安全标准等非关税壁垒也成为自由贸易谈判的重要议题。[①]

欧洲汽车工业协会（ACEA）极力反对日欧进行自由贸易协定谈判，在首轮谈判的第二天就发表了关于旨在废除日本方面的非关税壁

---

① 《日・EU 関係の進化を目指す2つの協定》，《EU MAG》，2013 年 1 月号特集，http://eumag.jp/feature/b0413/。

垒——包括小型汽车优惠税制——的五点重要声明①，反映了日欧经济伙伴关系协定谈判的艰难。日本外务省鉴于欧盟方面一贯坚持的强硬对日要求，极力主张在谈判时一定要坚持自身的立场，因为欧盟方面"强烈要求日本方面撤除非关税壁垒，其中就有日本自身已经长期惯行的制度……当日本面临无法让步的制度和规则时，务必强调日本的规则，强化日本方面强大的交涉能力"②。

（四）日欧双方的评价

日欧自由贸易谈判的启动引起了日本学术界的高度关注，将《经济伙伴关系协定》交涉与自由贸易谈判界定为欧盟的"协定外交"，并分析指出了日欧开展自由贸易谈判的背景。日本学术界认为日本经济界担心随着韩国与欧盟自由贸易协定的缔结与生效，欧盟市场势必逐步撤销对韩国产品的关税壁垒，势必给打入欧盟的日本企业造成不利影响，势必使日本企业同韩国企业相比处于不利的地位。日本经济界为了彻底撤除关税壁垒，强烈主张与欧盟方面开展经济合作协定交涉谈判。欧盟方面则以日本撤销一切非关税壁垒为前提，长期以消极的态度开展交涉。尽管如此，由于2011年3月东日本地震欧盟的援助，加之受日本参加环太平洋伙伴关系（TPP）的影响，欧盟的立场也随之软化。③

日本媒体高度关注欧盟方面对《战略合作伙伴关系协定》和自由贸易协定谈判的态度和意见，因而利用欧洲议会对日交流议员团赴日本参加第34次日欧议员会议的契机，趁机探寻了议员团成员的看法。

斯洛文尼亚议员皮特·埃尔（Pete Eli）认为战略合作伙伴关系是指双方共同拥有包括安全保障和外交政策在内的广泛领域的合作的政治意图。战略合作伙伴关系协定就是为了实现这个目标而约定的行

---

① 参阅 The European Automobile Manufacturers' Association, *ACEA Statement on the Launch of Free TradeAgreement Negotiations Between the EU and Japan*, 16 April 2013. < http://www.acea.be/news/news_Detail/acea_statement_launch_of_free_trade_agreement_negotiations_eu_japan >.

② 伊藤白:《EUのFTA政策—日EU·EPA交渉に向けて—》,《調査と情報》, No. 793, http://dl.ndl.go.jp/view/download/digidepo_8224777_po_0793.pdf.

③ 鶴岡路人:《EUの"協定外交"を考える——日·EU間EPAへの視点》, 2012/02/28, http://www.tkfd.or.jp/eurasia/europe/report.php? id = 335。

动纲领。"协定是对将来日欧合作框架结构的定义,明确了由哪些部门开展联合行动,并确定了合作的具体目标。该协定已经超出了自由贸易协定的范畴,比起自由贸易协定更为重要。"双方高度认可协定签订的政治意义,认为日欧在广泛领域的战略合作所获得的实效已经不仅仅局限于日欧双方,"还将惠及其他国家和地区,特别是有利于世界性、地区性课题的解决。日欧今后将共同面临老龄化社会与经济结构调整等问题,因而双方在这些问题上的联合行动意义重大"。

英国议员马尔科姆·胡佛（Malcolm Hoover）认为自由贸易协定谈判的焦点之一就是非关税壁垒问题,是指与关税有别的、限制进口的各项贸易障碍。其中包括分配制、附加税、禁运、制裁以及其他限制措施。"彻底撤除非关税壁垒、下调关税问题一直困扰着贸易双方,因此双方必须要在真正撤除非关税壁垒的认识上达成一致。如果双方能够通过协定下调关税的话,那么摩擦问题就可以迎刃而解了。但解决该问题仍困难重重,如在汽车车辆检查标准上,双方达成一致就相当困难。"但是,"自由贸易协定势必给欧洲企业和日本企业提供发展的机会。无论是欧洲经济还是日本经济都处于波动阶段,因而持续的经济活力以及因此而产生的机会越多越好。这意味着日本经济将面临相当多的投资机会,对欧洲经济而言也是相当有利的。即使在公共服务领域也将存在着许多准入的机会,同样,日本企业也理所应当增加欧洲投资的机会"①。

三 日美欧三角关系的困境与前景

（一）日欧关系的困境

21世纪后的日欧关系,进入"没有问题的问题"阶段。② 近10年的日欧良好关系态势说明了"日欧双方以民主、法制、基本人权等共同价值观为基准,努力发展全球伙伴关系"③。但是,不是在所有

---

① 《日·EU 関係の進化を目指す2つの協定》,《EU MAG》,2013 年 1 月号特集,http://eumag.jp/feature/b0413/。
② 大平和之：《日本—EU 通商·経済関係》,植田隆子编：《21 世紀の欧州とアジア》,東京：勁草書房,2002 年,第 214 页。
③ 《第 28 回日本·EU 議員会議概要》,参議院事務局,2007 年,第 73 页。

的问题上，日欧意见都能够保持一致。进入21世纪以来，日欧双方在诸如对华军售解禁、新化学物质限制（REACH限制）、强化禁止垄断法的适用、国际会计准则、双方市场准入规则一体化等问题上一直存在着分歧。

尽管目前日欧双方正在按照新千年全球合作伙伴关系战略开展双边关系或者多边关系工作，但是，在该战略推行过程中，依然存在着制约或影响推行效果的现实因素及潜在因素。

第一，日欧各自的困境限制了日欧关系的进一步发展。欧盟（欧共体）虽然由于统一大市场的建立和欧元的使用实现了经济一体化，并逐步东扩，用一个声音来处理三边事务及国际事务，但是，其政治一体化的实现还很难在近期完成。在安全保障方面还不能自立，依然需要以美国为首的、北约的军事保护。欧盟在新的国际秩序的构建中主要发挥着经济作用，而其他作用几乎微不足道。尤其是其政治一体化结构，促使各成员国在共同安全保障及司法内务合作上，不能像农业政策一体化、经济货币一体化、市场一体化那样为各国所极力追求。政治一体化的实现将会出现这样那样的波折。

目前，乃至于将来，欧洲一体化的深化与扩大目标的实现还必须竭力克服四个方面的问题，即：（1）移民管理、接纳问题。欧盟各国在援助俄罗斯和东欧各国的同时，还要防范来自于这些国家和地区的难民。欧盟目前还没有拿出一个能够根本解决问题的办法。（2）缩小欧盟内部地区发展水平差距问题。欧盟唯有消解掉地区差距，才能够维持其向心力。欧盟各国普遍期待在市场一体化进程中能够调整各国的产业结构，但是，欧盟各国调整自身衰败产业本身并不是一件容易的事情，况且目前欧盟内部出现了地区发展水平差距扩大的趋势。（3）欧盟在向欧洲自由贸易联盟、东欧、俄罗斯扩展的同时，必须在大幅增加公共资源的前提下，重新构建内部公共资源分配机制。（4）扩大后的欧盟尚存在着教育、语言、民族、文化、国民服务等领域的行政权力、机构整合问题。

日本若取得与美国平起平坐的地位尚需时日，对日本来说首要的目标是实现政治大国化，争取成为联合国安理会常任理事国。日本利用联合国改革的有利时机,大搞"联合国外交"。但是,日本入常的阻力较大,且多是由于日本的历史行为所造成的"阻力"。并且日本要成为常任理事国更离不开美国的支持,"日美基轴"仍将是日本对外政策的基点。从目前看来,在力图摆脱战后国际、国内政治体制束缚的新生代政治家主政后,日本更加倾向谋求与美国建立对等的同盟关系。安倍出任首相后,试图同小泉时期的"对美一边倒"的战略取向保持距离,积极访华、访欧,为的是拓展日本的外交空间,增加与美国博弈的筹码。但是,必须明确的是,日美同盟仍然是日本外交的基轴,日美关系仍被日本视为"不可替代的同盟关系",所以日欧关系虽然得到了长足的发展,但是,在今后很长一段时期内不会对美国的核心利益构成挑战。

欧盟成员国对欧盟市场的依存度不断提升,进一步强化了欧盟市场的经济一体化趋势和排外意识,① 势必造成日欧经济关系的紧张、日欧经济摩擦持久存在。表7-1展示了主要成员国区内进出口占欧盟进出口总额的比率。

表7-1　　　　主要成员国区内进出口占欧盟进出口总额的比率

	占欧盟15国进口总额的比率	占欧盟15国出口总额的比率
德国	50.88%	55.19%
法国	59.50%	62.40%
意大利	55.76%	54.55%
西班牙	63.14%	69.65%
英国	51.52%	56.99%

经济企画厅编《世界经济白書》平成12年度版。

---

① 欧盟经济的特征之一就是成员国间的经济依存度不断提升,根据2000年统计数据,欧盟主要国家间进出口占全体进出口额的比率不断提升。其中,区域内贸易额比率最高的是西班牙,进出口额超过了60%,出口额占总出口额近70%。即使像德国这样的大国,尽管区域内部贸易额比率相对比较低,但是,也超过了50%。由此可见,欧盟与美国和日本等国相比,成员国间相互依存度极强。OECD: International Trade by Commodity Statistics,经济企画厅编:《世界经济白書》,平成12年度版。

第二,日欧经济摩擦的存在及扩大的趋势。战后以来成为影响日欧关系的贸易摩擦问题不会从根本上解决,日欧经济关系的发展不会一帆风顺,特别在市场竞争和贸易摩擦上,可能会在国际经济局势的影响下进一步加剧。虽然当前日欧采取了对话与合作的策略,但是,面对日本全球化的攻势,欧盟内部的保守势力、对日强硬派势力会有所回升。贸易摩擦问题极有可能由纯粹的经济问题转化为政治问题,并且将来经济摩擦的范围将进一步扩大,有可能从双边市场扩展到全球市场。

第三,日欧政治合作的滞后性。1991年以来,日欧双方虽然在双边关系上突出了政治对话与合作的重要性,但是,同经济对话与合作的效果相比,明显不足,还停留在通过对话进行共同分析阶段,表现出明显的滞后性。究其原因,从欧盟方面来看,主要是由于欧盟的"希腊神殿式组织结构"决定的。1993年付诸实施的《欧洲联盟条约》把欧洲一体化建成了一个希腊神殿式的建筑,神殿由三根柱子支撑:欧洲共同体被称为第一支柱。由于《马斯特里赫特和约》进一步扩展了欧洲一体化的范围,所以欧洲一体化增添了两个新的领域:共同外交与安全政策,被称为第二支柱。而司法与民政事务的政策合作,则被称为第三支柱。而现今的欧盟之所以要采取三个领域并立的组织结构,是因为欧共体的原有机制无法适用于新添的两个领域。在后两个领域中,决策仍是政府间的,以政府间的合作为主,像委员会这样的超国家权威在这两个领域还难以被人们接受。[①]

日欧各自被其他事务消耗了主要精力。欧盟的扩大问题一直是欧盟近年来的头等政治外交事务。而维持与美国的"特殊关系"以及争取安理会常任理事国地位等事务则占据了日本的主要注意力。日本"日美基轴"外交战略的实施,及其在国际政治舞台上被限制的"有所作为"也在制约着日欧间政治关系的发展。

日本认为在经济领域中,欧盟对外影响力无疑大于其各成员国的

---

① 陈玉刚:《国家与超国家——欧洲一体化理论比较研究》,上海人民出版社2001年版,第201页。

简单相加,但是,就政治和安全领域而言,欧盟却明显力不从心。因此,其对欧外交重点仍然放在与欧盟主要成员国的双边关系上。而在欧盟看来,日本既在外交政策制定上受到美国的影响,又受到《日美安保条约》的约束,所以对其能否发挥世界一极的作用也存有疑问。日本能够通过与欧盟委员会这一超国家性质的一体化实体的对话与协调,渐进地解决双边经济问题。而自1991年以来双方所倡导的政治对话与合作,一直停留在对话沟通阶段,尚未达成双边合作。

日本对欧盟政策的重大调整虽然得到了欧盟各国的欢迎和支持,但是,并未完全为欧洲各国所接受。因为欧盟担心日本强大时,对其构成威胁。即使在1991年《日欧联合宣言》发表之时,欧盟仍有相当一部分人认为:日本实力扩张是20世纪90年代欧洲面临的最大威胁,其程度甚至超过了东欧的动乱。法国甚至担心日本成为政治大国对其不利。因而,虽然支持日本参加联合国维持和平行动,向柬埔寨派遣维和部队,但坚决反对日本争取安理会常任理事国和修改联合国宪章的企图。欧盟各国虽然同意日本出席欧洲安全会议,但是,只给日本观察员的身份,坚决反对日本成为欧安会联系国,他们担心日本一旦成为联系国后,会给美国帮腔,有利于美国对欧安会的控制,造成对欧盟不利的局面。德国虽然热心于加强同日本的政治合作,但是,始终强调自身是欧盟的一员,要在对日问题上同其他各成员国保持一致。因而日德在政治合作上保持着"适当距离",对日本提出的建立"战略同盟关系"的倡议反应冷淡。

正如前文所述,当2004年到2005年欧盟内部讨论解除对华军售禁令之时,遭到了日本方面的强烈反对。由此可见,日欧双方在安全保障关系上尚未达成一致,同时也反映出日本在军事安全保障方面对欧盟的密切关注和担忧。同时也成为日本积极促动日欧开展东亚安全保障环境问题战略对话的契机。① 但是,一旦脱离这个特定问题去思考,就会发现日欧间的安全保障对话与合作还很难定位为日本外交安

---

① 田中俊郎:《日・EU—新しいパートナーシップの誕生》,中西輝政、田中俊郎、中井康朗、金子譲:《なぜヨーロッパと手を結ぶのか—日欧新時代の選択》,大阪:三田出版会,1996年,第29页。

余论　日欧关系的全球视角及困境

全保障政策的主流。

第四，日欧双方认识上的隔阂将长期存在。据调查，"日本国民对国际问题的关注和认识动不动就以东亚和美国为中心，欧洲是日本的重要伙伴的意识还不是很高，这一点在日本政策决策者那里依然不断体现出来。欧洲方面也依然集中精力关注扩大化和欧盟内部问题或者欧盟周边国家问题，对亚洲的关注度还很低。虽然对日本的关注度还算不上是极低，但是，以经济界和媒体为中心，欧盟到处弥漫着亚洲国家中'比起日本来，还是中国……'这样的情绪和认识"①。"日本急于建立或强化各种地区合作结构、全球合作结构，但是，在欧洲的眼里，这是一个自然的过程。每每误以为自己即将或者已经处于情急火燎之中的、充满危机感的日本，遇上散漫、悠闲、充满浪漫情怀的欧洲，能不恼火嘛？"②

根据日本内阁大臣官房政府宣传室舆论调查结果显示：国民认为日本与欧盟关系良好的占被调查人数比例的64.4%。同时，根据日本外务省对欧盟四国（英国、德国、法国、意大利）对日本印象的舆论调查结果显示：对日本信赖程度逐年提升，平均占86%。其中意大利最高，占96%，其次是英国，占92%；德国占88%；法国占89%。③

第五，美国的干预也影响了日欧关系。

美国自1952年以来，一直居于"浪漫三角"的主轴地位，日欧所希望并试图构建的则是正三角的全球伙伴关系。根据战略三角关系理论：主要伙伴地位不如主轴有利，理智的竞争者都会避免出现这种变化。除非同其中一翼的摩擦使主轴地位到了维持不下去的地步，而美国这样的一个具有上帝选民的优越感和十字军式使命感的国家是绝对不会坐视这种情况出现的。美国企图利用日欧之间的矛盾来提高自

---

① 柏倉康夫、植田隆子、小川英志：《EU論》，東京：日本放送大学出版恊会，2006年，第217页。
② 俞正梁：《大国战略研究——未来世界的美俄日欧（盟）和中国》，中央编译出版社1998年版，第246页。
③ 内閣府大臣官房政府広報室：《外交に関する世論調査》，2007年，第44页；外務省：《EU 4 カ国における対日世論調査（概要）》，(http://www.mofa.go.jp/mofaj/press/release/h19/6/1174179_806.html)。

— 375 —

己的地位，如1992年七国财长会议期间美国代表就曾威胁欧共体代表："如果你们不做出让步，美日两国就要组织自己的联盟，而抛弃欧洲。"① 尽管自身实力有所"衰落"，但是，美国依然在以"冷战"的思维试图领导世界，以所谓"人权""民主"干涉别国内政，其目的无外乎是想在未来世界格局中制定一套美国式的普世规则，独霸天下。

美国对欧盟一体化进程出现的问题表示了强烈的不满，并提出了严正的批判。首先，对欧盟各国对各自问题的放任态度的不满。美国认为欧盟各国对欧盟扩大问题和欧盟宪法问题，以及外国人入境问题表现出了异常的关注，但是，却把各自面临的经济问题放在了第二位。完全依赖于欧盟一体化的深化与扩大去解决。

其次，对欧盟呼吁增强防卫力量但却毫无实效的做法的不满，认为"欧洲增强防卫力量仅是画饼充饥而已"。美国批评欧盟要求增强防卫力量基于美国对欧盟军事力量的增强抱有极强的警惕心理。对于美国来说，仅仅强调了美国主要负责信息化战争，之后的维和活动交由欧洲自己负责。进而势必要求欧洲养成自己的军队。欧洲方面则一定程度上响应美国的要求，进而要求配备最先进的武器装备。

第三，美国对欧盟方面在安全保障方面出力不到位的不满。美国认为欧盟在前南斯拉夫纷争问题的解决上，应该是全体欧洲国家共同参与，但是，实际发挥主导作用的却是美国。并且波黑战争的和平解决也是在美国的调处下才实现的。如逮捕和审判米洛舍维奇，美国指责欧盟方面出力不够。与此同时，欧盟方面对美国干预欧洲内部问题也表示不满。

第四，在美国对伊拉克使用武力问题上的分歧。法国和德国强烈反对美国对伊拉克动用武力，造成了美国的不满。尤其是俄罗斯与中国均表示了反对，而欧洲比俄罗斯和中国更加露骨。特别令美国恼火的是法国居然说服联合国非常任理事国对美国投了反对票。②

---

① 肖玉才：《战后世界经济与国际政治》，武汉大学出版社1988年版，第195页。
② 《国際関係を"見つめる"》，财团法人太平洋研究会：《ジャパンタィムズ》，2005年，第117—118页。

日本对欧政策的重大调整及日欧对话与合作的动向也引起了美国的关注。美国担心日欧关系——特别是德日关系——的发展对其不利,削弱其作为唯一超级大国的地位,而对日欧关系进行干涉。

1992年以来,美国多次提出警告,要防止"德日轴心",阻止日欧过分接近,以维持其在日美欧三角关系中的主轴地位。《泰晤士报》报道,美国不愿看到日欧关系过分接近,使其在国际舞台上的活动余地减少。美国可能采取措施制约欧日关系的发展,包括在欧日间"挑拨离间"。1992年七国财政部长会议期间,美国代表对欧共体代表说:"如果你们不作让步,美日两国就要组织自己的经济联盟,而抛弃欧洲。"《泰晤士报》发表评论指出:"美国人在利用不平衡的欧美日三角关系,提高其国际地位,利用日本打击欧共体或利用欧共体对付日本。这种状况必须改变。"①

(二)日美欧三角关系的前景

20世纪90年代以来,日美欧三方维持了近30年的"浪漫三角形"格局发生了显著的变化,日欧关系从冷战时期同属西方阵营的同盟关系发展成为全球伙伴关系,是国际政治普遍趋势和自身特殊因素共同作用的结果。那么,日美欧三角关系变化的未来前景是否会形成"正三角形"呢?事实将证明,未来发展前景并不会像日欧所希望的那样,很快在日美欧三极体制内,构筑起与美国完全平等的全球合作伙伴关系。因为"正三角形"的前提是参与者三方都是理性的对弈者,在处理三边关系时诚信合作、不搞欺骗。但是,在现实国际关系中很难做到这一点。因为"相互猜疑也许是国际舞台无政府性质的特征,想要彻底消除只能被看作是空想","在当前形势下,任何经过周密考虑的外交政策的最小目标必定是国家利益"②。因而"正三角形"战略三角在现实国际关系中很难实现。日本政府更是对于构建日欧密切的战略合作伙伴关系感到担忧。外务省对外关系课题组在《21世纪日本外交的基本战略》中指出:"对于日本来说,(欧盟)是最

---

① 申义怀、孟祥军:《发展中的西欧与日本关系》,《现代国际关系》1993年第3期。
② [美]洛厄尔·迪特默:《战略三角:竞赛理论初析》;时事出版社选编:《中美苏战略三角》,时事出版社1988年版,第130页。

为重要的对话对象。坦率地讲,在欧洲各国政要当中,除了法国总统希拉克外,很难说还有谁对日本抱有好感。(欧盟)与美国相比,难以成为日本密切的伙伴……在强化日美欧三角关系这一课题中,与日美、欧美二条边相比,日欧一条边较为薄弱的事实至今没有改变。"①

综上分析,以往的"浪漫三角型"日美欧关系框架虽然发生了变化,但是,只要日欧外交上对美基轴仍然存在,三边关系的未来前景就不会成为正三角形,三边关系会表现为经济方面的正三角形、政治安全保障方面的"浪漫三角",日欧双边关系在日美欧战略三角关系框架中仍然比较薄弱,只是一种点线式的联合。日本学者大前研一认为:日本今后必须转变对美一边倒的姿态。21世纪的日本在测定与勃兴的中国、印度的距离,与美国的距离以及与欧盟的距离时,自然而然地必须保持"等距离"②。鹤岗路人认为:欧盟对于日本来说,只能是政治、外交上的伙伴,作战上伙伴,"非美"伙伴,只能是日本外交安全保障政策方面的具有价值的伙伴而已。③ 当前日本与欧盟的全球合作伙伴关系的全面推进,无非是随着双方实力的增长和国际局势的变化,对自身国际地位与作用的重新定位,是在寻求国际政治权力与经济实力的对等。日本和欧盟必须加强双边对话与合作以平衡日美欧三边关系,只有在相互协作、相互支持的情况下,日欧与美国抗衡的愿望才能实现。

美国学者累斯特·斯诺(Lester Thurow)在《大挑战——日美欧胜在哪里?》一书中认为:"在21世纪,制约日本发展的因素是能否向世界敞开胸怀,制约欧洲发展的因素是能否造就具有生机和活力的推动力,而制约美国发展的因素是新世界战略的实施。""日美欧各自都有优势,首先日本具有无可否认的时间上的优势,而美国却拥有自身的弹性与正面迎接挑战、战胜挑战的力量。如果站在挑战竞争的

---

① 外务省対外関係タスクフォース:《21世紀日本外交の基本戦略——新たな時代、新たなビジョン、新たな外交——》,2012/11/28,第20页。
② 大前研一:《衝撃!EUパワー》,朝日新聞社,2009年,第42页。
③ 鶴岡路人:《日欧安全保障協力—NATOとEUをどのように"使う"か—》,《防衛研究所紀要》,第13卷第1号(2010年10月),第31页。

角度看，美国的富有和实力比任何一个国家都要强，但是，在战略上最有利的还是欧洲。"斯诺通过对日美欧三方实力和潜在优势的比较分析，认为21世纪的主宰将是欧洲。①

进入21世纪后，在国际关系上，世界大国间频繁使用"合作伙伴关系"一词，或者积极构建双边合作伙伴关系。在首脑会谈时，"建设性合作伙伴关系""战略合作伙伴关系"等口号更是不绝于耳。往往使世人误以为构建"合作伙伴关系"或者表明二者间构建"合作伙伴关系"的指向即为构建双边关系的目的。乃至于陷入以为只要在首脑会谈联合声明等公告当中讴歌"合作伙伴关系"，就已大功告成的幻想当中。实际上，所谓国际关系领域的"合作伙伴关系"仅靠一次首脑会谈是建不成的，况且"合作伙伴关系"自身也不是"目的"，终究是"手段"，构建与他国合作伙伴关系的目的无非是为了达到某种"目的（或者利益）"。并且"目的"本身就决定了"手段"的选择，"手段"一般从属于"目的"。河野洋平首相的"日欧新千年合作伙伴关系"演说以及麻生太郎外相提倡的"自由与繁荣之弧"也不过是"手段"而已。没有目的的"合作伙伴关系"本身就像没有受精的卵，无论怎样孵育，也不会生出幼仔来。但是，纵观当今日本官方的认识和实际处理日欧关系的做法，无不表现为淡漠和忽视，只有学界和经济界在呼吁。乃至于在当今日本的外交界和安保专家眼中也没有完全达成共识，更进一步忽视了与欧洲合作的重要性的认识。因此，未来的日欧合作伙伴关系只有着眼于"目的"主导型，只有将彼此置于对外关系或者外交关系的优先位置，才能够引导日欧关系在日美欧三角关系中向"正三角形"发展。

---

① レスター・サロー著、土屋尚彦訳：《大接戦——日米欧どこが勝つか》，東京：講談社，1992年，第350页。

附录　欧洲一体化进程中的日欧关系史大事年表

时　间	事　件	备　注
1959 年 10 月	日本驻比利时代表倭岛英二兼任驻欧洲煤钢共同体、欧洲经济共同体和欧洲原子能共同体三个机构的代表	
1962 年	戴高乐总统评价池田勇人首相为"半导体商人"	
1969 年 3 月	日本设立第一家欧共体资料中心（福冈西南学院大学）	
1970 年 2 月	欧洲经济共同体对外通商委员德尼奥访日，日欧通商协定谈判预备会谈	
3 月	欧共体参加大阪世界博览会、欧共体理事会议长阿鲁迈尔夫妇和委员会主席雷音夫妇一行访日	
7 月	欧共体理事会授权委员会对日通商谈判权	
9 月	第一次日欧通商协定谈判（布鲁塞尔）	
1971 年 6 月	日本爱知外相与达德道尔夫会谈、约定 7 月再次进行通商协定谈判	
7 月	日欧第二次通商协定谈判触礁	
9 月	昭和天皇夫妇访欧	
10 月	日本与欧洲煤钢共同体第 13 次定期协商会谈；经团联欧共体经济使节团、欧共体委员会、欧共体产业联盟（UNICE）（布鲁塞尔）	
10 月	经团联欧共体经济使节团（团长植村甲午）、西德工业联盟第三次联席委员会会议	

续表

时　间	事　件	备　注
10 月	经团联欧共体经济使节团、英国产业联盟（CBI）首脑会谈（伦敦）	
10 月	经济同友会、西德·欧洲经济社会开发委员会（ECPES）第四次联席会议（箱根）	
1972 年 2 月	欧共体主席曼斯霍尔特访日	
5 月	外务省经济局长平原试探欧共体，进行通商协定谈判	
12 月	日本外务省、通产省与欧共体委员会讨论日本出口主动限制问题	
1973 年 5 月	大平正芳外相、比利时外长及欧共体首脑会谈、发表《日EC联合声明》、签署《日比文化协定》	基于每年召开两次日欧双边协议的共识
5 月	日本、EC 通商协定谈判	
6 月	第一次日本、EC 高级事务协商	
9 月	田中角荣首相访欧、田中与法国总统蓬皮杜会谈、蒙娜丽莎画像在东京公展、发表《日法联合公报》	
10 月	田中首相与英国首相希斯会谈、拜见英国女王、发表《日英联合公报》	
10 月	田中首相与西德总理勃兰特会谈、发表《日德新闻公报》	
10 月	日本、ECSC 第 17 次定期协商（布鲁塞尔）	
11 月	日本、EC 高级事务协商（布鲁塞尔）	
1974 年 2 月	欧共体主席奥托利访日	
3 月	日本、EC 签署《关于 EC 委员会驻日代表处的设立及其特权免除的协定》（布鲁塞尔）	
5 月	日本、ECSC 定期协商（东京）	
5 月	内田经济企划厅长官访问欧共体	
5 月	日本、EC 高级事务协商	
7 月	欧共体驻日代表处设立（东京都千代田区）	
10 月	欧共体副主席索姆斯访问日本	

续表

时　间	事　件	备　注
10月	日本、ECSC定期协商（布鲁塞尔）	
10月	日本、EC讨论环境问题	
11月	欧共体首任驻日代表恩斯特上任	
1975年4月	日美欧委员会京都联席会议召开、宫泽喜一外相发表《日本外交的基本课题》演说	
5月	欧共体委员会公布纤维进口检视制度	
6月	日本、欧共体高级事务协商（东京）	
7月	日本、ECSC定期协商（东京）	
7月	欧共体实施纤维品进口监察制度	
7月	欧共体理事会决定协调EC内部的经济政策、加强同美日的合作	
7月	欧共体参加日本冲绳"国际海洋博览会"	
10月	日本、ECSC定期协商（布鲁塞尔）	
11月	第一次发达国家首脑会议（朗布依埃）	
11月	日本EC高级事务协商（布鲁塞尔）	
1976年6月	日本EC高级事务协商（东京）	
6月	日本ECSC定期协商（东京）	
6月	第二次发达国家首脑会议（波多黎各）	
10月	土光敏夫经团联经济使节团访欧	土光事件
11月	日本ECSC定期协商（布鲁塞尔）	
11月	EC高级事务协商（布鲁塞尔）	
11月	日本政府向欧共体方面转达日本关于日欧贸易诸问题的政府意见（布鲁塞尔）	《吉野书简》
11月	欧洲理事会发表《关于纠正贸易均衡的对日声明》（海牙）	《欧共体对日贸易关系声明》
1977年3月	EC首脑会议发布经济危机对策及对日贸易问题等四个宣言	
5月	第三次发达国家首脑会议（伦敦）	
9月	关于GATT东京会议日EC协议（日内瓦）	
10月	EC主席詹金斯访问日本	

附录 欧洲一体化进程中的日欧关系史大事年表

续表

时　间	事　件	备　注
11月	日美欧民间经济机构联席会议在美国布热尔金斯基研究所召开	呼吁扩大工业国的内需
12月	日本对外经济大臣牛场信彦访问欧洲	
1978年1月	牛场对外经济大臣访问西欧	向西欧各国说明日美经济协议的概要及日本政府关于GATT东京会议的想法
2月	欧共体外长理事会议长安德尔森访日	强调日欧贸易问题的严重性，希望日本能够给予欧共体委员会以政治上的支持
3月	日本政府代表牛场对外经济大臣与欧共体委员会副主席代表哈费尔坎普协商日欧通商及经济诸问题、发表《日本、欧共体联合声明》（东京）	
4月	欧共体理事会哥本哈根会议	发表《对日关系总结报告》
4月	牛场对外经济大臣历访西德、荷兰和丹麦三国	为促进GATT东京会议的举行与西欧首脑协商
6月	日美欧三边委员会伦敦会议	
7月	仓成正议员团访问欧洲议会（布鲁塞尔）	第一次日欧议员会议召开
7月	第四次发达国家首脑会议（波恩）	
7月	福田首相访欧、与欧共体委员会主席金杰斯会谈	战后日本首相首次访问欧共体总部
10月	日欧友好议员联盟成立、欧共体第二任驻日代表雷斯理·菲尔丁上任	
1979年1月	日本驻欧共体代表处从驻比利时大使馆分离，在布鲁塞尔单独成立	
3月	哈费尔坎普访日	与日本协商日欧经济贸易问题
3月	欧共体《对日关系报告》的出台	"兔子窝文书"

续表

时　间	事　件	备　注
3月	欧共体理事会决定启动欧洲统一通货制度	要求日本进一步开放对欧洲工业品的市场
5月	园田外相访问法国、英国、比利时，与欧共体委员会主席金杰斯、副主席哈费尔坎普会谈	
6月	小坂经济企划厅长官访问法国、比利时，与欧共体首脑会谈	
6月	第五次发达国家首脑会议（东京）	
7月	滩尾众议院议长访问欧洲议会	
9月	欧共体实施EC实业家日本研修计划	"对日出口促进计划"的一环
12月	日美欧等国签署多边贸易谈判诸协定	东京回合
1980年1月	第一次日EC竞争政策协商会议	
2月	第三次EC议员会议	
4月	日本与欧共体各国在伊朗人质事件上的合作	日欧政治合作的开始
4月	大来外相访问卢森堡	与欧共体各国协商对伊朗的措施
6月	第六次发达国家首脑会议（威尼斯）	
7月	欧共体委员会《对日通商政策》的制订	提出全面撤除对日歧视性进口配额限制
7月	哈费尔坎普访日、参加大平首相葬礼	
11月	欧共体外长会议审议对日关系文书、发表《对日通商宣言》（布鲁塞尔）	欧共体对日共同战略的形成：要求日本采取有效的限制出口和增加进口的措施
11月	日本EC学会的设立	
12月	伊东外相访问法国、英国、比利时、荷兰、西德、欧共体委员会总部，与哈费尔坎普副主席会谈	
1981年1月	日欧定期事务协商	欧共体代表海尔德曼、日本代表菊地清明
2月	欧共体发表《对日贸易摩擦问题声明》	欧共体理事会的对日最后通商通牒

附录 欧洲一体化进程中的日欧关系史大事年表

续表

时　间	事　件	备　注
2月	第四次日欧议员会议	
6月	铃木首相访欧	日本在日欧通商摩擦问题上的宥和政策
7月	第五次日欧议员会议	
7月	第七次发达国家首脑会议（渥太华）	
9月	经团联花村经济使节团访欧	
10月	稻山经济使节团访欧	
1982年1月	日美欧加四极通商会议	发表关于合作维护自由贸易的联合声明
1月	日欧高级事务协商（东京）	
2月	欧共体委员会决定向GATT事务局起诉日本	理由是日本一方面封闭本国市场，另一方面对外开展出口攻势
3月	江崎代表团访欧	欧共体委员会要求日本进一步对欧开放市场
3月	欧共体外长理事会决定对日本的进出口政策进行双边协商，并发表《对日关系公告》	
3月	日欧官民经济贸易联合会议（伦敦）	
4月	日美欧委员会第13次会议（东京）	
4月	欧共体提出要求日本扩大进口欧共体产品的《对日GATT协议理由书》	
5月	第二次日美欧三极通商会议（凡尔赛）	
5月	日欧开始协商GATT第23条问题	欧共体方面批评日本存在着一系列的非关税壁垒以及阻止外国企业进入的经济制度
6月	第八次发达国家首脑会议（凡尔赛）	
10月	法国对日启动盒式磁带录像机（VTR）的集中通关规则	普瓦齐埃事件
10月	日欧实业圆桌会议	
11月	欧共体第三任驻日代表上任	

续表

时　　间	事　　件	备　　注
1983年1月	安倍外相出访欧洲五国	与西欧各国协商贸易摩擦问题
2月	日美欧加四极通商会议后的日欧双边交涉	双方达成协议：日本对VTR的出口实施主动限制、法国撤回对VTR的进口限制
4月	欧共体委员会以日本市场的封闭为由向GATT事务局提出设立基于第23条第2款的作业委员会的申请书	
4月	日美欧加四极政府贸易部门会议	法国政府正式解除VTR的集中通关规则
5月	第一次日欧三驾马车（法德英）部长会议（巴黎）	
5月	第九次发达国家首脑会议（威廉斯堡）	
6月	四极通商会议（伦敦）	
9月	四极通商会议	
10月	欧共体外长理事会发表要求日本开放市场和实施出口自肃的对日方针	
1984年2月	四极通商会议（佛罗里达）	
4月	欧共体发表对日通商要求通告	内容包括下调128种商品的进口关税、明确产品进口目标等八个项目
5月	欧共体委员会主席托恩访日	
5月	首次日本欧共体委员会部长会议（布鲁塞尔）	约定设立"贸易扩大委员会"
6月	第十次发达国家首脑会议（伦敦）	
12月	欧共体委员会副主席达维尼翁访日	缔结日本对欧出口缓和协议
1985年2月	四极通商会议（京都）	

附录 欧洲一体化进程中的日欧关系史大事年表

续表

时　间	事　件	备　注
3 月	第一次日欧金融协议（东京）	
4 月	日美欧委员会第 15 次会议	
5 月	中曾根首相与法国总统密特朗、欧共体委员会主席德洛尔会谈（波恩）	
5 月	第 11 次发达国家首脑会议（波恩）	
5 月	日欧贸易扩大委员会	
6 月	日欧高级事务协商	
6 月	欧共体委员会副主席纳尔埃斯访日、与安倍外相会谈	
6 月	欧共体首脑会议发表对日声明（意大利梅拉诺）	宣布支持要求日本纠正贸易不平衡的《对日宣言》
7 月	四极通商会议	
7 月	中曾根首相出访欧洲 4 国	
7 月	中曾根首相访问比利时、与欧共体委员会主席德洛尔会谈	
9 月	第七次日欧议员会议（布鲁塞尔）	
11 月	第二次日欧部长会议	
12 月	欧共体委员莫迪尔访日	
1986 年 1 月	四极通商会议	加强 GATT 体制
1 月	欧共体委员会主席德洛尔访日	
3 月	欧共体外长、财政部长联席会议	决定纠正日欧贸易不平衡的《对日战略》
4 月	日本、EC 主席外长协商会议	
4 月	《前川报告》出台（向内需主导型经济转换的建议书）	
5 月	第 12 次发达国家首脑会议（东京）	
9 月	GATT 乌拉圭会议	
12 月	仓成正外相访欧、第三次日欧部长会议	
12 月	第八次日欧议员会议（东京）	
1987 年 4 月	日欧产业合作中心成立（东京）	

续表

时　间	事　件	备　注
5月	日本、EC主席外长协商会议	
5月	欧共体第三任驻日代表上任	
6月	第13次发达国家首脑会议（威尼斯）	
6月	日本建立第一家欧共体协会（大分县）	
9月	第一次日欧新闻记者会议	
12月	决定设立日本·EC产业合作中心（东京）	
1988年5月	竹下首相访问荷兰、法国、比利时、欧共体委员会总部	
6月	竹下首相访问欧共体委员会总部、与德洛尔会谈、出席日欧扩大首脑会议	提出"日美欧正三角形论"和"心心相印日欧文化交流计划"
6月	第14次发达国家首脑会议（多伦多）	
10月	第十次日欧议员会议	
1989年2月	欧共体对日产品启动原产地规则	规定在欧日籍企业生产的大部分产品为进口商品
2月	《日本与欧洲原子能共同体间限制核扩散合作协定》	
2月	欧共体副主席安德尔森访日、参加昭和天皇葬礼	
7月	第15次发达国家首脑会议（巴黎）	
11月	四极通商会议（箱根）	
1990年1月	海部首相、中山外相访问欧洲各国和欧共体委员会总部	提出"新欧洲政策"
4月	欧共体参加"大阪国际花卉展览会"	
5月	四极通商会议	提倡设立新国际贸易组织
5月	第四次日欧部长会议（布鲁塞尔）	
6月	第11次日欧议员会议（法国斯特拉斯堡）	
7月	第17次发达国家首脑会议（休斯敦）	
7月	欧共体委员会第五任驻日代表上任	首次作为大使向天皇递呈信任状

附录 欧洲一体化进程中的日欧关系史大事年表

续表

时　间	事　件	备　注
11 月	欧共体委员会副主席安德尔森访日、出席平成天皇继位大典	
1991 年 5 月	法国总理克勒松指责日本进行贸易扩张，称日本人是"一群蚂蚁"	
5 月	欧共体委员会主席德洛尔访日	
6 月	中山外相出席第 15 次日欧外长会议（卢森堡）	
7 月	海部首相参加第 17 次发达国家首脑会议（伦敦）	
7 月	第一次日欧首脑会议（海牙）发表《日欧联合宣言》	
11 月	日美欧七国财政部长与苏联邦政府、八个共和国联席会议	就苏联的债务救济达成共识
11 月	欧共体委员会副主席安德尔森访日、参加日欧部长会议	
1992 年 1 月	第一次日欧环境问题高级事务协商会议（东京）	
3 月	平岩经济使节团访欧	提出"日欧共生论"
4 月	第一次日欧运输问题高级事务协商会议（东京）	
5 月	欧共体委员会发表《对日政策公告》	倡导构筑成熟的日欧关系
7 月	第二次日欧首脑会议（伦敦）	
7 月	第 18 次发达国家首脑会议（慕尼黑）	
12 月	日本"日欧经济关系研究会"提出《真野报告书》	
1993 年 1 月	欧洲议会通过《关于 EC 日本经济贸易关系的决议》	《对日关系报告书》
3 月	欧盟委员会班格曼委员访日	提出"日欧竞争合作伙伴关系论"

续表

时间	事件	备注
5月	第一次日欧产业政策及产业合作对话	日·EU科学技术论坛启动
7月	第三次日欧首脑会议（东京）	
9月	平成天皇夫妇访问欧盟委员会总部	
1994年2月	欧盟开展"对日出口促进宣传运动"	
5月	羽田首相访问欧盟委员会总部	
5月	日欧开始限制缓和对话	双方提出关于限制改革提案，然后对话
6月	第一次日欧科学技术论坛（东京）	
11月	欧盟第六任驻日大使上任	
1995年2月	第一次日欧产业界圆桌会议（东京）	
3月	欧盟委员会发表1995年报告	《欧洲和日本的下一步》
5月	日欧相互认证协定谈判	
6月	第四次日欧首脑会议（巴黎）	
1996年3月	日欧参加第一次亚欧首脑会议（曼谷）	
4月	日欧部长会议（布鲁塞尔）	
6月	日欧产业合作中心欧洲事务所设立（布鲁塞尔）	启动日欧大学生企业研修计划
9月	第五次日欧首脑会议（东京）	
10月	欧盟委员会主席桑特访问日本	
12月	欧洲议会议长亨修访问日本	
1997年1月	欧共体委员会制订对日出口促进计划	宣传活动的第二弹
4月	日欧高级事务协商会议（布鲁塞尔）	
6月	第六次日欧首脑会议（海牙）	
9月	日欧合作周（东京）	欧盟成员国召开日·EU教育·科学技术合作会议及日·EU政治经济合作论坛
1998年1月	第七次日欧首脑会议（东京）	
4月	日欧参加第二次亚欧首脑会议（伦敦）	

附录　欧洲一体化进程中的日欧关系史大事年表

续表

时　间	事　件	备　注
6月	日欧高级事务协商会议（东京）	
6月	欧盟第七任驻日大使上任	
10月	日欧部长会议（东京）	
10月	第三次欧洲实业家东京访问	欧盟委员会副主席布里坦随行
11月	日欧限制缓和高级会谈（东京）	
1999年2月	日欧限制缓和高级会谈（东京）	
4月	日欧高级事务协商会议（布鲁塞尔）	
6月	第八次日欧首脑会议（波恩）	
7月	日欧环境问题高级会谈（布鲁塞尔）	
10月	第一次日欧实业界圆桌论坛	
11月	日欧限制缓和高级会谈（东京）	
11月	第一次日欧消费者对话（EJCD）	
2000年1月	日欧部长会议（布鲁塞尔）	
1月	河野外相访欧	发表题为《日欧合作的新纪元》的演讲，倡议将2001年到2010年定为日欧合作十年
1月	日欧产业政策产业合作对话（布鲁塞尔）	
2月	日欧限制缓和高级会谈（东京）	
2月	日欧限制缓和高级会谈（布鲁塞尔）	
2月	日欧运输双边会议（布鲁塞尔）	
3月	日欧劳动政策座谈（东京）	
5月	日欧经济专家会议（东京）	
6月	日欧科学技术论坛（里斯本）	
7月	第二次日欧实业界圆桌论坛（东京）	
7月	第九次日欧首脑会议（东京）	
9月	日欧双边渔业协议（布鲁塞尔）	
10月	第三次亚欧首脑会议（首尔）	
10月	日欧限制缓和高级会谈	
11月	日欧禁止垄断事务当局意见交换（布鲁塞尔）	

续表

时　间	事　件	备　注
12 月	日欧财务金融协议（布鲁塞尔）	
2001 年 1 月	日欧限制改革对话（东京）	
1 月	第一次 EU 联合国大学国际论坛	
2 月	日欧邮政定期协议（布鲁塞尔）	
2 月	日欧限制缓和高级事务会谈	
4 月	日欧水产品贸易协议（布鲁塞尔）	
4 与	日 EU 相互承认协定（MRA）签署	
5 月	第一次日 EU 友谊周	
7 月	第三次日欧实业界圆桌论坛（布鲁塞尔）	
10 月	日 EU 限制改革高级事务会谈（东京）	
12 月	第十次日欧首脑会议（布鲁塞尔）	
12 月	第一次日·EU 友谊周启动（日本）启动《日本·EU 合作行动计划》	
2002 年 1 月	第二次 EU 联合国大学国际论坛	
4 月	欧盟委员会主席施罗德访日，在国会发表演讲	作为欧盟最高领导首次在日本国会发表演讲
5 月	第二次日 EU 友谊周	
7 月	第四次日欧实业界圆桌论坛（东京）	
7 月	第 11 次日 EU 定期首脑会议（东京）	
9 月	第四次亚欧首脑会议（ASEM）（哥本哈根）	
11 月	日 EU 限制改革高级事务会谈（东京）	
2003 年 1 月	第三次 EU·UNU（联合国大学）东京国际论坛	
2 月	欧盟第三次对日出口促进计划实施	
2 月	第三次"EU 入门"	
3 月	日 EU 限制改革高级事务会谈（布鲁塞尔）	
3 月	第二次日欧消费者对话（东京）	
5 月	第三次日 EU 友谊周	
5 月	第 12 次日 EU 定期首脑会议（雅典）	
5 月	第五次日·EU 实业界圆桌会议（布鲁塞尔）	

续表

时　间	事　件	备　注
7月	缔结《日·EU竞争政策合作协定》	
9月	EC日本相互承认协定第三次混合委员会成立	
11月	日EU限制改革高级事务会谈（东京）	
2004年2月	第四次EU·UNU（联合国大学）东京国际论坛	
2月	第十次日EU劳动论坛：劳资关系及其变化（东京）	
3月	日·EU高级事务会谈（布鲁塞尔）	
4月	创设EU学院（东京）	
5月	第四次日EU友谊周	
6月	日EU实业界圆桌会议（东京）	
6月	第13次日EU定期首脑会议（东京）	
10月	第五次亚欧首脑会议（ASEM）（河内）	
2005年1月	日本·EU市民交流年	
2月	第五次EU·UNU（联合国大学）东京国际论坛	
5月	第14次日EU定期首脑会议（卢森堡）	
7月	日·EU实业界圆桌会议（布鲁塞尔）	
9月	第二个欧盟学院（关西欧洲研究中心）成立（神户）	
11月	日EU限制改革高级事务会谈（东京）	
2006年2月	EU日本关于和平利用原子能合作意向（布鲁塞尔）	
3月	日EU限制改革高级事务会谈（布鲁塞尔）	
3月	第六次EU·UNU（联合国大学）东京国际论坛	
4月	日EU共同论坛"日EU关系的新理想"	
4月	第15次日EU定期首脑会议（东京）	
5月	第六次日EU友谊周	
11月	日EU限制改革高级事务会谈（东京）	

续表

时　间	事　件	备　注
	日本·EU环境高级事务对话	
2007年1月	安倍首相与帕罗佐主席会谈（布鲁塞尔）	
3月	平成18年度日本·EU限制改革对话（布鲁塞尔）	
5月	日本·EU外长双边协商会议	
5月	第七次日EU友谊周	
5月	第28次日本·EU议员会议（东京）	
6月	第16次日本·EU定期首脑会议（柏林）	
9月	日EU关于竞争政策高级事务会议	
12月	日EU限制改革对话	
2008年1月	日EU记者会议	
1月	EU成员国文化机构网站开放	
2月	欧洲议会主席波特林访日	
4月	第17次日EU定期首脑会议	
5月	EU图片展："欧盟来到你们学校"每年5月，驻日欧盟成员国大使馆和驻日欧盟代表的大使及外交官们访问日本各高校，介绍欧盟及本国的情况	
5月	欧盟委员会开发及人道援助委员来日参加第四次非洲开发协商会议	
7月	在日欧洲学者网站建成	
7月	日EU实业界圆桌会议	
7月	发达国家北海道洞爺湖首脑会议	
2009年5月	"欧盟来到你们学校"	
12月	《里斯本条约》生效、驻日欧洲委员会代表处更名为驻日欧盟代表处	
2010年4月	日EU实业界圆桌会议	
4月	第19次日·EU定期首脑会议	
5月	"欧盟来到你们学校"	
2011年3月	《日·EU科学技术合作协定》生效	
5月	第20次日·EU首脑会谈	

续表

时　　间	事　　件	备　　注
5月	"欧盟来到你们学校"	
6月	日EU科学技术合作委员会成立	
8月	驻日EU代表处迁址于欧洲大厦（港区南麻布）	
2012年5月	"欧盟来到你们学校"	

说明：该表根据《外交蓝皮书》历年版，今川健、加文净子著《欧共体一体化与日本》"日欧关系年表"，欧盟委员会驻日代表处宣传部编《欧洲》月刊，欧盟委员会驻日代表处网站（http：//www.euinjapan.jp）"日欧关系沿革"整理而成。

参考文献

一 档案史料

1. 外務省編：《外交青書（わが外交の近況）》。
2. 外務省情報文化局編：《国際問題資料》。
3. 国際問題研究所：《国際年報》。
4. 東京大学東洋文化研究所田中明彦研究室編：《戦後日本政治・外交データベース》。
5. 通商産業省（経済産業省）編：《通商白書》《経済白書》《世界経済白書》。
6. 《衆議院会議録》，国立印刷局。
7. 《参議院会議録》，国立印刷局。
8. 《歴代内閣総理大臣演説集》，内閣官房。
9. 《歴代内閣総理大臣演説集》，大蔵省印刷局。

二 日文学术期刊杂志

1. 駐日欧州連合代表处：《ヨーロッパ》（原名为《EC月刊》）。
2. 日本国際問題研究所：《国際問題》。
3. 日本外務省経済外交研究会：《経済と外交》。
4. 日本EC（EU）学会年報。
5. 日本外務省：《外交フォーラム》。
6. 外交時報社：《外交時報》。
7. 経済評論社：《世界経済評論》。
8. 経団联：《経団連月報》。

9. 経済往来社：《経済往来》。

10. 外務省：《外務省調査月報》。

三　主要参考书目

（一）中文部分

1. ［日］吉田茂：《十年回忆》1—4卷，吉林省哲学社会科学研究所、外国问题研究所、外国问题研究室译，世界知识出版社1964—1965年出版。

2. ［日］堀江薰雄等：《日本对欧洲共同体的考察》，韩润棠等译，商务印书馆1978年版。

3. ［日］信夫清三郎：《日本外交史（1853—1972年）》第3卷，天津社会科学院、日本问题研究所译，商务印书馆1980年版。

4. ［日］内野达郎：《战后日本经济史》，赵毅等译，新华出版社1982年版。

5. ［日］小林义雄：《战后日本经济史》，孙汉超、马君雷译，商务印书馆1985年版。

6. ［日］有泽广巳等：《日本的崛起——昭和经济史》，鲍显铭等译，黑龙江人民出版社1987年版。

7. 郑励志：《战后日本对外贸易》，航空工业出版社1988年版。

8. ［美］埃尔默·普利施科：《首脑外交》，周启朋等译，世界知识出版社1990年版。

9. 吴学文等：《战后日本外交轨迹（1945年—1989年）》，时事出版社1990年版。

10. 宋绍英：《日本崛起论》，东北师范大学出版社1990年版。

11. 朱立南：《战后日本的对外开放》，当代中国出版社1993年版。

12. 李阁楠：《日本的世界战略》，东北师范大学出版社1994年版。

13. 宋成有等：《战后日本外交史（1945年—1994年）》，世界知识出版社1995年版。

14. ［日］都留重人：《日本的资本主义》，复旦大学日本研究中心译，复旦大学出版社 1995 年版。

15. 刘江永等：《跨世纪的日本——政治、经济、外交新趋势》，时事出版社 1995 年版。

16. 冯绍奎等：《战后日本外交》，中国社会科学出版社 1996 年版。

17. 张金标等：《跨世纪的欧洲》，时事出版社 1997 年版。

18. 吴廷璆等：《日本近代化研究》，商务印书馆 1997 年版。

19. 金熙德：《日美基轴与经济外交》，中国社会科学出版社 1998 年版。

20. 张健：《战后日本的经济外交》，天津人民出版社 1998 年版。

21. 王鹤等：《欧洲一体化对外部世界的影响》，对外经济贸易大学出版社 1999 年版。

22. 郭华榕等：《欧洲的分与合》，京华出版社 1999 年版。

（二）日文部分

1. 土屋清編著：《EECと日本経済》，東京：ダイヤモンド社 1962 年版。

2. 田中宏編：《八條国時代の日本経済》，東京：ダイヤモンド 1963 年版。

3. 《貿易自由化と経済外交》，東京：国際問題研究所 1963 年版。

4. 日本経済調査協会編：《OECDの加盟と日本経済》，東京：経済往来社 1964 年版。

5. 信夫清三郎著：《戦後日本政治史》，東京：勁草書房 1972 年版。

6. 山本満著：《日本の経済外交》，東京：日本経済新聞社 1973 年版。

7. 幣原喜重郎著：《外交 50 年》，東京：原書房 1974 年版。

8. 鹿島守之助編著：《日本外交史》，東京：鹿島和平研究所出版局 1975 年版。

9. 鈴木九万編著：《日本外交史》第 26 巻（停戦から媾和まで），東京：鹿島和平研究所出版局 1973—1975 年出版。

10. 吉沢清次郎編著：《日本外交史》第 28（媾和後の外交）、29 巻（諸国との関係）、30 巻，東京：鹿島和平研究所出版局 1973—1975 年版。

11. 小島清著：《世界経済秩序と日本》，東京：日本経済新聞社 1975 年版。

12. 伊達宗克著：《天皇の外交》，東京：現代企画室 1975 年版。

13. 入江通雅編著：《戦後日本外交史》，京都：嵯峨野書院 1978 年版。

14. 牛場信彦、原康著：《対談・日本経済外交的系譜》，東京：朝日新聞社 1979 年版。

15. 田九保忠衛著：《首脳外交で世界はどう変わるか》，東京：三修社 1979 年版。

16. 法眼晋作著：《日本の外交戦略》，東京：原書房 1981 年版。

17. 外務省戦後史研究会：《日本外交 30 年——戦後の軌跡と望み（1952—1982 年）》，東京：世界動向社 1982 年版。

18. 日本国際問題研究所編：《1980 年代日本外交の難り》，東京：世界動向社 1982 年版。

19. 日本 EC 学会編：《日美欧関係の総合考察》，日本 EC 学会年報第 3 号，東京：有斐閣 1983 年版。

20. 升味準之輔：《戦後政治（1945—1955 年）》，東京：東京大学出版会 1983 年版。

21. 白石孝著：《戦後日本通商政策史》，東京：税務経理協会 1983 年版。

22. 原栄吉著：《日本の戦後外交史潮》，東京：慶応通信株式会社 1984 年版。

23. 田中直吉監修、元三房三編著：《現代の国際政治》，神奈川県秦野市：東海大学出版会 1984 年版。

24. 安倍晋太郎著：《創造的外交をめざして》，東京：行政問題研究所 1984 年版。

25. 山本満著：《国際政治（5）現代世界の課題》，東京：東京大学出版会 1984 年版。

26. 下田武三著：《戦後日本外交の証言》，東京：行政研究所 1984 年版。

27. ディック・ウィルソン著、北川晃一訳：《1990 年のニッポン診断・ヨーロッパの見たその素顔》，東京：CBS・ソニー出版 1985 年版。

28. 石丸和人編著：《戦後日本外交史》1——7 巻，東京：三省堂 1985 年版。

29. 渡辺昭夫編：《戦後日本の対外政策》，東京：有斐閣 1985 年版。

30. 永野信利著：《日本外交のすべて》，東京：行政問題研究所出版局 1986 年版。

31. 関恆義編：《21 世紀への跳躍①日本と世界》，東京：三省堂 1988 年版。

32. 山口定著：《現代ヨーロッパ史の視点・今日の日本を考えるために》，大阪：大阪書籍 1988 年版。

33. 淺井基文著：《日本外交反省と轉換》，東京：岩波新書 1989 年版。

34. 有和賀真等編：《日本外交》，東京：東京大学出版会 1989 年版。

35. 石川謙次郎著：《ECの挑戦・日本の選択》，東京：中央公論社 1989 年版。

36. 武田龙夫著：《日本の外交——積極外交の條件》，東京：サイマル出版社 1990 年版。

37. 入江昭編著：《新日本外交史》，東京：中央公論社 1991 年版。

38. 五百旗頭眞著：《秩序変革時期の日本の選択》，東京：PHP 研究所 1991 年版。

39. EC委員会編、太田昭和監査、法人国際部訳：《EC統合白書》，東京：日本経済新聞社1991年版。

40. 棚池康信著：《EC経済論》，京都：晃洋書房1991年版。

41. 石川謙次郎著：《EC統合と日本——もっと経済摩擦》，大阪：清文社1991年版。

42. 高瀬保一著：《首脳外交の内幕》，東京：東洋経済新報社1991年版。

43. 神長善次著：《欧州の知恵——世界に生きる新しい日本の対応》，東京：講談社1992年版。

44. 赤根谷达雄著：《日本のガット加入問題》，東京：東京大学出版会1992年版。

45. 大来佐武郎著《経済外交に生きる》東京：東洋経済新報社1992年版。

46. 猪口孝著：《現代国際政治と日本・パールハーバ—50年の日本外交》，東京：筑摩書房1992年版。

47. 細谷千博著：《日本外交の軌跡》，東京：日本広報協会1993年版。

48. 猪口孝著：《現代日本外交》，東京：筑摩書房1993年版。

49. 土屋六郎監修、今川键、加文浄子著：《EC統合と日本》，東京：中央経済社1993年版。

50. J・L・ムキェリ、佐佐波楊子編著：《日欧：競争と協力の新時代》，東京：文眞堂1993年版。

51. 兼光秀郎著：《国際経済政策——サミット・保護主義・ガットの世界》，東京：東洋経済新報社1993年版。

52. 船橋洋一著：《日本の対外構想》，東京：岩波新書1993年版。

53. 内田勝敏、清水貞俊編著：《EC経済論—欧州統合と世界経済》，京都：ミネルゥア書房1993年版。

54. 石川謙次郎：《ヨーロッパ統合への道》，東京：NHKブックス1994年版。

55. 草野厚、梅本哲也編：《現代日本外交分析》，東京：東京大学出版会1995年版。

56. 渡辺昭夫編：《戦後日本の宰相たち》，東京：中央公論社1995年版。

57. 藤原豊司、田中俊郎著：《欧州連合——5億人の巨大市場》，東京：東洋経済新報社1995年版。

58. 中西輝政等著：《なぜ欧州と協力か》，大阪：三田出版会1996年版。

59. 加藤淳平著：《文化の戦略・明日の文化交流に向けて》，東京：中央公論社1996年版。

60. 武者小路公秀編：《日本外交の課題と選択》，大阪：大阪経済法科大学出版部1996年版。

61. 池田美智子著：《ガッドからWTOへ——貿易摩擦の現代史》，東京：筑摩書房1996年版。

62. 鹿島正裕著：《冷戦終結後の世界と日本》，東京：風行社1997年版。

63. 五百旗頭真主編：《危機の日本外交——70年代》，東京：岩波書店1997年版。

64. 天羽民雄著：《最後の提言》，東京：河出書房新社1997年版。

65. 永野信利著：《二十世紀の日本外交》，東京：行政研究所1997年版。

66. 高柳先男編著：《ヨーロッパ統合と日欧関係》，東京：中央大学出版部1998年版。

67. 田中俊郎著：《EUの政治》，東京：岩波書店1998年版。

68. 長谷川雄一、高彬忠明編著：《現代の国際政治——冷戦後の日本外交を考える視角》，東京：ミネルウア書房1998年版。

69. 田九保忠衛、新井弘一、平松茂雄著：《戦略の日本外交のすすめ》東京：時事通信社1998年版。

70. 藤井良広著：《EUの知識（新書）》，東京：日本経済新聞社

1999 年版。

71. 村田良平著:《EU——21 世紀の政治課題》,東京:勁草書房 1999 年版。

72. 五百旗頭真編:《戦後日本外交史》,東京:有斐閣 1999 年版。

73. 真鍋俊二編:《現代日本外交論》,大阪:関西大学出版部 1999 年版。

74. 添谷芳秀編:《21 国際政治の展望》,東京:慶応义塾大学出版会 1999 年版。

75. 細古千博、イアン・ニッシュ監修:《日英交流史 1600——2000》,東京:東京大学出版会 2000 年版。

76. 原彬久編:《国際関係学講義》(新版),東京:有斐閣 2001 年版。

77. 渡辺啓貴編:《ヨーロッパ国際関係史》,東京:有斐閣 2002 年版。

78. 植田隆子編:《二十一世紀の欧州とアジア》,東京:勁草書房 2002 年版。

79. 若月秀和編著:《全方位外交の時代—冷戦変容期の日本とアジア 1971—1980》,東京:日本経済評論社 2006 年版。

80. 柏倉康夫、植田隆子、小川英志著:《EU 論》,東京:日本放送大学出版協会 2006 年版。

81. 植田隆子編:《EU スタディーズ I 対外関係》,東京:勁草書房 2007 年版。

82. 遠藤乾編:《ヨーロッパ統合史》,名古屋:名古屋大学出版会 2008 年版。

83. 菅英輝編:《冷戦史の再檢討 変容する秩序と冷戦の終焉》,東京:法政大學出版局 2010 年版。